浙江省普通高校"十三五"新形态教材

大学语文

College Chinese

高玉——主编

ZHEJIANG UNIVERSITY PRESS
浙江大学出版社

图书在版编目(CIP)数据

大学语文 / 高玉主编. —杭州：浙江大学出版社，2019.7(2025.7 重印)

ISBN 978-7-308-19232-3

Ⅰ. ①大… Ⅱ. ①高… Ⅲ. ①大学语文课—教材 Ⅳ. ①H193.9

中国版本图书馆 CIP 数据核字（2019）第 125225 号

大学语文

高　玉　主编

责任编辑　葛　娟
文字编辑　袁菁鸿
责任校对　李瑞雪
封面设计　林智广告
出版发行　浙江大学出版社
（杭州市天目山路 148 号　邮政编码 310007）
（网址：http://www.zjupress.com）
排　　版　杭州林智广告有限公司
印　　刷　嘉兴华源印刷厂
开　　本　787mm×1092mm　1/16
印　　张　24.5
字　　数　525 千
版 印 次　2019 年 7 月第 1 版　2025 年 7 月第 6 次印刷
书　　号　ISBN 978-7-308-19232-3
定　　价　68.00 元

代　序

思想文化是“大学语文”的核心内容

高　玉

我是学中文的，也许是“职业病”，我对古代、现代、当代知识分子的语文水平非常感兴趣，也注意观察和分析当代中国人的语文问题，特别是对当下大学生的语文水平非常关注。依我判断，中国古代，全民语文水平不高，但知识分子的语文水平却非常高，原因在于教育的普及程度和教育的方式，中国古代经济不发达，教育普及程度不高，大部分人不能上学读书，或者上学时间很短，所以民众普遍语文水平很低，他们的表达和言说主要是日常层面的，而知识分子一生学习的内容基本上都是语文，或者可以称之为“广义的语文”，所以，语文水平自然是高。

现代时期，中国的知识谱系已经由传统的“四部”转变为现代的“七科”，但读书人从小仍然要学习传统的“四书”“五经”，并且这种学习贯穿他们的一生。中国于清末开始设立新式学堂，分为“蒙学堂”“小学堂”“中学堂”“大学堂”四级，其中“小学堂”和“中学堂”又分为“初级”“高级”两个阶段。“蒙学堂”基本上是语文学习，包括读经、读史、习字、修身等；“小学堂”以语文为主，光绪二十八年（1902 年）张百熙主持编定的《钦定小学堂章程》，规定小学的课程共 8 种：修身、读经、作文、习字、史学、舆地、算学、体操[①]。除了“算学”和“体操”以外，其他基本上都是语文的范畴。“中学堂”开始增加物理、化学、外语等，但语文仍然是“核心”课程，同年张百熙主持编定的《钦定中学堂章程》，规定中学的课程共 12 种：修身、读经、算学、词章、中外史学、中外舆地、外国文、图画、博物、物理、化学、体操[②]。除了物理、化学、外语和体操以外，其他课程都是语文和“泛语文”。只有到了“大学”才开始“分科”，但不管是农、医、理、工还是法、商，都有语文的位置，历史、伦理、人文地理等是当时大学各“科”必修的课程，这些课程都具有很强的“语文”性。当然，现代时期，学校教育的课程设置是变化的，总体趋势是越来越实用化，语文在整个

① 张百熙：《钦定小学堂章程》，见《张百熙集》，岳麓书社 2008 年版，第 83 页。

② 张百熙：《钦定中学堂章程》，见《张百熙集》，岳麓书社 2008 年版，第 96 页。

学习过程中的分量越来越轻，地位越来越低，但即使这样，现代时期的知识分子语文水平也是很高的，因为在他们的成长过程中语文教育一直占有很大的比重，也即他们大多数接受了良好的语文教育。

历史进入“当代”之后，语文在教育中的地位进一步降低，并且是越来越低，所以当代中国知识分子的语文水平总体上呈下滑趋势。特别是21世纪以来，中国知识分子的语文水平可以说跌到了底谷。原因是多方面的，比如与高考“指挥棒”有关，长期以来，高考语文成绩与语文水平联系并不紧密，认真学语文和不认真学语文或者语文水平高与水平低从语文高考考试中很难反映出来。花很多时间阅读和写作，但考试却不见分数的明显进步，远不及学习数学、物理、外语等有效果。当今中学生从初中开始就不怎么认真学习语文了，因为认真学和不认真学考试成绩一个样，而是把更多的时间和精力花在数理化、外语这些容易得分的科目上，很多人的高考语文还是小学打下的那点基础，因而如果小学语文没有学好，那么其语文水平终身都是糟糕的。很多学校和老师还限制学生的课外语文学习，认为读文学、读历史浪费时间，耽误学业。这种高考功利主义严重影响了中国人的语文水平，从根本上说也影响了中国人的文化素养。中国语文从来没有如当今一样陷入深沉的危机之中，20世纪五六十年代语文伴随着整个教育开始沦陷，但相比较还是有地位的，当时有要求不学数理化的，要求不学外语的，但还没有人要求不学语文。20世纪80年代盛行“学好数理化，走遍天下都不怕”的观念，但那时也不否定语文。当今，语文实际上处于边缘的地位，沦为可有可无的科目，远不及数学、物理、化学、外语的地位，恐怕仅比历史略好些，不学语文不再是观念和看法，而是变成了事实。

我们可以看到，当今大学生的语文水平越来越差，差得让人难以置信，不会正确地使用标点符号，比如一逗到底。“的”“地”“得”三字不分。语句不通，关键是还不知道哪里不通，为什么不通。一级常用字都写错，大量的用词不准，词不达意。文章没有逻辑，没有层次，主题不清楚，或者根本就没有围绕主题进行写作。不会分段落，不会分章节。逻辑学的确不是小学、中学的课程，但其实我们一生下来就在学习“讲逻辑”，而语文学习一个重要的训练就是逻辑思维训练，中小学语文课堂上阅读层面的千篇一律地概括“段落大意”，归纳“中心思想”，讲解句子的意思，其实就是在讲逻辑；写作层面的所谓“条理清晰”“表达准确”“重点突出”“主题明确”等，也是在讲逻辑。所以，现在大学生写作不讲逻辑，不能简单地怪罪大学不重视“逻辑”课，其实根子在中小学语文。

当今中国知识分子语文水平不高的表现是全方位的。首先在写字上，目前的“习字”教育本质上是跟老师的粉笔字学写钢笔字，书写的范本则是课本上的印刷体，主要是楷体、宋体以及黑体，写出来的是自创的行书甚至草书。楷体、宋体的毛笔原字及原理是什么样的，其笔画是如何形成的，基本不知道。中国古代有很多优美的行书或草书，当今中小学却没有进行专门的知识性学习，更不要说实践层面上的模仿书写了。所以，当代中国知识分子的手书普遍非常地难看，很多名人也附庸风雅地“题字”“题辞”，但只能用“丑陋”来形容，和现代知识分子相比实在是相形见绌，其根源同样在于从小开始的语文教育。中国古代、现代知识分子，用现在的标准来看，他们很多都称得上是书法家，他们从小就接受了良好的写字训练，可以说有“童子功”，一手优美的字，出手就给人以儒雅的印象。其次，在阅读上，当代语文教育中文言文的比例非常小，所以当代知识分子基本上不能读古文，更不要说古文写作，比如诗词写作，但这是在古代、现代知识分子生活中最重要的风雅方式。当代语文主要是阅读现代文，也是用现代文写作，完全放弃了传统的“四书”“五经”，这放弃的不仅是语言方式，更重要的是放弃了传统思想文化，在这一意义上，当代知识分子在语文水平和文化品格上完全不能和古代、现代知识分子相提并论。最后，在写作上，当代知识分子很少能够写出好文章，作家和中文专业的知识分子略好一些，但和现代的知识分子比，相差太远，表现为不精练、品位不高、表达不准确、语法错误、现代“八股文”（即毛泽东所说的“党八股”）、缺少情怀，这当然不完全是语文的问题，但却与语文有极大的关系。

高级官员和著名大学校长频频读错字或者不识字已经引起社会热议，这被看作是当代中国知识分子语文水平欠佳的铁的证据。但事实其实没有这么简单，读错字，或者不识某字，是再正常不过了，汉字目前超过 8 万个，即使专业人士也不敢保证都认识，生活中每个人都会读错字。对于读错字和不识某字，要作具体的分析，按照 20 世纪 80 年代国务院公布的《现代汉语通用字表》，“滇”属于“一级字”（共 3500 个）①，是最常用字，即小学生就应该掌握的字，云南某高官把“滇”读作“镇”，如果不是看花了眼的话，说明小学语文没有学好。“鹄”为“二级字”（共 3000 个），大致相当于中学生必须掌握的字，北京某著名大学校长把“鹄”读作“皓”，说明中学语文知识的掌握程度还有所欠缺。“瓠”也为“二级字”，北京某著名大学校长不认识，同样说明他中学语文没学好。“黉”为“三级字”（共 1605 个），为中学语文中比较偏僻的字，不认识也不是什么丢人的事，但“黉门”为学校的古称，南方某著名大学校长把“黉”读作“黄”，说明其中学语文水平没有达到很高的境界。

读写错别字或者不识字，这在语文水平中还是极表面的，或者说是浅层次的，而深层的则是语文背后的文化。我一直认为，小学语文、中学语文和大学语文，是有目标和层次区分的，小学语文的重点是识字，中学语文的重点是文章阅读、理解和写作，大学语文的重点则是语文背后的文化。读错别字并不可怕，可怕的是其背后的语文习惯，比如好的习惯是有不认识的字就查字典，这应该是小学语文培养的习惯，现在通过手机查字变得非常方便，但当代知识分子大都没有这一良好的习惯。

表面上的东西大家都看到了，但深层的即隐形的文化性欠缺则是大家所忽略的。

---

① 参见《通用规范汉字表》，语文出版社 2013 年版。“鹄”“瓠”“黉”等也参考此书。

很多人认为，语文学习到中学毕业就基本上完成了，用不着再学习了。的确，对于普通民众来说，正常的高中语文水平就可以满足日常生活以及工作中的阅读和写作的需要，但对于知识分子来说，我认为中学语文水平是远远不够的，不管文科知识分子还是理工科知识分子，思想文化素养都是非常重要的，国民有国民素质，知识分子有知识分子之素质，国民素质决定一个国家和民族的整体实力包括思想文化水平，而知识分子的素质则决定一个国家和民族的思想文化高度，也决定科技的高度。我们看到，不管是历史上还是现实中，伟大的科学家都具有伟大的人文情怀，都具有深刻的思想，都有很高的文化素养。文化素质不高，可以做一个科技工作者，但绝不可能成为科学家。全面而深厚的文化素养，不仅有助于丰富科学家的人生，涵养科学家的性情，对他们的科学研究也是非常有帮助的。自然科学研究达到一定程度之后其实就是比思想文化，瓶颈不再是科学而是思想文化，能否取得更大的突破，达到更高的境界，往往不取决于科学研究本身，而是取决于科学家的思想文化修养，取决于个人的人格与品位、人生态度、对个人和民族、国家的认识与追求等。人文科学研究更是这样，达到一定程度之后，是否能够有更大的突破，往往不取决于专业知识和水平，而取决于文史哲思想的深度与厚度，取决于人生之境界，取决于情怀与胸怀，一个专注于名利的人其学问的天花板是有限度的，只有胸怀无限宽广，学问才能无限宽广。而思想文化从某种意义上说就是语文的范畴。专业学习是有限度的，而语文学习是无止境的。

20 世纪五六十年代不重视语文教育，其后果现在已经清晰地显示出来，20 世纪 80 年代不重视语文教育，后果正在慢慢地显示出来，而最近 10 多年对语文的轻视，恐怕 20 年之后才会看到恶果。所以，当代中国知识分子语文水平低下的状况应该还会持续很长一段时间。更让人悲观的是，放眼当今的大学教育，我认为中国当代知识分子语文水平整体还在下滑。今天的大学实事上没有语文教育，“大学语文”不论是教材还是教学，都是徒有其表。当今的绝大多数“大学语文”教材还是沿袭中学语文的思路，还是在“字”“词”“句”“章”的层面上做文章，而不是强调文化教育。当今的大学生在思想文化上的无知有时达到惊人的地步，这种无知暂时还没有什么后果，我们可以把它看作是“年轻”的特征。

但在学习上的严重后果则已经非常清晰地呈现出来了，其中最明显的就是写作能力很差，特别是在文科领域。大学学习虽然专业不同，但有一个共同的特点就是都要表达和写作，差别只是量的不同以及程度上的不同。文科一般来说写作多一些，也复杂一些，而理工科写作相对少些，也相对简单一些。写作包括读书体会、论文、发言稿等，应用写作如借条、书信等。不客气地说，当今大学生，包括研究生在内的多数人，从语文的角度来说，其写作都不合格。很多老师指导学生论文，其实根本就不是指导专业问题，而是指导语文问题，包括标点符号、错别字问题，用词不准确问题，语句不通问题，结构框架不合理问题，条理不清晰的问题，中心不明确的问题，等等。文科的老师都有一个共同的感受，那就是，语文好的学生，不管是人文科学专业，还是社会科学专业，学得都比较轻松,"事半功倍",相反,则是"事倍功半"。论文写作也是这样,语文好的学生,老师指导起来相对轻松,语文不好的学生,老师指导起来则要费事多了。

如何解决当今大学生的写作能力越来越差的问题,我认为最重要的途径就是多阅读,养成良好的阅读习惯,在阅读的过程中提高认识能力,进而提高表达能力,也即在阅读中学会写作。书籍是最好的老师,所有的道理书中都有,有的是直接的,有的是间接的,需要阅读者自己去领悟。所有的写作,不管文字上的,逻辑上的,还是结构框架上的,书中都有,只要用心去体会,一定可以学到。阅读以外无它,没有捷径可走。

写作不是技术问题,而是思想文化的问题。文学写作以生活经验以及对生活的哲理性感受和思考等作为前提,学术论文写作以及日常应用写作却不是这样的,它具有一定的语文技术性,但更重要的是以思想文化作为基础,而思想与文化本质上不属于专业,属于语文,主要属于大学语文。对于学文学的人来说,历史和哲学不属于专业,而属于语文;对于历史专业的人来说,文学不属于专业,而属于大学语文。在这个意义上,大学语文不等于中文,虽然中文专业在语文上有更多的优势。同样是在这一意义上,中文专业也需要学习大学语文,而且有更高的要求,对于中文专业来说,大学语文主要是历史、哲学、教育、伦理、地理等。

与专业学习不一样,大学语文需要终身学习。所以把《大学语文》教材学好并不是真正学好了大学语文,"大学语文"更重要的是传达一种观念,即思想文化对于一个知识分子的重要性;"大学语文"更重要的是使读者养成良好的阅读习惯,养成终身阅读的习惯。阅读并在阅读中提高文化素质,这才是"大学语文"的本质。从这个意义上来说,大学语文课程建设与教学,也是建设全民终身学习的学习型社会、学习型大国的内在要求。本教材为"新形态"教材,其实"拓展书目""链接"这些形式都是次要的,更重要的是"滚雪球"式的无限延伸阅读之可能。我始终认为"大学语文"其实没有那么复杂,当然也没有那么有趣,不是电视节目,更不是游戏,而是文化和素养的训练,对于有的人来说很枯燥,但对于有志于提高思想文化修养和非专业素质的人来说,对于勤于思考的人来说,却能够带来不可替代的身心愉快,并且终身受益,从而极大地充实人生。

本教材的编写牢牢把握二十大精神与教材内容相结合,坚守中华文化立场,提炼展示中华文明的精神标识和文化精髓,加快构建中国话语和中国叙事体系,讲好中国故事、传播好中国声音,展现可信、可爱、可敬的中国形象。①

参加本教材编写的都是浙江师范大学人文学院的老师,他们是马俊江、刘天振、李蓉、赵山奎、吴翔宇、常立、吴述桥、王冰冰、黄江苏、胡丽娜,在此,我对他们的参与和精心挑选作品并导读表示衷心的感谢。本书被列入"浙江省普通高校'十三五'新形态教材建设项目",是浙江省首批新形态教材建设项目,谢谢专家们对这本教材的肯定。本书从

① 习近平:《高举中国特色社会主义伟大旗帜　为全面建设社会主义现代化国家而团结奋斗——在中国共产党第二十次全国代表大会上的报告》(2022年10月16日)(来源:新华网,发布时间:2022-10-25)

最初的策划到体例的确定,再到最后的编辑,都得到浙江大学出版社黄娟琴、葛娟、袁菁鸿老师的帮助,她们付出很大的辛劳,在此要特别感谢。

2023 年 7 月 20 日于浙江师范大学

目录

翻译小说

翻译散文

儿童文学

女性文学

思想与文化

草木自然与格物致知

何为大学与大学何为

就任北京大学校长之演说

(1917 年 1 月 9 日)

蔡元培

五年前，严几道先生为本校校长时，余方服务教育部，开学日曾有所贡献于本校。诸君多自预科毕业而来，想必闻知。士别三日，刮目相见，况时阅数载，诸君较昔当必为长足之进步矣。予今长斯校，请更以三事为诸君告。

一曰抱定宗旨　诸君来此求学，必有一定宗旨，欲知宗旨之正大与否，必先知大学之性质。今人肄业专门学校，学成任事，此固势所必然。而在大学则不然，大学者，研究高深学问者也。外人每指摘本校之腐败，以求学于此者，皆有做官发财思想，故毕业预科者，多入法科，入文科者甚少，入理科者尤少。盖以法科为干禄之终南捷径也。因做官心热，对于教员，则不问其学问之浅深，惟问其官阶之大小。官阶大者，特别欢迎，盖为将来毕业有人提携也。现在我国精于政法者，多入政界，专任教授者甚少，故聘请教员，不得不聘请兼职之人，亦属不得已之举。究之外人指摘之当否，姑不具论。然弭谤莫如自修，人讥我腐败，而我不腐败，问心无愧，于我何损？果欲达其做官发财之目的，则北京不少专门学校，入法科者尽可肄业法律学堂，入商科者亦可投考商业学校，又何必来此大学？所以诸君须抱定宗旨，为求学而来。入法科者，非为做官；入商科者，非为致富。宗旨既定，自趋正轨。诸君肄业于此，或三年，或四年，时间不为不多，苟能爱惜光阴，孜孜求学，则其造诣，容有底止。若徒志在做官发财，宗旨既乖，趋向自异。平时则放荡冶游，考试则熟读讲义；不问学问之有无，惟争分数之多寡；试验既终，书籍束之高阁，毫不顾问，敷衍三四年，潦草塞责，文凭到手，即可借此活动于社会，岂非与求学初衷大相背驰乎？光阴虚度，学问毫无，是自误也。且辛亥之役，吾人所以革命，因清廷官吏之腐败。即在今日，吾人对于当轴多不满意，亦以其道德沦丧。今诸君苟不于此时植其基，勤其学，则将来万一因生计所迫，出而任事，担任讲席，则必贻误学生，置身政界，则必贻误国家，是误人也。误己误人，又岂本心所愿乎？故宗旨不可以不正大。此予所希望于诸君者一也。

二曰砥砺德行　方今风俗日偷，道德沦丧，北京社会，尤为劣恶，败德毁行之事，触目皆是，非根基深固，鲜不为流俗所染。诸君肄业大学，当能束身自爱。然国家之兴替，视风俗之厚薄。流俗如此，前途何堪设想。故必有卓绝之士，以身作则，力矫颓俗。诸君为大学学生，地位甚高，肩此重任，责无旁贷。故诸君不惟思所以感己，更必有以励人。苟德之不修，学之不讲，同乎流俗，合乎污世，己且为人轻侮，更何足以感人。然诸君终日伏首案前，营营攻苦，毫无娱乐之事，必感身体上之苦痛。为诸君计，莫如以正当之娱乐，易不正当之娱乐，庶于道德无亏，而于身体有益。诸君入分科时，曾填写愿书，遵守本校规则，苟中道而违之，岂非与原始之意相反乎？故品行不可以不谨严。此余所希望于诸君者二也。

三曰敬爱师友　教员之教授，职员之任务，皆以为诸君求学之便利，诸君能无动于衷乎？自应以诚相待，敬礼有加。至于同学共处一堂，尤应互相亲爱，庶可收切磋之效。不惟开诚布公，更宜道义相勖，盖同处此校，毁誉共之。同学中苟道德有亏，行有不正，为社会所訾詈，己虽规行矩步，亦莫能辩，此所以必互相劝勉也。余在德国，每至店肆购买物品，店主殷勤款待，付价接物，互相称谢，此虽小节，然亦交际所必需，常人如此，况堂堂大学生乎？对于师友之敬爱，此余所希望于诸君者三也。

余到校任事，仅数日，校事多未详悉。兹所计划者二事：一曰改良讲义。诸君既研究高深学问，自与中学、高等不同，不惟恃教员讲授，尤赖一己潜修。以后所印讲义，只列纲要，细微末节，以及精旨奥义，或讲师口授，或自行参考，以期学有心得，能裨实用。二曰添购书籍。本校图书馆书籍虽多，新出者甚少，苟不广为购办，必不足供学生之参考，刻拟筹集款项，多购新书将来典籍满架，自可旁稽博采，无虞缺乏矣。今日所与诸君陈说者只此，以后会晤日长，随时再为商榷可也。

（选自《蔡元培全集》第三卷，浙江教育出版社 1997 年版）

导　读

蔡元培(1868—1940)，字孑民，浙江绍兴人。1912 年 1 月中华民国政府成立，蔡元培即被任命为教育总长。同年 5 月，他呈请大总统批准，将 1898 年戊戌维新建立的京师大学堂改名为北京大学，将大学堂总监督改称大学校长，并推荐严复为北京大学首任校长。本文开始说的“五年前严几道先生为本校校长”，即指 1912 年严复出任北大校长一事。严复(1854—1921)，福建人，曾留学英国，是较早走出国门睁眼看世界的中国人。他翻译的《天演论》等西方著作对中国现代化进程影响极大，被誉为向中国“介绍近世思想第一人”。除翻译家之外，严复也是教育家，但他在北大任职仅九个月即离职，对中国大学的现代化变革贡献不多。严复之后，短短的四年之内，北京大学又三易校长，但作为当时中国唯一的国立大学，北大依然没有摆脱和“学而优则仕”的旧观念捆绑在一起的旧教育模式。中国大学的现代化起点，还要从 1917 年蔡元培掌校北大算起。将京师大学堂更名北京大学，将大学堂监督改称大学校长，不仅仅是简单的名称之变，其背后更是新的教育理念——大学应该是独立于政治的文化机关。蔡元培之前的北京大学，是教育机构，更是行政机构——不但教师与管理者皆是官，学生也是准官僚。直到1915年，袁世凯还对北大校长及教师封官加爵。在教育总长任上，蔡元培即致力于中国教育的革新，但最终，还是北京大学给了他一个实施教育改革的平台。

1916年12月，蔡元培被任命为北大校长，1917年1月，蔡元培上任。蔡元培改革北大，不仅关乎一校，更关乎中国之整个高等教育。他不仅在人事上引进陈独秀、李大钊、胡适、周作人、鲁迅等新文化人，更以全新的"大学观"改造了中国大学。在就职演说中，他区分了大学与专科学校以及中学的差异，确定了现代中国大学的基本性质，一言以蔽之："大学者，研究高深学问者也。"研究学问不是仅仅为了培养几个学问家，更重要的是"养成学问家之人格"。养成学问家之人格即"砥砺德行"，培养文化人之操守。有操守之文化人不会随波逐流，人云亦云，因为研究学问也在养成个人之独立思想。所以，蔡元培在以后不断宣扬的大学理念中，还有一项："思想自由，兼容并包"——大学非"养成资格之所，亦不可视为贩卖知识之机关"，乃是培养思想之文化空间。学问不仅指向思想，也指向美的精神。"以美育代宗教"为蔡元培又一重要大学理念：以美育"陶养吾人之感情，使有高尚纯洁之习惯"为大学教育之文化追求之一。蔡元培在中国大学现代化起点上提出的大学理念，迄今为止，还是中国大学的至高追求。它们不但没有被时间腐蚀，反而依然熠熠闪光。（马俊江）

拓展阅读

蔡元培.何为大学：蔡孑民先生言行录.陈平原，导读.北京：海豚出版社，2012.

蔡元培

一番语重心长的话

——给现代中国青年

朱光潜

我在大学里教书，前后恰已十年，年年看见大批的学生进来，大批的学生出去。这大批学生中平庸的固居多数，英俊有为者亦复不少。我们辛辛苦苦地把一批又一批的训练出来，到毕业之后，他们变成什样的人，做出什样的事呢？他们大半被一个公同的命运注定。有官做官，无官教书。就了职业就困于职业，正当的工作销磨了二三分光阴，人事的应付销磨了七八分光阴。他们所学的原来就不很坚实，能力不够，自然做不出什么真正的事业来。时间和环境又不容许他们继续研究，不久他们原有的那一点浅薄学问也就逐渐荒疏，终身只在忙"糊口"。这样一来，他们的个人生就平平凡凡地溜过去，国家的文化学术和一切事业也就无从发展。还有一部分人因为生活的压迫和恶势力的引诱，由很可有为的青年腐化为土豪劣绅或贪官污吏，把原来读书人的一副面孔完全换过，为非作歹，恬不知耻，使社会上颓风恶习一天深似一天，教育的功用究竟在哪里呢？

想到这点，我感觉到很烦闷。就个人设想，像我这样教书的人把生命断送在粉笔屑中，眼巴巴地希望造就几个人才出来，得一点精神上的安慰，而年复一年地见到出学校门的学生们都朝一条平凡而暗淡的路径走，毫无补于文化的进展和社会的改善。这种生活有何意义？岂不是自误误人？其次，就国家民族的设想，在这严重的关头，性格已固定的一辈子人似已无大希望，可希望的只有少年英俊，国家耗费了许多人力和财力来培养成千成万的青年，也正是希望他们将来能担负国家民族的重任，而结果他们仍随着前一辈子人的覆辙走，前途岂不很暗淡？

青年们常欢喜把社会一切毛病归咎于站在台上的人们，其实在台上的人们也还是受过同样的教育，经过同样的青年阶段，他们也曾同样地埋怨过前一辈子人。由此类推，到我们这一辈子青年们上台时，很可能地仍为下一辈子青年们不满。今日有理想的青年到明日往往变成屈服于事实而抛弃理想的堕落者。章宗祥领导过留日青年，打过媚敌辱国的蔡钧，而这位章宗祥后来做了外交部长，签订了二十一条卖国条约。汪精卫投过炸弹，坐过牢，做过几十年的革命工作，而这位汪精卫现在做了敌人的傀儡、汉奸的领袖。许多青年们虽然没有走到这个极端，但投身社会之后，投降于恶势力的实比比皆是。这是一个很可伤心的现象。社会变来变去，而组成社会的人变相没有变质，社会就不会彻底地变好。这五六十年来我们天天在讲教育，教育对于人的质料似乎没有发生很好的影响。这一辈子人睁着眼睛蹈前一辈子人的覆辙，下一辈子人仍然睁着眼睛蹈这一辈子人的覆辙，如此循环展转，一报还一报，“长夜漫漫何时旦”呢？

社会所属望最殷的青年们，这事实和问题是值得郑重考虑的！时光向前疾驶，毫不留情去等待人，一转眼青年便变成中年、老年，一不留意便陷到许多中年人和老年人的厄运。这厄运是一部悲惨的三部曲。第一部是悬一个很高的理想，要改造社会；第二部是发见理想与事实的冲突，意志与社会恶势力相持不下；第三部便是理想消灭，意志向事实投降，没有改革社会，反被社会腐化。给它们一个简题，这是“追求”、“彷徨”和“堕落”。

青年们，这是一条死路。在你们的天真烂漫的头脑里，它的危险性也许还没有得到深切的了解，你们或许以为自己决不会走上这条路。但是我相信：如果你们没有彻底的觉悟，不拿出强毅的意志力，不下坚苦卓绝的工夫，不作脚踏实地的准备，你们是不成问题地仍走上这条路。数十年之后，你们的生命和理想都毁灭了，社会腐败依然如故，又换了一批像你们一样的青年来，仍是改革不了社会。朋友们，我是过来人，这条路的可怕我并没有夸张，那是绝对不能再走的啊！

耶稣宣传他的福音，说只要普天众生转一个念头，把心地洗干净，一以仁爱为怀，人世就可立成天国。这理想简单到不能再简单，可是也深刻到不能再深刻。极简单的往往是正途大道，因为易为人所忽略，也往往最不易实现。本来是很容易的事而变成最难实现的，这全由于人的愚蠢、怯懦和懒惰。世间事之难就难在人们不知道或是不能够转一个念头，或是转了念头而没有力量坚持到底。幸福的世界里决没有愚蠢者、怯懦者和懒惰者的地位。你要合理地生存，你就要有觉悟、有决心、有奋斗的精神和能力。

“知难行易”，这觉悟一个起点是我们青年所最缺乏的。大家都似在鼓里过日子，闭着眼睛醉生梦死，放弃人类最珍贵的清醒的理性，降落到猪豚一般随人饲养，随人宰割。世间宁有这样痛心的事！青年们，目前只有一桩大事——觉悟——彻底地觉悟！你们正在作梦，需要一个晴天霹雳把你们震醒，把“觉悟”两字震到你们的耳里去。

“条条大路通罗马”。实现人生和改良社会都不必只有一条路径可走。每个人所走的路应该由他自己审度自然条件和环境需要，逐渐摸索出来，只要肯走，迟早总可以走到目的地。无论你走哪一条路，你都必定立定志向要做人；做现代的中国人，你必须有几个基本的认识。

一、时代的认识——人类社会进化逃不掉自然律。关于进化的自然律，科学家们有不同的看法。依达尔文派学者，生物常在生存竞争中，最适者生存，不适者即归淘汰。依克鲁泡特金，社会的维持和发展全靠各分子能分工互助，互助也是本于天性。这两种相反的主张产生了两种不同的国际政治理想。一种理想是拥护战争，生存既是一种竞争，而在竞争中又只有最适者可生存，则造就最适者与维持最适者都必靠战争，战争是文化进展的最强烈的刺激剂。另一种理想是拥护和平，战争只是破坏，在战争中人类尽量发挥残酷的兽性，愈残酷愈贪摧毁，愈不易团结，愈不易共存共荣；要文化发展，我们需要建设，建设需要互助，需要仁爱，也需要和平。这两种理想各有片面的真理，相反适以相成，不能偏废。我们的时代是竞争最激烈的时代，也是最需要互助的时代。竞争是事实，而互助是理想。无论你竞争或是互助，你都要拿副本领来。在竞争中只有最适者才能生存，在互助中最不适者也不见得能坐享他人之成。所谓"最适"就是最有本领，近代的本领是学术思想，是技术，是组织力。无论是个人在国家社会中，或是民族在国际社会中，有了这些本领，才能和人竞争，也才能和人互助，否则你纵想苟且偷生，也必终归淘汰，自然铁律是毫不留情的。

二、国家民族现在地位的认识——我国数千年来闭关自守。固有的文化可以自给自足，而且四围诸国家民族的文化学术水准都比我们的低，不曾感到很严重的外来的威胁。从十九世纪以来，海禁大开，中国变成国际集团中的一分子，局面就陡然大变。我们现在遇到两重极严重的难关。第一，我们固有的文化学术不够应付现时代的环境。我们起初慑于西方科学与物质文明的威力，把固有的文化看得一文不值，主张全盘接收欧化；到现在所接收的还只是皮毛，毫不济事，情境不同，移植的树常不能开花结果，而且从两次大战与社会不安的状况看来，物质文明的误用也很危险，于是又有些人提倡固有文化，以为我们原来固有的全是对的。比较合理的大概是兼收并蓄，就中西两方成就截长补短，建设一种新的文化学术。但是文化学术须有长期的培养，不是像酵母菌可以一朝一夕制造出来的。我们从事于文化学术的人们能力都还太幼稚薄弱，还不配说建设。总之，我们旧的已去，新的未来，在这青黄不接的时候，我们和其他民族竞争或互助，几乎没有一套武器或工具在手里。这是一个极严重的局势。其次，我们现在以全副精力抗战建国。这两重工作中抗战是急需，是临时的；建国是根本，是长久的。多谢贤明领袖的指导与英勇将士的努力，多谢国际局面的转变，我们的抗战已逼近最后的胜利。这是我们的空前的一个好机会，从此我们可以在国际社会中做一个光荣的分子，从此我们可以在历史上开一个新局面。但是这"可以"只是"可能"而不是"必然"，由"可能"变为"必然"，还需要比抗战更坚苦的努力。抗战后还有成千成万的问题急待解决，有许多恶习积弊要洗清，有许多文化事业和生产事业要建设。我们试问，我们的人才准备能否很有效率地担负这些重大的工作呢？要不然，我们的好机会将一纵即逝，我们的许多光明希望将终成泡影。我们的青年对此须有清晰的认识，须急起直追，抓住好时机不让放过。

三、个人对于国家民族的关系的认识——世界处在这个剧烈竞争的时代，国家民族处在这个一发千钧的关头，我们青年人所处的地位何如呢？有两个重要的前提我们必须认识清楚：

第一，国家民族如果没有出路，个人就决不会有出路；要替个人谋出路，必须先替国家民族谋出路。

第二，个人在社会中如果不能成为有力的分子，则个人无出路，国家民族也无出路。要个人在社会中成为有力的分子，必须有德、有学、有才，而德行、学问才具都须经过坚苦的努力才可以得到。

以往我们青年的错误就在对这两个前提毫无认识。大家都只为个人打计算，全不替国家民族着想。我们忙着贪图个人生活的安定和舒适，不下工夫培养造福社会的能力，不能把自己所应该做的事做好，一味苟且敷衍，甚至用种种不正当的手段去求个人安富尊荣，钻营、欺诈、贪污，无所不至，这样一来，把社会弄得日渐腐败，国家弄得日渐贫弱。这是一条不能再走的死路，我已一再警告过。我们必须痛改前非，把一切自私的动机痛痛快快地斩除干净，好好地在国家民族的大前提上做工夫。我们须知道，我们事事不如人，归根究竟，还是我们的人不如人。现在要抬高国家民族的地位，我们每个人必须培养健全的身体、优良的品格、高深的学术和熟练的技能，把自己造成社会中一个有力的分子。

这是三个最基本的认识。我们必须有这些认识，再加以坚苦卓绝的精神去循序实行，到死不懈，我们个人、我们国家民族才能踏上光明的大道。最后，我还须着重地说，我们需要彻底的觉悟。

（选自《朱光潜全集》第一卷，中华书局 2012 年版）

导 读

朱光潜(1897—1986)，字孟实，安徽人。先生是中国现代美学的奠基人和一代宗师，翻译家，教育家，一生著译丰赡：所著《诗论》被誉为中国现代诗学第一块里程碑，翻译方面既有历经二十年完成的黑格尔多卷本巨著《美学》，又有流传甚广的《歌德谈话录》。先生虽是宗师，但所著所译也并非全是象牙塔里的学者方能阅读的高深之作，《给青年的十二封信》《谈美》《谈修养》《谈文学》《谈美书简》等书，文笔优美从容、思想通达深刻、趣味典雅纯正，自出版到现在一直是畅销书，为人喜爱。“信”和“谈”是文体，也是风格，先生最初名之为“随便闲谈”。“随便闲谈”是写作姿态，特点是行文亲切。读这样的书，如同聆听一位言辞温润的老师课下闲聊。闲聊是微言，但微言中也自有大义。这些书都是单篇文章的结集，但也有一个总的追求，先生说：“万变不离其宗，谈来谈去，都归结到做人的道理。”做什么样的人呢？如果这样问，答案是有修养的文化人。《谈修养》是 20 世纪 40 年代先生在大学教书时写给大学生的书，本文是其中一篇。说给还在学校的年轻人听，想想大学毕业后的人生，想该如何做人。

先生 1933 年留学归来即入大学教书，先后执教于北大、川大、武大等高校。写《谈修养》时已在大学做了十年老师，距离现在已过了半个多世纪。半个多世纪过去，这位大学老师所说的话并没有被时间腐蚀，而是依然值得我们倾听，这就是大家与经典的魅力。题目为“语重心长”，重的不仅是语言，更是心情。当先生追问大学和教育者的意义，谈及走出校门的大学生的时候，满心忧虑，心情沉重。如果大学生走出校门，只有两个结果：第一，只是平庸地糊口，第二，堕落到为非作歹，“教育的功用究竟在哪里呢？”在学校时满心理想，因为这理想而不满甚至厌恶社会的平庸与堕落，而轮到自己走出校门走进社会，却变成自己当初不满、厌恶的人，参与到自己曾经不满、厌恶的社会中去，变成其中的一分子，这社会如何变好呢？

先生说的似乎有些绝望，但绝望的人不说话，说绝望话的人大多是理想主义者。先生有沉重的忧虑，有义愤的批评，但之后更有一个理想主义教育者对希望的呼唤：“青年们，目前只有一桩大事——觉悟——彻底地觉悟！”如何觉悟呢？“世间事之难就难在人们不知道或是不能够转换一个念头，或是转了念头而没有力量坚持到底。”先生这样说。转换念头，就是要在大学中通过学习接受新的观念——人，首先是观念的人，你有什么样的观念，就是什么样的人。有了观念之后呢？需要意志力，坚持到底。先生讲“知难行易”，而在大学里的“知”与走出校门的“行”，其实一样难。如何获得新知，先生给还是学生的青年写过两篇《谈读书》。在1926年写的一篇中，先生这样告诫青年：“要紧的是养成读书的习惯，是在学问中寻出一种兴趣……你将来抵抗引诱的能力比别人定要大些”，否则“你不看见现在许多叉麻雀、抽鸦片的官僚们、绅商们乃至于教员们，不大半由学生出身么？”

任何人说话都有一定的历史语境和针对性，读书时引进这些语境和针对性，文章也多了一层历史文献的意义，让我们去了解思考另一个时代和另一个时代的人。先生的文章由个人而谈及时代、社会和国家民族，那是上一代知识分子的大情怀。历史早已发生许多变化，但我们这些接受高等教育的读书人，不依然应该好好认识我们这个时代，想想在这个时代选择怎样做人吗？国家民族的事，如何能与我们无关呢？朱光潜先生的朋友沈从文说过这样一句话：国家民族的事，知识分子都不去想，这个民族怎么办呢？（马俊江）

拓展阅读

朱光潜.给青年的十二封信　谈修养.北京：中华书局，2012.

朱光潜：谈学问

中国公学十八年级毕业赠言

胡适

诸位毕业同学：你们现在要离开母校了，我没有什么礼物送给你们，只好送你们一句话罢。

这一句话是："不要抛弃学问。"以前的功课也许有一大部分是为了这张毕业文凭，不得已而做的，从今以后，你们可以依自己的心愿去自由研究了。趁现在年富力强的时候，努力做一种专门学问。少年是一去不复返的，等到精力衰时，要做学问也来不及了。即为吃饭计，学问决不会辜负人的。吃饭而不求学问，三年五年之后，你们都要被后进少年淘汰掉的。到那时再想做点学问来补救，恐怕已太晚了。

有人说："出去做事之后，生活问题急须解决，那有工夫去读书？即使要做学问，既没有图书馆，又没有实验室，哪能做学问？"

我要对你们说：凡是要等到有了图书馆方才读书的，有了图书馆也不肯读书。凡是要等到有了实验室方才做研究的，有了实验室也不肯做研究。你有了决心要研究一个问题，自然会撙衣节食去买书，自然会想出法子来设置仪器。

至于时间，更不成问题。达尔文一生多病，不能多作工，每天只能做一点钟的工作。你们看他的成绩！每天花一点钟看十页有用的书，每年可看三千六百多页书；三十年读十一万页书。

诸位，十一万页书可以使你成为一个学者了。可是，每天看三种小报也得费你一点钟的工夫；四圈麻将也得费你一点半钟的光阴。看小报呢？还是打麻将呢？还是努力做一个学者呢？全靠你们自己的选择！

易卜生说："你的最大责任是把你这块材料铸造成器。"

学问便是铸器的工具。抛弃了学问便是毁了你们自己。

再会了！你们的母校眼睁睁地要看你们十年之后成什么器。

十八，六，廿五

（选自《胡适全集》第三卷，安徽教育出版社 2003 年版）

拓展阅读

白吉庵，刘燕云. 胡适教育论著选. 北京：人民教育出社. 1994.

胡适导读和
拓展阅读

古典诗词

临江仙·梦后楼台高锁

［宋］晏几道

梦后楼台高锁，酒醒帘幕低垂。去年春恨却来时，落花人独立，微雨燕双飞。

记得小蘋初见，两重心字罗衣。琵琶弦上说相思，当时明月在，曾照彩云归。

（选自《中国历代文学作品选》中编第二册，上海古籍出版社1980年版）

导　读

晏几道，字叔原，号小山，晏殊之子，生卒年未详，或云当在一〇三〇至一一〇六间。曾任颍昌府许田镇监之类的微官，为人孤傲，不谙世情。黄庭坚说晏几道有“四痴”：“仕宦连蹇，而不能一傍贵人之门，是一痴也；论文自有体，不肯一作新进士语，此又一痴也；费资千百万，家人寒饥，而面有孺子之色，此又一痴也；人百负之而不恨，己信人，终不疑其欺己，此又一痴也。”（《小山词序》）唯其如此纯真，方能写出纯美之词。晏几道与乃父齐名，并称“二晏”。词作格调感伤，风格近于花间词派。有《小山词》传世。

《临江仙》词调原出唐玄宗时教坊之曲，本言仙事，宋人多以之咏艳情。晏几道这首《临江仙》当为追念歌伎小蘋而作，清代张宗橚《词林纪事》卷六谓“此词当是追忆蘋、云而作”。《小山词跋》云：“始时，沈十二廉叔、陈十君宠家有莲、鸿、蘋、云，品清讴娱客。每得一解，即以草授诸儿，吾三人持酒听之，为一笑乐。已而君宠疾废卧家，廉叔下世，昔之狂篇醉句，遂与两家歌儿酒使俱流转人间。”此词为其诸多怀念旧情之作中的名篇。上片摹写梦后酒醒之余的“春恨”，下片以“记得”引首，追忆“初见”小蘋“当时”之情境，抒写沉挚的“相思”之情。

上片起首两句“梦后”“酒醒”为互文，写眼前个人孤寂、迷惘之情状。用“楼台高锁”“帘幕低垂”暗写佳人已去、旧景宛在之痛楚；又用“去年春恨”今又来袭、“人独立”与“燕双飞”等情景之对照，衬以落花、微雨之凄艳意象，浓烈渲染出伤感之情。下片以“记得”串接起遥远的回忆。“初见”小蘋时，她身穿被心字香熏浸过的薄罗衫子，而“两重”用于此处显有一语双关之意。两人虽一见钟情，但羞涩、内敛的小蘋只通过美妙的琵琶声来传达内心的深情，那场景、那形象、那情感，在我心中已化为高挂夜空的皎洁明月和飘游在晴空中的绚丽彩云。彩云这一意象来自前人诗句，如李白《宫中行乐词》："只愁歌舞散，化作彩云飞。"白居易《简简吟》："大都好物不坚牢，彩云易散琉璃脆。"彩云，古代文人常借以象征美丽而薄命的女子，此处所用亦契合歌伎小蘋的身份命运。结句"明月"与首句"梦后"取得照应，使得全篇首尾绾合，浑然一体。

此词通篇借景以抒情，缘境以表意，将难言的怀人相思之情寓于暮春景物的描绘之中，蕴藉含蓄，深挚动人。此词作为《小山词》中的名作，曾屡获前人激赏。清代陈廷焯《白雨斋词话》称，《小山词》如"去年春恨却来时，落花人独立，微雨燕双飞"，又如"当时明月在，曾照彩云归"。既闲婉，又沉着，当时更无敌手。今人唐圭璋《唐宋词简释》亦云："此首感旧怀人，精美绝伦。一起即写楼台高锁，帘幕低垂，其凄寂无人可知。而梦后酒醒，骤见此境，尤难为怀。盖昔日之歌舞豪华，一何欢乐，今则人去楼空，音尘断绝矣。即此两句，已似一篇《芜城赋》。"（刘天振）

拓展阅读

晏几道.小山词.王根林，校点.上海：上海古籍出版社，1989.

晏殊，晏几道.珠玉词　小山词.扬州：广陵书社，2017.

秦观.小山词笺.王焕猷，笺.北京：商务印书馆，1947.

杨继修.小山词研究.台北：黎明文化事业公司，1980.

晏几道作品

鹊桥仙·纤云弄巧

[宋] 秦观

纤云弄巧，飞星传恨，银汉迢迢暗度。金风玉露一相逢，便胜却人间无数。　　柔情似水，佳期如梦，忍顾鹊桥归路！两情若是久长时，又岂在朝朝暮暮！

（选自《中国历代文学作品选》中编第二册，上海古籍出版社1980年版）

导　读

秦观（1049—1100），字少游，又字太虚，号淮海居士，扬州高邮人，宋神宗元丰八年（1085年）进士。擅长诗文，为苏门四学士之一。词作与黄庭坚齐名，人称“秦黄”。有《淮海集》存世。秦观词堪称婉约派正宗，清刘熙载《艺概·词概》指出：“秦少游词得《花间》《樽前》遗意，却能自出清新。”清代沈雄《古今词话》评曰：“子瞻（苏轼）辞胜乎情，耆卿（柳永）情胜乎辞。情辞相称者，少游一人而已。”

《鹊桥仙》，词调名，有五十六字、八十八字两体，前者创自欧阳修。此词为描写牛郎织女爱情的名篇。南朝梁宗懔《荆楚岁时记》载：“七月七日，为牵牛织女聚会之夜。”唐韩鄂《岁华纪丽·七夕》注引《风俗通》云：“织女七夕当渡河，使鹊为桥。”该故事在我国民间流传甚广，情感指向较为复杂。秦观此词打破陈套、自出机杼，成为其中的翘楚。

此词一题曰“七夕”，全词也一直扣紧“乞巧节”的主题。起首两句即突出“巧”与“恨”的矛盾，激起读者的怅惋之情。织女的精巧智慧就像那奇幻的彩云，飞驰闪亮的星星仿佛在传递牵牛织女的离别之恨。在这种情调氛围的烘托下，“银汉迢迢暗度”，牛郎织女悄悄渡过辽阔的银河，彼此靠近，顺应普天下同情两人遭遇的善良人的心愿。接下来描写相会的环境，暗用了李商隐《辛未七夕》诗中的典故：“由来碧落银河畔，可要金风玉露时。”空阔、冷寂、莹洁，点出了天界仙侣的约会场景。而“便胜却人间无数”则热情洋溢地赞叹两人圣洁高尚的真情，实际是对人间理想爱情的歌颂。“柔情似水”是接续上片，铺衍两人相会的缠绵与甜蜜。但越是美好，时光越显得格外短促，“佳期如梦”，正是这种心理感受的写照。转瞬间又要踏上前来赴约的鹊桥，怎能忍心顾盼归路？分别的愁云压得人快要窒息了，此时此刻，一种响雷一样的声音划过长空，打破了致命的沉寂：“两情若是久长时，又岂在朝朝暮暮！”情爱的世界顿然乌云散尽，丽日当空。这两句词揭示了爱情的真谛：真正相爱的心灵没有距离，真挚的爱情完全可以超越时空。这两句饱含浓重感情的议论，为普天下相爱而又不得不天各一方的人廓清了一切心灵上的浮云。这种真挚高尚的爱情观，也一扫前人有关牛郎织女爱情的庸俗论调。因此，此词的结尾两句成为爱情颂歌中的绝唱。（刘天振）

拓展阅读

秦观.淮海集笺注.徐培均，笺注.上海：上海古籍出版社，1994.

秦观.淮海居士长短句笺注.徐培均，笺注.上海：上海古籍出版社，2008.

秦观.秦观词新释辑评.徐培均，罗立纲，辑评.北京：中国书店，2003.

秦观.秦观集编年校注.周义敢，程自信，周雷，编注.北京：人民文学出版社，2001.

秦观作品

明妃曲（第一首）

［宋］王安石

明妃初出汉宫时，泪湿春风鬓脚垂。
低徊顾影无颜色，尚得君王不自持。
归来却怪丹青手，入眼平生未曾有。
意态由来画不成，当时枉杀毛延寿。
一去心知更不归，可怜着尽汉宫衣。
寄声欲问塞南事，只有年年鸿雁飞。
家人万里传消息，好在毡城莫相忆。
君不见咫尺长门闭阿娇，人生失意无南北！

（选自《中国历代文学作品选》中编第二册，上海古籍出版社 1980 年版）

导　读

王安石（1021—1086），字介甫，号半山，临川（今江西抚州）人。宋仁宗庆历二年（1042 年）进士，熙宁二年（1069 年）擢任参知政事，曾两度为相，积极推行新法。晚年退居金陵，封荆国公，世称王荆公。他是宋代杰出的文学家，诗文兼擅，成就卓著，著有《临川集》《临川先生歌曲》。

王昭君，名嫱，字昭君，西汉元帝时宫妃。昭君出塞，远嫁匈奴王单于事，载于南朝宋范晔《后汉书·南匈奴传》。晋代时因避司马昭之讳，改称明君，后人呼为明妃。因昭君出塞之事碰触汉民族感情问题，所以成为后世汉族文士争议纷纭的话题。王安石于宋仁宗嘉祐四年（1059 年）提点江东刑狱时曾写有两首诗歌《明妃曲》，此为第一首。名士梅尧臣、欧阳修曾赋有和诗。

全诗可分为两层，前八句极写昭君出塞时的美貌。“泪湿春风鬓脚垂”与“低徊顾影无颜色”两句为正面描写，而“泪湿春风”“鬓脚垂”两个细节意在刻画昭君离别汉宫时的愁惨之容。“归来却怪丹青手”至“当时枉杀毛延寿”四句借用晋代葛洪《西京杂记》中虚构的“画工弃市”故事，反衬昭君不仅容貌绝尘，而且志节高洁。

第二层自“一去心知更不归”以下六句叙写昭君嫁入匈奴后的孤独之境与思乡之情，从昭君“着尽汉宫衣”“寄声欲问塞南事”到埋怨“只有年年鸿雁飞”等事象的描写，可以逼真展现出来。但家人的回复却令她大出意外，家人非但不同情她的遭遇，反而劝她安心待在草原穹庐，不要想家。这就为结尾两句的借题发挥做好了铺垫。末二句诗的精警之处在于，不仅写出了汉朝宫妃不能得到皇帝主子真爱的残酷现实，更倾吐出专制皇权下无数士子得不到君王重用而无法实现人生价值的深广忧愤。而这一点正是此诗震撼人心、魅力永存的真实原因。（刘天振）

拓展阅读

王安石.王文公文集.上海：上海人民出版社，1974.

王安石.王安石全集：临川先生文集.上海：复旦大学出版社，2016.

王安石.临川集拾遗.上海：上海聚珍仿宋印书局，1918.

张祥浩，魏福明.王安石评传.南京：南京大学出版社，2006.

王安石作品

水龙吟·登建康赏心亭

［宋］辛弃疾

楚天千里清秋，水随天去秋无际。遥岑远目，献愁供恨，玉簪螺髻。落日楼头，断鸿声里，江南游子，把吴钩看了，栏杆拍遍，无人会，登临意。

休说鲈鱼堪脍，尽西风，季鹰归未？求田问舍，怕应羞见，刘郎才气。可惜流年，忧愁风雨，树犹如此！倩何人、唤取红巾翠袖，揾英雄泪！

（选自《中国历代文学作品选》中编第二册，上海古籍出版社 1980 年版）

导　读

辛弃疾(1140—1207)，字幼安，号稼轩，历城(今山东济南)人。出生时北方已沦陷于金人，但自幼家教培养起了他强烈的民族意识，使其矢志收复中原。少时曾参加耿京领导的抗金义军，后归南宋。因力主抗金北伐，受到南宋朝廷忌恨排挤，长期被放置地方为官。四十三岁后则落职闲居于上饶将近二十年。晚年虽又有几次起用，但终无机会实现收复中原的宏愿。辛弃疾悲愤抑郁之情无由排遣，只有寄寓于词作之中。辛弃疾是宋代最杰出的爱国词人，也是最有代表性的豪放词人，其词题材宏阔，豪气纵横，反映尖锐的民族矛盾、激烈的朝廷内斗，抒发壮志难酬的悲愤之情，形成雄奇奔放而又沉郁悲壮的格调。辛弃疾学识渊博，而又悲愤无处诉说，从而铸就了其词陶冶经史而又雄奇悲凉的艺术特色。词集有《稼轩长短句》与《稼轩词》两种刊本。

此词作于宋孝宗乾道五年(1169 年)辛弃疾任建康府通判时，意在表达英雄失志、功业未成的悲愤情怀。

词分上下两片，上片主要写景。取景由大至小，自远及近，先开后合，层次清晰。“楚天千里清秋，水随天去秋无际”二句写作者登临高处所见景色，自广远辽阔处着笔，“千里清秋”“秋无际”则浓笔渲染天地之间衰飒无边的秋色，以引起次三句所写远山的“献愁供恨”。以上之景为“开”。“落日楼头”以下至“无人会，登临意”，视点由外景转向自我，笔法是“合”。“断鸿”“吴钩”“栏杆拍遍”等语均暗含典故，结合背景、动作的描写，隐约传递出孤独抑郁、难以言说的深沉悲愤。融情于景，妙用典实，兴味隽永。

下片述怀言志，连用典故，层层转折。可大致分为两层，自“休说鲈鱼堪脍”至“树犹如此”为第一层，连用三个典故，暗喻自己走投无路、无以解脱的锥心之痛。借“休说”张季鹰辞官归乡、享用鲈鱼的潇洒志尚，否定自己归隐保身之路；借许汜求田问舍遭到陈登、刘备羞辱的事迹，否定自己安逸享乐之选择；借桓温北伐途中见柳树高大而慨然垂涕的伤感之举，暗寓自己年华虚度、功业未就的惶恐与悲愤。结尾三句“倩何人、唤取红巾翠袖，揾英雄泪”为第二层，请歌妓侑酒、揾英雄泪，意谓壮志难酬、无人诉说，只有借酒浇愁，麻醉自己。这几句词仿佛传出词人长长的、深深的叹息。

总之，这首词笔力遒劲，境界雄阔，忧愤深广，而以移情入景、比兴寄托、密集用典、层层转折的方式，将深悲巨痛娓娓道出，充分展现了辛词豪放而又蕴藉的艺术特色。（刘天振）

拓展阅读

巩本栋.辛弃疾评传.南京：南京大学出版社，2002.

辛弃疾.稼轩词.北京：中国书店，2018.

辛弃疾.稼轩词编年笺注（定本）.邓广铭，笺注.上海：上海古籍出版社，2007.

邓广铭.辛稼轩年谱.上海：上海古籍出版社，1979.

辛弃疾作品

寄黄几复

[宋] 黄庭坚

我居北海君南海，寄雁传书谢不能。
桃李春风一杯酒，江湖夜雨十年灯。
持家但有四立壁，治病不蕲三折肱。
想得读书头已白，隔溪猿哭瘴溪藤。

（选自《中国历代文学作品选》中编第二册，上海古籍出版社1980年版）

导 读

黄庭坚（1045—1105），字鲁直，号山谷，又号涪翁，洪洲分宁（今江西修水）人。英宗治平四年（1067年）进士，历任国子监教授、秘书丞兼国史编修官等职，于新旧党争中多次被贬官，卒于宜州（今广西宜山）。黄庭坚为“苏门四学士”之首，为江西诗派宗师，其诗被视为宋诗的重要代表。有《山谷集》传世。据黄庭坚自注，《寄黄几复》作于神宗元丰八年（1085年），当时作者监德州（今山东德州市）德平镇。黄几复，名介，字几复，南昌（今江西南昌）人，少时与黄庭坚交游，二人于熙宁九年（1076年）同科出身。黄庭坚作此诗时，黄几复为四会（今广东省四会市）县令。

这是一首七言律诗，全诗八句。前四句写二人昔日的欢会与今日的思念。首联“我居北海君南海，寄雁传书谢不能”两句，各用一典故，上句出自《左传·僖公四年》，楚子使者质问诸侯之师的话中有“君处北海，寡人处南海”之语，此处借喻诗人与黄几复居官之地，一北一南，相隔遥远，相会难期。下句化用鸿雁传书典故，《汉书·苏武传》中已载此故事，民间又有衡阳回雁峰之说，而黄几复居官的四会更在衡阳之南，此句在融合上述二事基础上，以拟人口吻使大雁说出“谢不能”的推辞之语，极力夸张二人距离之遥远，为下面思念的抒写蓄势聚能，同时也为沉重的别离话题增添了几分活泼与情趣。

颔联“桃李春风一杯酒，江湖夜雨十年灯”两句，是二人今昔离、聚境况的对照，隐含深挚的思念之情。以春风美酒象征十年前的欢会，以夜雨孤灯譬喻今日的别离，意象鲜明，兴味绵长。此联句法尤为奇特，全用名词性词组拼合成句，高度凝练，暖冷映衬，造境惊艳。《王直方诗话》借张耒之语称“‘桃李春风一杯酒，江湖夜雨十年灯’真奇语”诚非虚誉。

后四句赞扬好友黄几复清廉勤奋，为政有方。颈联“持家但有四立壁，治病不蕲三折肱”，赞扬黄几复为官清廉、干练多能。两句各引一典故，委婉道之。上句用司马相如家徒四壁立的故事，暗赞黄几复的清廉之德。下句借《左传·定公十三年》所称“三折肱，知为良医”之言，婉称黄几复体察民情、施政有方的才干。此联极力褒扬黄几复的美德与才干，与下一联所写黄几复处境之凄凉形成强烈反差，透露出为友人遭际鸣不平的情绪。尾联“想见读书头已白，隔溪猿哭瘴溪藤”二句以推想之笔描写黄几复于极为恶劣的环境中好学不倦的情景，为老友所受不公平待遇掬一把同情之泪，情意深重，韵味悠长。

黄庭坚此诗堪称“学人之诗与诗人之诗合而为一”的典范，既频频用典，典重雅健，又取象明丽，意境生新，同时也不乏灵动之趣。诗句峭拔，化涩为健，展现了黄庭坚诗歌的独特造诣。（刘天振）

拓展阅读

黄宝华.黄庭坚评传.南京：南京大学出版社，1998.

黄庭坚.黄庭坚诗集注.刘尚荣，校点.任渊，史容，史季温，注.北京：中华书局，2003.

黄庭坚.山谷词.上海：上海古籍出版社，2001.

黄庭坚.黄庭坚全集辑校编年.郑永晓，整理.南昌：江西人民出版社，2011.

黄庭坚作品

关山月

［宋］陆游

和戎诏下十五年，将军不战空临边。
朱门沉沉按歌舞，厩马肥死弓断弦。
戍楼刁斗催落月，三十从军今白发。
笛里谁知壮士心？沙头空照征人骨。
中原干戈古亦闻，岂有逆胡传子孙！
遗民忍死望恢复，几处今宵垂泪痕。

（选自《中国历代文学作品选》中编第二册，上海古籍出版社 1980 年版）

导 读

陆游（1125—1210），字务观，号放翁，越州山阴（今浙江省绍兴市）人。孝宗时赐进士出身，曾任枢密院编修、镇江通判等职，因主张收复中原，两次落职。晚年退居故乡。他于四十六岁（1170 年）入蜀，任夔州通判，于蜀中任职八年，一度亲历宋金对峙的前线。陆游具有强烈的民族意识和爱国情怀，主张扫灭胡尘，还都汴梁。生平所作近万首诗中，思想价值最高的是反映时事政治的作品，与辛弃疾爱国词共同高唱出时代最强音。清姚鼐评陆诗："放翁激发忠愤，横极才力，上法子美，下揽子瞻，裁制既富，变境亦多。"（《今体诗抄序目》）有《渭南文集》《剑南诗稿》。

这首诗作于宋孝宗淳熙四年（1177 年）陆游任职成都期间。此诗以乐府旧题写时事，《关山月》系汉乐府《鼓角横吹曲》十五曲之一，用于边塞题材，多写边塞环境苦寒、战斗惨烈及将士们的思乡之情。

全诗共十二句，每四句为一层，共三个层次，勾画出中原沦陷后同一月夜下三类人不同的生活情态，分别是：偏安东南的朝中权贵醉生梦死，不恤国难；前线战士报国无门，虚度岁月；沦陷区遗民恢复无望，空垂泪痕。全诗自"和戎诏"开篇，将投降政策、国土分裂的罪责直接归于皇帝，笔力锋芒，胆识超群。次三句则从两方面述说"和戎诏"带来的后果：权贵们"直把杭州作汴州"，沉醉于享乐，而将军无心打仗，造成武备废弛。"空""沉沉""肥死""断弦"等语情绪色彩浓重。

第二层视点转向前线战士，展示"和戎诏"带给战士们的屈辱与痛苦。"戍楼刁斗""落月""笛里""沙头""征人骨"等均是传统边塞诗的典型意象。胸怀立功报国之志的壮士们驻守前线，却根本没有用武之地，“催落月”“今白发”“谁知”诸语透露出他们对虚掷青春的焦灼与忿懑。“空照征人骨”一句则倾吐壮士们不能完成先烈遗志的愧恨交加之情。

第三层又从沦陷区遗民的角度续写“和戎诏”的灾难。这一层描画了两幅对照鲜明的画面：一是侵占中原的逆胡繁衍子孙，安居乐业。二是家园被占的遗民日夜盼望王师降临驱逐逆胡，还我河山，但结果只有失望与流泪。

此诗于结构上有三个突出特点：一是围绕“和戎诏”产生的恶果展开抒写，从统治阶层、前线战士、沦陷区遗民三种人的生活情态，抨击投降政策给国家、人民带来的深重灾难；二是视线由近及远，依次展开。自南宋半壁江山，推移至宋金对峙的前线，再扩展至北方沦陷区，思路清晰；三是用白描手法概括勾画出典型的物象、画面，如“朱门沉沉”“厩马肥死”“弓断弦”“戍楼刁斗”“落月”“白发”“垂泪痕”等，并用“关山月”的背景将它们全部贯穿笼罩起来，构成完整的意境。同时，这首诗四句一换韵，读之圆转活泼。（刘天振）

拓展阅读

于北山.陆游年谱.北京：中华书局，1961.

陆游.剑南诗稿校注.钱钟联，校注.上海：上海古籍出版社，2005.

陆游.陆游词新释辑评.王双启，编著.北京：中国书店出版社，2001.

蔡义江.陆游诗词选评.上海：上海古籍出版社，2002.

孔凡礼，齐治平.古代文学研究资料汇编：陆游卷.北京：中华书局，1962.

陆游作品

古 文

越王勾践世家第十一

[汉]司马迁

越王勾践，其先禹之苗裔，而夏后帝少康之庶子也。封于会稽，以奉守禹之祀。文身断发，披草莱而邑焉。后二十馀世，至于允常。允常之时，与吴王阖庐战而相怨伐。允常卒，子勾践立，是为越王。

元年，吴王阖庐闻允常死，乃兴师伐越。越王勾践使死士挑战，三行，至吴陈，呼而自刭。吴师观之，越因袭击吴师，吴师败于槜李，射伤吴王阖庐。阖庐且死，告其子夫差曰："必毋忘越。"

三年，勾践闻吴王夫差日夜勒兵，且以报越，越欲先吴未发往伐之。范蠡谏曰："不可。臣闻兵者凶器也，战者逆德也，争者事之末也。阴谋逆德，好用凶器，试身于所末，上帝禁之，行者不利。"越王曰："吾已决之矣。"遂兴师。吴王闻之，悉发精兵击越，败之夫椒。越王乃以馀兵五千人保栖于会稽。吴王追而围之。

越王谓范蠡曰："以不听子故至于此，为之奈何？"蠡对曰："持满者与天，定倾者与人，节事者以地。卑辞厚礼以遗之，不许，而身与之市。"勾践曰："诺。"乃令大夫种行成于吴，膝行顿首曰："君王亡臣勾践使陪臣种敢告下执事：勾践请为臣，妻为妾。"吴王将许之。子胥言于吴王曰："天以越赐吴，勿许也。"种还，以报勾践。勾践欲杀妻子，燔宝器，触战以死。种止勾践曰："夫吴太宰贪，可诱以利，请间行言之。"于是勾践乃以美女宝器令种间献吴太宰嚭。嚭受，乃见大夫种于吴王。种顿首言曰："愿大王赦勾践之罪，尽入其宝器。不幸不赦，勾践将尽杀其妻子，燔其宝器，悉五千人触战，必有当也。"嚭因说吴王曰："越以服为臣，若将赦之，此国之利也。"吴王将许之。子胥进谏曰："今不灭越，后必悔之。勾践贤君，种、蠡良臣，若反国，将为乱。"吴王弗听，卒赦越，罢兵而归。

勾践之困会稽也，喟然叹曰："吾终于此乎？"种曰："汤系夏台，文王囚羑里，晋重耳奔翟，齐小白奔莒，其卒王霸。由是观之，何遽不为福乎？"

吴既赦越，越王勾践反国，乃苦身焦思，置胆于坐，坐卧即仰胆，饮食亦尝胆也。曰："女忘会稽之耻邪？"身自耕作，夫人自织，食不加肉，衣不重采，折节下贤人，厚遇宾客，振贫吊死，与百姓同其劳。欲使范蠡治国政，蠡对曰："兵甲之事，种不如蠡；填抚国家，亲附百姓，蠡不如种。”于是举国政属大夫种，而使范蠡与大夫柘稽行成，为质于吴。二岁而吴归蠡。

勾践自会稽归七年，拊循其士民，欲用以报吴。大夫逢同谏曰：“国新流亡，今乃复殷给，缮饰备利，吴必惧，惧则难必至。且鸷鸟之击也，必匿其形。今夫吴兵加齐、晋，怨深于楚、越，名高天下，实害周室，德少而功多，必淫自矜。为越计，莫若结齐，亲楚，附晋，以厚吴。吴之志广，必轻战。是我连其权，三国伐之，越承其弊，可克也。”勾践曰：“善。”

居二年，吴王将伐齐。子胥谏曰：“未可。臣闻勾践食不重味，与百姓同苦乐。此人不死，必为国患。吴有越，腹心之疾，齐与吴，疥癣也。愿王释齐，先越。”吴王弗听，遂伐齐，败之艾陵，虏齐高、国以归。让子胥。子胥曰：“王毋喜！”王怒，子胥欲自杀，王闻而止之。越大夫种曰：“臣观吴王政骄矣，请试尝之贷粟，以卜其事。”请贷，吴王欲与，子胥谏勿与，王遂与之，越乃私喜。子胥言曰：“王不听谏，后三年吴其墟乎！”太宰嚭闻之，乃数与子胥争越议，因谗子胥曰：“伍员貌忠而实忍人，其父兄不顾，安能顾王？王前欲伐齐，员强谏，已而有功，用是反怨王。王不备伍员，员必为乱。”与逢同共谋，谗之王。王始不从，乃使子胥于齐，闻其托子于鲍氏，王乃大怒，曰：“伍员果欺寡人！”役反，使人赐子胥属镂剑以自杀。子胥大笑曰：“我令而父霸，我又立若，若初欲分吴国半予我，我不受，已，今若反以谗诛我。嗟乎，嗟乎，一人固不能独立！”报使者曰：“必取吾眼置吴东门，以观越兵入也！”于是吴任嚭政。

居三年，勾践召范蠡曰：“吴已杀子胥，导谀者众，可乎？”对曰：“未可。”

至明年春，吴王北会诸侯于黄池，吴国精兵从王，惟独老弱与太子留守。勾践复问范蠡，蠡曰“可矣”。乃发习流二千人，教士四万人，君子六千人，诸御千人，伐吴。吴师败，遂杀吴太子。吴告急于王，王方会诸侯于黄池，惧天下闻之，乃秘之。吴王已盟黄池，乃使人厚礼以请成越，越自度亦未能灭吴，乃与吴平。

其后四年，越复伐吴，吴士民罢弊，轻锐尽死于齐、晋。而越大破吴，因而留围之三年，吴师败，越遂复栖吴王于姑苏之山。吴王使公孙雄肉袒膝行而前，请成越王曰：“孤臣夫差敢布腹心，异日尝得罪于会稽，夫差不敢逆命，得与君王成以归。今君王举玉趾而诛孤臣，孤臣惟命是听，意者亦欲如会稽之赦孤臣之罪乎？”勾践不忍，欲许之。范蠡曰：“会稽之事，天以越赐吴，吴不取。今天以吴赐越，越其可逆天乎？且夫君王早朝晏罢，非为吴邪？谋之二十二年，一旦而弃之，可乎？且夫天与弗取，反受其咎。‘伐柯者其则不远’，君忘会稽之厄乎？”勾践曰：“吾欲听子言，吾不忍其使者。”范蠡乃鼓进兵，曰：“王已属政于执事，使者去，不者且得罪。”吴使者泣而去。勾践怜之，乃使人谓吴王曰：“吾置王甬东，君百家。”吴王谢曰：“吾老矣，不能事君王！”遂自杀。乃蔽其面，曰：“吾无面以见子胥也！”越王乃葬吴王而诛太宰嚭。

勾践已平吴，乃以兵北渡淮，与齐、晋诸侯会于徐北，致贡于周。周元王使人赐勾践

太史公曰：禹之功大矣，渐九川，定九州，至于今诸夏艾安。及苗裔勾践，苦身焦思，终灭强吴，北观兵中国，以尊周室，号称霸王。勾践可不谓贤哉！盖有禹之遗烈焉。范蠡三迁皆有荣名，名垂后世。臣主若此，欲毋显得乎？

（选自《史记》（评注本），岳麓书社2012年版）

导　读

《史记》是一部伟大的作品，既是历史的，也是文学的。

提起《史记》，人们最容易想到的就是《项羽本纪》《高祖本纪》《留侯世家》《淮阴侯列传》等。除此之外，笔者还非常喜欢《楚世家》和《越王勾践世家》，尤其是后者，不足5000字，在"世家"中篇幅相对短小，但却是最精致的，是《史记》中的极品。

越国从勾践立越王到秦始皇统一中国，其间大约270年历史，可谓漫长，一定有数不清的惊天动地的故事，司马迁一定也掌握了很多史料，但他最后作如是选择，显然是有所考量的。历史上发生的事很多，可供书写的也很多，但只有那些有意味的、具有丰富人生与社会内涵的历史事件才值得书写，才能够流传下来，这可以称之为历史写作的"文学性原则"，这其实是《史记》能够深为读者喜欢并广为流传的最重要的原因。所以，司马迁不仅是伟大的历史学家，也是伟大的文学家，假如他写小说，《越王勾践世家》这样的小说就是典型的现代小说，如果这样的话，中国现代性的小说就可以至少提前一千年。可惜了中国文学史。

读文章，我们可以看到，小说中所有的因素《越王勾践世家》都有，比如情节、人物、叙述的紧张感、情感、人生智慧、历史本身的深度等，而且都达到了最高级别。文章中，吴王夫差、越王勾践的性格鲜明，形象生动，两人似乎是项羽与刘邦的翻版，可以进行相互阐释。但我认为，文章的主人公不是夫差，也不是勾践，而是范蠡，司马迁对他的概括是"所止必成名"，也即做什么成什么。虽很难说范蠡是"圣人"，但却可以称为"神人"。范蠡的自我概括是："居家则致千金，居官则至卿相，此布衣之极也。"大丈夫当如范蠡，为官辅国，帮助勾践复仇并建立霸业，成就越国在中国历史上最光辉灿烂的一页。治产（即搞实业），"居无几何，致产数千万"，散尽家财，再去经商，又"居无何，则致资累巨万"，真可谓"千金散尽还复来"。这是生活之大潇洒，范蠡自称为"行意"，"行意"一词真是妙极了，这是人生自由的极境，只可意会，不可言传。

范蠡懂得进退，知道何时收手，当然也知道天命之不可违。一般人都知道帝王为极端之荣耀，但其实范蠡的荣耀在帝王之上。帝王是权力的极端，是利益的极端，但帝王只有荣耀，没有自由，有时甚至丧失了作为人的本性。但范蠡不一样，他很好地协调了荣耀与生活之间的关系，既有荣耀，同时也享受普通人的正常生活，所以他的荣耀不是极端的，而是高于极端。司马迁太伟大了，他从人的角度把范蠡写到极致，中国历史上，勾践、夫差这样的人物很多，但范蠡只有一个。读完文章，人们多么希望范蠡和西施是一对，但历史就是历史，范蠡和西施泛舟五湖只能在小说中出现。

司马迁可以说是饱含深情写范蠡，他没有专门为他列传，而是把他放在越王世家中书写，是有深意的，实际上是表明强大的越国是由勾践和范蠡共同开创的。

除了夫差、勾践、范蠡三人以外，其他人物如文种、伍子胥、长男、伯嚭、庄生等虽然笔墨不多，但却每个人个性鲜明，栩栩如生，形象跃然纸上。一篇只有4000多字的文章，却写出了这么多性格鲜明的人物形象，这需要极高超的写作能力。

文章虽然是历史著作，但却非常具体，甚至有细节描写，读来生动盎然。语言高度概括，非常精炼，比如写伍子胥受伯嚭离间被吴王赐死之后，文章仅用了一句话概括历史进程，即“于是吴任嚭政。”虽然语句上似乎有些突然，缺乏转折衔接，但非常简洁，读者一看就明白。范蠡给文种写的信：“蜚鸟尽，良弓藏；狡兔死，走狗烹。越王为人长颈鸟喙，可与共患难，不可与共乐。”这已经是中国文章史中的千古名句。给勾践的辞别信：“臣闻主忧臣劳，主辱臣死。昔者君王辱于会稽，所以不死，为此事也。今既以雪耻，臣请从会稽之诛。”多么得体。

文章最后范蠡救儿的故事，非常戏剧化，且表达出一种淡淡的哀愁，营造出一种悲凉的氛围，被很多历史学家诟病，冠之以“小说家言”而贬之。但从阅读的角度来说，以文章学的视角来看，它恰恰是“神来之笔”，可以说是对范蠡“苦身焦思”的一个解释，范蠡的成功在于他的聪明绝顶，在于他的勤思考，所以料事如神。

有人不愿意读文学作品，认为和历史相比，文学都是“小儿科”，最好的小说不能和最精彩的历史相比，从记“实”的角度出发，这是有道理的。但历史本身是杂乱无章的，甚至是鱼目混珠的，只有伟大的历史学家才能把那些精彩的、光辉的历史片断发掘出来，书写出来，建构成精致的艺术品。在书写的意义上，并不是所有的历史都值得去读，我认为“好”的历史文本的标准是：可以增长知识，给人智慧和生活启迪，培养人的品行，具有现实观照性，有趣味，有文学品位。《越王勾践世家》就具有这些特点。的确，读了这样的好文章，再读一些平庸的文学作品都会变得索然无味。但话又说回来，这样的作品潜移默化地提升了我们的阅读品味，帮助我们鉴别并阅读到其他优秀的文学作品。（高玉）

拓展阅读

司马迁.史记(点校本二十四史修订本).北京：中华书局，2013.

李翰文.史记：精注全译(全六册).北京：北京联合出版公司，2016.

泷川资言.史记会注考证(全八册).上海：上海古籍出版社，2016.

韩兆琦.史记笺证(全十册).南昌：江西人民出版社，2016.

《楚世家第十》

琵琶记·糟糠自厌

[元] 高明

〔旦上唱〕

【山坡羊】 乱荒荒不丰稔的年岁，远迢迢不回来的夫婿。急煎煎不耐烦的二亲，软怯怯不济事的孤身己。衣尽典，寸丝不挂体。几番要卖了奴身己，争奈没主公婆教谁管取。〔合〕思之，虚飘飘命怎期？难捱，实丕丕灾共危。

【前腔】 滴溜溜难穷尽的珠泪，乱纷纷难宽解的愁绪，骨崖崖难扶持的病体，战钦钦难捱过的时和岁。这糠呵，我待不吃你，教奴怎忍饥？我待吃呵，怎吃得？〔介〕苦，思量起来不如奴先死，图得不知他亲死时。〔合前〕

〔白〕奴家早上安排些饭与公婆，非不欲买些鲑菜，争奈无钱可买。不想婆婆抵死埋冤，只道奴家背地自吃了甚么。不知奴家吃的却是细米皮糠，吃时又不敢教他知道，只得回避。便埋冤杀了，也不敢分说。苦！真实这糠怎的吃得。〔吃介〕〔唱〕

【孝顺歌】 呕得我肝肠痛，珠泪垂，喉咙尚兀自牢嗄住。糠，遭砻被舂杵，筛你簸飏你，吃尽控持。悄似奴家身狼狈，千辛百苦皆经历。苦人吃着苦味，两苦相逢，可知道欲吞不去。

〔吃吐介〕〔唱〕

【前腔】 糠和米，本是两倚依，谁人簸扬你作两处飞？一贱与一贵，好似奴家与夫婿，终无见期。丈夫，你便是米么，米在他方没寻处。奴便是糠么，怎的把糠救得人饥馁？好似儿夫出去，怎的教奴供给得公婆甘旨？〔不吃放碗介〕〔唱〕

【前腔】 思量我生无益，死又值甚的！不如忍饥为怨鬼。公婆年纪老，靠着奴家相依倚，只得苟活片时。片时苟活虽容易，到底日久也难相聚。谩把糠来相比，这糠尚兀自有人吃，奴家骨头，知他埋在何处？

〔外、净上探，白〕媳妇，你在这里说甚么？〔旦遮糠介〕〔净搜出，打旦介〕〔白〕公公，你看么，真个背后自逼逻东西吃，这贱人好打！〔外白〕你把他吃了，看是什么物事？〔净荒吃介〕〔吐介〕〔外白〕媳妇，你逼逻的是甚么东西？〔旦介〕〔唱〕

【前腔】 这是谷中膜，米上皮，将来逼逻堪疗饥。〔外、净白〕这是糠，你却怎的吃得？〔旦唱〕尝闻古贤书，狗彘食人食，公公，婆婆，须强如草根树皮。〔外、净白〕这的不嗄杀了你，〔旦唱〕嚼雪餐毡，苏卿犹健，餐松食柏到做得神仙侣，纵然吃些何虑？〔白〕公公，婆婆，别人吃不得，奴家须是吃得。〔外、净白〕胡说！偏你如何吃得？〔旦唱〕爹妈休疑，奴须是你孩儿的糟糠妻室！

〔外、净哭介，白〕原来错埋冤了人，兀的不痛杀了我！〔倒介〕〔旦叫介〕〔唱〕

【雁过沙】 他沉沉向迷途，空教我耳边呼。公公，婆婆，我不能尽心相奉事，番教你为我归黄土。公公，婆婆，人道你死缘何故？公公，婆婆，你怎生割舍抛弃了奴？

〔白〕公公，婆婆。〔外醒介〕〔唱〕

【前腔】 媳妇，你耽饥事公姑。媳妇，你耽饥怎生度？错埋冤你也不肯辞，我如今始信有糟糠妇。媳妇，我料应不久归阴府。媳妇，你休便为我死的把生的受苦。〔旦叫婆婆介〕〔唱〕

【前腔】 婆婆，你还死，教奴家怎支吾？你若死，教我怎生度？我千辛万苦回护丈夫，如今到此难回护。我只愁母死难留父，况衣衫尽解，囊箧又无。〔外叫净介〕〔唱〕

【前腔】 婆婆，我当初不寻思，教孩儿往皇都。把媳妇闪得苦又孤，把婆婆送入黄泉路，只怨是我相耽误。我骨头未知埋在何处所。

〔旦白〕婆婆都不省人事了，且扶入里面去。正是：青龙共白虎同行，吉凶事全然未保。〔并下〕〔末上白〕福无双至犹难信，祸不单行却是真。自家为甚说这两句？为邻家蔡伯喈妻房，名唤作赵氏五娘子，嫁得伯喈秀才，方才两月，丈夫便出去赴选。自去之后，连年饥荒，家里只有公婆两口，年纪八十之上。甘旨之奉，亏杀这赵五娘子，把些衣服首饰之类尽皆典卖，籴些粮米做饭与公婆吃，他却背地里把些细米皮糠逼逻充饥。唧唧，这般荒年饥岁，少什么有三五个孩儿的人家，供膳不得爹娘。这个小娘子，真个今人中少有，古人中难得。那公婆不知道，颠倒把他埋冤。今来听得他公婆知道，却又痛心，都害了病。俺如今去他家里探取消息则个。〔看介〕这个来的却是蔡小娘子，怎生恁地走得慌？〔旦慌走上介，白〕天有不测风云，人有旦夕祸福。〔见末介〕公公，我的婆婆死了。〔末介〕我却要来。〔旦白〕公公，我衣衫首饰尽行典卖，今日婆婆又死，教我如何区处？公公可怜见，相济则个。〔末白〕不妨，婆婆衣衾棺椁之费皆出于我，你但尽心承值公公便了。〔旦哭介〕〔唱〕

【玉包肚】 千般生受，教奴家如何措手？终不然把他骸骨，没棺椁送在荒丘？〔合〕相看到此，不由人不珠泪流，正是不是冤家不聚头。〔末唱〕

【前腔】 不须多忧，送婆婆是我身上有。你但小心承直公公，莫教又成不救。〔合前〕

【前腔】 张公护救，我媳妇实难启口。孩儿去后，又遇饥荒，把衣衫典卖无留。

〔合前〕〔末〕老员外，你请进里面去歇息，待我一霎时叫家僮讨棺木来，把老安人殡敛了，选个吉日，送在南山安葬去。〔旦〕如此，多谢太公周济。

〔旦白〕如此，谢得公公！只为无钱送老娘。〔末白〕娘子放心，须知此事有

商量。〔合〕正是：归家不敢高声哭，只恐人闻也断肠。〔并下〕

（选自《中国古代文学作品选（三）》人民文学出版社 2002 年版）

导 读

高明（约 1305—约 1370），字则诚，号菜根道人，人称东嘉先生，瑞安（今属浙江省温州市）人，至正五年（1345）进士，曾任处州录事、杭州行省丞相掾等职。高明博学多艺，有诗文集《柔克斋集》二十卷（多散佚）。《琵琶记》创作于其客居明州（今浙江宁波）时，历时三年多方完成。

南戏又称“温州杂剧”“永嘉杂剧”，大约形成于南北宋之交，本为永嘉民间小戏，后向四方传播，影响范围愈来愈广，其艺术要素的发育也愈益成熟。现存宋元南戏剧目有 238 种，存世剧本有 17 种。元末高明《琵琶记》造于南戏艺术的巅峰，徐渭《南词叙录》说，高明此剧“用清丽之词，一洗作者之陋，于是村坊小伎，进与古法部相参，卓乎不可及已”。明清时期各种声腔的传奇戏均受其沾溉，清刘廷玑《在园杂志》称：“自古迄今，凡填词家，咸以《琵琶记》为祖。”其在元明清戏曲史上占有崇高的地位。

高明《琵琶记》是在宋元旧篇《赵贞女蔡二郎》基础上改编而成的，原剧写蔡伯喈进京赶考，考中状元，入赘相府，弃亲背妇，最终被暴雷劈死，是一个典型的书生负心故事。高明对原剧进行了彻底改造，剧情大意谓：陈留人蔡伯喈新婚不久，迫于父命进京赶考，考中状元。当朝牛丞相欲招伯喈为婿，伯喈辞官、辞婚均不被允。伯喈妻赵五娘在家乡侍奉公婆，因遭灾荒，衣食不继，五娘虽竭尽全力，也无法养活公婆，二老相继亡故，五娘割发买葬，然后背着琵琶沿途卖唱，进京寻夫。于状元府夫妻相认后，尴尬的牛小姐很快接受赵五娘，甘愿做小。于是蔡伯喈携带一妻一妾，回乡祭奠父母，守孝期满，回京做官。蔡家受到了皇帝的满门旌表。高明旨在把蔡伯喈改造成一个全忠全孝的伦理楷模，但全剧真正感化人心的是劳动妇女赵五娘所表现出的牺牲自我、苦己利人的高贵品格，这一点当是越出了作家的初衷与期许。

第二十一出《糟糠自厌》是集中表现赵五娘美德的一场戏，历来为评论者所重视。这出戏将赵五娘置于伯喈走后家中面临的严峻困境中来展示其性格与美德。“乱荒荒不丰稔的年岁”“远迢迢不回来的夫婿”“急煎煎不耐烦的二亲”三者与“软怯怯不济事的孤身己”形成强烈的反差。赵五娘甚至想到了死：“思量起来不如奴先死。”但“争奈没主公婆教谁管取”。“公婆年纪老，靠奴家相依倚，只得苟活片时。”供养公婆是支撑赵五娘坚强活下去的唯一信念。为侍奉公婆，她“衣尽典，寸丝不挂体”。让公婆吃米，自己背地里吃糠，“呕得我肝肠痛，珠泪垂，喉咙尚兀自牢嗄住。”也不让二老看见。

赵五娘所唱的【山坡羊】【孝顺歌】及四支【前腔】曲子将自己和丈夫的命运比作糠和米的关系，用糠所遭受的“砻”“舂”“筛”“簸”种种不幸类比五娘“千辛万苦皆经历”的悲惨命运，贴切而形象。因为米和糠在农业社会是最为常见之物，借二者的不同命运比喻、映衬五娘的悲惨遭遇，也最易获得受众的理解，并引起他们的强烈共鸣。而且，“糟糠之妻”在中国传统文化中借指贫贱时共患难的妻子，《后汉书·宋弘传》中借宋弘之口云：“贫贱之交不可忘，糟糠之妻不下堂。”因此，“糟糠之妻”蕴涵着中华传统文化中对夫妻关系所坚守的一种朴素而强制的道德，它包括两层涵意：一是糟糠之妻是曾与男子共患难的伴侣，应受到珍惜与尊重；二是即使男子后来发迹了，也不可抛弃糟糠之妻。《琵琶记》以“糟糠”比喻赵五娘的命运，触及了中国传统道德的深层结构，赋予赵五娘这一形象更深厚的道德感化力量。

这出戏对人物心理的刻画深刻而细腻，如赵五娘对肩上的重压由畏惧到坚强。由于背地里吃糠引起公婆的误解，五娘由隐忍、委屈到释然的过程也很真实。蔡公蔡婆对五娘背地里吃糠，由误解到惊讶，再到自责愧疚，也很曲折逼真。这些心理刻画有力深化了人物的性格内涵。同时，邻居张公的大段宾白实为一段插叙，以第三者口吻交代了蔡伯喈赴试去后，赵五娘侍奉公婆所经历的艰难困苦，并评价、赞扬了五娘的美德：“这个小娘子，真个今人中少有，古人中难得。”帮助受众深化对剧情的理解。这出戏的唱词与宾白皆通俗本色，切合劳苦百姓的身份与特定情境。明代王世贞在《曲藻》中评价《琵琶记》：“则成(诚)所以冠绝诸剧者，不唯其琢句之工，使事之美而已。其体贴人情，委曲必尽；描写物态，仿佛如生；回答之际，了不见扭造。所以佳耳。”诚为的评。(刘天振)

拓展阅读

高明.元本琵琶记校注.钱南扬，校注.北京：中华书局，2009.

侯百鹏.《琵琶记》资料汇编.北京：书目文献出版社，1989.

黄仕忠.《琵琶记》研究.广州：广东高等教育出版社，1996.

俞为民.南戏通论.杭州：浙江人民出版社，2008.

《风筝误》

童心说

［明］李贽

龙洞山农叙《西厢》，末语云："知者勿谓我尚有童心可也。"夫童心者，真心也。若以童心为不可，是以真心为不可也。夫童心者，绝假纯真，最初一念之本心也。若失却童心，便失却真心；失却真心，便失却真人。人而非真，全不复有初矣。

童子者，人之初也；童心者，心之初也。夫心之初，曷可失也！然童心胡然而遽失也？盖方其始也，有闻见从耳目而入，而以为主于其内而童心失。其长也，有道理从闻见而入，而以为主于其内而童心失。其久也，道理闻见日以益多，则所知所觉日以益广，于是焉又知美名之可好也，而务欲以扬之而童心失；知不美之名之可丑也，而务欲以掩之而童心失。夫道理闻见，皆自多读书识义理而来也。古之圣人，曷尝不读书哉！然纵不读书，童心固自在也；纵多读书，亦以护此童心而使之勿失焉耳，非若学者反以多读书识义理而反障之也。夫学者既以多读书识义理障其童心矣，圣人又何用多著书立言以障学人为耶？童心既障，于是发而为言语，则言语不由衷；见而为政事，则政事无根柢；著而为文辞，则文辞不能达。非内含于章美也，非笃实生辉光也，欲求一句有德之言，卒不可得。所以者何？以童心既障，而以从外入者闻见道理为之心也。

夫既以闻见道理为心矣，则所言者皆闻见道理之言，非童心自出之言也。言虽工，于我何与？岂非以假人言假言、而事假事、文假文乎？盖其人既假，则无所不假矣。由是而以假言与假人言，则假人喜；以假事与假人道，则假人喜；以假文与假人谈，则假人喜。无所不假，则无所不喜。满场是假，矮人何辩也？然则虽有天下之至文，其湮灭于假人而不尽见于后世者，又岂少哉！何也？天下之至文，未有不出于童心焉者也。苟童心常存，则道理不行，闻见不立，无时不文，无人不文，无一样创制体格文字而非文者。诗何必古选，文何必先秦。降而为六朝，变而为近体，又变而为传奇，变而为院本，为杂剧，为《西厢曲》，为《水浒传》，为今之举子业，皆古今至文，不可得而时势先后论也。故吾因是而有感于童心者之自文也，更说什么六经，更说什么《语》、《孟》乎？

夫六经、《语》、《孟》，非其史官过为褒崇之词，则其臣子极为赞美之语。又不然，则其迂阔门徒，懵懂弟子，记忆师说，有头无尾，得后遗前，随其所见，笔之于书。后学不察，便谓出自圣人之口也，决定目之为经矣，孰知其大半非圣人之言乎。纵出自圣人，要亦有为而发，不过因病发药，随时处方，以救此一等懵懂弟子，迂阔门徒云耳。医药假病，方难定执，是岂可遽以为万世之至论乎？然则六经、《语》、《孟》，乃道学之口实，假人之渊薮也，断断乎其不可以语于童心之言明矣。呜呼！吾又安得真正大圣人童心未曾失者而与之一言文哉！

（选自《中国古代文学作品选(三)》，人民文学出版社 2002 年版）

导 读

李贽(1527—1602)，字宏甫，号卓吾，温陵居士等，泉州晋江(今福建泉州市)人，明代中晚期杰出思想家、史学家。26 岁中举，30 岁除河南共城县(今辉县)教谕，官至云南姚安知府。54 岁辞官，专事讲学与著述。曾长期寓居湖北黄安、麻城、武昌等地，广交名士，追随者众多。李贽深受王阳明心学影响，是泰州学派后期的重要代表人物。李贽对老庄、佛道均有深入研究，对程朱理学、假道学深恶痛绝，并激烈抨击。他公然以"异端"自居，不畏卫道者的围攻。万历三十年(1602 年)，以"敢倡乱道，惑世诬民"的罪名被捕入狱，因不堪受辱，自刎于狱中。著作有《焚书》《续焚书》《藏书》《续藏书》《李温陵集》等。

自明初程朱理学成为官方意识形态，成为八股取士的矩矱，至中叶，其腐朽与危害已暴露无遗，当时传统道德沦丧殆尽，学风唯务科举名利，学者孤陋寡闻，社会危机全面加深。中叶以降，思想界崛起的阳明心学，标榜主观的良知心性，否定绝对的客观理性，实际是对程朱理学和八股俗学的公然反叛，是知识界一种自发的思想解放。其所摄取借用的思想资源，既有传统的儒学，更有老庄和佛道。

李贽《童心说》出自其《焚书》卷三。他在此文中提出了"童心"的观念。所谓"童心"，即赤子之心，亦即"绝假纯真，最初一念之本心"。全文围绕"童心"与做人、"童心"与作文两种关系展开论述。他认为，人的童心的失去，主要缘于外入的闻见道理："方其始也，有闻见从耳目而入，而以为主于其内而童心失。其长也，有道理从闻见而入，而以为主于其内而童心失。其久也，道理闻见日以益多，则所知所觉日以益广，于是焉又知美名之可好也，而务欲以扬之而童心失；知不美之名之可丑也，而务欲以掩之而童心失。夫道理闻见，皆自多读书识义理而来也。"结果是："其人既假，则无所不假矣。由是而以假言与假人言，则假人喜；以假事与假人道，则假人喜；以假文与假人谈，则假人喜。无所不假，则无所不喜。满场是假，矮人何辩也？然则虽有天下之至文，其湮灭于假人而不尽见于后世者，又岂少哉！"

明中叶以后的文学界，复古之风盛行，实际是对程朱理学、八股俗学展开的一种"暗度陈仓"式的突围。当时，复古之风一波强过一波，前七子代表李梦阳倡言"文必秦汉，诗必盛唐"(《明史・文苑二・李梦阳传》)，后七子代表李攀龙更加偏执，主张"文自西京，诗自天宝而下，俱无足观"(《明史・李攀龙传》)。但物极必反，终流于矫饰和剽窃。后来钱谦益即批评李梦阳："献吉生休明之代，负雄鸷之才，偭然谓汉后无文，唐后无诗，以复古为己任，信阳何仲默起而应之。……献吉以复古自命，曰：古诗必汉魏，必三谢；

今体必初盛唐，必杜。舍是无诗焉。牵率模拟，剽贼于声句字之间，如婴儿之学语，如桐子之洛诵，字则字、句则句、篇则篇，毫不能吐其心之所有，古之人固如是乎？天地之运会，人世之景物，新新不停，生生相续，而必曰汉后无文，唐后无诗，此数百年之宇宙日月尽皆缺陷晦蒙，直待献吉而洪荒再辟乎？”(《列朝诗集小传》丙集)。而李贽“童心说”认为，最好的文章来自于“真心”的自然表露，出于“童心”的率性表达。所以只要出于真情实感，时代不分先后，文体不分雅俗，皆可称为“至文”：“天下之至文，未有不出于童心焉者也。”“诗何必古选，文何必先秦。降而为六朝，变而为近体，又变而为传奇，变而为院本，为杂剧，为《西厢曲》，为《水浒传》，为今之举子业，皆古今至文，不可得而时势先后论也。”这里自然表达了文学的进化观念。复古派以“古”作为衡文之标准，而李贽则以童心、真情作为优秀文章之根本依据。孰是孰非，孰能经受住时间的检验，相信历史自有公论。

全文运用了常识理性推论法。首先是借用常识理性推理以立论，由童心（真心）至真人，至真言，至真事，至真文，亦即“内含于章（彰）美”“笃实生辉光”。不过这种正面论述于全文中大致是隐藏于反驳论证之下的。其次是运用常识理性以归谬推理，由失却童心，至失却真人，至言假言、事假事、文假文，乃至无所不假，抽丝剥茧，层层深入，将伪道学的修炼轨迹彻底揭示出来。同时，还剖析了伪道学童心失去的具体过程，即绝假纯真的童心逐渐被外入的闻见道理所障蔽，最终“主于其内”。道理闻见主要源自六经、《论语》《孟子》，而这些圣经贤传却并不可信，遭到了后世别有用心者的歪曲篡改。这就给予伪道学釜底抽薪式的致命一击，使其彻底丧失了存在的依据。（刘天振）

拓展阅读

容肇祖.李贽年谱.北京：生活·读书·新知三联书店，1957.

许苏民.李贽评传.南京：南京大学出版社，2011.

李贽.李贽文集.北京：社会科学文献出版社，2000.

何心隐，李贽.何心隐集　李贽集.李敖，主编.天津：天津古籍出版社，2017.

李贽作品

徐文长传

[明] 袁宏道

余一夕坐陶太史楼，随意抽架上书，得《阙编》诗一帙，恶楮毛书，烟煤败黑，微有字形，稍就灯间读之。读未数首，不觉惊跃，急呼周望："《阙编》何人作者？今邪？古邪？"周望曰："此余乡徐文长先生书也。"两人跃起，灯影下，读复叫，叫复读，僮仆睡者皆惊起。盖不佞生三十年，而始知海内有文长先生。噫，是何相识之晚也！因以所闻于越人士者，略为次第，为徐文长传。

徐渭，字文长，为山阴诸生，声名藉甚。薛公蕙校越时，奇其才，有国士之目。然数奇，屡试辄蹶。中丞胡公宗宪闻之，客诸幕。文长每见，则葛衣乌巾，纵谈天下事，胡公大喜。是时，公督数边兵，威振东南，介胄之士，膝语蛇行，不敢举头，而文长以部下一诸生傲之，议者方之刘真长、杜少陵云。会得白鹿，属文长作表，表上，永陵喜。公以是益奇之，一切疏记，皆出其手。

文长自负才略，好奇计，谈兵多中，视一世士无可当意者，然竟不偶。文长既已不得志于有司，遂乃放浪曲蘖，恣情山水，走齐、鲁、燕、赵之地，穷览朔漠。其所见山崩海立，沙起云行，风鸣树偃，幽谷大都，人物鱼鸟，一切可惊可愕之状，一一皆达之于诗。其胸中又有勃然不可磨灭之气，英雄失路，托足无门之悲，故其为诗，如嗔，如笑，如水鸣峡，如种出土，如寡妇之夜哭，羁人之寒起。虽其体格时有卑者，然匠心独出，有王者气，非彼巾帼而事人者所敢望也。文有卓识，气沉而法严，不以模拟损才，不以议论伤格，韩、曾之流亚也。文长既雅不与时调合，当时所谓骚坛主盟者，文长皆叱而奴之，故其名不出于越，悲夫！喜作书，笔意奔放如其诗，苍劲中姿媚跃出，欧阳公所谓"妖韶女老，自有余态"者也。间以其余，旁溢为花鸟，皆超逸有致。卒以疑杀其继室，下狱论死。张太史元汴力解，乃得出。晚年愤益深，佯狂益甚。显者至门，或拒不纳。时携钱至酒肆，呼下隶与饮；或自持斧击破其头，血流被面，头骨皆折，揉之有声；或以利锥锥其两耳，深入寸余，竟不得死。

周望言："晚岁诗文益奇，无刻本，集藏于家。"余同年有官越者，托以抄录，今未至。余所见者，《徐文长集》《阙编》二种而已，然文长竟以不得志于时，抱愤而卒。

石公曰："先生数奇不已，遂为狂疾，狂疾不已，遂为囹圄。古今文人，牢骚困苦未有若先生者也。虽然，胡公间世豪杰，永陵英主。幕中礼数异等，是胡公知有先生矣；表上，人主悦，是人主知有先生矣。独身未贵耳。先生诗文崛起，一扫近代芜秽之习，百世而下，自有定论。胡为不遇哉！梅客生尝寄余书曰：'文长吾老友，病奇于人，人奇于诗。'余谓文长,无之而不奇者也。无之而不奇,斯无之而不奇也,悲夫!"

(选自《中国历代文学作品选》下编第一册,上海古籍出版社 2002 年版)

导 读

袁宏道(1568—1610),字中郎,号石公,公安(今湖北公安)人。万历二十年(1592 年)进士,曾任吴县(今苏州)知县,官至吏部郎中,与其兄宗道、弟中道均为公安派文学代表人物,时称"三袁",而以宏道声名最著。宏道文学思想力矫前、后七子"文必秦汉,诗必盛唐"的流弊,主张"独抒性灵,不拘格套",抒写真情实感,文风自由活泼。有《袁中郎集》。

《徐文长传》是专为徐渭所作的传记。徐渭(1521—1593),字文长,别署田水月、天池山人等,晚号青藤道士,浙江山阴(今绍兴)人。世袭军籍,才茂思敏,但科举偃蹇,止于诸生。为人个性孤傲,放浪形骸,袁宏道于本文中记其于胡宗宪幕中葛衣乌巾,长揖就坐,纵谈天下事,旁若无人。同乡人陶望龄又记他"性通脱,多与群少年昵,饮市肆,幕中有急需,召渭不得,开戟门以待之。侦者得状,报曰:'徐秀才方大醉嚎嚣,不可致也。'"(陶望龄《徐文长传》)可见其性情之一斑。但文长多才多艺,于诗文、戏曲、书法、绘画诸多方面均有很深造诣。诗文集有《徐文长初集》《徐文长三集》《徐文长全集》《阙编》《徐文长逸稿》等,杂剧集《四声猿》、南戏专著《南词叙录》等。虽然徐渭成就卓异,但因其一生布衣,作品传播不广,其生前也就默默无闻。抱愤而卒之后,其名字渐渐湮没不彰。袁宏道造访陶望龄时偶然"发现"了他,慨然为其作传扬名,刊布其文集,使世人重新认识徐渭,重视其艺术成就。因此,袁中郎此文可谓以奇文记奇人。

首先,全文以"奇"字为骨。以千余字篇幅,记叙徐渭奇异的一生,紧紧围绕一"奇"字选择事迹,结撰全篇。第一是徐渭才能奇异。文韬方面,诗、文、书、画兼擅;武略方面,"好奇计,谈兵多中",受到"督数边兵"的胡宗宪的格外倚重。第二是生平遭际奇异。他虽然才能卓异,但命运不偶。才学富赡理应取功名如拾草芥,但却屡困场屋,"屡试辄蹶",命运似乎故意跟他过不去;"既已不得志于有司,遂乃放浪曲糵,恣情山水,走齐、鲁、燕、赵之地,穷览朔漠",所见所触,也都是"可惊可愕之状";因为杀害继室而下狱论死。晚年郁愤难诉,竟然疯狂自虐,持斧自击其头,或以利锥锥耳。其愤激之深肯定是常人难及的。第三是个性奇异。桀骜不驯,脱略礼法,即使身为胡宗宪幕宾,也并不屈从于势位,依然保持个性的独立。对来访的"显者"不逢迎,饮酒时对低贱的"下隶"不回避。特立独行,我行我素,这当然只有"奇人"做得到。

其次,传文中倾注浓烈的主观情感。因为作者袁中郎也是性情洒脱之人,所以对传主徐文长惺惺相惜,传文的字里行间始终充溢着浓烈的情感。中郎初读文长诗集时"不觉惊跃",一下被震撼了。与陶望龄共读时,是"两人跃起,灯影下,读复叫,叫复读,僮仆睡者皆惊起”。鲜明表达出他对徐渭诗歌的倾慕与热爱。此后对传主平生事迹的记载，毫不掩饰、毫不吝惜仰慕赞美之情。言其诗，是“如嗔，如笑，如水鸣峡，如种出土，如寡妇之夜哭，羁人之寒起”；论其文，是“有卓识，气沉而法严，不以模拟损才，不以议论伤格，韩、曾之流亚也”；评其书，是“笔意奔放如其诗，苍劲中姿媚跃出”。多用排比句式，可谓浓情快语，酣畅淋漓。（刘天振）

拓展阅读

周群，谢建华.徐渭评传.南京：南京大学出版社，2011.

徐渭.徐渭集.北京：中华书局，2015.

张晖.文化怪杰徐渭：不入牢笼.沈阳：辽宁人民出版社，2015.

盛鸿郎.徐渭研究.杭州：浙江人民出版社，2016.

袁宏道作品

西湖七月半

［明］张岱

西湖七月半，一无可看，只可看看七月半之人。看七月半之人，以五类看之。其一，楼船箫鼓，峨冠盛筵，灯火优傒，声光相乱，名为看月而实不见月者，看之；其一，亦船亦楼，名娃闺秀，携及童娈，笑啼杂之，还坐露台，左右盼望，身在月下而实不看月者，看之；其一，亦船亦声歌，名妓闲僧，浅斟低唱，弱管轻丝，竹肉相发，亦在月下，亦看月，而欲人看其看月者，看之；其一，不舟不车，不衫不帻，酒醉饭饱，呼群三五，跻入人丛，昭庆、断桥，嘄呼嘈杂，装假醉，唱无腔曲，月亦看，看月者亦看，不看月者亦看，而实无一看者，看之；其一，小船轻幌，净几暖炉，茶铛旋煮，素瓷静递，好友佳人，邀月同坐，或匿影树下，或逃嚣里湖，看月而人不见其看月之态，亦不作意看月者，看之。

杭人游湖，巳出酉归，避月如仇。是夕好名，逐队争出，多犒门军酒钱，轿夫擎燎，列俟岸上。一入舟，速舟子急放断桥，赶入胜会。以故二鼓以前，人声鼓吹，如沸如撼，如魇如呓，如聋如哑，大船小船一齐凑岸，一无所见，止见篙击篙，舟触舟，肩摩肩，面看面而已。少刻兴尽，官府席散，皂隶喝道去。轿夫叫船上人怖以关门，灯笼火把如列星，一一簇拥而去。岸上人亦逐队赶门，渐稀渐薄，顷刻散尽矣。吾辈始舣舟近岸。断桥石磴始凉，席其上，呼客纵饮。此时月如镜新磨，山复整妆，湖复颒面，向之浅斟低唱者出，匿影树下者亦出，吾辈往通声气，拉与同坐。韵友来，名妓至，杯箸安，竹肉发。月色苍凉，东方将白，客方散去。吾辈纵舟，酣睡于十里荷花之中，香气拘人，清梦甚惬。

（选自《中国历代文学作品选》下编第一册，上海古籍出版社 2002 年版）

导 读

张岱（1597—1689），字宗子、石公，号陶庵，又号蝶庵，浙江山阴（今绍兴）人。出身仕宦世家，年轻时生活极尽奢华，风花雪月，嗜好甚多，其《自为墓志铭》坦言："少为纨绔子弟，极爱繁华，好精舍，好美婢，好娈童，好鲜衣，好美食，好骏马，好华灯，好烟火，好梨园，好鼓吹，好古董，好花鸟，兼以茶淫橘虐，书蠹诗魔……"明亡后，携家人逃入深山，生活极为艰困，常常断炊，但发愤著书，志在以史存国。著作有《石匮书》《石匮书后集》《三不朽图赞》等。明亡后著有《陶庵梦忆》《西湖梦寻》，追忆前朝生活，寄寓故国之思。张岱是晚明时期杰出的小品文作家，文风率性，情韵隽永，影响深远。

这篇散文以凝练、传神的笔触描绘了农历七月半杭州人游览西湖的情状。第一部分共铺写了五类人游览西湖的画面：达官贵人、名娃闺秀、名妓闲僧、市井小人、名士佳人。但实际只写了两类人的游湖活动：各色“俗人”的凑热闹之游和名士佳人的雅游。对前四类“凑热闹者”的情态，除了传神的描绘，还分别用一句话加以概括：明为看月而实不见月者；身在月下而实不看月者；亦在月下，亦看月，而欲人看其看月者；月亦看，看月者亦看，不看月者亦看，而实无一看者。这四类人虽皆本看月名头而来，其心思实皆不在看月。作者的用语既冷峻刻薄，又不失调侃谐趣。而第五类与最后的“我辈”才是作者要正面表现的雅游群体。

如果说第一部分展示的是杭州人七月半游西湖的五幅画面，那么第二部分则是对杭州人七月半游西湖场面的全景展示。这部分先用平时“杭人游湖，巳出酉归，避月如仇”加以衬托，表明杭州人根本不懂西湖美景的神韵所在。“是夕好名”一句中“好名”用得很妙，真切揭示出杭州人出游的可笑心理动机。以下“逐队争出，……一入舟，速舟子急放断桥，赶入胜会”云云，刻画出凑热闹者的盲目与莽撞。“二鼓以前”以下则从听觉印象与视觉画面两个方面具体展示杭州人是如何糟蹋西湖美景的。

声响上“人声鼓吹，如沸如撼，如魇如呓，如聋如哑”，简直嘈杂如雷；视觉上：“止见篙击篙，舟触舟，肩摩肩，面看面而已”。真是混乱不堪。作者用“顷刻散尽矣”一句收结，与前文“逐队争出”“赶入胜会”等画面形成鲜明对照。来时急，散得快，真像一窝蜂一样，这些人除了凑热闹，哪有赏景的心？

最后一部分自“吾辈始舣舟近岸”，突然转为第一人称叙述视角。连用两个“始”字，颇堪玩味，意味着西湖上嘈杂喧闹的场面终于结束了，而优雅娴静的湖光月色开始呈现于“吾辈”面前了。“此时月如镜新磨，山复整妆，湖复颒面”三句，用一“新”字二“复”字，写出了吾辈对西湖美景的崭新审美感受。古语云：“女为悦己者容。”严妆而出的西子姑娘终于等来了“悦己者”。“向之浅斟低唱者出，匿影树下者亦出，吾辈往通声气，拉与同坐”，将“吾辈”与前述第三类、第五类人绾结起来。“韵友来，名妓至，杯箸安，竹肉发”，尽情抒写雅士们的共赏之乐。“月色苍凉，东方将白，客方散去。吾辈纵舟，酣睡于十里荷花之中，香气拘人，清梦甚惬。”这个结尾的舒缓节奏、诗意氛围又与第二部分结尾“顷刻散尽矣”形成鲜明对照，烘托出西湖月夜美景的神韵所在。（刘天振）

拓展阅读

胡益民.张岱评传.南京：南京大学出版社，2002.

张岱.张岱全集.朱宏达，点校.杭州：浙江古籍出版社，2017.

张岱.张岱诗文集.夏咸淳，校点.上海：上海古籍出版社，1991.

张岱.陶庵梦忆.上海：上海书店，1982.

张岱.西湖梦寻.李小龙，评注.北京：中华书局，2011.

张岱作品

中山狼传

［明］马中锡

赵简子大猎于中山，虞人导前，鹰犬罗后，骇禽鸷兽应弦而倒者不可胜数。有狼当道，人立而啼。简子垂手登车，援乌号之弓，挟肃慎之矢，一发饮羽，狼失声而逋。简子怒，驱车逐之，惊尘蔽天，足音鸣雷，十里之外，不辨人马。

时，墨者东郭先生，将北适中山以干仕，策蹇驴，囊图书，夙行失道，望尘惊悸。狼奄至，引首顾曰："先生岂有志于济物哉？昔毛宝放龟而得渡，隋侯救蛇而获珠，龟蛇固弗灵于狼也。今日之事，何不使我得早处囊中以苟延残喘乎？异时倘得脱颖而出，先生之恩，生死而肉骨也，敢不努力以效龟蛇之诚！"先生曰："嘻，私汝狼以犯世卿，忤权贵，祸且不测，敢望报乎？然墨之道，兼爱为本，吾终当有以活汝，脱有祸，固所不辞也！"乃出图书，空囊橐，徐徐焉实狼其中，前虞跋胡，后恐疐尾，三纳之而未克，徘徊容与，追者益近。狼请曰："事急矣！先生果将揖逊救焚溺，而鸣銮避寇盗耶？惟先生速图！"乃跼蹐四足，引绳而束缚之，下首至尾，曲脊掩胡，猬缩蠖曲，蛇盘龟息，以听命先生。先生如其指，内狼于囊，遂括囊口，肩举驴上，引避道左，以待赵人之过。

已而简子至，求狼弗得，盛怒，拔剑斩辕端示先生，骂曰："敢讳狼方向者，有如此辕！"先生伏踬就地，匍匐以进，跽而言曰："鄙人不慧，将有志于世，奔走遐方，自迷正途，又安能发狼踪，以指示夫子之鹰犬也！然尝闻之，大道以多歧亡羊。夫羊，一童子可制之，如是其驯也，尚以多歧而亡；狼非羊比，而中山之歧，可以亡羊者何限？乃区区循大道以求之，不几于守株缘木乎？况田猎，虞人之所事也，君请问诸皮冠。行道之人何罪哉？且鄙人虽愚，独不知夫狼乎？性贪而狠，党豺为虐，君能除之，固当窥左足以效微劳，又肯讳之而不言哉！"简子默然，回车就道。先生亦驱驴，兼程而进。

良久，羽旄之影渐没，车马之音不闻。狼度简子之去已远，而作声囊中曰："先生可留意矣。出我囊，解我缚，拔矢我臂，我将逝矣！"先生举手出狼，狼咆哮谓先生曰："适为虞人逐，其来甚速，幸先生生我。我馁甚，馁不得食，亦终必亡而已。与其饥死道路，为群兽食，毋宁毙于虞人，以俎豆于贵家。先生既墨者，摩顶放踵，思一利天下，又何吝一躯啖我而全微命乎？"遂鼓吻奋爪以向先生。先生仓卒以手搏之，且搏且却，引蔽驴后，便旋而走，狼终不得有加于先生，先生亦极力拒，彼此俱倦，隔驴喘息。先生曰："狼负我！狼负我！"狼曰："吾非固欲负汝，天生汝辈，固需我辈食也！"相持既久，日晷渐移，先生窃念天色向晚，狼复群至，吾死矣夫！因绐狼曰："民俗，事疑必询三老，第行矣，求三老而问之，苟谓我当食即食，不可即已。"狼大喜，即与偕行。

逾时，道无人行，狼馋甚，望老木僵立路侧，谓先生曰："可问是老！"先生曰："草木无知，叩焉何益？"狼曰："第问之，彼当有言矣！"先生不得已，揖老木，具述始末，问曰："若然，狼当食我耶？"木中轰轰有声，谓先生曰："我杏也。往年老圃种我时，费一核耳，逾年华，再逾年实，三年拱把，十年合抱，至于今二十年矣！老圃食我，老圃之妻子食我，外至宾客，下至奴仆皆食我。又复鬻实于市，以规利于我。其有功于老圃甚巨。今老矣，不能敛华就实，贾老圃怒，伐我条枚，芟我枝叶，且将售我工师之肆取直焉。噫！樗朽之材，桑榆之景，求免于斧钺之诛而不可得，汝何德于狼，乃觊免乎？是固当食汝。"言下，狼复鼓吻奋爪以向先生。先生曰："狼爽盟矣，矢询三老，今值一杏，何遽见迫耶？"复与偕行。

狼愈急，望见老牸，曝日败垣中，谓先生曰："可问是老！"先生曰："向者草木无知，谬言害事，今牛，禽兽耳，更何问焉？"狼曰："第问之，不问，将咥汝！"先生不得已，揖老牸，再述始末以问。牛皱眉瞪眼，舐鼻张口，向先生曰："老杏之言不谬矣！老牸茧栗少年时，筋力颇健，老农卖一刀以易我，使我贰群牛、事南亩。既壮，群牛日以老惫，凡事我都之。彼将驰驱，我伏田车，择便途以急奔趋。彼将躬耕，我脱辐衡，走郊坰以辟榛荆。老农视我犹左右手。衣食仰我而给，婚姻仰我而毕，赋税仰我而输，仓庾仰我而实。我亦自谅，可得帷席之敝如马狗也。往年家储无担石，今麦秋多十斛矣；往年穷居无顾藉，今掉臂行村社矣；往年尘卮罂，涸唇吻，盛酒瓦盆，半生未接，今酝黍稷，据樽罍，骄妻妾矣；往年衣短褐，侣木石，手不知揖，心不知学，今持《兔园册》，戴笠子，腰韦带，衣宽博矣。一丝一粟，皆我力也。顾欺我老弱，逐我郊野，酸风射眸，寒日吊影，瘦骨如山，老泪如雨，涎垂而不可收，足挛而不可举，皮毛具亡，疮痍未瘥。老农之妻妒且悍，朝夕进说曰：'牛之一身，无废物也。肉可脯，皮可鞟，骨角可切磋为器。'指大儿曰：'汝受业庖丁之门有年矣，胡不砺刃硎以待？'迹是观之，是将不利于我，我不知死所矣！夫我有功，彼无情乃若是，行将蒙祸；汝何德于狼，觊幸免乎？"言下，狼又鼓吻奋爪以向先生。先生曰："毋欲速！"

遥望老子杖藜而来，须眉皓然，衣冠闲雅，盖有道者也。先生且喜且愕，舍狼而前，拜跪啼泣，致辞曰："乞丈人一言而生。"丈人问故，先生曰："是狼为虞人所窘，求救于我，我实生之。今反欲咥我，力求不免，我又当死之，欲少延于片时，誓定是于三老。初逢老杏，强我问之，草木无知，几杀我。次逢老牸，强我问之，禽兽无知，又几杀我。今逢丈人，岂天之未丧斯文也。敢乞一言而生。"因顿首杖下，俯伏听命。丈人闻之，欷歔再三。以杖叩狼曰："汝误矣！夫人有恩而背之，不祥莫大焉。儒谓受人恩而不忍背者，其为子必孝，又谓虎狼之父子。今汝背恩如是，则并父子亦无矣！"乃厉声曰："狼，速去！不然将杖杀汝！"狼曰："丈人知其一未知其二，请愬之，愿丈人垂听。初，先生救我时，束缚我足，闭我囊中，压以诗书，我鞠躬不敢息，又蔓词以说简子，其意盖将死我于囊，而独窃其利也。是安可不咥？"丈人顾先生曰："果如是，是羿亦有罪焉！"先生不平，具状其囊狼怜惜之意。狼亦巧辩不已以求胜。丈人曰："是皆不足以执信也。试再囊之，我观其状，果困苦否。"狼欣然从之。信足先生，先生复缚置囊中，肩举驴上，而狼未之知也。丈人附耳谓先生曰："有匕首否？"先生曰："有。"于是出匕。丈人目先生，使引匕刺狼。先生曰："不害狼乎？"丈人笑曰："禽兽负恩如是，而犹不忍杀。子固仁者，然愚亦甚矣！从井以救人，解衣以活友，于彼计则得，其如就死地何？先生其此类乎？仁陷于愚，固君子之所不与也。"言已大笑，先生亦笑。遂举手助先生操刃，共殪狼，弃道上而去。

（选自《中国历代文学作品选》下编第一册，上海古籍出版社2002年版）

导读

马中锡（1446—1512），字天禄，号东田，故城（今河北省故城）人。成化十一年（1475年）进士，授刑科给事中，迁兵部侍郎，因多次弹劾贵戚宦官，为太监刘瑾逮捕下狱。正德六年（1511年），马中锡奉命镇压刘六、刘七起义军，其在知己知彼基础上提出"招抚"之策，但却被朝廷强硬派诬以"纵贼"罪名，被投入大牢，终死于狱中。著有《东田文集》。

《中山狼传》是一篇杂传体小说，以传记叙事之名行小说虚构之实。此篇是马中锡在宋代谢良所作基础上增补而成的，关于此篇撰述目的，一种流行的观点是，马中锡借以讽刺李梦阳对康海救命之恩的背负。何良俊《四友斋丛说》卷一五、梁维枢《玉剑尊闻》卷一、王士禛《池北偶谈》均曾这么认为。实际该故事具有极广的概括性，借寓言形式阐明对待狼一样凶残的恶类不可施以怜悯之心的道理，"中山狼"在我国传统文化语境中已经成了"忘恩负义"的代名词，如《红楼梦》第五回贾迎春判词中就使用"子系中山狼，得志便猖狂"来品评迎春丈夫孙绍祖。此故事曾被不同体裁的文学作品反复演绎，如康海《中山狼》杂剧、王九思《中山狼院本》、陈与郊《中山狼》杂剧等。

本文的叙述过程可以分为四个层次。自篇首至"兼程而进"为第一层，是故事的开端。讲中山狼被赵简子射伤，东郭先生拯救了它。自"良久"至"毋欲速"为第二层，是故事的发展。写中山狼不念东郭先生救命之恩，反而要吃掉他。叙写了两者的搏斗、周旋，并商定询问三老，以裁决东郭先生是否"当食"，而老杏、老牛均判定"当食"，东郭先生到了命悬一线的境地。自"遥望老子杖藜而来"至结束为第三层和第四层，是故事的高潮和结局。写了杖藜老人施计并帮助东郭先生杀死了中山狼。结局是杖藜老人"遂举手助先生操刀，共殪狼，弃道上而去"。

首先这篇小说最突出的艺术特色是善用对比映衬手法，以刻画人物、表达题旨。中山狼向东郭先生求救时奴颜婢膝，可怜巴巴，但躲过一死后马上翻脸不认人，凶相毕露，要吃掉救命恩人，其凶残本性暴露无遗。东郭先生、中山狼去寻求老杏、老牛的裁决时，后二者倾诉主人家的寡恩无义，均采用了对比手法，尤其老牛自白的情节，诉说了它壮年时和年老时在主人家遭遇的不同，壮年时，主人"视我犹左右手"，并用四个排比句罗列其对主人家所作的贡献:“衣食仰我而给,婚姻仰我而毕,赋税仰我而输,仓庾仰我而实。”以下更用四个“往年……今……”的排比对照句式,详述自己给主人家创造的福祉。而一旦年老体衰,主人则对其“砺刃硎以待”,前后反差之强烈令人咋舌。其句式铺陈排比,气势夺人。再如,中山狼的狡诈残忍与东郭先生的迂腐愚钝,也对照鲜明。老杏、老牛的怨天尤人、是非颠倒与杖藜老人的正义凛然,东郭先生的愚钝与杖藜老人的睿智也相映成趣,这些对比有力突出了人物的个性差异。

其次,情节曲折,层次清晰。作品以狼和东郭先生的斗智斗勇为主线,以情节发展先后为顺序展开叙述。看似平铺直叙的表象下,却悬念迭生,波澜起伏。东郭先生救了中山狼之命,中山狼却要吃掉恩人。东郭先生眼看就要变成中山狼的口中美餐,他又急中生智,提出询问三老以决定自己是否“当食”,这明明是个缓兵之计,而狡诈的狼竟然同意了。去询问老杏、老牛,本以为它们会主持公道,谴责狼的忘恩负义,但二老均裁定东郭先生“当食”。咨询杖藜老人,老人听完狼和东郭先生各述始末后,各打五十大板,仿佛不能判定是非。但老人转而又将计就计帮助东郭先生杀死了中山狼。情节的发展总是出人意料,读之引人入胜。

再次,刻画人物采用漫画笔法,入木三分。即用夸张变形的手法,突出人物的某一特性。如写中山狼乞求东郭先生救命时,说话义正辞严,情真意切,口口声声宣称“先生之恩,生死而肉骨也,敢不努力以效龟蛇之诚?”一旦脱离险境,就翻脸不认人,要吃掉恩人,其理由也好像堂而皇之,合情合理。这就把中山狼凶残而虚伪的画皮赤裸裸暴露于聚光灯下了。再如,东郭先生明明知道狼“性贪而狠,党豺为虐”,但却因“墨之道,兼爱为本”的书本教条而救狼一命。当获救后的中山狼“鼓吻奋爪”扑向他时,他还振振有词地对狼讲大道理,当老杏、老牛均称其“当食”时,尚不醒悟。甚至当杖藜老人设计助其“引匕刺狼”时,他还说:“不害狼乎?”这个问句实为传神之笔,将东郭先生迂腐近乎愚痴的个性摹画出来。

最后,这篇小说的细节描写也很见功力。如写老杏说话情状是“木中轰轰有声”,老牛发话的表情是“皱眉瞪眼,舐鼻张口”,屡次写到中山狼扑向东郭先生时用了“鼓吻奋爪”的动作,这些细节描写对于刻画人物的个性均可称点睛之笔。(刘天振)

拓展阅读

马中锡.东田文集附诗集.北京:中华书局,1985.

《毛颖传》

马伶传

[清]侯方域

马伶者，金陵梨园部也。金陵为明之留都，社稷百官皆在；而又当太平盛时，人易为乐，其士女之问桃叶渡、游雨花台者，趾相错也。梨园以技鸣者，无论数十辈，而其最著者二：曰兴化部，曰华林部。

一日，新安贾合两部为大会，遍征金陵之贵客文人，与夫妖姬静女，莫不毕集。列兴化于东肆，华林于西肆，两肆皆奏《鸣凤》所谓椒山先生者。迨半奏，引商刻羽，抗坠疾徐，并称善也。当两相国论河套，而西肆之为严嵩相国者曰李伶，东肆则马伶。坐客乃西顾而叹，或大呼命酒，或移坐更近之，首不复东。未几更进，则东肆不复能终曲。询其故，盖马伶耻出李伶下，已易衣遁矣。

马伶者，金陵之善歌者也。既去，而兴化部又不肯辄以易之，乃竟辍其技不奏，而华林部独著。

去后且三年，而马伶归，遍告其故侣，请于新安贾曰："今日幸为开宴，招前日宾客，愿与华林部更奏《鸣凤》，奉一日欢。"既奏，已而论河套，马伶复为严嵩相国以出，李伶忽失声，匍匐前称弟子。兴化部是日遂凌出华林部远甚。

其夜，华林部过马伶曰："子，天下之善技也，然无以易李伶。李伶之为严相国至矣，子又安从授之而掩其上哉？"马伶曰："固然，天下无以易李伶；李伶即又不肯授我。我闻今相国昆山顾秉谦者，严相国俦也。我走京师，求为其门卒三年，日侍昆山相国于朝房，察其举止，聆其语言，久乃得之。此吾之所为师也。"华林部相与罗拜而去。

马伶名锦，字云将，其先西域人，当时犹称马回回云。

侯方域曰：异哉！马伶之自得师也。夫其以李伶为绝技，无所于求，乃走事昆山，见昆山犹之见分宜也；以分宜教分宜，安得不工哉！呜乎！耻其技之不若，而去数千里为卒三年，倘三年犹不得，即犹不归尔。其志如此，技之工又须问耶？

（选自《中国古代文学作品选（四）》，人民文学出版社 2002 年版）

导 读

侯方域（1618—1654），字朝宗，归德府（今河南商丘）人，父辈为东林党人，其与方以智、冒襄、陈贞慧并称明季"四公子"。明末应试南京时，曾交结张溥、夏允彝、陈子龙等复社名流，并留连秦淮妓馆，孔尚任《桃花扇》即以侯方域为男主角。方域少有才名，《清史列传》称其“天才英发，吐气自华，善于规模，绝去蹊径，不戾于古，而亦不泥于今。当时论古文，率推方域为第一，远近无异词”。又云：“方域健于文，与宁都魏禧、长洲汪琬，并以古文擅名。禧，策士之文；琬，儒者之文；而方域则才人之文。”著有《壮悔堂文集》《四忆堂诗集》。

《马伶传》为一名地位低微的马姓演员立传，讲述其演艺竞争中反败为胜的故事，表达了深刻的生活哲理：忍辱负重、艰难探索，终会取得事业上的成功。因此，这篇带有传奇色彩的人物传记也可视为发人深思的励志故事。

侯方域《马伶传》《李姬传》虽属史体传记文，但其剪裁及运笔颇近于小说之体，因此有“以小说为古文”之称。《马伶传》十分讲究叙事技巧，精于选材，巧于布局。马伶一生的经历与事迹必定很丰富，但本文只选择了标志其演艺生涯由败转胜的两场演出，因此选材精当，意旨集中。其叙事焦点集中于马伶参加的两场扮演奸相严嵩的演出，结果是先败后胜，先辱后荣。作者对兴化部与华林部所举行的两场对台表演比赛的记叙，总体采用了客观的限知视角。对于马伶失败后负辱遁走的动机与去向，读者与叙述者均被蒙在鼓里。第二次竞赛，马伶以绝对优势胜出，“兴化部是日遂凌出华林部远甚”。这个结果给读者造成强烈的悬念。至第五段华林部伶人夜访马伶，双方的对话才交代了原委，原来马伶初次失败后，“而去数千里为卒三年”，亲赴当朝相国顾秉谦之府，为其门卒三年，悉心观察揣摩这位与严嵩十分相像的相国的言行举止，直至模仿扮演达到神情毕肖的境地，然后再登台演出，终于大获全胜，一举成功。这时读者才恍然大悟。文中的“分宜”指严嵩，因其为江西分宜人。末段的评论是传记体固有格式，“侯方域曰”对整个故事做了总结、点评，揭示其教训意义：“呜呼！耻其技之不若，而去数千里为卒三年，倘三年犹不得，即犹不归尔。其志如此，技之工又须问耶？”这种总结对任何专业的学习都有启迪意义。（刘天振）

拓展阅读

侯方域.侯方域全集校笺.王树林，校笺.北京：人民文学出版社，2013.

侯方域.壮悔堂集.北京：商务印书馆，1937.

侯方域.侯方域散文选集.邬国平，选注.天津：百花文艺出版社，2009.

侯方域，魏禧，汪琬.侯方域　魏禧　汪琬散文选.降大任，注译.北京：生活·读书·新知三联书店，1990.

《李姬传》

登泰山记

[清] 姚鼐

泰山之阳，汶水西流；其阴，济水东流。阳谷皆入汶，阴谷皆入济，当其南北分者，古长城也。最高日观峰，在长城南十五里。余以乾隆三十九年十二月，自京师乘风雪，历齐河、长清，穿泰山西北谷，越长城之限，至于泰安。是月丁未，与知府朱孝纯子颖由南麓登。四十五里，道皆砌石为磴，其级七千有余。泰山正南面有三谷，中谷绕泰安城下，郦道元所谓环水也。余始循以入，道少半，越中岭，复循西谷，遂至其巅。古时登山，循东谷入，道有天门。东谷者，古谓之天门溪水，余所不至也。今所经中岭及山巅崖限当道者，世皆谓之天门云。道中迷雾冰滑，磴几不可登。及既上，苍山负雪，明烛天南，望晚日照城廓，汶水、徂徕如画，而半山居雾若带然。戊申晦，五鼓，与子颖坐日观亭，待日出。大风扬积雪击面。亭东自足下皆云漫，稍见云中白若樗蒱数十立者，山也。极天云一线异色，须臾成五采。日上正赤如丹，下有红光动摇承之，或曰，此东海也。回视日观以西峰，或得日、或否，绛皜驳色，而皆若偻。亭西有岱祠，又有碧霞元君祠。皇帝行宫在碧霞元君祠东。是日，观道中石刻，自唐显庆以来，其远古刻尽漫失；僻不当道者皆不及往。山多石，少土。石苍黑色，多平方，少圆。少杂树，多松；生石罅，皆平顶。冰雪，无瀑水，无鸟兽音迹。至日观数里内，无树，而雪与人膝齐。桐城姚鼐记。

（选自《中国历代文学作品选》下编第二册，上海古籍出版社 2002 年版）

导　读

姚鼐(1731—1815)，字姬传，因轩名为惜抱，世称惜抱轩先生，安徽桐城人。乾隆二十八年(1763 年)进士。仕履丰富，官位显达。他是清代桐城古文派的主要代表人物，其古文理论中影响最大的为：一是写文章要义理、考据、辞章兼重，但他的文章更以辞章取胜，即偏重文学性；二是提出文章有阴阳刚柔之分。其《复鲁絜非书》云："鼐闻天地之道，阴阳刚柔而已。文者，天地之精英，而阴阳刚柔之发也。……其得于阳与刚之美者，则其文如霆，如电，如长风之出谷，如崇山峻崖，如决大川，如奔骐骥。其光也，如杲日，如火，如金镠铁。其于人也，如凭高视远，如君而朝万众，如鼓万勇士而战之。其得于阴与柔之美者，则其文如升初日，如清风，如云，如霞，如烟，如幽林曲涧，如沦，如漾，如珠玉之辉，如鸿鹄之鸣而入廖廓；其于人也，漻乎其如叹，邈乎其如有思，暖乎其如喜，愀乎其如悲。"他认为，达到刚柔相济之境的文章才是好文章。此说在后世文学批评中甚受推崇。著有《惜抱轩诗文集》,纂有《古文辞类纂》。

乾隆三十九年冬,姚鼐与友人游历泰山并撰写了《登泰山记》。此文记游而间以考证,且传达对壮美河山的赞叹之情,因此被视为最能体现其古文主张的代表作之一。

全文字数虽不满五百,但内容含量甚大,且谨严有法,雅洁不芜,因而堪称游记文学史上脍炙人口的名篇。

第一部分开门见山,概括叙写泰山的地理方位,并点出泰山最高峰为日观峰,为下文重点描写此景埋下伏笔。这一部分抓住泰山与周围河水交相辉映的特征来描写,视点转换灵活,层次清晰。

第二部分写登山路线和山巅晚照之景。首先点明了登山时间,即风雪交加的隆冬季节,为全文景观描写涂抹上了主色调和大背景。然后详细记叙登山路线,但对登山过程,记叙文字简省至极,只用三句:“四十五里,道皆砌石为磴,其级七千有余。”从“泰山正南面有三谷”至“磴几不可登”,则不着痕迹地融入了对登泰山路线的知识考证。自“及既上”至本部分结束的一段文字,是本篇第一幅精彩画面。“苍山负雪”赋予泰山以生命活力,“明烛天南”渲染出泰山雪景的壮观奇丽,而“半山居雾若带然”一句则写出了泰山既庄重肃穆又浪漫飘逸的神韵。这幅泰山夕照图境界开阔,气势豪迈。

第三部分是本文重心所在,浓墨重彩描绘出日观亭观日出的壮美景观。先写日出前的风雪、山峰、云海,为日出造势。自“极天”至“此东海也”,详写日出的过程。色彩浓艳,视觉冲击力极强。“回视日观以西峰”以下数句,写日出后的泰山景色:“或得日、或否,绛皜驳色,而皆若偻。”日光照射下,仿佛所有的山峰弯下了腰,都被日出美景所折服。综观这一部分,景观壮阔,气势磅礴。

第四部分补叙泰山的名胜古迹和景观特征。重点记叙了日观亭周围的一组风景画面:岱祠、碧霞元君祠、皇帝行宫。并补记泰山道中无数的石刻。其实是在补叙泰山的深厚文化积淀,思路更深入了一层。最后则在前面记游的基础上,归纳概述对泰山景观的总体印象:三多、三少、二无。“山多石,少土。石苍黑色,多平方,少圆。少杂树,多松;生石罅,皆平顶。冰雪,无瀑水,无鸟兽音迹。”结尾“雪与人膝齐”一句,则落脚于全文景观的主色调——泰山雪景。

贯穿全文的感情主调是作者豪迈乐观的情怀与对大好河山的深沉热爱;其审美类型显然体现阳刚之美。

就写作技巧论,此文章法谨严,层次井然;剪裁精巧,详略得当;语言雅洁典重,表现力极强。(刘天振)

拓展阅读

姚鼐.惜抱轩全集.北京：中国书店，1991.

姚鼐.古文辞类纂.胡士明，李祚唐校.上海：上海古籍出版社，2016.

赵建章.桐城派文学思想研究.北京：北京图书馆出版社，2003.

周中明.姚鼐研究.合肥：安徽大学出版社，2013.

《复鲁挈非书》

致问春君

［汉］奉

奉谨以琅玕一，致问春君，幸毋相忘。

（转选自《毋相忘（念楼学短）》，湖南美术出版社 2010 年版）

导 读

奉，人名，汉时戍守居延者，其姓氏，生卒年已不可考。

“琅玕”在古代有二义：一是似玉的美石；二是传说的仙树。所以在比喻的意义上，它常用来指珍贵的事物。钟叔河先生说这是“两千多年前的一件情书”，我没有考证，不知道是否是一封情书，但我觉得，说它是一封普通的问候信也是可以的。

与当今“疯狂的石头”不一样，在中国古代，石头是不值钱的，即使是似玉的琅玕。送一块石头给朋友，虽然不值多少钱，但却很珍贵，表达问候，也表达一种思念的情义，非常恰当。这里的“春君”可能是异性朋友，也可能是同性朋友，但应该不是特别亲密的朋友，来往不多甚至已经多年没有联系了，却又挂念，也没有什么特别需要说的，所以就寄一个很珍贵但又不值钱的礼物，表示问候和想念，有点像现在所说的“多联系啊”，不落俗套。（高玉）

拓展阅读

《清代名人书札》编写组.清代名人书札（全六册）.北京：北京师范大学出版社，2009.

钟叔河.毋相忘（念楼学短）.长沙：湖南美术出版社，2010.

许思湄.秋水轩尺牍详注.黄治国，注释.杭州：浙江古籍出版社，2016.

龚萼.雪鸿轩尺牍详注.刘坤，注释.杭州：浙江古籍出版社，2016.

方继孝.品味书简：名人信札收藏十五讲.北京：国家图书馆出版社，2016.

与卢仓曹

［唐］颜真卿

足下今日定成行否？不得一至郊郭，深用怅然，珍重珍重。所欲拙书，今勒送十余纸，望领之，勿怪弱恶也，不具不具。

（转选自《毋相忘(念楼学短)》，湖南美术出版社 2010 年版）

导 读

中国人有一个排座次的习惯，本人也不例外。我认为，在中国两千多年的书法史上，坐头把交椅的当然是王羲之，这大概没有什么异议，而排在第二位的就是颜真卿了，颜真卿的书法不仅在艺术上炉火纯青，同时还有一种正义的力量。

颜真卿为开元进士，曾四次被任命为监察御史，迁殿中侍御史，因为受杨国忠排斥而被贬黜到平原郡任太守。但即使是太守，也是一个很大的官，而卢仓曹不过是郡里管粮食的小官，颜真卿却对他这么客气，也可见颜真卿做人的态度。但这还不是这封短信的最大亮点，这封信让人最惊奇的是大书法家颜真卿竟然一次送给一个小官吏十多幅字。

颜真卿用“弱恶”描述自己的书法，但这不过是谦虚的表达，我想颜真卿对自己的书法不管怎么谦虚，基本的定位还是有的，如此伟大的书法艺术，颜真卿书写时，其内在的气概、流畅的美感等一定是有的，否则就难以想象。在内心深处，我想颜真卿对他自己的书法是很自负的，或者说感觉良好的，书法就是一种感觉，没有这种良好的感觉，是不可能写出好作品的。颜真卿一口气写了十多幅字，也充分说明了他感觉良好，否则也不会拿来送人。一方面，政治上，生活上，颜真卿非常严谨，严肃，一丝不苟，但在艺术上，颜真卿又是那么任性，浪漫，不拘小节，不求功名。只是明珠暗投，可惜了这十多幅伟大的书法作品。我忍不住这样想，颜真卿把这些书法送给一个真正珍惜他作品的人该有多好，至少他可以把它刻下来，然后拓一些送人，或者卖钱也是好的，这样说不定这些作品就都流传下来了。

当今，附庸风雅的人越来越多，有些人的涂鸦根本就不能称为书法，但却当作礼品送人，或者高价出售，这和颜真卿真是构成了鲜明的对比。（高玉）

苏轼信二通

［宋］苏轼

与毛维瞻

岁行尽矣，风雨凄然，纸窗竹屋，灯火青荧。时于此间，得少佳趣。无由持献，独享为愧。想当一笑也。

答毛泽民

某启，寄示奇茗，极精而丰，南来未始得也，亦时复有山僧逸民，可与同赏，此外但缄而藏之尔，佩荷厚意，永以为好。

（转选自《毋相忘（念楼学短）》，湖南美术出版社 2010 年版）

导 读

40 岁以来，我极少去读一些选本，比如中篇小说选、短篇小说选、散文选等，不是不信任别人的眼光，而是不愿意吃别人嚼过的东西。同时，也是尊重自己的喜好，希望自己能够发现一些别人没有发现的东西。但读钟叔河先生这本“短信”选，包括解读文字，感觉非常好，很是佩服。我本人买书成癖，钟先生所依据来源之书，我本人大多都有，有些版本还更全面，更权威，比如新版的《苏轼全集》，除了新校以外，还有很详细的注释和疏证。但这两篇短信包括前面所选两篇，我都是在钟先生这个选本上首次读到，所以特别注明是“转选”，也有推荐这本书的意思。

苏轼是大文豪，也是大书法家，人生大起大落，曾经非常得意，也曾经非常失意，这两封短信就是失意时所写。苏轼的才气不仅表现在诗词上，也表现在日常交流中。第一封信与其说是有事相告，还不如说是向朋友诉说：马上要过年了，风雨交作，倍感凄凉，夜深人静的时候，在破败的小屋里，面对如豆青灯，真的是寂寞无趣，只能随便找一本书翻翻。把这种感觉写信告诉你，就当作笑话吧。这里的“享”可不是“享受”的意思，可以说是“享受”的调侃意义，一定要解释，勉强可以解释为“拥有”的意思。

第二封信是一封感谢信：你寄给我的茶叶已经收到，又多又好，真是感激不尽。自从贬到惠州以来，还从来没有得到过这么好的茶叶，平时也舍不得喝，都是用布包着，封藏起来，只有乡间贤人和高僧来了才和他们同赏。“山僧”“逸民”都是很有讲究的词语。

自从手机普及以来，短信可以说空前地多起来，中国人现在一天所发的短信数量恐怕就超过中国古代几千年手写短信数量的总和。但现代人发短信实在不讲究。古人短信的精炼、意味以及所表达出来的文化涵养，都很值得我们学习和借鉴。（高玉）

邓小平信二通

郑板桥信二通

［清］郑板桥

郑燮致树萱（之一）

遣价送呈兰花两盆，祈即察纳。前天携来琴谱两套，祈再检付来价携回一阅，是为至祷。专此布达。即请树萱四兄大人刻安。弟郑燮顿首。八月卅日冲。

郑燮致树萱（之二）

前晚游山之订，当已尊命。原拟晨起著屐偕往，不想有旧友偶自湖南来。数年不晤，远道而来，实难舍之而去耶。所有负约之愆，尚祈见谅。此请树萱四兄大人近安。弟燮顿首。

（选自《清代名人书札》第一册，北京师范大学出版社 2009 年版）

导　读

郑板桥（1693—1765），原名郑燮，字克柔，号板桥，江苏兴化人，祖籍苏州。康熙秀才，雍正举人，乾隆进士。除了做官，其他时间均生活在扬州，以书画营生。工诗、词，善书、画。书法隶、楷参半，自称“六分半书”。为“扬州八怪”之一，其诗、书、画世称“三绝”，擅画兰竹。树萱不知何许人也，但从书信来看，两人关系非常好。

两封信，第一封信是借书的信，第二封信是解释爽约一事的。

第一封信中，特别要解释一下的是“价”字，古代就有这个字，和后来“價”的简化字“价”在字音和字义上都不同，古代的“价”是仆人的意思。树萱有两套琴谱，郑板桥非常喜爱，已经借来阅过，才还回去两天，又想借来看，可见喜爱的程度。为了借来，派仆人送上两盆他自己最喜爱的兰花，并附上一封言辞诚恳的信。这和现在的很多人借书完全不一样，有人借书时说好多少天就还，但却食言不按期归还，有时甚至就不还。郑板桥借朋友的书，虽然想多看些时日，但还是先还回去，然后再借，信守承诺。其次，借书如借钱一样，其实也是一个很大的情，要借书看，也是应该有所付出的，但这种付出不能太俗气，比如沾染铜臭气，郑板桥送两盆充满君子气的兰花，非常雅致，非常得体，体现了君子之交的文雅。

第二封信也是讲信守的问题，不过是以另外一种方式。和朋友约好了一起去游山，古代不像现代一样，信息交流方便快捷，打一个电话解释一下就可以解决。本来说好了一起去游山的，但有朋友远道从湖南来到江苏，这是更重要的事情，负约当然是不对的，但把情况解释清楚，我想作为朋友的树萱也一定会谅解的。（高玉）

书信一组

现代小说

断魂枪

老舍

“生命是闹着玩，事事显出如此；从前我这么想过，现在我懂得了。”

沙子龙的镳局已改成客栈。

东方的大梦没法子不醒了。炮声压下去马来与印度野林中的虎啸。半醒的人们，揉着眼，祷告着祖先与神灵；不大会儿，失去了国土、自由与主权。门外立着不同面色的人，枪口还热着。他们的长矛毒弩，花蛇斑彩的厚盾，都有什么用呢；连祖先与祖先所信的神明全不灵了啊！龙旗的中国也不再神秘，有了火车呀，穿坟过墓破坏着风水。枣红色多穗的镳旗，绿鲨皮鞘的钢刀，响着串铃的口马，江湖上的智慧与黑话，义气与声名，连沙子龙，他的武艺、事业，都梦似的成昨夜的。今天是火车、快枪，通商与恐怖。听说，有人还要杀下皇帝的头呢！

这是走镳已没有饭吃，而国术还没被革命党与教育家提倡起来的时候。

谁不晓得沙子龙是短瘦、利落、硬棒，两眼明得像霜夜的大星？可是，现在他身上放了肉。镳局改了客栈，他自己在后小院占着三间北房，大枪立在墙角，院子里有几只楼鸽。只是在夜间，他把小院的门关好，熟习熟习他的“五虎断魂枪”。这条枪与这套枪，二十年的工夫，在西北一带，给他创出来：“神枪沙子龙”五个字，没遇见过敌手。现在，这条枪与这套枪不会再替他增光显胜了；只是摸摸这凉、滑、硬而发颤的杆子，使他心中少难过一些而已。只有在夜间独自拿起枪来，才能相信自己还是“神枪沙”。在白天，他不大谈武艺与往事；他的世界已被狂风吹了走。

在他手下创练起来的少年们还时常来找他。他们大多数是没落子的，都有点武艺，可是没地方去用。有的在庙会上去卖艺：踢两趟腿，练套家伙，翻几个跟头，附带着卖点大力丸，混个三吊两吊的。有的实在闲不起了，去弄筐果子，或挑些毛豆角，赶早儿在街上论斤吆喝出去。那时候，米贱肉贱，肯卖膀子力气本来可以混个肚儿圆；他们可是不成：肚量既大，而且得吃口管事儿的；干饽饽辣饼子咽不下去。况且他们还时常去走会：五虎棍，开路，太狮少狮……虽然算不了什么——比起走镳来——可是到底有个机会活动活动，露露脸。是的，走会捧场是买脸的事，他们打扮的得像个样儿，至少得有条青洋绉裤子，新漂白细市布的小褂，和一双鱼鳞洒鞋——顶好是青缎子抓地虎靴子。他们是神枪沙子龙的徒弟——虽然沙子龙并不承认——得到处露脸，走会得赔上俩钱，说不定还得打场架。没钱，上沙老师那里去求。沙老师不含糊，多少不拘，不让他们空着手儿走。可是，为打架或献技去讨教一个招数，或是请给说个"对子"——什么空手夺刀，或虎头钩进枪——沙老师有时说句笑话，马虎过去："教什么？拿开水浇吧！"有时直接把他们赶出去。他们不大明白沙老师是怎么了，心中也有点不乐意。

可是，他们到处为沙老师吹腾，一来是愿意使人知道他们的武艺有真传授，受过高人的指教；二来是为激动沙老师：万一有人不服气而找上老师来，老师难道还不露一两手真的么？所以：沙老师一拳就砸倒了个牛！沙老师一脚把人踢到房上去，并没使多大的劲！他们谁也没见过这种事，但是说着说着，他们相信这是真的了，有年月，有地方，千真万确，敢起誓！

王三胜——沙子龙的大伙计——在土地庙拉开了场子，摆好了家伙。抹了一鼻子茶叶末色的鼻烟，他抡了几下竹节钢鞭，把场子打大一些。放下鞭，没向四围作揖，叉着腰念了两句："脚踢天下好汉，拳打五路英雄！"向四围扫了一眼："乡亲们，王三胜不是卖艺的；玩艺儿会几套，西北路上走过镖，会过绿林中的朋友。现在闲着没事，拉个场子陪诸位玩玩。有爱练的尽管下来，王三胜以武会友，有赏脸的，我陪着。神枪沙子龙是我的师傅；玩艺地道！诸位，有愿下来的没有？"他看着，准知道没人敢下来，他的话硬，可是那条钢鞭更硬，十八斤重。

王三胜，大个子，一脸横肉，努着对大黑眼珠，看着四围。大家不出声。他脱了小褂，紧了紧深月白色的"腰里硬"，把肚子杀进去。给手心一口唾沫，抄起大刀来：

"诸位，王三胜先练趟瞧瞧。不白练，练完了，带着的扔几个；没钱，给喊个好，助助威。这儿没生意口。好，上眼！"

大刀靠了身，眼珠努出多高，脸上绷紧，胸脯子鼓出，像两块老桦木根子。一跺脚，刀横起，大红缨子在肩前摆动。削砍劈拨，蹲越闪转，手起风生，忽忽直响。忽然刀在右手心上旋转，身弯下去，四围鸦雀无声，只有缨铃轻叫。刀顺过来，猛的一个"跺泥"，身子直挺，比众人高着一头，黑塔似的。收了势："诸位！"一手持刀，一手叉腰，看着四围。稀稀的扔下几个铜钱，他点点头。"诸位！"他等着，等着，地上依旧是那几个亮而削薄的铜钱，外层的人偷偷散去。他咽了口气："没人懂！"他低声的说，可是大家全听见了。

"有功夫！"西北角上一个黄胡子老头儿答了话。

"啊？"王三胜好似没听明白。

"我说：你——有——功——夫！"老头子的语气很不得人心。

放下大刀，王三胜随着大家的头往西北看。谁也没看重这个老人：小干巴个儿，披着件粗蓝布大衫，脸上窝窝瘪瘪，眼陷进去很深，嘴上几根细黄胡，肩上扛着条小黄草辫子，有筷子那么细，而绝对不像筷子那么直顺。王三胜可是看出这老家伙有功夫，脑门亮，眼睛亮——眼眶虽深，眼珠可黑得像两口小井，深深的闪着黑光。王三胜不怕：他看得出别人有功夫没有，可更相信自己的本事，他是沙子龙手下的大将。

"下来玩玩，大叔！"王三胜说得很得体。

点点头，老头儿往里走。这一走，四外全笑了。他的胳臂不大动；左脚往前迈，右脚随着拉上来，一步步的往前拉扯，身子整着，像是患过瘫痪病。蹭到场中，把大衫扔在地上，一点没理会四围怎样笑他。

"神枪沙子龙的徒弟，你说？好，让你使枪吧，我呢？"老头子非常的干脆，很像久想动手。

人们全回来了，邻场耍狗熊的无论怎么敲锣也不中用了。

"三截棍进枪吧？"王三胜要看老头子一手，三截棍不是随便就拿得起来的家伙。

老头子又点点头，拾起家伙来。

王三胜努着眼，抖着枪，脸上十分难看。

老头子的黑眼珠更深更小了，像两个香火头，随着面前的枪尖儿转，王三胜忽然觉得不舒服，那俩黑眼珠似乎要把枪尖吸进去！四外已围得风雨不透，大家都觉出老头子确是有威。为躲那对眼睛，王三胜耍了个枪花。老头子的黄胡子一动："请！"王三胜一扣枪，向前躬步，枪尖奔了老头子的喉头去，枪缨打了一个红旋。老人的身子忽然活展了，将身微偏，让过枪尖，前把一挂，后把撩王三胜的手。拍，拍，两响，王三胜的枪撒了手。场外叫了好。王三胜连脸带胸口全紫了，抄起枪来；一个花子，连枪带人滚了过来，枪尖奔了老人的中部。老头子的眼亮得发着黑光；腿轻轻一屈，下把掩裆，上把打着刚要抽回的枪杆；拍，枪又落在地上。

场外又是一片彩声。王三胜流了汗，不再去拾枪，努着眼，木在那里。老头子扔下家伙，拾起大衫，还是拉拉着腿，可是走得很快了。大衫搭在臂上，他过来拍了王三胜一下："还得练哪，伙计！"

"别走！"王三胜擦着汗："你不离，姓王的服了！可有一样，你敢会会沙老师？"

"就是为会他才来的！"老头子的干巴脸上皱起点来，似乎是笑呢。"走，收了吧；晚饭我请！"

王三胜把兵器拢在一处，寄放在变戏法二麻子那里，陪着老头子往庙外走。后面跟着不少人，他把他们骂散了。

"你老贵姓？"他问。

"姓孙哪，"老头子的话与人一样，都那么干巴。"爱练；久想会会沙子龙。"

沙子龙不把你打扁了！王三胜心里说。他脚底下加了劲，可是没把孙老头落下。他看出来，老头子的腿是老走着查拳门中的连跳步；交起手来，必定很快。但是，无论他怎么快，沙子龙是没对手的。准知道孙老头要吃亏，他心中痛快了些，放慢了些脚步。

“孙大叔贵处?”

“河间的，小地方。”孙老者也和气了些：“月棍年刀一辈子枪，不容易见功夫！说真的，你那两手就不坏！”

王三胜头上的汗又回来了，没言语。

到了客栈，他心中直跳，惟恐沙老师不在家，他急于报仇。他知道老师不爱管这种事，师弟们已碰过不少回钉子，可是他相信这回必定行，他是大伙计，不比那些毛孩子；再说，人家在庙会上点名叫阵，沙老师还能丢这个脸么?

“三胜，”沙子龙正在床上看着本《封神榜》，“有事吗?”

三胜的脸又紫了，嘴唇动着，说不出话来。

沙子龙坐起来，“怎么了，三胜?”

“栽了跟头!”

只打了个不甚长的哈欠，沙老师没别的表示。

王三胜心中不平，但是不敢发作；他得激动老师：“姓孙的一个老头儿，门外等着老师呢；把我的枪，枪，打掉了两次!”他知道“枪”字在老师心中有多大分量。没等吩咐，他慌忙跑出去。

客人进来，沙子龙在外间屋等着呢。彼此拱手坐下，他叫三胜去泡茶。三胜希望两个老人立刻交了手，可是不能不沏茶去。孙老者没话讲，用深藏着的眼睛打量沙子龙。沙很客气：

“要是三胜得罪了你，不用理他，年纪还轻。”

孙老者有些失望，可也看出沙子龙的精明。他不知怎样好了，不能拿一个人的精明断定他的武艺。“我来领教领教枪法!”他不由地说出来。

沙子龙没接碴儿。王三胜提着茶壶走进来——急于看二人动手，他没管水开了没有，就沏在壶中。

“三胜，”沙子龙拿起个茶碗来，“去找小顺们去，天汇见，陪孙老者吃饭。”

“什么!”王三胜的眼珠几乎掉出来。看了看沙老师的脸，他敢怒而不敢言地说了声“是啦!”走出去，撅着大嘴。

“教徒弟不易!”孙老者说。

“我没收过徒弟。走吧，这个水不开！茶馆去喝，喝饿了就吃。”沙子龙从桌子上拿起缎子褡裢，一头装着鼻烟壶，一头装着点钱，挂在腰带上。

“不，我还不饿!”孙老者很坚决，两个“不”字把小辫从肩上抡到后边去。

“说会子话儿。”

“我来为领教领教枪法。”

“功夫早搁下了，”沙子龙指着身上，“已经放了肉!”

"这么办也行，"孙老者深深的看了沙老师一眼："不比武，教给我那趟五虎断魂枪。"

"五虎断魂枪？"沙子龙笑了："早忘干净了！早忘干净了！告诉你，在我这儿住几天，咱们各处逛逛，临走，多少送点盘川。"

"我不逛，也用不着钱，我来学艺！"孙老者立起来，"我练趟给你看看，看够得上学艺不够！"一屈腰已到了院中，把楼鸽都吓飞起去。拉开架子，他打了趟查拳：腿快，手飘洒，一个飞脚起去，小辫儿飘在空中，像从天上落下来一个风筝；快之中，每个架子都摆得稳、准，利落；来回六趟，把院子满都打倒，走得圆，接得紧，身子在一处，而精神贯串到四面八方。抱拳收势，身儿缩紧，好似满院乱飞的燕子忽然归了巢。

"好！好！"沙子龙在台阶上点着头喊。

"教给我那趟枪！"孙老者抱了抱拳。

沙子龙下了台阶，也抱着拳："孙老者，说真的吧；那条枪和那套枪都跟我入棺材，一齐入棺材！"

"不传？"

"不传！"

孙老者的胡子嘴动了半天，没说出什么来。到屋里抄起蓝布大衫，拉拉着腿："打搅了，再会！"

"吃过饭走！"沙子龙说。

孙老者没言语。

沙子龙把客人送到小门，然后回到屋中，对着墙角立着的大枪点了点头。

他独自上了天汇，怕是王三胜们在那里等着。他们都没有去。

王三胜和小顺们都不敢再到土地庙去卖艺，大家谁也不再为沙子龙吹胜；反之，他们说沙子龙栽了跟头，不敢和个老头儿动手，那个老头子一脚能踢死个牛。不要说王三胜输给他，沙子龙也不是他的"个儿"。不过呢，王三胜到底和老头子见了个高低，而沙子龙连句硬话也没敢说。"神枪沙子龙"慢慢似乎被人们忘了。

夜静人稀，沙子龙关好了小门，一气把六十四枪刺下来；而后，拄着枪，望着天上的群星，想起当年在野店荒林的威风。叹一口气，用手指慢慢摸着凉滑的枪身，又微微一笑，"不传！不传！"

（选自《老舍小说全集(10)》，长江文艺出版社 2004 年版）

导　读

老舍(1899—1966)，原名舒庆春，满族人，现代著名作家，代表作有《骆驼祥子》《四世同堂》和《茶馆》等。

现代作家写武侠题材小说的人不多，但都写得非常好，比老舍《断魂枪》早一些的如鲁迅的《铸剑》，晚一些的如冯骥才《神鞭》，还有更晚一点的，余华的《鲜血梅花》等。《断魂枪》写了传统中华武术失去现代社会依托之后走向末路的故事。"龙旗的中国也不再神秘"，许多传统的职业面临现代化的挑战，有了现代化交通工具之后，镖局从社会上消失了。沙子龙的镖局改成了客栈。他的徒弟们失去了走镖这一工作，只能靠街头卖艺或做小买卖生活，但其中也有一些不甘于现实，把武艺看成最后的精神寄托。王三胜在和一个爱好武艺的孙老者比武失败之后，试图得到老师的支持，沙子龙不但不与孙老者比武，甚至决绝地放弃武艺的传承。经此事之后，"大家谁也不再为沙子龙吹腾，反之，专门说沙子龙栽了跟头"。沙子龙不能为人们所理解，只有夜深人静之时走一路枪法。

值得思索的是沙子龙的选择及其背后的寓意。沙子龙清醒地意识到传统绝技已经不可能适应现代社会，倒关上了和现代的对话的大门。他不给王三胜出头，拒绝将"五虎断魂枪"传给孙老者，最终他的绝技就不可能在现代社会传承，也即是说沙子龙是十分主动地选择拒绝对话，表明了他拒绝合作的姿态。老舍也看到了在西方文明的烛照之下"东方的大梦没法子不醒了"，但叙述中取消了现代文化取代传统文化过程中的价值取向，更多的将其视为不可阻挡的事实：长矛厚盾在枪口面前没有什么用，祖先与祖先信奉的神明全不灵，火车穿坟过墓破坏风水。老舍更倾向于选择非对话不合作，他批评其他的人们，"生命是闹着玩，事事显出如此"，而字里行间隐含着对沙子龙的敬意。

读这篇小说的时候可以把沈从文的《新与旧》，冯骥才的《神鞭》放在一起读。三者都写传统技艺在遭遇西方和现代的境遇。沈从文和老舍的小说几乎是创作于同一个时期。沈从文写刽子手杨金标胡乱地砍掉了作为知识和革命启蒙者的两个共产党员，但却无法再现晚清时期一整套的砍头仪式。冯骥才的《神鞭》写"神鞭"傻二参加义和团被洋枪打断了他的辫子，改而学习洋枪成为神枪手并参加北伐军。沈从文小说揭示传统技艺在现代无法适应的局面，冯骥才则说改换门庭依然可以修成新的绝技，而老舍则让沙子龙拒绝传承。其中沈从文就从源头上质疑了刽子手传统技艺背后隐含的权力和宗教意识形态，同时也对民国不断出现的革命话语提出了质疑。冯骥才似乎更多在进行"文化寻根"，他让傻二不断找到传统武术以及接受新事物的自信心，老舍与前二者不同，他不谈价值取向，却较为隐晦地指出中国人事事闹着玩，不认真。三篇小说揭示了中国由传统向现代转型过程中出现的三种不同态度。

通过对三篇小说的比较，就《断魂枪》一文而言，老舍提出了一个命题，面对新的历史境遇，是选择坚守还是适应新的情景？这针对的不仅仅是中国传统文化遭遇西方现代化语境时提出的问题，同时也是做人的问题。（吴述桥）

拓展阅读

鲁迅.鲁迅全集(第 2 卷).北京：人民文学出版社，2005.

沈从文.沈从文全集(第 8 卷).太原：北京文艺出版社，2012.

冯骥才.神鞭.北京：中国民间文艺出版社，1988.

余华.鲜血梅花.北京：作家出版社，2014.

《新与旧》

静

沈从文

春天日子是长极了的。长长的白日，一个小城中，老年人不向太阳取暖就是打瞌睡，少年人无事作时皆在晒楼或空坪里放风筝。天上白白的日头慢慢的移着，云影慢慢的移着，什么人家的风筝脱线了，各处便都有人仰了头望到天空，小孩子都大声乱嚷，手脚齐动，盼望到这无主风筝，落在自己家中的天井里。

女孩子岳珉年纪约十四岁左右，有一张营养不良的小小白脸，穿着新上身不久长可齐膝的蓝布袍子，正在后楼屋顶晒台上，望到一个从城里不知谁处飏来的脱线风筝，在头上高空里斜斜的溜过去，眼看到那线脚曳在屋瓦上，隔壁人家晒台上，有一个胖胖的妇人，正在用晾衣竹竿乱捞。身后楼梯有小小声音，一个男小孩子，手脚齐用的爬着楼梯，不久一会，小小的头颅就在楼口边出现了。小孩子怯怯的，贼一样的，转动两个活泼的眼睛，不即上来，轻轻的喊女孩子。

“小姨，小姨，婆婆睡了，我上来一会儿好不好?”

女孩子听到声音，忙回过头去。望到小孩子就轻轻的骂着，“北生，你该打，怎么又上来？等会儿你姆妈就回来了，不怕骂吗?”

“玩一会儿。你莫声，婆婆睡了!”小孩重复的说着，神气十分柔和。

女孩子皱着眉吓了他一下，便走过去，把小孩援上晒楼了。

这晒楼原如这小城里所有平常晒楼一样，是用一些木枋，疏疏的排列到一个木架上，且多数是上了点年纪的。上了晒楼，两人倚在朽烂发霉摇摇欲堕的栏杆旁，数天上的大小风筝。晒楼下面是斜斜的屋顶，屋瓦疏疏落落，有些地方经过几天春雨，都长了绿色霉苔。屋顶接连屋顶，晒楼左右全是别人家的晒楼。有晒衣服被单的，把竹竿撑得高高的，在微风中飘飘如旗帜。晒楼前面是石头城墙，可以望到城墙上石罅里植根新发芽的葡萄藤。晒楼后面是一道小河，河水又清又软，很温柔的流着。河对面有一个大坪，绿得同一块大毡茵一样，上面还绣得有各样颜色的花朵。大坪尽头远处，可以看到好些菜园同一个小庙。菜园篱笆旁的桃花，同庵堂里几株桃花，正开得十分热闹。

日头十分温暖，景象极其沉静，两个人一句话不说，望了一会天上，又望了一会河水。河水不象早晚那么绿，有些地方似乎是蓝色，有些地方又为日光照成一片银色。对岸那块大坪，有几处种得有油菜，菜花黄澄澄的如金子。另外草地上，有从城里染坊中人晒得许多白布，长长的卧着，用大石块压着两端。坪里也有三个人坐在大石头上放风筝，其中一个小孩，吹一个芦管唢呐，吹各样送亲嫁女的调子。另外还有三匹白马，两匹黄马，没有人照料，在那里吃草，从从容容，一面低头吃草一面散步。

小孩北生望到有两匹马跑了，就狂喜地喊着："小姨，小姨，你看！"小姨望了他一眼，用手指指楼下，这小孩子懂事，恐怕下面知道，赶忙把自己手掌掩到自己的嘴唇，望望小姨，摇了一摇那颗小小的头颅，意思像在说："莫说，莫说。"

两个人望到马，望到青草，望到一切，小孩子快乐得如痴，女孩子似乎想到很远的一些别的东西。

他们是逃难来的，这地方并不是家乡，也不是所要到的地方。母亲，大嫂，姊姊，姊姊的儿子北生，小丫头翠云一群人中就只五岁大的北生是男子。糊糊涂涂坐了十四天小小篷船，船到了这里以后，应当换轮船了，一打听各处，才知道××城还在被围，过上海或过南京的船车全已不能开行。

到此地以后，证明了从上面听来的消息不确实。既然不能通过，回去也不是很容易的，因此照妈妈的主张，就找寻了这样一间屋子权且居住下来，打发随来的兵士过宜昌，去信给北京同上海，等候各方面的回信。在此住下后，妈妈同嫂嫂只盼望宜昌有人来，姐姐只盼望北京的信，女孩岳珉便想到上海一切。她只希望上海先有信来，因此才好读书。若过宜昌同爸爸住，爸爸是一个军部的军事代表。哥哥也是个军官，不如过上海同教书的第二哥哥同住。可是××一个月了还打不下。谁敢说定什么时候才能通行？几个人住此已经有四十天了，每天总是要小丫头翠云作伴，跑到城门口那家本地报馆门前去看报，看了报后又赶回来，将一切报上消息，告给母亲同姊姊。几人就从这些消息上，找出可安慰的理由来，或者互相谈到晚上各人所作的好梦，从各样梦里，卜取一切不可期待的佳兆。母亲原是一个多病的人，到此一月来各处还无回信，路费剩下来的已有限得很，身体原来就很坏，加之路上又十分辛苦，自然就更坏了。女孩岳珉常常就想到："再有半个月不行，我就进党务学校去也好吧。"那时党务学校，十四岁的女孩子的确是很多的。一个上校的女儿有什么不合式？一进去不必花一个钱，六个月毕业后，派到各处去服务，还有五十块钱的月薪。这些事情，自然也是这个女孩子，从报纸上看来，保留到心里的。

正想到党务学校的章程，同自己未来的运数，小孩北生耳朵很聪锐，因恐怕外婆醒后知道了自己私自上楼的事，又说会掉到水沟里折断小手，已听到了楼下外婆咳嗽，就牵小姨的衣角，轻声的说："小姨，你让我下去，大婆醒了！"原来这小孩子一个人爬上楼梯以后，下楼时就不知道怎么办了的。

女孩岳珉把小孩子送下楼以后，看到小丫头翠云正在天井洗衣，也就蹲到盆边去搓了两下，觉得没什么趣味，就说："翠云，我为你楼上去晒衣吧。"拿了些扭干了水的湿衣，又上了晒楼。一会儿，把衣就晾好了。

这河中因为去桥较远，为了方便，还有一只渡船，这渡船宽宽的如一条板凳，懒懒的搁在滩上。可是路不当冲，这只渡船除了染坊中人晒布，同一些工人过河挑黄土，用得着它以外，常常半天就不见一个人过渡。守渡船的人，这时正躺在大坪中大石块上睡觉，那船在太阳下，灰白憔悴，也如十分无聊十分倦怠的样子，浮在水面上，慢慢的在微风里滑动。

“为什么这样清静?”女孩岳珉心里想着。这时节，对河远处却正有制船工人，用钉锤敲打船舷，发出砰砰庞庞的声音。还有卖针线飘乡的人，在对河小村镇上，摇动小鼓的声音。声音不断的在空气中荡漾，正因为这些声音，却反而使人觉得更加分外寂静。

过一会，从里边有桃花树的小庵堂里，出来了一个小尼姑，戴黑色僧帽，穿灰色僧衣，手上提了一个篮子，扬长的越过大坪向河边走来。这小尼姑走到河边，便停在渡船上面一点，蹲在一块石头上，慢慢的卷起衣袖，各处望了一会，又望了一阵天上的风筝，才从容不迫的，从提篮里取出一大束青菜，一一的拿到面前，在流水里乱摇乱摆。因此一来，河水便发亮的滑动不止。又过一会，从城边岸上来了一个乡下妇人，在这边岸上，喊叫过渡。渡船夫上船抽了好一会篙子，才把船撑过河，把妇人渡过对岸，不知为什么事情，这船夫像吵架似的，大声的说了一些话，那妇人一句话不说就走去了。跟着不久，又有三个挑空箩筐的男子，从近城这边岸上唤渡，船夫照样缓缓的撑着竹篙，这一次那三个乡下人，为了一件事，互相在船上吵着，划船的可一句话不说，一摆到了岸，就把篙子钉在沙里。不久那六只箩筐，就排成一线，消失到大坪尽头去了。

洗菜的小尼姑那时也把菜洗好了，正在用一段木杵，捣一块布或是件衣裳，捣了几下，又把它放在水中去拖摆几下，于是再提起来用力捣着。木杵声音印在城墙上，回声也一下一下的响着。这尼姑到后大约也觉得这回声很有趣了，就停顿了工作，尖锐的喊叫：“四林，四林，”那边也便应着“四林，四林”。再过不久，庵堂那边也有女人锐声的喊着“四林，四林，”且说些别的话语，大约是问她事情做完了没有。原来这就是小尼姑自己的名字！这小尼姑事作完了，水边也玩厌了，便提了篮子，故意从白布上面，横横的越过去，踏到那些空处，走回去了。

小尼姑走后，女孩岳珉望到河中水面上，有几片菜叶浮着，傍到渡船缓缓的动着，心里就想起刚才那小尼姑十分快乐的样子。“小尼姑这时一定在庵堂里把衣晾上竹竿了！一定在那桃花树下为老师傅捶背！……一定一面口下念佛，一面就用手逗身旁的小猫玩！……”想起许多事都觉得十分可笑，就微笑着，也学到低低的喊着“四林，四林。”

过了一会。想起这小尼姑的快乐，想起河里的水，远处的花，天上的云，以及屋里母亲的病，这女孩子，不知不觉又有点寂寞起来了。

她记起了早上喜鹊，在晒楼上叫了许久，心想每天这时候送信的都来送信，不如下去看看，是不是上海来了信。走到楼梯边，就见到小孩北生正轻脚轻手，第二回爬上最低那一级梯子。

“北生你这孩子，不要再上来了呀!”

下楼后，北生把女孩岳珉拉着，要她把头低下，耳朵俯就到他小口，细声细气的说：

“小姨，大婆吐那个……”。

到房里去时，看到躺在床上的母亲，静静的如一个死人，很柔弱很安静的呼吸着，又瘦又狭的脸上，为一种疲劳忧愁所笼罩。母亲像是已醒过一会儿了，一听到有人在房中走路，就睁开了眼睛。

“珉珉，你为我看看，热水瓶里的水还剩多少。”

一面为病人倒出热水调和库阿可斯，一面望到母亲日益消瘦下去的脸，同那个小小的鼻子，女孩岳珉说：“妈，妈，天气好极了，晒楼上望到对河那小庵堂里桃花，今天已全开了。”

病人不说什么，微微的笑着。想到刚才咳出的血，伸出自己那只瘦瘦的手来，摸了摸自己的额头，自言自语的说着，我不发烧。说了又望到女孩温柔的微笑着。那种笑是那么动人怜悯的，使女孩岳珉低低的嘘了一口气。

“你咳嗽不好一点吗？”

“好了好了不要紧的，人不吃亏。早上吃鱼，喉头稍稍有点火，不要紧的。”

这样问答着，女孩便想走过去，看看枕边那个小小痰盂。病人明白那个意思了，就说：“没有什么。”又说：“珉珉你站到莫动，我看看，这个月你又长高了！”

女孩岳珉害羞似的笑着，“我不像竹子罢，妈妈。我担心得很，人太长高了要笑人的！”

静了一会。母亲记起什么了。

“珉珉我作了个好梦，梦到我们已经上了船，三等舱里人挤得不成样子。”

其实这梦还是病人捏造的，因为记忆力乱乱的，故第二次又来说着。

女孩岳珉望到母亲同蜡做成一样的小脸，就勉强笑着，“我昨晚当真梦到大船，还梦到三毛老表来接我们，又觉得他是福禄旅馆接客的招待，送我们每一个人一本旅行指南。今早上喜鹊叫了半天，我们算算看，今天会不会有信来。”

“今天不来明天应来了！”

“说不定自己会来！”

“报上不是说过，十三师在宜昌要调动吗？”

“爸爸莫非已动身了！”

“要来，应当先有电报来！”

两人故意这样乐观的说着，互相哄着对面那一个人，口上虽那么说着，女孩岳珉心里却那么想着：“妈妈病怎么办？”病人自己也心里想着：“这样病下去真糟。”

姐姐同嫂嫂，从城北卜课回来了，两人正在天井里悄悄的说着话。女孩岳珉便站到房门边去，装成快乐的声音：“姊姊，大嫂，先前有一个风筝断了线，线头搭在瓦上曳过去，隔壁那个妇人，用竹竿捞不着，打破了许多瓦，真好笑！”

姊姊说：“北生你一定又同姨姨上晒楼了，不小心，把脚摔断，将来成跛子！”

小孩北生正蹲到翠云身边，听姆妈说到他，不敢回答，只偷偷的望到小姨笑着。

女孩岳珉一面向北生微笑，一面便走过天井，拉了姊姊往厨房那边走去，低声的说："姊姊，看样子，妈又吐了！"

姊姊说："怎么办？北京应当来信了！"

"你们抽的签？"

姊姊一面取那签上的字条给女孩，一面向蹲在地下的北生招手，小孩走过身边来，把两只手围抱着他母亲，"娘，娘，大婆又咯咯的吐了，她收到枕头下！"

姐姐说："北生我告你，不许到婆婆房里去闹，知道么？"

小孩很懂事的说："我知道。"又说："娘娘，对河桃花全开了，你让小姨带我上晒楼玩一会儿，我不吵闹。"

姐姐装成生气的样子，"不许上去，落了多久雨，上面滑得很！"又说，"到你小房里玩去，你上楼，大婆要骂小姨！"

这小孩走过小姨身边去，捏了一下小姨的手，乖乖的到他自己小卧房去了。

那时翠云丫头已经把衣搓好了，且用清水荡过了，女孩岳珉便为扭衣裳的水，一面作事一面说："翠云，我们以后到河里去洗衣，可方便多了！过渡船到对河去，一个人也不有，不怕什么吧。"翠云丫头不说什么，脸儿红红的，只是低头笑着。

病人在房里咳嗽不止，姊姊同大嫂便进去了。翠云把衣扭好了，便预备上楼。女孩岳珉在天井中看了一会日影，走到病人房门口望望。只见到大嫂正在裁纸，大姊坐在床边，想检察那小痰盂，母亲先是不允许，用手拦阻，后来大姊仍然见到了，只是摇头。可是三个人皆勉强的笑着，且故意想从别一件事上，解除一下当前的悲戚处，于是说到一个很久远的故事。到后三人又商量到写信打电报的事情。女孩岳珉不知为什么，心里尽是酸酸的，站在天井里，同谁生气似的，红了眼睛，咬着嘴唇。过一阵，听到翠云丫头在晒楼说话：

"珉小姐，珉小姐，你上来，看新娘子骑马，快要过渡了！"

又过一阵，翠云丫头于是又说：

"看呀，看呀，快来看呀，一个一块瓦的大风筝跑了，快来，快来，就在头上，我们捉它！"

女孩岳珉抬起来了头，果然从天井里也可以望到一个高高的风筝，如同一个吃醉了酒的巡警神气，偏偏斜斜的滑过去，隐隐约约还看到一截白线，很长的在空中摇摆。

也不是为看风筝，也不是为看新娘子，等到翠云下晒楼以后，女孩岳珉仍然上了晒楼了。上了晒楼，仍然在栏杆边傍着，眺望到一切远处近处，心里慢慢的就平静了。后来看到染坊中人在大坪里收拾布匹，把整匹白布折成豆腐干形式，一方一方摆在草上，看到尼姑庵里瓦上有烟子，各处远近人家也都有了烟子，她才离开晒楼。

下楼后，向病人房门边张望了一下，母亲同姊姊三人都在床上睡着了。再到小孩北生小房里去看看，北生不知在什么时节，也坐在地下小绒狗旁睡着了。走到厨房去，翠云丫头正在灶口边板凳上，偷偷的用无敌牌牙粉，当成水粉擦脸。女孩岳珉似乎恐怕惊动了这丫头的神气，赶忙走过天井中心去。

这时听到隔壁有人拍门，有人互相问答说话。女孩岳珉心里很希奇的想到："谁在问谁？莫非爸爸同哥哥来了，在门前问门牌号数吧？"这样想到，心便骤然跳跃起来，忙匆匆的走到二门边去，只等候有什么人拍门拉铃子，就一定是远处来的人了。

可是，过一会儿，一切又都寂静了。

女孩岳珉便不知所谓的微微的笑着。日影斜斜的，把屋角同晒楼柱头的影子，映到天井角上，恰恰如另外一个地方，竖立在她们所等候的那个爸爸坟上一面纸制的旗帜。

（萌妹述，为纪念姊姊亡儿北生而作。）

（选自《沈从文全集》第7卷，北岳文艺出版社2009年版）

导　读

沈从文（1902—1988），原名沈岳焕，苗族，湖南凤凰县人，14岁时，他投身行伍，浪迹湘川黔边境地区，1924年开始文学创作，抗战爆发后到西南联大任教，1946年回到北京大学任教，新中国成立后在中国历史博物馆和中国社会科学院历史研究所工作，主要从事中国古代服饰的研究，1988年病逝于北京。其代表作是《边城》。

创作于1932年的短篇小说《静》是一篇典型的时间"空间化"的文化寓言，也是他融合中西艺术经验的一次成功实践。主人公岳珉主要的行为动作（"移位"）是在"楼上"和"楼下"跑来跑去，因此，"楼上"和"楼下"成为并置的两个空间场景。

"楼上"呈现出隐时间刻度的空间幻景。暮春时节的一个午后，主人公岳珉从后楼屋顶的晒台向四处眺望，空间视界大大超出了她们在异乡栖身的楼下位置，小说通过主人公的视觉和听觉建构了这种空间景象。她看到了云影和白白的日头慢慢地移过天际；脱线的无主风筝的摇曳；在微风中飘飘如旗帜的晒衣竹竿；石墙罅里新发芽的葡萄藤；绿得同一块大毡茵一样的大坪；开着热闹的桃花的菜园和小庙。她听到了小孩吹的送亲嫁女的调子；两匹奔跑的马；远处船屋里隐约传来的钉锤敲打船舷声；船夫与船客之间的争吵；小尼姑的捣衣声和有趣的回声。所有这些看到的和听到的都是沈从文笔下常见的田园牧歌化的乡土风景，正如题目《静》所暗示，女孩岳珉所想"为什么这样清静"的那样，静谧是这幅风景画的主调。

"楼下"则呈现出历史现实的时间流徙。在"楼下"的空间里，历史现实的时间流非常清晰。岳珉一家人为了逃避战事，躲到异乡一个小楼栖身，全家除了5岁的北生以外全是女人，在逃难的途中进退维谷、困难重重，加上母亲重病，又没有父兄的音讯，路费已所剩无几，岳珉的上海读书梦也破灭了。她们每天到本地报馆门前去看报，从这些消息中找出安慰自己的理由来，或者互相谈论晚上各人所做的好梦，从各种梦中，卜取一切不可期待的佳兆。在这家人焦急期盼未来时间的心理中，我们能看出情节的推衍与故事的脉络，战争、死亡、历史、现实的图景在时间的流逝中呈现出来了。

“楼上”和“楼下”两个空间关系衔接的纽带是岳珉和她外甥北生在两层楼间的往来，岳珉在楼上的眺望不能持久，和北生的对话打断了她的凝视欲望，在她接送北生上下楼的过程中，“楼上”和“楼下”两个空间有机地交融起来。她既享受于扩大的空间想象，又徘徊于现实的时间流程中。“楼上”与“楼下”构成了交互式的作用背景：“楼上”所见所感能影响到“楼下”的行为和意识，同时，“楼下”所思所想也能作用于“楼上”远眺风景的攫取。

小说《静》以童年女性的视角来观察与感受，这使小说笼罩在浓郁的情感氛围中。小说中的岳珉不但是感受和体验者，也是生命的渲染者和抽象抒情的符号，小说推衍脉搏都随着她的情绪而跳动。然而，岳珉的情绪又何其复杂与微妙：寂寞中有热烈的渴求，快乐中有现实的隐痛。这一切都扩充为一种生命情绪与抽象心理抒情，取代了时空的物理性质，使小说具有一种内在的秩序和结构。岳珉来回于两个空间之间，现实的牵挂让她下楼，当现实超过了她的忍受程度时，她再次上楼让自己平静下来，她一共上楼三次，一次比一次停留的时间短，现实的压力越来越大，小说没有曲折的情节和饱满的人物性格，人物沉入到两种空间情境中，抽象地书写了抒情的氛围与情调。不管是“楼上”还是“楼下”，隐态的生命感纠葛着死亡阴影，它们对弈交融、消长浸漫，彰显了《静》内在精神向度的张力，体现了现实与梦幻的纠葛与逆返，这正是《静》深刻的空间主题。沈从文将社会符号、历史语境、生命感知、死亡阴影进行了互文性的空间编织与参照。（吴翔宇）

拓展阅读

凌宇.从边城走向世界.北京：生活·读书·新知三联书店，1985.

吴翔宇.沈从文小说的民族国家想象研究.北京：商务印书馆，2018.

金介甫.沈从文传.符家钦，译.长沙：湖南文艺出版社，1992.

张新颖.沈从文精读.上海：复旦大学出版社，2005.

《萧萧》

上海的狐步舞（一个片段）

穆时英

上海。造在地狱上面的天堂！

沪西，大月亮爬在天边，照着大原野。浅灰的原野，铺上银灰的月光，再嵌着深灰的树影和村庄的一大堆一大堆的影子。原野上，铁轨画着弧线，沿着天空直伸到那边儿的水平线下去。

林肯路。（在这儿，道德给践在脚下，罪恶给高高地捧在脑袋上面。）

拎着饭篮，独自个儿在那儿走着，一只手放在裤袋里，看着自家儿嘴里出来的热气慢慢儿的飘到蔚蓝的夜色里去。

三个穿黑绸长褂，外面罩着黑大褂的人影一闪。三张在呢帽底下只瞧得见鼻子和下巴的脸遮在他前面。

“慢着走，朋友！”

“有话尽说，朋友！”

“咱们冤有头，债有主，今儿不是咱们有什么跟你过不去，各为各的主子，咱们也要吃口饭，回头您老别怨咱们不够朋友。明年今儿是你的周年，记着！”

“笑话了！咱也不是那么不够朋友的——”一扔饭篮，一手抓住那人的枪，就是一拳过去。

碰！手放了，人倒下去，按着肚子。碰！又是一枪。

“好小子！有种！”

“咱们这辈子再会了，朋友！”

“黑绸长裙”把呢帽一推，叫搁在脑勺上，穿过铁路，不见了。

“救命！”爬了几步。

“救命！”又爬了几步。

嘟的吼了一声儿，一道弧灯的光从水平线底下伸了出来。铁轨隆隆地响着，铁轨上的枕木像蜈蚣似地在光线里向前爬去，电杆木显了出来，马上又隐没在黑暗里边，一列“上海特别快”突着肚子，达达达，用着狐步舞的拍，含着颗夜明珠，龙似地跑了过去，绕着那条弧线。又张着嘴吼了一声儿，一道黑烟直拖到尾巴那儿，弧灯的光线钻到地平线下，一会儿便不见了。

又静了下来。

铁道交通门前，交错着汽车的弧灯的光线，管交通门的倒拿着红绿旗，拉开了那白脸红嘴唇，带了红宝石耳坠子的交通门，马上，汽车就跟着门飞了过去，一长串。

上了白漆的街树的腿，电杆木的腿，一切静物的腿……revue似的，把搽满了粉的大腿交叉地伸出来的姑娘们……白漆的腿的行列。沿着那条静悄的大路，从住宅的窗里，都会的眼珠子似地，透过了窗纱，偷溜了出来淡红的，紫的，绿的，处处的灯光。

汽车在一座别墅式的小洋房前停了，叭叭的拉着喇叭。刘有德先生的西瓜皮帽上的珊瑚结子从车门里探了出来，黑毛葛背心上两只小口袋里挂着的金表链上面的几个小金镑叮当地笑着，把他送出车外，送到这屋子里。他把半段雪茄扔在门外，走到客室里，刚坐下，楼梯的地毡上响着轻捷的鞋跟，嗒嗒地。

"回来了吗？"活泼的笑声，一位在年龄上是他的媳妇，在法律上是他的妻子的夫人跑了进来，扯着他的鼻子道。"快！给我签张三千块钱的支票。"

"上礼拜那些钱又用完了吗？"

不说话，把手里的一叠账交给他，便拉他的蓝缎袍的大袖子往书房里跑，把笔送到他手里。

"我说……"

"你说什么？"堵着小红嘴。

瞧了她一眼便签了，她就低下脑袋把小嘴凑到他大嘴上。"晚饭你独自个儿吃吧，我和小德要出去。"便笑着跑了出去，碰的合上门。他掏出手帕来往嘴上一擦，麻纱手帕上印着tangee。倒像我的女儿呢，成天的缠着要钱。

"爹！"

一抬脑袋，小德不知多咱溜了进来，站在他旁边，见了猫的耗子似地。

"你怎么又回来啦？"

"姨娘打电话叫我回来的。"

"干吗？"

"拿钱。"

刘有德先生心里好笑，这娘儿俩真有他们的。

"她怎么会叫你回来问我要钱？她不会要不成？"

"是我要钱，姨娘叫我伴她去玩。"

忽然门开了，"你有现钱没有？"刘颜蓉珠又跑了进来。

"只有……"

一只刚用过蔻丹的小手早就伸到他口袋里把皮夹拿了出来！红润的指甲数着钞票：一五，一十，二十……三百。"五十留给你，多的我拿去了。多给你晚上又得不回来。"做了个媚眼，拉了她法律上的儿子就走。

儿子是衣架子，成天地读者给gigolo看的时装杂志，把烫得有粗大明朗的褶纹的褂子穿到身上，领带打得在中间留了个涡，拉着母亲的胳膊坐到车上。

上了白漆的街树的腿，电杆木的腿，一切静物的腿……revue似地，把搽满了粉的大腿交叉地伸出来的姑娘们……白漆腿的行列。沿着那条静悄的大路，从住宅区的窗里，都会的眼珠子似地，透过了窗纱，偷溜了出来淡红的，紫的，绿的，处女的灯光。

开着一九三二的新别克，却一个心儿想一九八〇年的恋爱方式。深秋的晚风吹来，吹动了儿子的领子，母亲的头发，全有点儿觉得凉。法律上的母亲偎在儿子的怀里道：

“可惜你是我的儿子。”嘻嘻地笑着。

儿子在父亲吻过的母亲的小嘴上吻了一下，差点儿把车开到行人道上去啦。

Neon light伸着颜色的手指在蓝墨水似的夜空里写着大字。一个英国绅士站在前面，穿了红的燕尾服，挟着手杖，那么精神抖擞地在散步。脚下写着：“Johnny Walker：Still Going Strong.”路旁一小块草地上展开了地产公司的乌托邦，上面一个抽吉士牌的美国人看着，像在说：“可惜这是小人国的乌托邦；那片大草原里还放不下我的一只脚呢？”

汽车前显出个人的影子，喇叭吼了一声儿，那人回过脑袋来一瞧，就从车轮前溜到行人道上去了。

“蓉珠，我们上那去？”

“随便那个cabaret里去闹个新鲜吧；礼查，大华我全玩腻了。”

跑马厅屋顶上，风针上的金马向着红月亮撒开了四蹄。在那片大草地的四周泛滥着光的海，罪恶的海浪，慕尔堂浸在黑暗里，跪着，在替这些下地狱的男女祈祷，大世界的塔尖拒绝了忏悔，骄傲地瞧着这位迂牧师，放射着一圈圈的灯光。

蔚蓝的黄昏笼罩着全场，一只saxophone正伸长了脖子，张着大嘴，呜呜地冲着他们嚷。当中那片光滑的地板上，飘动的裙子，飘动的袍角，精致的鞋跟，鞋跟，鞋跟，鞋跟，鞋跟。蓬松的头发和男子的脸。男子衬衫的白领和女子的笑脸。伸着的胳膊，翡翠坠子拖到肩上。整齐的圆桌子的队伍，椅子却是零乱的。暗角上站着白衣侍者。酒味，香水味，英腿蛋的气味，烟味……独身者坐在角隅里拿黑咖啡刺激着自家儿的神经。

舞着：华尔姿的旋律绕着他们的腿，他们的脚站在华尔姿旋律上飘飘地，飘飘地。

儿子凑在母亲的耳朵旁说：“有许多话是一定要跳着华尔姿才能说的，你是顶好的华尔姿的舞侣——可是，蓉珠，我爱你呢！”

觉得在轻轻地吻着鬓脚，母亲躲在儿子的怀里，低低的笑。

一个冒充法国绅士的比利时珠宝掮客，凑在电影明星殷芙蓉的耳朵旁说：“你嘴上的笑是会使天下的女子妒忌的——可是，我爱你呢！”

觉得轻轻地在吻着鬓角，便躲在怀里低低地笑，忽然看见手指上多了一只钻戒。

珠宝掮客看见了刘颜蓉珠，在殷芙蓉的肩上跟她点了点脑袋，笑了一笑。小德回过身来瞧见了殷芙蓉也gigolo地把眉毛扬了一下。

舞着华尔兹的旋律绕着他们的腿，他们的脚践在华尔姿上面，飘飘地，飘飘地。

珠宝掮客凑在刘颜蓉珠的耳朵旁，悄悄的说："你嘴上的笑是会使天下的女子妒忌的——可是，我爱你呢！"

觉得轻轻地在吻着鬓脚，便躲在怀里低低地笑，把唇上的胭脂印到白衬衫上面。

小德凑在殷芙蓉的耳朵旁，悄悄地说："有许多话是一定要跳着华尔姿才能说的，你是顶好的华尔兹的舞侣——可是，芙蓉，我爱你呢！"

觉得在轻轻地吻着鬓角，便躲在怀里，低低地笑。

独身者坐在角隅里拿黑咖啡刺激着自家儿的神经。酒味，香水味，英腿蛋的气味，烟味……暗角上站着白衣侍者。椅子是凌乱的，可是整齐的圆桌子的队伍。翡翠坠子拖到肩上，伸着的胳膊。女子的笑脸和男子的衬衫的白领。男子的脸和蓬松的头发。精致的鞋跟，鞋跟，鞋跟，鞋跟，鞋跟。飘荡的袍角，飘荡的裙子，当中是一片光滑的地板。呜呜地冲着人家嚷，那只 saxophone 伸长了脖子，张着大嘴。蔚蓝的黄昏笼罩着全场。

推开了玻璃门，这纤弱的幻景就打破了。跑下扶梯，两溜黄包车停在街旁，拉车的分班站着；中间留了一道门灯光照着的路，争着"Ricksha?"奥斯汀孩车，爱山克水，福特，别克跑车，别克小九，八汽缸，六汽缸……大月亮红着脸蹒跚地走上跑马厅的大草原上来了。街角卖《大美晚报》的用卖大饼油条的嗓子嚷：

"Evening Post!"

电车当当地驶进布满了大减价的广告旗和招牌的危险地带去，脚踏车挤在电车的旁边瞧着也可怜。坐在黄色车上的水兵挤箍着醉眼，瞧准了拉车的屁股踹了一脚便哈哈地笑了。红的交通灯，绿的交通灯，交通灯的柱子和印度巡捕一同地垂直在地上。交通灯一闪，便涌着人的潮，车的潮。这许多人，全像没了脑袋的苍蝇似的！一个 fashion model 穿了她铺子里的衣服来冒充贵妇人。电梯用十五秒钟一次的速度，把人货物似地抛到屋顶花园去。女秘书站在绸缎铺的橱窗外面瞧着全丝面的法国 crepé，想起了经理的刮得刀痕苍然的嘴上的笑劲儿。主义者和党人挟了一大包传单踱过去，心里想，如果给抓住了便在这里演说一番。蓝眼珠的姑娘穿了窄裙，黑眼珠的姑娘穿了长旗袍儿，腿股间有相同的媚态。

街旁，一片空地里，竖起了金字塔似的高木架，粗壮的木腿插在泥里，顶上装了盏弧灯，倒照下来，照到底下每一条横木板上的人。这些人吆喝着："哎哎呀！"几百丈高的木架顶上的木桩直坠下来，碰！把三抱粗的大木柱撞到泥里去，四角上全装着弧灯，强烈的光探照着这片空地。空地里：横一道，竖一道的沟，钢骨，瓦砾堆。人扛着大木柱在沟里走，拖着悠长的影子。在前面的脚一滑，摔倒了，木柱压到脊梁上。脊梁断了，嘴里哇的一口血……弧灯……碰！木桩顺着木架又溜了上去……光着身子在煤屑路滚铜子的孩子……大木架顶上的弧灯在夜空里像月亮…… 捡煤渣的媳妇……月亮有两个……月亮叫天狗吞了——月亮没有了。

死尸给搬了开去，空地里：横一道竖一道的沟，钢骨，瓦砾，还有一堆他的血。在血上，铺上了士敏土，造起了钢骨，新的饭店造起来了！新的舞场造起来了！新的旅馆造起来了！把他的力气，把他的血，把他的生命压在底下，正和别的旅馆一样地，和刘有德先生刚在跨进去的华东饭店一样地。

华东饭店里——

二楼：白漆房间，古铜色的雅片香味，麻雀牌，《四郎探母》，《长三骂淌白小娼妇》，古龙香水和淫欲味，白衣侍者，娼妓掮客，绑票匪，阴谋和诡计，白俄浪人……

三楼：白漆房间，古铜色的雅片香味，麻雀牌，《四郎探母》，《长三骂淌白小娼妇》，古龙香水和淫欲味，白衣侍者，娼妓掮客，绑票匪，阴谋和诡计，白俄浪人……

四楼：白漆房间，古铜色的雅片香味，麻雀牌，《四郎探母》，《长三骂淌白小娼妇》，古龙香水和淫欲味，白衣侍者，娼妓掮客，绑票匪，阴谋和诡计，白俄浪人……

电梯把他吐在四楼，刘有德先生哼着《四郎探母》踏进了一间响有骨牌声的房间，点上了茄立克，写了张局票，不一回，他也坐到桌旁，把一张东风，用熟练的手法，怕碰伤了它似地抓了进，一面却："怎么一张好的也抓不进来，"一副老抹牌的脸，一面却细心地听着因为不束胸而被人家叫做沙利文面包的宝月老八的话："对不起，刘大少，还得出条子，等回儿抹完了牌请过来坐。"

"到我们家坐坐去哪！"站在街角，只瞧得见黑眼珠子的石灰脸，躲在建筑物的阴影里，向来往的人喊着，拍卖行的伙计似地；老鸨尾巴似的拖在后边儿。

"到我们家坐坐去哪！"那张瘪嘴说着，故意去碰在一个扁脸身上。扁脸笑，瞧了一瞧，指着自家儿的鼻子，探着脑袋："好寡老，碰大爷？"

"年纪轻轻，朋友要紧！"瘪嘴也笑。

"想不到我这印度小白脸儿今儿倒也给人家瞧上咧。"手往她脸上一抹，又走了。

旁边一个长头发不刮胡髭的作家正在瞧着好笑，心里想到了一个题目：第二回巡礼——都市黑暗面检阅 sonata；忽然瞧见那瘪嘴的眼光扫到自家儿脸上来了，马上就慌慌张张的往前跑。

石灰脸躲在阴影里，老鸨尾巴似地拖在后边儿——躲在阴影里的石灰脸，石灰脸，石灰脸……

（作家心里想：）

第一回巡视赌场第二回巡视街头娼妓第三回巡视舞场第四回巡视再说《东方杂志》《小说月报》《文艺月刊》第一句就写大马路北京路野鸡交易所……不行——

有人拉了拉他的袖子："先生！"一看是个老婆儿装着苦脸，抬起脑袋望着他。

"干吗？"

"请您给我看封信。"

"信在那儿？"

“请您跟我到家里去拿，就在这胡同里边。”

便跟着走。

中国的悲剧这里边一定有小说资料一九三一年是我的年代了《东方》《小说》《北斗》每月一篇单行本日译本俄译本各国译本都出版诺贝尔奖金又伟大又发财……

拐进了一条小胡同，暗得什么都看不见。

“你家在哪儿？”

“就在这儿，不远儿，先生，请您看封信。”

胡同的那边儿有一支黄路灯，灯下是个女人低着脑袋站在那儿。老婆儿忽然又装着苦脸，扯着他的袖子道：“先生，这是我的媳妇，信在她那儿。”走到女人那地方儿，女人还不抬起脑袋来，老婆儿说：“先生，这是我的媳妇。我的儿子是机器匠，偷了人家东西，给抓进去了，可怜咱们娘儿们四天没吃东西啦。”

（可不是吗那么好的题材技术不成问题她讲出来的话意识一定正确的不怕人家再说我人道主义咧……）

“先生，可怜儿的，你给几个钱，我叫媳妇陪你一晚上，救救咱们两条命！”

作家愣住了，那女人抬起脑袋来，两条影子拖在瘦腮帮儿上，嘴角浮出笑劲儿来。

嘴角浮出笑劲儿来，冒充法国绅士的比利时珠宝掮客凑在刘颜蓉珠的耳朵旁，悄悄地说：“你嘴上的笑是会使天下的女子妒忌的——喝一杯吧。”

在高脚玻璃杯上，刘颜蓉珠的两只眼珠子笑着。

在别克里，那两只浸透了 cocktail 的眼珠子，从外套的皮领上笑着。

在华懋饭店的走廊里，那两只浸透了 cocktail 的眼珠子，从披散的头发边上笑着。

在电梯上，那两只眼珠子在紫眼皮下笑着。

在华懋饭店七层楼上一间房间里，那两只眼珠子，在焦红的腮帮儿上笑着。

珠宝掮客在自家儿的鼻子底下发现了那对笑着的眼珠子。

笑着的眼珠子！

白的床巾！

喘着气……

喘着气动也不动地躺在床上。

床巾：溶了的雪。

“组织个国际俱乐部吧！”猛的得了这么个好主意，一面淌着细汗。

淌着汗，在静寂的街上，拉着醉水手往酒排间跑。街上，巡捕也没有了，那么静，像个死了的城市。水手的皮鞋搁到拉车的脊梁盖儿上面，哑嗓子在大建筑物的墙上响着：

啦得儿……啦得——

啦得儿

啦得……

拉车的脸上，汗冒着；拉车的心里，金洋钱滚着，飞滚着。醉水手猛的跳了下来，跌到两扇玻璃门后边儿去啦。

“Hello，Master！Master！”

那么地嚷着追到门边，印度巡捕把手里的棒冲着他一扬，笑声从门缝里挤出来，酒香从门缝里挤出来，Jazz从门缝里挤出来……拉车的拉了车杠，摆在他前面的是十二月的江风，一个冷月，一条大建筑物中间的深巷。给扔在欢乐外面，他也不想到自杀，只“妈妈的”骂了一声儿，又往生活里走去了。

空去了这辆黄包车，街上只有月光啦。月光照着半边街，还有半边街浸在黑暗里边，这黑暗里边蹲着那家酒排，酒排的脑门上一盏灯是青的，青光底下站着个化石似的印度巡捕。开着门又关着门，鹦鹉似的说着：

“Good-bye，Sir.”

从玻璃门里走出个年青人来，胳膊肘上挂着条手杖。他从灯光下走到黑暗里，又从黑暗里走到月光下面，太息了一下，悉悉地向前走去，想到了睡在别人床上的恋人，他走到江边，站在栏杆旁边发怔。

东方的天上，太阳光，金色的眼珠子似的在乌云里睁开了。

在浦东，一声男的最高音：

“哎……呀……哎……”

直飞上半天，和第一线的太阳光碰在一起，接着便来了雄伟的合唱。睡熟了的建筑物站了起来，抬着脑袋，卸了灰色的睡衣，江水又哗啦哗啦的往东流，工厂的汽笛也吼着。

歌唱着新的生命，夜总会里的人们的命运！

醒回来了，上海！

上海，造在地狱上的天堂。

（选自《穆时英全集》第一卷，北京十月文艺出版社2008年版）

导　读

作为20世纪30年代中国新感觉派的代表作家，穆时英被誉为“新感觉派的圣手”，他如同流星划过中国现代文坛，在短短几年时间，出版了《南北极》《公墓》和《白金的女体塑像》等小说集，最后由于被暗杀，走完了他不到三十岁的生命历程。鲁迅在20世纪20年代中期曾经称赞俄罗斯诗人勃洛克为“现代都会诗人的第一人”，认为中国没有自己的都会诗人，而在20世纪30年代初，中国就有了自己的现代都会作家，其中最杰出的，就是穆时英。

穆时英的小说里里外外都属于大都市。和五四时期占主导地位的乡土题材的文学不同，在他笔下流转变化的是大都市的气象，“汇集着大船舶的港湾，轰响着噪音的工场，深入地下的矿坑，奏着jazz乐的舞场，摩天楼的百货店，飞机的空中战，广大的竞马场”。穆时英用快节奏的，电影镜头般不断跳跃的叙述，表现现代都市中那些失去了灵魂的人们，小说有令人惊异的语言表达，注重内心意识与主观直觉，文字充满狂野的气息。

《上海的狐步舞》是穆时英没有完成的长篇小说的一个片段。这篇小说一开始就用他那极端富于张力的语言表达了他对东方魔都上海的看法，“上海。造在地狱上面的天堂”。接下来他的笔触就如同电影镜头，采用蒙太奇和长镜头结合的方式，将一个个场面组合到了一起，给读者展现了一副地狱群魔乱舞的图景。首先是沪西林肯路上不同政治势力的间谍之间的暗杀，给了上海这个罪恶渊薮一个宏观的政治背景，接下来是具有现代性象征的火车不可抗拒地穿过，镜头很快转到了刘有德一家准备出门赶舞会的画面。再一转他又改而用长镜头摇动到了跑马厅舞场内部，出现都市各色男女释放情欲的跳舞。此后作者转向了舞场外光怪陆离的大街，印度巡捕，报童，交通灯，现代职业男女，建筑工地上工人的意外死亡等。然后穆时英用刘有德这个线索把视野快速转到无聊空虚和淫乱的华东饭店，展示的是除了舞会之外都市男女的另一种荒淫生活，接下来作家穿插了路边胡同里的暗探、老鸨、暗娼和作家的镜头，然后很快过渡到了刘有德妻子和冒充法国绅士的珠宝掮客通奸的画面。最后作家用与曹禺在《日出》结束时几乎相同的笔调结束：经历了一整个晚上的地狱之旅之后，上海的日出和工人号子，“醒回来了，上海”！

穆时英小说在艺术形式上借鉴电影镜头，同时充满语言的魔力，这得益于他所要表达的主题，但更主要是新感觉派的艺术追求。新感觉派强调直觉，注重内心感受，不同于现实主义努力制造描写客体的客观幻象，他们常常运用通感、比喻和拟人的修辞手段，借助音乐和电影的形式，将主观和客体结合，或者就直接用主观代替了客体。新感觉派写人下电梯，都会说“电梯把他吐在四楼”。电梯不再是死物，而是吞吐人类的怪兽。在《上海的狐步舞》中火车“张着嘴吼了一声儿”。汽车疾驰而过，街上的树、电线杆等都异化成了舞女的腿。而跑马厅的霓虹灯闪烁则成了戏剧性场景。舞场上的描写更为精彩，萨克斯风的节奏下只看到飘动的裙子，鞋跟踩着狐步舞的节拍，“精致的鞋跟，鞋跟，鞋跟，鞋跟，鞋跟”，舞场一段从头到尾又构成一个更大的圆圈。虽然在一些批评家眼里，这种写作未免有些“邪僻”，“所长在创新句，新腔，新境，短处在做作，时时见出装模作样的做作”（沈从文《论穆时英》），但毕竟是中国现代文学史上此前从未出现过的大胆尝试。

但我们不能仅仅把穆时英的艺术实践看成是现代主义在艺术形式上的尝试，同样还有认识论和意识形态的内容。不过这种意识形态也并不是指其小说充满现代都市颓废气息的现代性主题，不能说写了什么自己就是什么，虽然很多研究者的确把颓废归于穆时英本人，甚至可以找到他的经历加以佐证。关键的还是探讨穆时英怎么会创作出新感觉派小说的艺术形式。中国新感觉派源于日本新感觉派，后者是以其独有的认识论作为新感觉主义文学的理论基础。新感觉派时期的川端康成认为，“因为有自我，天地万物才存在。自我的主观之内有天地万物，以这种情绪去观察事物，就是强调主观的力量，就是信仰主观的绝对性”，这是“对自然和人生的一种新的感受方法，是一种新的感情”，“是一种哲学，是认识论”（《新进作家的新倾向解说》）。这种认识论观点显然不符合马克思主义唯物论，体现在小说里面，就成为我们在穆时英小说中所看到的那些新奇的语言和叙事手段。穆时英并没有简单地摹仿日本新感觉派，他在稍后与左翼电影批评家的论战中就证明了他的理论自觉。所以，尽管苏汶等揭示穆时英小说“暗示着一种新的势力的勃兴”——如《上海的狐步舞》结尾部分太阳出来了，工人阶级的号子响亮，但左翼批评家还是很敏锐地发现穆时英的“阶级意识”不正确。（吴述桥）

拓展阅读

严家炎.新感觉派小说选(修订版).北京：人民文学出版社，2011.

沈从文：论穆时英，沈从文全集(第16卷)，太原:北岳文艺出版社，2002.

《论穆时英》

雄辩症

王蒙

一位医生向我介绍，他们在门诊中接触了一位雄辩症病人。医生说："请坐。"

病人说："为什么要坐呢？难道你要剥夺我的不坐权吗？"

医生无可奈何，倒了一杯水，说："请喝水吧。"

病人说："这样谈问题是片面的，因而是荒谬的。并不是所有的水都能喝，你如果在水里掺上氰化钾，就绝对不能喝。"

医生说："我这里并没有放毒药嘛。你放心！"

病人说："谁说你放了毒药了呢？难道我诬告你放了毒药？难道检察院起诉书上说你放了毒药？我没说你放毒药，而你说我说你放了毒药，你这才是放了比毒药还毒药的毒药！"

医生毫无办法，便叹了口气，换一个话题说："今天天气不错。"

病人说："纯粹胡说八道！你这里天气不错，并不等于全世界在今天都是好天气。例如北极，今天天气就很坏，刮着大风，漫漫长夜，冰山正在撞击……"

医生忍不住反驳说："我们这里并不是北极嘛。"

病人说："但你不应该否认北极的存在。你否认北极的存在，就是歪曲事实真相，就是别有用心。"

医生说："你走吧。"

病人说："你无权命令我走。你是医院，不是公安机关，你不可能逮捕我，你不可能枪毙我。"

……经过多方调查，才知道病人当年参加过"四人帮"梁效的写作班子，估计可能是一种后遗症。

（选自《王蒙文存》第十三卷，人民文学出版社 2003 年版）

导　读

王蒙是中国当代著名作家，曾经位居文化部长，非常有智慧。王蒙是一个非常有才气的作家，读他的长篇小说、散文、杂文包括讲话、文学批评，我们都能够很深切地感受到这一点。而这种机智和才气在他的微型小说中表现尤其突出。

王蒙写过几十篇微型小说，构思巧妙，幽默、风趣、机智、隽永，意味深长。这篇微型小说就是如此。

参加梁效写作班子的人并不多，实际上他们都是非常有学问、有才气的学者，否则是很难入“四人帮”法眼的。梁效的文章，主要是扣政治帽子，打政治棍子，置被批判者于死地，逻辑上还不是如此不堪。但生活中，这种不讲逻辑，胡搅蛮缠的人却不在少数。所以我觉得这篇小说的主要意义还不在于批判“四人帮”，批判梁效写作班子，而在于它对某一类人的讽刺和批判，具有普遍性，具有抽象性。（高玉）

拓展阅读

王蒙.王蒙文集(全四十五卷).北京：人民文学出版社，2014.

王蒙.王蒙自述：我的人生哲学.北京：人民文学出版社，2003.

郭宝亮.王蒙小说文体研究.北京：北京大学出版社，2006.

老爱情

苏童

我这里讲的爱情故事也许会让一些读者失望，但是当我说完这个故事后，相信也有一些读者会感到一丝震动。

话说20世纪70年代，我们香椿树街有一对老夫妇，当时是六七十岁的样子，妻子身材高挑，白皮肤，大眼睛，看得出来年轻时候是个美人；丈夫虽然长得不丑，但是个矮子。他们出现在街上，乍一看，不配，仔细一看，却是天造地设的一对。为什么这么说呢？这对老夫妻彼此之间是镜子，除了性别不同，他们的眼神相似，表情相似，甚至脸上的黑痣，一个在左脸颊，一个在右脸颊，也是配合得天衣无缝。他们到煤店买煤，一只箩筐，一根扁担，丈夫在前面，妻子在后面，这与别人家夫妇抬煤的位置不同，没有办法，不是他们别出心裁，是因为那丈夫矮，力气小，做妻子的反串了男角。

他们还有个女儿，嫁出去了。女儿把自己的孩子丢在父母那里，也不知是为了父母，还是为了自己。她自己大概一个星期回一次娘家。

这是一个星期天的下午，女儿在外面敲门，里面立即响起一阵脚步声，老夫妇同时出现在门边，两张苍老而欢乐的笑脸，笑起来两个人的嘴角居然都向右边歪着。

但女儿回家不是向父母微笑的，她的任务似乎是为了埋怨和教训她的双亲。她高声列举着父母所干的糊涂事，包括拖把在地板上流下太多的积水，包括他们对孩子的溺爱，给他吃得太多，穿得也太多，她一边吃着老人给她做的红枣汤，一边说："哎，对你们说了多少遍也没用，我看你们是老糊涂了。"

老夫妻一听，忙过去给外孙脱去多余的衣服，他们面带愧色，不敢争辩，似乎默认这么一个事实：他们是老了，是有点糊涂了。

过了一会儿，那老夫人给女儿收拾着汤碗，突然捂着胸口，猝然倒了下来，死了。据说死因是心肌梗死。死者人缘好，邻居们听说后都去悼念。他们看见平时不太孝顺的女儿这会儿哭成了泪人，都不觉得奇怪，这么好的母亲死了，她不哭才奇怪呢，他们奇怪的是那老头，他面无表情，坐在亡妻身边，看上去很平静。外孙不懂事，就问："外公，你怎么不哭？"

老人说："外公不会哭。外婆死了，外公也会死的，外公今天也会死的。"

孩子说："你骗人，你什么病也没有，不会死的。"

老人摇摇头，说："外公不会骗人，外公今天也要死了。你看外婆临死不肯闭眼，她丢不下我，我也丢不下她。我要陪着你外婆哩。"

大人们听见老人的话，都多了心眼，小心地看着他。但老人并没有任何自寻短见的端倪，他一直静静地守在亡妻的身边，坐在一把椅子上。他一直坐在椅子上。夜深了，守夜的人们听见老人喉咙里响起一阵痰声，未及人们做出反应，老人就歪倒在亡妻的灵床下面了。这时就听见自鸣钟"当当当"连响了起来，人们一看，正是夜里12点。

正如他宣布的那样，那个矮个子老人心想事成，陪着妻子一起去了。如果不是人们亲眼看见，谁会相信这样的事情？但这个故事是真的，那对生死相守的老人确有其人，他们是我的邻居，死于20世纪70年代末的同一天。那座老自鸣钟后来就像生了锈一样，任人们怎么拨就是一动也不动。

这个故事叙述起来就是这么简单，不知道你怎么看，我一直认为这是我一生能说得最动人的爱情故事。

（选自《灵魂之裸》，四川文艺出版社2012年版）

导 读

苏童，原名童忠贵，是苏州人，当代著名小说家。他的《妻妾成群》被改编成电影《大红灯笼高高挂》，长篇小说《黄雀记》获得过茅盾文学奖。

这篇小说名为"老爱情"，其实爱情没有新老，这里说的大概是老一辈人的爱情吧。跟当下年轻人的爱情比起来，它很质朴，没有过多地讲究颜值、身高。美丽高挑的太太和其貌不扬的丈夫，相濡以沫，共度平凡生活。小说里写的抬煤的场景，与平常景象有些区别，但当事人安之若素，于是也并不显得违和。一切都很平淡，生活里也会遇到小小的争吵和埋怨，但夫妇俩总是心平气和，谦让宜人。在平淡中突然变得惊奇的是，妻子猝然去世了，丈夫竟然也"无疾而终"——一个人健康安然地宣告自己将于同日随着亡妻离开人世，并且如愿以偿，仿佛穿上鞋子走出家门那么简单，就像拧熄了床头的一盏壁灯那样自然——有几人能够掌控自己的生命到如此这般境地？这几乎是庸常岁月中的神迹显现。这，仅仅是因为跟老伴伴随久了，仿佛声气相通，心有灵犀，难以隔离。你往哪里去，我也往哪里去，你在哪里住，我也在哪里住。现在流行说"陪伴是最长情的告白"，这话中曲折体现了现在爱情的聚少离多，瞬生瞬灭。"愿得一心人，白首不相离"，已经很美好，而这篇小说里，死亡也没有让它们分离。最后那个自鸣钟也不走了，定格了，仿佛是为了彰显真爱的永恒。

爱情太博大，又太私人，它的含义永远难以穷尽。从柏拉图的《会饮篇》到苏童的《老爱情》，面相千变万化，但它们都能涤荡心灵。爱情，是爱在两性之间的具体化身，是终极永恒的真理在两性关系中闪耀着的吉光片羽，让人颤栗的真挚爱情，能把人带到真理面前，让人体会与真理相融的美妙瞬间。（黄江苏）

拓展阅读

苏童.黄雀记.北京：作家出版社，2013.

马尔克斯.霍乱时期的爱情.蒋宗曹，姜风光，译.哈尔滨：黑龙江人民出版社，1987.

托尔斯泰.安娜·卡列宁娜.草婴，译.上海：上海译文出版社，1990.

《人生》(节选)

地球上的王家庄

毕飞宇

我还是更喜欢鸭子，它们一共有八十六只。队长把这些鸭子统统交给了我。队长强调说："八十六，你数好了，只许多，不许少。"我没法数。并不是我不识数，如果有时间，我可以从一数到一千。但是我数不清这群鸭子，它们不停地动，没有一只鸭子肯老老实实地呆上一分钟。我数过一次，八十六只鸭子被我数到了一百零二。数字是不可靠的。数字是死的，但鸭子是活的。所以数字永远大于鸭子。

每天天一亮我就要来放鸭。我把八十六只也可能是一百零二只鸭子赶到河里，再沿河赶到乌金荡。乌金荡是一个好地方，它就在我们村子的最东边，那是一片特别阔大的水面，可是水很浅，水底下长满了水韭菜。因为水浅，乌金荡的水面波澜不惊，水韭菜长长的叶子安安静静地竖在那儿，一条一条的，借助于水的浮力亭亭玉立。水下没有风，风不吹，所以草不动。

水下的世界是鸭子的天堂。水底下有数不清的草虾、罗汉鱼。那都是一览无余的。鸭子们一到乌金荡就迫不及待了，它们的屁股对着天，脖子伸得很长，全力以赴，在水的下面狼吞虎咽。为什么鸭子要长一只长长的脖子？原因就在这里。鱼就没有脖子，螃蟹没有，虾也没有。水底下的动物没有一样用得着脖子，张着嘴就可以了。最绝对的例子要数河蚌，它们的身体就是一张嘴，上嘴唇、下嘴唇、舌头，没了。水下的世界是一个饭来张口的世界。

乌金荡同样也是我的天堂。我划着一条小舢板，滑行在水面上。水的上面有一个完整的世界。无聊的时候我会像鸭子一样，一个猛子扎到水的下面去，睁开眼睛，在水韭菜的中间鱼翔浅底。那个世界是水做的，空气一样清澈，空气一样透明。我们在空气中呼吸，而那些鱼在水中呼吸，它们吸进去的是水，呼出来的同样是水。不过有一点是不一样的，如果我们哭了，我们的悲伤会变成泪水，顺着我们的脸颊向下流淌。可是鱼虾们不一样，它们的泪水是一串又一串的气泡，由下往上，在水平面上变成一个又一个水花。当我停留于水面上的时候，我觉得我漂浮在遥不可及的高空。我是一只光秃秃的鸟，我还是一朵皮包骨头的云。

我已经八周岁了。按理说我不应当在这个时候放鸭子。我应当坐在教室里，听老师们讲刘胡兰的故事，雷锋的故事。可是我不能。我要等到十周岁才能走进学校。我们公社有规定，孩子们十岁上学，十五岁毕业，一毕业就是一个壮劳力。公社的书记说了，学制"缩短"了，教育"革命"了。革命是不能拖的，要快，最好比铡刀还要快。"咔嚓"

一下就见分晓。

但是父亲对黑夜的兴趣越来越浓了。父亲每天都在等待，他在等待天黑。那些日子父亲突然迷上宇宙了。夜深人静的时候，他喜欢黑咕隆咚的，和那些远方的星星们呆在一起。父亲站在田埂上，一手拿着手电，一手拿着书，那本《宇宙里有些什么》是他前些日子从县城里带回来的。整个晚上父亲都要仰着他的脖子，独自面对那些星空。看到要紧的地方，父亲便低下脑袋，打开手电，翻几页书。父亲的举动充满了神秘性，他的行动使我相信，宇宙只存在于夜间。天一亮，东方红、太阳升，这时候宇宙其实就没了。只剩下满世界的猪与猪，狗与狗，人与人。

父亲是一个寡言的人。我很难听到他说起一个完整的句子。父亲说得最多的只有两句话，“是”，或者“不是”。对父亲来说，他需要回答的其实也只有两个问题，是，或者不是。其余的时间他都沉默。父亲在沉默的夏夜迷恋上了宇宙，可能也就是那些星星。星空浩瀚无边，满天的星光却没有能够照亮大地。它们是银灰色的，熠熠生辉，宇宙却还是一片漆黑。我从来不认为那些星星是有用的。即使有少数的几颗稍微偏红，可我坚持它们百无一用。宇宙只是太阳，在太阳面前，宇宙永远是附带的，次要的，黑灯瞎火的。

父亲在夜里把眼睛睁得很大，一到了白天，父亲全蔫了。除了吃饭，他的嘴巴永远紧闭着。当然，还有吸烟。父亲吸的是烟锅。父亲光着背脊蹲在田埂上吸旱烟的时候，看上去完全是一个庄稼人了。然而，父亲偶尔也会吸一根纸烟。父亲吸纸烟的时候十分陌生，反而更像他自己。他端端正正地坐在天井里，跷着腿，指头又长又白，纸烟被他的指头夹在中间，安安静静地冒着蓝烟，烟雾散开了，缭绕在他的额头上方。父亲的手真是一个奇迹，晒不黑，透过皮肤我可以看见天蓝色的血管。父亲全身的皮肤都是黑乎乎的。然而，他手上的皮肤拒绝了阳光。相同的状况还有他的屁股。父亲在洗澡的时候，他的屁股是那样地醒目，呈现出裤衩的模样，白而发亮，傲岸得很，洋溢出一种冥顽不化的气质。父亲的身上永远有两块异己的部分，手，还有屁股。

父亲的眼睛在白天里蔫得很，偶尔睁大了，那也是白的多，黑的少。北京的一位女诗人有一首诗，她说：“黑夜给了你一双黑色的眼睛，你却用它来翻白眼。”我觉得女诗人说得好。我有一千个理由相信，她描述的是我的父亲。

父亲从县城还带回了《宇宙里有些什么》，同时还带回了一张《世界地图》。世界地图被父亲贴在堂屋的山墙上。谁也没有料到，这张《世界地图》在王家庄闹起了相当大的动静。大约在吃过晚饭之后，我的家里挤满了人，主要是年轻人，一起看世界来了。人们不说话，我也不说话。但是，这一点都不妨碍我们对这个世界的基本认识：世界是沿着“中国”这个中心辐射开去的，宛如一个面疙瘩，有人用擀面杖把它压扁了，它只能花花绿绿地向四周延伸，由此派生出七个大洲，四个大洋。中国对世界所做出的贡献，

《世界地图》上已经是一览无余。

《世界地图》同时修正了我们关于世界的一个错误看法。关于世界，王家庄的人们一直认为，世界是一个正方形的平面，以王家庄作为中心，朝着东南西北四个方向纵情延伸。现在看起来不对。世界的开阔程度远远超出了我们的预知，也不呈正方，而是椭圆形的。地图上左右两侧的巨大括弧彻底说明了这个问题。

看完了地图我们就一起离开了我的家。我们来到了大队部的门口，按照年龄段，很自然地分成了几个不同的小组。我们开始讨论。概括起来说有这样的几点：第一，世界究竟有多大？到底有几个王家庄大？地图上什么都有，甚至连美帝、苏修都有，为什么反而没有我们王家庄？王家庄所有的人都知道王家庄在哪儿，地图它凭什么忽视了我们？这个问题我们完全有必要向大队的党支部反映一下。第二，这一点是王爱国提出来的，王爱国说，如果我们像挖井那样不停地往下挖，不停地挖，我们会挖到什么地方去呢？世界一定有一个基础，这个是肯定的。可它在哪里呢？是什么托起了我们？是什么支撑了我们？如果支撑我们的那个东西没有了，我们会掉到什么地方去？这个问题吸引了所有的人。人们聚拢在一起，显然，开始担忧了。我们不能不对这个问题表示我们深切的关注。当然，答案是没有的。因为没有答案，我们的脸庞才格外地凝重，可以说暮色苍茫。还是王爱国首先打破了沉默，提出了一个更令人害怕的问题。第三，如果我们出门，一直往前走，一定会走到世界的尽头，白天还好，万一是夜里，一脚下去，我们肯定会掉进无底的深渊。那个深渊无疑是一个无底洞，这就是说，我们掉下去之后，既不会被摔死，也不会被淹死，我们只能不停地坠落，一直坠落，永远坠落。王爱国的话深深吸引了我们，我们感受到了恐惧，无边的恐惧，无尽无止的恐惧。因为恐惧，我们紧紧地挨在一起。但是，王爱国的话立即受到了质疑。王爱贫马上说，这是不可能的。王爱贫说，他看地图看得非常仔细，世界的尽头并不是在陆地，只不过是海洋，并没有路，我们是不会走到那里去的。王爱贫补充说，地图上清清楚楚，世界的左边是大西洋，右边也是大西洋，我们怎么能走到大西洋里去呢？王爱贫言之有理。听了他的话我们都松了一口气，同时心存感激。然而，王爱国立即反驳了。王爱国说，假如我们坐的是船呢？王爱国的话又把我们甩进了无底的深渊。形势相当严峻，可以说危在旦夕。是啊，假如我们坐的是船呢。假如我们坐的是船，永远坠落的将不只是我们，还得加上一条小舢板。这个损失将是无法弥补的。我们几个岁数小的一起低下了脑袋。说实话，我们已经不敢再听了。就在这个最紧要的关头，还是王爱贫挺身而出了。王爱贫没有正面反击王爱国，而是直接给了我们一个结论："这是不可能的！"王爱国说："为什么不可能？"王爱贫笑了笑，说，如果船掉下去了，"那么请问，满世界的水都淌到了哪里？"

我们看了看身后的鲤鱼河。水依然在河里，并没有插上翅膀，并没有咆哮而去，安静得像一口井。我们看到了希望。心安理得。我们坚信，有水在，就有我们在。王爱贫挽救了我们，同时挽救全世界。我们都一起看着王爱贫，心中充满爱戴与崇敬。他为这个世界立下了不朽的功勋。

但是，我还是不放心。或者说，我还是有疑问，在大西洋的边缘，满世界的水怎么就没有淌走的呢？究竟是什么力量维护了大西洋？我突然想起了《世界地图》。可以肯定，世界最初的形状一定还是正正方方的，大西洋的边沿原来肯定是直线。地图上巨大的外弧线只能说明一个问题，那是被海水撑的。像一张弓。弯过来了。充满了张力。充满了崩溃的危险性。然而，它终究没有崩溃。这是一种奇异的力量，不可思议的力量，我们不敢承认的力量。然而，是一种存在的力量。

我们完全可以设想，大西洋的边沿一旦决口了，海水会像天上的流星，消失在无边的黑暗中。水都是手拉手的，它们只认识缺口，满世界的水都会被缺口吸光，我们王家庄鲤鱼河的水也会奔涌而去。到那时，神秘的河床无疑会袒露在我们的面前，河床上到处都是水草、鱼虾、蟹、河蚌、黄鳝、船、鸭子，也许我们家的码头上还会出现我去年掉进河里的五分钱的硬币。可是，五分钱能把满世界的水重新买回来么？用不了两天这个世界就臭气熏天了。我傻在那里，我的心像夏夜里的宇宙，一颗星就是一个窟窿。

我没有回家，直接找到了我的父亲。我要在父亲那里找到安全，找到答案。父亲站在田埂上，一手拿着书，一手拿着手电，仰着头，一心没有二用。满天的星光，交相辉映，全世界只剩下我和我的父亲。我说："爸爸。"父亲没有理我。过了好半天，父亲说："我们来看看大熊座。这是摇光，这是开阳，依次是玉衡、天权、天玑、天璇、天枢，北斗七星就是它们。儿子，我们现在沿着天璇和天枢五倍远的距离，喏，这个，最亮的一颗，"父亲一边说一边打开了他手里的手电，夜空立即出现了一根笔直的光柱，银灰色的，消失在遥不可及的宇宙边缘。父亲说："看见了吗？这就是北斗。"我看不见。我没有耐心关心这个问题。我说："王家庄到底在哪儿？"父亲说："我们在地球上。地球也是宇宙里的一颗星。"我仰起头，看着夜空。我一定要从宇宙中找到地球，看地球在哪里闪烁。我从父亲的手上接过手电，到处照，到处找。星光灿烂，但没有一处是手电的反光。没有了反光手电也就彻底失去了意义。我急了，说："地球在哪里？"父亲笑了。父亲的笑声里有难得的幸福，像星星的光芒。有一点柔弱，有一点勉强。父亲摸了摸我的头，说："回去睡吧。"我说："地球在哪里？"父亲说："地球是不能用眼睛去找的，要用你的脚。"父亲对着漆黑的四周看了几眼，用手掸了掸身边的萤火虫，犹豫了半天，说："我们不说地球上的事。"我把手电塞到父亲的手上，掉头就走。走到很远的地方，对着父亲的方向我大骂了一声："都说你是神经病！"

我坐在小舢板上，八十六只也可能是一百零二只鸭子围绕在我的四周，它们全力以赴地吃，全力以赴地喝。它们完全不能理会我内心的担忧。万里无云，宇宙已经没有了，天上只有一颗太阳。乌金荡的水把天上的阳光反弹回来了，照耀在我的身上。我的身上布满了水锈，水锈是黑色的，闪闪烁烁。然而，这丝毫不能说明我的内心通体透亮。乌金荡里只有我，以及我的八十六只也可能是一百零二只鸭子。我承认我有点恐惧。

因为我在水里,我在船上。我非常担心乌金荡的水流动起来,我担心它们向着远方不要命地呼啸。对于水,我是知道的,它们一旦流动起来了,眨眼的工夫就会变成一条滑溜溜的黄鳝,你怎么用力都抓不住它们。最后,你只能看着它们远去,两手空空。

这一切都是《世界地图》闹的。可是我不打算抱怨《世界地图》什么。即使没有那张该死的地图,世界该是什么样一定还是什么样。危险的确是存在的。我甚至恨起了我的父亲,人间的麻烦是如此巨大,你不问不管,你去操宇宙的那份心做什么?北斗星再亮也只是夜空的一块疤,它永远不可能变成集体的财产,永远不可能变成第八十七只或第一百零三只鸭子。甚至不可能变成第八十七只或第一百零三粒芝麻。

然而,危险在任何时候都是有诱惑力的。它使我陷入了无休无止的想象。我的思绪沿着乌金荡的水面疯狂地向前逼近,风驰电掣。一直来到大西洋。大西洋很大,比乌金荡和大纵湖还要大,突然,海水拐了一个九十度的弯,笔直地俯冲下去。这时候你当然渴望变成一只鸟,你沿着大西洋的剖面,也就是世界的边缘垂直而下,你看见了带鱼、梭子蟹、海豚、剑吻鲨、乌贼、海鳗,它们在大西洋的深处很自得地沉浮。它们游弋在世界的边缘,企图冲出来。可是,世界的边缘挡住了它们。冲进来的鱼"当"地一下,被反弹回去了,就像教室里的麻雀被玻璃反弹回去一样。基于此,我发现,世界的边缘一定是被一种类似于玻璃的物质固定住的。这种物质像玻璃一样透明,玻璃一样密不透风。可以肯定,这种物质是冰。是冰挡住了海水的出路。是冰保持了世界的稳固格局。

我拿起竹篙,一把拍在了水面上。水面上"啪"的一声,鸭子们伸长了脖子,拼命地向前逃窜。我要带上我的鸭子,一起到世界的边缘走一走,看一看。

我把鸭子赶出乌金荡,来到了大纵湖。大纵湖一望无际,我坚信,穿过大纵湖,只要再越过太平洋,我就可以抵达大西洋了。

我没有能够穿越大纵湖。事实上,进入大纵湖不久我就彻底迷失了方向。我满怀斗志,满怀激情,就是找不到方向。望着茫茫的湖水,我喘着粗气,斗志与激情一落千丈。

我是第二天上午被两位社员用另外一条小舢板拖回来的。鸭子没有了。这一次不成功的探险损失惨重,它使我们第二生产队永远失去了八十六只也可能是一百零二只鸭子。两位社员没有把我交给我的父亲,直接把我交给了队长。队长伸出一只手,提起我的耳朵,把我拽到了大队部。大队支书在那儿,父亲也在那儿。父亲无比谦卑,正在给所有的人敬烟,给所有的人点烟。父亲一看见我立即走了上来,厉声问:"鸭子呢?"我用力睁开眼,说:"掉下去了。"父亲看了看队长,又看了看大队支书,大声说:"掉到哪里去了?"我说:"掉下去了,还在往下掉。"父亲仔细望着我,摸了摸我的脑门。父亲的手很白,冰凉的。父亲掴了我一个大嘴巴。我在倒地的同时就睡着了。听村子里的人说,倒地之后我的父亲还在我的身上踢了一脚,告诉大队支书说我有神经病。后来王家庄的人一直喊我神经病。"神经病"从此成了我的名字。我非常高兴。它至少说明了这一点，我八岁的那一年就和我的父亲平起平坐了。

（选自《地球上的王家庄》，新世界出版社 2002 年版）

导　读

毕飞宇是当代著名小说家，他出生于 1964 年，代表作有《玉米》《青衣》《推拿》等。

这篇小说很有趣。故事发生在“公社”时期，那时候教育水平落后，人们的文化程度不高，并且被局隅在村庄里，没有自由行走探索世界的条件，这是那个时代的悲哀。但是人的头脑是“封锁”不了的，那种对未知的好奇、探索外部世界的欲望，发乎天然，难以阻挡。所以一张世界地图，引发了村庄里的小伙伴们无穷的想象。这个世界到底有没有边界，地球另一边的人会不会掉下去，我们小时候好像也有过这样的担忧，用自己的一知半解互相攻击，争吵得面红耳赤。看起来很可笑，可是，这其实也是我们存在的根本问题。我们生活在一个怎样的世界里，我们脚下是否有存在的根基，我们生活赖以维系的那些基本原理是什么？现在我们太忙了，好像在忙于一些很“重大”的事情，其实却是囿于一些短浅的眼前利益，而对那些根本问题，失去了心灵的回应。小说中那个父亲，每晚拿着手电筒观察天象，这是个蕴含着丰富意味的细节。因为夜观天象，他内心变得温柔，和蔼地告诉儿子，我们生活的地球，也是宇宙中的一颗小星星。在浩瀚的宇宙里，渺小的人类是多么应该保持谦卑啊！

小说中那个父亲，是个质朴的农民，小说写的一些生活细节，让我觉得特别真实、亲切，比如写到父亲通体黝黑，只有屁股雪白，屁股上有个裤衩的形状，我们小时候在农村的河流里洗澡，看到的就是这样的景象。当代文学有种种不足，但它的魅力之一就是，它用我们每天都在使用的现代语言，铭记我们每天都在发生的鲜活丰满的生命体验，它不受古人的旧衣冠的阻隔，也不贩卖域外的西洋镜中的风景，它就是属于现在的我们自己的灵魂写真。（黄江苏）

拓展阅读

史蒂芬·霍金.时间简史.许明贤，吴忠超，译.长沙：湖南科学技术出版社，2001.

尤瓦尔·赫拉利.人类简史.林俊宏，译.北京：中信出版社，2014.

利玛窦，金尼阁.利玛窦中国札记.何高济，王遵仲，李申，译.北京：中华书局，2010.

危　机

刘春先

事情源于我这张不够严谨的嘴巴。我真的不该参与进他们那些无聊的玩笑之中，事实上我极其讨厌长舌妇的聒噪，而我自己却不小心犯了这个错误，以至于招来了他的愤怒和无法澄清的误解。

他对我的误解根深蒂固，最初是在电话里对我施以口舌之威，任我多次解释，都于事无补。甚至在一次街头的碰面，还有如下的对话：

“你为什么要向他们透露我曾经在浴池里滑倒那件事？”

“那只是一个无心之失，我觉得一个身宽体胖的壮汉像一块香皂一样滑出老远，直到撞上墙壁才停下来的样子——有趣极了，绝对是一道风景，就禁不住举了一个这样的例子，仅此而已，我保证，我没有再说什么。在场听到的也都是自己人，我觉得这不会产生什么重大的麻烦，所以……”

“你知道这对我有什么样的影响吗？现在即使便利店的阿嫂都在谈论这件事，猜测我当时穿着红色的裤头还是蓝色的。你知道这对我是多么严重的伤害吗？”

“真的很抱歉！”

“你知道作为一个头面人物——当然，我现在已经老了，眼见自己的权威被如此糟蹋，会无动于衷吗？”

“……”

“你知道我可以以诽谤罪起诉你吗？”

“……”

这样一来，我确实吓坏了，看起来事情已经无法挽回。我困在那些惶惶不可终日的苦衷里面，无法自拔。

当然，我的过分忧虑不是没有根据。他曾不止一次跟我说，他对法院和警察局的熟悉程度不亚于自己家的花园，那里的大部分人都与他称兄道弟，所以，我相信他如果真的起诉我，我就死定了。

也就是说，我快要去坐牢了！这真是一件不可思议的事情，我发现世上的很多变故总是来得太快。

我可不愿意坐以待毙。

我开始翻箱倒柜地忙活，直到半夜三点，终于在杂物间里找出了我仅有的几本法律书籍，并且开始通宵达旦地阅读起来。

两个月后，我对法条基本达到谙熟的地步，凭我对律政的了解，我渐渐对自己即将要面临的诉讼树立了一点信心，如果上天愿意垂怜于我，我将用自己的力量来化解这场危机。

唯一不足的是我的口才欠佳，这要是到了法庭辩论，对我或许是一个致命的弱点。于是我开始孜孜不倦地研习一切演讲和辩论的书籍，在悄悄逝去的几个月时光里，我几乎背下了历史上所有的演说经典，对于一个充满斗志而处境危险的人来说，我真是一个伟大的天才！

一切准备停当，来自法院的传唤却迟迟不肯到达。我向身边的所有人打听，得知他正在和一些来历不明的人士走得颇为亲近，我想，他一定是刺探到了自己的对手已经是一个打官司的高手，而不愿意贸然出击。但是，我相信他肯定不会放过我，最直接的做法是率领一群亡命之徒，于一个暗夜的巷口，将我狙杀解恨——最起码也要暴打一顿。

于是，我向一位彪悍的拳击师求救，我拿出几乎所有的积蓄，拜他为师，然后剩下的日子就是致力于如何使自己成长为一名果敢的勇士。

我打坏了无数的沙袋和木桩，一年时光转瞬即逝，技击和兵器已经成为我引以为豪的资本。每当走过暗夜的巷口，我都捏紧了拳头，心头激荡着一股悲愤的忧伤。

总之，这场危机使我对人生提高了警惕，虽然我的工作因此而变得一塌糊涂，但是我却武装了自己。

终于，我等到了他的出现。他向我走来，我做好了准备，打算用我学到的法律常识为自己辩解。当然，也不排除我四周往来穿梭的人群中有他预先安排的帮手，那么，我学到的武术兴许可以为我带来一线生机。

“好久不见！”说完，他居然紧紧地拥抱了我，然后放开我，对我致以一番诚挚的问候，完全不提我曾为之奋斗两年的乌龙事件。

又等了很久，我的生活依旧波澜不兴。看起来，什么也没有发生，一切都已归于平静，可是这样的结局反而叫我尴尬得不知如何是好。

（选自《灵魂之裸》，四川文艺出版社 2012 年版）

导　读

刘春先是一位“80 后”作家，“80 后”年纪也不小啦。

小说的语言偶尔还是有些生涩，譬如开头第一句话，似乎还有可斟酌之处。但是，在这么短的篇幅里，它提出了许多值得深思的问题，因此值得肯定。

首先是因为危机而变得强大的问题，所谓“生于忧患，死于安乐”，与此有些许相似。温水煮青蛙，不会引来反抗，但是当危机刺痛了民族或个体的时候，却常常会引发反弹，换来强大。很多我们以为改不掉的毛病，有时候也许只是因为动力不够强大而已。不逼一下自己，就不知道自己有多大的潜能，然而人心都是好逸恶劳，趋利避害，很少有人愿意将自己“置之死地而后生”。有本畅销书叫《少有人走的路》，讲人都有回避痛苦的本能，这是当然。小说中这个人遇到了危机，他算是个有觉悟的人，知道逃避解决不了问题，要迎面而上，只有强大的自己才可以依赖。当然，没有人希望生活在危机之中，大多数时候我们还是生活在平淡之中。在平淡之中，是否就可以放弃对自身的修炼呢？当然不可以。所以第二个想谈的话题就是，修炼自我，对更美好的自我的追求，不应该只是出于短浅的功利目的（如小说中的应对“官司”），而应该是天赋使命，或者说是发乎天性的爱好，是对某种乐趣的天然沉溺，古希腊人研究哲学，并不是为了功利的应用，而只是“爱智慧”。最后，小说的结局反转为，所谓的“危机”，不过是“我”的心造幻影，这也让人感受到了世界的荒诞。你永远都没法知道下一秒世界会发生什么，但有一件事希望你能把握得住，那就是不断地修炼自己，成为更美好的你自己，把自己铸造成器，“世界像一艘船要沉了，要紧的是救出你自己”。（黄江苏）

拓展阅读

胡适.易卜生主义.胡适文存.合肥：黄山书社，1996.

鲁迅.摩罗诗力说.鲁迅全集第一卷.北京：人民文学出版社，2005.

赫尔曼·黑塞.荒原狼.赵登荣，倪诚恩，译.上海：上海译文出版社，2007.

哈耶克.通往奴役之路.王明毅，等，译.北京：中国社会科学出版社，1997.

《我是谁》

现代散文

秋天的况味

林语堂

秋天的黄昏，一人独坐在沙法上抽烟，看烟头白灰之下露出红光，微微透露出暖气，心头的情绪便跟着那蓝烟缭绕而上，一样的轻松，一样的自由。不转眼缭烟变成缕缕的细丝，慢慢不见了，而那霎时，心上的情绪也跟着消沉于大千世界，所以也不讲那时的情绪，而只讲那时的情绪的况味。待要再划一根洋火，再点起那已点过三四次的雪茄，却因白灰已积得太多，点不着，乃轻轻地一弹，烟灰静悄悄地落在铜垆上，其静寂如同我此时用毛笔写在中纸上一样，一点的声息也没有。于是再点起来，一口一口地吞云吐雾，香气扑鼻，宛如偎红倚翠温香在抱情调。于是想到烟，想到这烟一股温煦的热气，想到室中缭绕暗淡的烟霞，想到秋天的意味。这时才忆起，向来诗文上秋的含义，并不是这样的，使人联想的是萧杀，是凄凉，是秋扇，是红叶，是荒林，是萋草。然而秋确有另一意味，没有春天的阳气勃勃，也没有夏天炎烈迫人，也不像冬天之枯槁凋零。我所爱的是秋林古气磅礴。有人以老气横秋骂人，可见是不懂得秋林古色之滋味。在四时中，我于秋是有偏爱的，所以不妨说说。秋是代表成熟，对于春天之明媚娇艳，夏日之茂密浓深，都是过来人，不足为奇了，所以其色淡，叶多黄，有古色苍茏之概，不单以葱翠争荣了。这是我所谓秋的意味。大概我所爱的不是晚秋，是初秋。那时暄气初消，月正圆，蟹正肥，桂花皎洁，也未陷入凛烈萧瑟气态，这是最值得赏慕的。那时的温和，如我烟上的红灰，只是一股熏熟的温香罢了。或如文人已排脱下笔惊人的格调，而渐趋纯熟炼达，宏毅坚实，其文读来有深长意味。这就是庄子所谓“正得秋而万宝成”结实的意义。在人生上最享乐的就是这一类的事。比如酒以醇以老为佳。烟也有和烈之辨。雪茄之佳者，远胜于香烟，因其味较和。倘是烧得得法，慢慢地吸完一支，看那红光炙发，有无穷的意味。鸦片吾不知，然看见人在烟灯上烧，听那微微哔剥的声音，也觉得有一种诗意，大概凡是古老，纯熟，熏黄，熟练的事物，都使我得到同样的愉快。如一只熏黑的陶锅在烘炉上用慢火炖猪肉时所发出的锅中徐吟的声调，使我感到同观人烧大烟一样的兴趣。或如一本用过二十年而尚未破烂的字典，或是一张用了半世的书桌，或如看见街上一涂熏黑了老气横秋的招牌，或是看见书法大家苍劲雄浑的笔迹，都令人有相同的快乐，人

钓台的春昼

郁达夫

因为近在咫尺，以为什么时候要去就可以去，我们对于本乡本土的名区胜景，反而往往没有机会去玩，或不容易下一个决心去玩的。正唯其是如此，我对于富春江上的严陵，二十年来，心里虽每在记着，但脚却没有向这一方面走过。一九三一，岁在辛未，暮春三月，春服未成，而中央党帝，似乎又想玩一个秦始皇所玩过的把戏了，我接到了警告，就仓皇离去了寓居。先在江浙附近的穷乡里，游息了几天，偶而看见了一家扫墓的行舟，乡愁一动，就定下了归计。绕了一个大弯，赶到故乡，却正好还在清明寒食的节前。和家人等去上了几处坟，与许久不曾见过面的亲戚朋友，来往热闹了几天，一种乡居的倦怠，忽而袭上心来了，于是乎我就决心上钓台访一访严子陵的幽居。

钓台去桐庐县城二十余里，桐庐去富阳县治九十里不足，自富阳溯江而上，坐小火轮三小时可达桐庐，再上则须坐帆船了。

我去的那一天，记得是阴晴欲雨的养花天，并且系坐晚班轮去的，船到桐庐，已经是灯火微明的黄昏时候了，不得已就只得在码头近边的一家旅馆的楼上借了一宵宿。

桐庐县城，大约有三里路长，三千多烟灶，一二万居民，地在富春江西北岸，从前是皖浙交通的要道，现在杭江铁路一开，似乎没有一二十年前的繁华热闹了。尤其要使旅客感到萧条的，却是桐君山脚下的那一队花船的失去了踪影。说起桐君山，原是桐庐县的一个接近城市的灵山胜地，山虽不高，但因有仙，自然是灵了。以形势来论，这桐君山，也的确是可以产生出许多口音生硬，别具风韵的桐严嫂来的生龙活脉；地处在桐溪东岸，正当桐溪和富春江合流之所，依依一水，西岸便瞰视着桐庐县市的人家烟树。南面对江，便是十里长洲；唐诗人方干的故居，就在这十里桐洲九里花的花田深处。向西越过桐庐县城，更遥遥对着一排高低不定的青峦，这就是富春山的山子山孙了。东北面山下，是一片桑麻沃地，有一条长蛇似的官道，隐而复现，出没盘曲在桃花杨柳洋槐榆树的中间，绕过一支小岭，便是富阳县的境界，大约去程明道的墓地程坟，总也不过一二十里地的间隔，我的去拜谒桐君，瞻仰道观，就在那一天到桐庐的晚上，是淡云微月，正在作雨的时候。

鱼梁渡头，因为夜渡无人，渡船停在东岸的桐君山下。我从旅馆踱了出来，先在离轮埠不远的渡口停立了几分钟，后来向一位来渡口洗夜饭米的年轻少妇，弓身请问了一回，才得到了渡江的秘诀。她说："你只须高喊两三声，船自会来的。"先谢了她教我的好意，然后以两手围成了播音的喇叭，"喂，喂，渡船请摇过来！"地纵声一喊，果然在半江的黑影当中,船身摇动了。渐摇渐近,五分钟后,我在渡口,却终于听出了咿呀柔橹的声音。时间似乎已经入了酉时的下刻,小市里的群动,这时候都已经静息;自从渡口的那位少妇,在微茫的夜色里,藏去了她那张白团团的面影之后,我独立在江边,不知不觉心里头却兀自感到了一种他乡日暮的悲哀。渡船到岸,船头上起了几声微微的水浪清音,又铜东的一响,我早已跳上了船,渡船也已经掉过头来了。坐在黑影的舱里,我起先只在静听着柔橹划水的声音,然后却在黑影里看出了一星船家在吸着的长烟管头上的烟火,最后因为沉默压迫不过,我只好开口说话了:"船家!你这样的渡我过去,该给你几个船钱?"我问。"随你先生把几个就是。"船家说话冗慢幽长,似乎已经带着些睡意了,我就向袋里摸出了两角钱来。"这两角钱,就算是我的渡船钱,请你候我一会,上山去烧一次夜香,我是依旧要渡过江来的。"船家的回答,只是恩恩乌乌,幽幽同牛叫似的一种鼻音,然而从继这鼻音而起的两三声轻快的喀声听来,他却已经在感到满足了,因为我也知道,乡间的义渡,船钱最多也不过是两三枚铜子而已。

到了桐君山下,在山影和树影交掩着的崎岖道上,我上岸走不上几步,就被一块乱石拌倒,滑跌了一次。船家似乎也动了恻隐之心了,一句话也不发,跑将上来,他却突然交给了我一盒火柴。我于感谢了一番他的盛意之后,重整步武,再摸上山去,先是必须点一枝火柴走三五步路的,但到得半山,路既就了规律,而微云堆里的半规月色,也朦胧地现出一痕银线来了,所以手里还存着的半盒火柴,就被我藏入了袋里。路是从山的西北,盘曲而上;渐走渐高,半山一到,天也开朗了一点,桐庐县市上的灯光,也星星可数了。更纵目向江心望去,富春江两岸的船上和桐溪合流口停泊着的船尾船头,也看得出一点一点的火来。走过半山,桐君观里的晚祷钟鼓,似乎还没有息尽,耳朵里仿佛听见了几丝木鱼钲钹的残声。走上山顶,先在半途遇着了一道道观外围的女墙,这女墙的栅门,却已经掩上了。在栅门外徘徊了一刻,觉得已经到了此门而不进去,终于是不能满足我这一次暗夜冒险的好奇怪僻的。所以细想了几次,还是决心进去,非进去不可,轻轻用手往里面一推,栅门却呀的一声,早已退向了后方开开了,这门原来是虚掩在那里的。进了栅门,踏着为淡月所映照的石砌平路,向东向南的前走了五六十步,居然走到了道观的大门之外,这两扇朱红漆的大门,不消说是紧闭在那里的。到了此地,我却不想再破门进去了,因为这大门是朝南向着大江开的。门外头是一条一丈来宽的石砌步道,步道的一旁是道观的墙,一旁便是山坡,靠山坡的一面,并且还有一道二尺来高的石墙筑在那里,大约是代替栏杆,防人倾跌下山去的用意;石墙之上,铺的是二三尺宽的青石,在这似石栏又似石凳的墙上,尽可以坐卧游息,饱看桐江和对岸的风景,就是在这里坐它一晚,也很可以,我又何必去打开门来,惊起那些老道的恶梦呢!

空旷的天空里,流涨着的只是些灰白的云,云层缺处,原也看得出半角的天,和一点两点的星,但看起来最饶风趣的,却仍是欲藏还露,将见仍无的那半规月影。这时候江面上似乎起了风,云脚的迁移,更来得迅速了。而低头向江心一看,几多散乱着的船里的灯光，也忽阴忽灭地变换了一变换位置。

这道观大门外的景色，真神奇极了。我当十几年前，在放浪的游程里，曾向瓜州京口一带，消磨过不少的时日；那时觉得果然名不虚传的，确是甘露寺外的江山，而现在到了桐庐，昏夜上这桐君山来一看，又觉得这江山的秀而且静，风景的整而不散，却非那天下第一江山的北固山所可与比拟的了。真也难怪得严子陵，难怪得戴征士，倘使我若能在这样的地方结屋读书，以养天年，那还要什么的高官厚禄，还要什么的浮名虚誉哩？一个人在这桐君观前的石凳上，看看山，看看水，看看城中灯火和天上的星云，更做做浩无边际的无聊的幻梦，我竟忘记了时刻，忘记了自身，直等到隔江的击柝声传来，向西一看，忽而觉得城中的灯影微茫地减了，才跑也似地走下了山来，渡江奔回了客舍。

第二日侵晨，觉得昨天在桐君观前做过的残梦正还没有续完的时候，窗外面忽而传来了一阵吹角的声音。好梦虽被打破，但因这同吹筚篥似的商音哀咽，却很含着些荒凉的古意，并且晓风残月，杨柳岸边，也正好候船待发，上严陵去；所以心里纵怀着了些儿怨恨，但脸上却只观出了一痕微笑，起来梳洗更衣，叫茶房去雇船去。雇好了一只双桨的渔舟，买就了些酒菜鱼米，就在旅馆前面的码头上上了船。轻轻向江心摇出去的时候，东方的云幕中间，已现出了几丝红韵，有八点多钟了；舟师急得厉害，只在埋怨旅馆的茶房，为什么昨晚不预先告诉，好早一点出发。因为此去就是七里滩头，无风七里，有风七十里，上钓台去玩一趟回来，路程虽则有限，但这几日风雨无常，说不定要走夜路，才回来得了的。

过了桐庐，江心狭窄，浅滩果然多起来了。路上遇着的来往的行舟，数目也是很少，因为早晨吹的角，就是往建德去的快班船的信号，快班船一开，来往于两埠之间的船就不十分多了。两岸全是青青的山，中间是一条清浅的水，有时候过一个沙洲，洲上的桃花菜花，还有许多不晓得名字的白色的花，正在喧闹着春暮，吸引着蜂蝶。我在船头上一口一口的喝着严东关的药酒，指东话西地问着船家，这是甚么山？那是甚么港？惊叹了半天，称颂了半天，人也觉得倦了，不晓得什么时候，身子却走上了一家水边的酒楼，在和数年不见的几位已经做了党官的朋友高谈阔论。谈论之余，还背诵了一首两三年前曾在同一的情形之下做成的歪诗：

> 不是尊前爱惜身，佯狂难免假成真，
> 曾因酒醉鞭名马，生怕情多累美人。
> 劫数东南天作孽，鸡鸣风雨海扬尘，
> 悲歌痛哭终何补，义士纷纷说帝秦。

直到盛筵将散，我酒也不想再喝了，和几位朋友闹得心里各自难堪，连对旁边坐着的两位陪酒的名花都不愿意开口。正在这上下不得的苦闷关头，船家却大声的叫了起来说：

“先生，罗芷过了，钓台就在前面，你醒醒罢，好上山去烧饭吃去。”

擦擦眼睛，整了一整衣服，抬起头来一看，四面的水光山色又忽而变了样子了。清清的一条浅水，比前又窄了几分，四围的山包得格外的紧了，仿佛是前无去路的样子。并且山容峻削，看去觉得格外的瘦格外的高。向天上地下四围看看，只寂寂的看不见一个人类。双桨的摇响，到此似乎也不敢放肆了，钩的一声过后，要好半天才来一个幽幽的回响，静，静，静，身边水上，山下岩头，只沉浸着太古的静，死灭的静，山峡里连飞鸟的影子也看不见半只。前面的所谓钓台山上，只看得见两大个石垒，一间歪斜的亭子，许多纵横芜杂的草木。山腰里的那坐祠堂，也只露着些废垣残瓦，屋上面连炊烟都没有一丝半缕，像是好久好久没有人住了的样子。并且天气又来得阴森，早晨曾经露一露脸过的太阳，这时候早已深藏在云堆里了，余下来的只是时有时无从侧面吹来的阴飕飕的半箭儿山风。船靠了山脚，跟着前面背着酒菜鱼米的船夫，走上严先生祠堂去的时候，我心里真有点害怕，怕在这荒山里要遇见一个干枯苍老得同丝瓜筋似的严先生的鬼魂。

在祠堂西院的客厅里坐定，和严先生的不知第几代的裔孙谈了几句关于年岁水旱的话后，我的心跳，也渐渐儿的镇静下去了，嘱托了他以煮饭烧菜的杂务，我和船家就从断碑乱石中间爬上了钓台。

东西两石垒，高各有二三百尺，离江面约两里来远，东西台相去只有一二百步，但其间却夹着一条深谷。立在东台，可以看得出罗芷的人家，回头展望来路，风景似乎散漫一点，而一上谢氏的西台，向西望去，则幽谷里的清景，却绝对的不像是在人间了。我虽则没有到过瑞士，但到了西台，朝西一看，立时就想起了曾在照片上看见过的威廉退儿的祠堂。这四山的幽静，这江水的青蓝，简直同在画片上的珂罗版色彩，一色也没有两样；所不同的，就是在这儿的变化更多一点，周围的环境更芜杂不整齐一点而已，但这却是好处，这正是足以代表东方民族性的颓废荒凉的美。

从钓台下来，回到严先生的祠堂——记得这是洪杨以后严州知府戴槃重建的祠堂——西院里饱啖了一顿酒肉，我觉得有点酩酊微醉了。手拿着以火柴柄制成的牙签，走到东面供着严先生神像的龛前，向四面的破壁上一看，翠墨淋漓，题在那里的，竟多是些俗而不雅的过路高官的手笔。最后到了南面的一块白墙头上，在离屋檐不远的一角高处，却看到了我们的一位新近去世的同乡夏灵峰先生的四句似邵尧夫而又略带感慨的诗句。夏灵峰先生虽则只知崇古，不善处今，但是五十年来，像他那样的顽固自尊的亡清遗老，也的确是没有第二个人。比较起现在的那些官迷的南满尚书和东洋宦婢来，他的经术言行，姑且不必去论它，就是以骨头来称称，我想也要比什么罗三郎郑太郎辈，重到好几百倍。慕贤的心一动，醺人的臭技自然是难熬了，堆起了几张桌椅，借得了一枝破笔，我也向高墙上在夏灵峰先生的脚后放上了一个陈屁，就是在船舱的梦里，也曾微吟过的那一首歪诗。

从墙头上跳将下来，又向龛前天井去走了一圈，觉得酒后的干喉，有点渴痒了，所以就又走回到了西院，静坐着喝了两碗清茶。在这四大无声，只听见我自己的啾啾喝水的舌音冲击到那座破院的败壁上去的寂静中间，同惊雷似地一响，院后的竹园里却忽而飞出了一声闲长而又有节奏似的鸡啼的声来。同时在门外面歇着的船家，也走进了院门，高声的对我说：

"先生，我们回去罢，已经是吃点心的时候了，你不听见那只鸡在后山啼么？我们回去罢！"

一九三二年八月在上海写

（选自《郁达夫全集》第四卷，

浙江大学出版社 2007 年版）

导　读

郁达夫这篇《钓台的春昼》常常被选入各种读本，是公认的现代游记名篇了，研究和赏析文字也较多。本文以游踪为线索，寄情于山水，但文笔错落之处总不忘天下，是比较常见的游记写法，算不上十分特别，当归为典范性写作。古人游记也多类此，郁达夫文章继承了传统游记散文在形制和情感表达上的一些特点。说开去一点，郁达夫散文，大体上也类似于此，比较讲究形式的经营，常见文人化的生活情趣与叙述语调。以中学语文教材选入的《故都的秋》和《江南的冬景》为例，文章看似随心所欲，仔细思索，又会发现作者常常匠心独运，写景则情景交融，写人则情趣盎然，写事则诗意化呈现，处处可见才子性情。

文章和传统游记类似，因失意而隐于江湖，借山水排遣情绪。一开始叙述者就交代出游钓台是因为现实政治的污浊，查阅相应时代背景这一点还可以找到更确切的说法，国民党政府杀害"左联五烈士"，郁达夫多方奔走，受到政府通缉，回老家暂避风头。在老家应酬完之后，发现呆不住，于是决定出游。紧接着给读者介绍了钓台的位置所在。随后就是夜游桐君山以及登临钓台。见山川秀丽，古代文人每多感兴，但往往并不能忘情于山水，"吾不能学太上之忘情也"，到了情感思绪勃发之时，常常会感叹浮名虚誉。郁达夫也不例外，"真也难怪得严子陵，难怪得戴征士，倘使我若能在这样的地方结屋读书，颐养天年，那还要什么的高官厚禄，还要什么的浮名虚誉哩？"但若果忘情，又何必开口谈论这些俗物俗务呢？所以，放浪形骸，狂言不羁，就露出马脚，"劫数东南天作孽，鸡鸣风雨海扬尘，悲歌痛哭终何补，义士纷纷说帝秦"，原来"佯狂难免假成真"。

但郁达夫毕竟不是传统士大夫。郁达夫认为现代散文特征之一是"每一个作家的每一篇散文里所表现的个性，比从前的任何散文都来得强"，其次是内容的范围的扩大，还有就是"人性，社会性，与大自然的调和"。就郁达夫这篇散文而言，第一和第三个特征更为突出。读郁达夫的散文，很容易发现“我”的存在，这个“我”固然写到了风花雪月，“也总要点出人与人的关系，或人与社会的关系来”（见郁达夫《中国新文学大系散文二集导言》）。《钓台的春昼》是游记散文，他写“风花雪月”等自然景观，最终都会有人物出现。哪怕是夜半三更桐君观门前坐看风景，也会考虑到“我又何必去打开门来，惊起那些老道的恶梦呢”。更要紧的是，散文中的那些人，经过“我”的叙述，变得富于情趣。夜游桐君山之时，“船家的回答，只是恩恩乌乌，幽幽同牛叫似的一种鼻音”。其实写人物是如此，文中写景，写事也莫不如此。也许正因为如此，文章读起来显得意味深长，细节传神，文字充满表现力，每每为读者击节称叹。

其实，《钓台的春昼》记叙富春江到桐庐钓台沿线风景，属于所谓的“风景的发现”，背后有现代旅游业的推动。这篇散文最初收入散文集《屐痕处处》，在文集自序中作者曾说，“近年来，四海升平，交通大便，像我这样的一垜粪土之墙，也居然成了一个做做游记的专家”。郁达夫写游记散文是接受杭江铁路局的邀约，给铁路沿线做风景旅游宣传。这类应邀写作的文字必然存在作者、旅游业和风景多重对话。因而从文章中能看到郁达夫散文的许多特性，但也能看到很多旅游业的诉求，处处点明地理位置，本地历代文化典故，乃至于最佳观景点，如桐君山半山，桐君观前，到钓台附近的船上等。文章以游踪为线，略显落于窠臼，但裁剪恰到好处。行文虽能找到流水账的痕迹，程式化的写作方式，但读来并不觉得生涩。《屐痕处处》当中也并不缺少一些随走随记的随意文字，《钓台的春昼》确为不可多得的经典。（吴述桥）

拓展阅读

郁达夫.浙东景物纪略.郁达夫全集（第 4 卷）.杭州：浙江大学出版社，2007.

郁达夫.新文学大系散文二集导言，郁达夫全集（第 11 卷）.杭州：浙江大学出版社，2007.

郁达夫作品

考而不死是为神

老 舍

考试制度是一切制度里最好的，它能把人支使得不象人了，而把脑子严格的分成若干小块块。一块装历史，一块装化学，一块……

比如早半天考代数，下午考历史，在午饭的前后你得把脑子放在两个抽屉里，中间连一点缝子也没有才行。设若你把 X＋Y 和一八二八弄到一处，或者找唐朝的指数，你的分数恐怕是要在二十上下。你要晓得，状元得来个一百分呀。得这么着：上午，你的一切得是代数，仿佛连你是黄帝的子孙，和姓字名谁，全根本不晓得。你就象刚由方程式里钻出来，全身的血脉都是 X 和 Y。赶到刚一交卷，你立刻成了历史，向来没听说过代数是什么。亚力山大，秦始皇等就是你的爱人，连他们的生日是某年某月某时都知道。代数与历史千万别联宗，也别默想二者的有无关系，你是赴考呀，赴考的期间你别自居为人，你是个会吐代数，吐历史的机器。

这样考下去，你把各样功课都吐个不大离，好了，你可以现原形了；睡上一天一夜，醒来一切茫然，代数历史化学诸般武艺通通忘掉，你这才想起“妹妹我爱你”。这是种蛇脱皮的工作，旧皮脱尽才能自由；不然，你这条蛇不曾得到文凭，就是你爱妹妹，妹妹也不爱你，准的。

最难的是考作文。在化学与物理中间，忽然叫你“人生于世”。你的脑子本来已分成若干小块，分得四四方方，清清楚楚，忽然来了个没有准地方的东西，东扑扑个空，西扑扑个空，除了出汗没有合适的办法。你的心已冷两三天，忽然叫你拿出情绪作用，要痛快淋漓，慷慨激昂，假如题目是“爱国论”，或“天下兴亡匹夫有责”；你的心要是不跳吧，笔下便无血无泪；跳吧，下午还考物理呢。把定律们都跳出去，或是跳个乱七八糟，爱国是爱了，而定律一乱则没有人替你整理，怎办？幸而不是爱国论，是山中消夏记，心无须跳了。可是，得有诗意呀。仿佛考完代数你更文雅了似的！假如你能逃出这一关去，你便大有希望了，够分不够的，反正你死不了了。被“人生于世”憋死，不是什么稀罕的事。

说回来，考试制度还是最好的制度。被考死的自然无须用提。假若考而不死，你放胆活下去吧，这已明明告诉你，你是十世童男转身。

（选自《老舍文集》第十四卷，人民文学出版社 1989 年版）

导 读

在中国现代作家中，老舍是著名的幽默大师，专门有学者写过《老舍幽默论》之类的著作。从这篇短文中，我们也可以看到老舍幽默的特点以及高超的艺术性。

考试制度本来是一种相对合理的制度，中国古代科举制度对于中国古代选拔人才是有正面意义的，至少它为平民孩子提供了一种出路，它事实上也挑选出了很多优秀的人才，这些人才不管是对于政权的稳定还是对于文化的繁荣都是有积极贡献的。20世纪70年代末期中国恢复高考制度，它对于中国的改革开放以及民族复兴的作用是巨大的，可以说，没有高考恢复就不可能有今天中国在经济、文化、科技等领域的巨大成就。

但同时，任何一种制度被极端化之后，也会产生很多弊端。考试也是如此，中国古代科举考试闹出了无数的笑话，以至最后不得不取消。20世纪80年代高考曾经是中国最神圣的考试，至今仍然没有任何一种考试可以和高考相提并论。但20世纪90年代以来，考试制度的负面性东西越来越多，其中最重要的就是考试定终身，考试与实践相脱离，考试越来越自足，为考试而考试，高分低能，考试不能说明任何问题等。在考试面前，人完全被异化了，学习就是为了考试，人变成考试的机器，考试就是受苦受难，考试最后变成了对人的一种摧残。老舍的文章虽然是20世纪30年代写的，但却超越了它的时代，似乎更像是对20世纪90年代以来考试对人折磨的一种描述。一句话，在考试面前，我们什么也不是，但人家老舍表达得多么幽默。（高玉）

拓展阅读

老舍.老舍全集(全十九卷).北京：人民文学出版社，2013.

老舍.老舍幽默小品集.上海：文汇出版社，2009.

王本朝.老舍研究.重庆：重庆大学出版社，2013.

雨

——龙山杂记之二

柯灵

一年来的流光，全埋在尘嚣里奔走，往日澄明的心境，似乎也沉浊了许多。

秋光已经老去，院前的桐叶都飘尽了。近来冷雨缠绵，每一次坐着黄包车出行，在油漆篷布的包围里，静听雨声潇潇，如打残荷，怅触无端，便不觉油然而起。

在一般的意念中，雨天总是可憎的。晴空朗日，持续到几个月也不觉得什么，而苦雨连朝却就能招人嫌厌。也有人以达者的心情，说没有雨天阴沉，怎显得晴天爽朗！但这已经是退一步作想了，实则阴阴的天气，也正不乏讨人喜欢处。

不知是什么因缘，我向来对雨有好感。记得我童年时代就喜欢雨，那时我在乡间小学读书，一遇到阴沉天气，就觉得兴奋，老早背了书包，撑着伞上学去。有时雨太大了，母亲劝我告一天假，但我总不愿意。——乡间风雨飘摇的时候，小学生多数是逃学的，照常到校的往往只有少数不约同来的顽皮孩子。因为人数太少，学校就无形停课，先生照例关照一声"自修功课"以后，顾自己躲到寝室里去。于是我们便活跃起来，开始把教室里的课桌椅挪开，循着屋子四面环叠，在这桌椅的堡垒当中，捉迷藏、翻九楼……什么新奇的游戏都会想出来。

不知从什么时候起，又发明了一种我们称为"推潮头"的新游戏。在教室后面，原有个狭长的天井，久雨之后，积水成塘，阶石的隙缝里，常有许多红色的小毛蟹爬出来。我们起先是脱了鞋袜，涉水捉蟹；后来又异想天开，把门板横放在天井的一端，用三四个人，每人拿一根球杆，一头抵住门框，一头抵住自己的肩膀，一声呼啸，协力把板门向前推去，直推到天井的另一端，抢步逃上阶沿，积水受门板推挤，突然高涨，汹汹然向前涌去，到天井的尽头，在墙上轰然一击，浪花四散，又卷簟似的汹汹然涌回，这一瞬间，真有点像在钱塘江畔看撼动山岳的秋潮！

自从发明了"推潮头"，凑着机会就常常兴高采烈地扮演"弄潮儿"。有一次，约莫是深秋时候，冷雨横飞之中，我们竟脱尽鞋袜，卸了上衣，赤膊冒雨推波作浪。玩得正起劲，老师忽然来了，一见这情形，不觉惊瞪了眼睛；但一念之间，竟忍不住哑然失笑。这一笑松弛了我们紧张的心弦，在笑声哗然中，赶紧披起衣服，向教室里窜去。

离开了学校，这种心情与机会便不复再有。但犹忆有一年的暑假当中，住在家乡，还和一个儿时的同学，常趁彤云密集、骤雨欲来之顷，跑到南山麓下的路亭里去听雨声，直要到雨过天青，才踏着湿痕斑斑的石板路跑回来。

三年前，我开始挑上生活的担子，常常安步当车，早出晚归。遇到天雨，手里多了一把伞，冒着雨，踏上曲曲的田径，四野的寂静似乎把空气凝成了固体，平时瞭望不到的狭猕湖，在前村的绿树梢头浮起小片白光，隐约可见。那时我似乎还不以雨中跋涉为苦，雨丝湿了衣裳，还往往怀着微妙的心情，兀立在花浦桥上，俯瞰潺潺的流水，和水面无数圆圈四面连续的图案。前年秋天，旅居浔阳江畔，在那孤立江边的小楼一角，更觉得雨声的亲切。每当烟雨濛濛，轻纱似的笼住一切，遥望对面青山，淡极欲无；悠悠坐对，也往往历二三小时。然而如今又是如何？期望童心的来复，固是梦想；即是要唤回一二年前洒脱的心情，也已不可复得了。

日来苦雨，每天外出奔走，忙忙碌碌，较远的地方还不得不借重人力车代步；一到晚上，在房子里静定下来，只见满地脚印，湿漉漉地惹人不快。同时一股冷气直从足尖上升，原来是穿了底的皮鞋，吸收了足够的水分。脱了鞋，白袜上满是黄色水痕，一缕轻烟，正幽幽散发，宛如楚云出岫，要带着它们的主人羽化而登仙。无奈世味如荼，尘俗萦心，如置身轭下，我再也飞不起来。

阴晴风雨，发乎自然，各有丰姿。如果营营扰扰的人生，只为了一身温饱，那真是太辜负造化丰富的供养了。

（选自《一世珍藏的美文 130 篇》，长江文艺出版社 2006 年版）

导　读

柯灵，原名高季琳，1909 年出生于广州，三岁时随父亲举家迁回家乡浙江绍兴。柯灵早年成名于电影界，知名于报刊编辑界，其散文创作同样自成一家。

1930 年，二十岁出头的柯灵受到小学时代一位老师邀请，离开家乡来到十里洋场的上海，协助他创办《时事周刊》，这让身为小学教员的柯灵受宠若惊、跃跃欲试。但他这位老师的“突发奇想”，浅显的社会观察，加之“乡下人”柯灵初到上海，对这个大都市声色犬马的懵懂无知，使得《时事周刊》“出了五六期，就太太平平地寿终正寝”，这给满怀理想抱负的柯灵巨大打击，于是很快便铩羽而归，上演了落魄游子归乡的场景。其时，作者独居绍兴古城的龙山，《龙山杂记》便是在这般境况下所作。《龙山杂记》虽是作者早期作品，但作者起点很高，牛刀初试，就身手不凡。这组散文共六篇，从 1930 年秋至 1931 年 5 月陆续写成，其中《巷》《雨》可以说是美文佳作。

《雨》是《龙山杂记》的第二篇。文章通过童年雨天的快乐美好记忆，与现在的“冷雨”“苦雨”对比，透露了作者在特定时期的悒郁黯淡心境。秋水盈盈的江南水乡使柯灵的文格富有灵动皎洁、清光照人的气质。文章遣词造句，凝练、雅致，节奏感强，令人赏心悦目。

文章开篇就说“一年来的流光，全埋在尘嚣里奔走”，接着自然而然营造出一种黯淡枯寂的调子：秋光老去、桐叶飘零、冷雨潇潇如打残荷，心境也沉浊许多、怅触无端。若联想到当时作者遭解聘失业、闯荡上海办报铩羽而归、回乡独居龙山的境遇，这种情感基调也便有迹可循了。文章开头写的是“冷雨”，雨声“如打残荷”，但接下来，一改基调，从第四段开始，大书特写我“对雨有好感”，当然，作者回忆的是童年时代！追忆童年的温情美好似乎是每个作家的本能。在第四、第五段中，作者以生动活泼的笔调描绘童年上学时雨天的种种游戏、趣事，尤其第五段，作者不惜大量笔墨详细地描述一种“推潮头”的游戏，字里行间充溢着满满的童真童趣、无忧无虑。第六段具体描写了有一次扮演“弄潮儿”的场景，写得妙趣横生，给人身临其境的画面感：“有一次，约莫是深秋时候，冷雨横飞之中，我们竟脱尽鞋袜，卸了上衣，赤膊冒雨推波作浪。玩得正起劲，老师忽然来了，一见这情形，不觉惊瞪了眼睛；但一念之间，竟忍不住哑然失笑。这一笑松弛了我们紧张的心弦，在笑声哗然中，赶紧披起衣服，向教室里窜去。”这段描写是不是似曾相识？对！鲁迅的《从百草园到三味书屋》里也有一段类似的精彩描写：一群淘气的学生趁先生偷偷溜到书屋后的园子里寻蝉蜕、捉苍蝇喂蚂蚁，寿镜吾老先生发现后大叫“人都到哪里去了？!”“人们便一个一个陆续走回去”，然后先生“瞪几眼”，大声道：“读书！”，“于是大家放开喉咙读一阵书，真是人声鼎沸。”顽童的淘气、活泼，先生的半是严肃半是可亲，同样都充满生活气息和浓浓温情。

写到这里，柯灵将童年雨天带来的游戏、快乐、美好发挥到高潮。正当我们仍沉浸在作者所描绘的欢快活泼、轻盈梦幻的童年乐园里时，作者的笔触又慢慢回到了现实，“离开了学校，这种心情与机会便不复再有。”回忆是甜蜜的忧伤，因为回忆往往是基于当下的现实境遇的。“如今又是如何？期望童心的来复，固是梦想；即是要唤回一二年前洒脱的心情，也已不可复得了。”今昔对比，雨还是那雨，还是落在那个狭长的天井，落在南山麓下的路亭里，然而“我”“每天外出奔走，忙忙碌碌”，心绪也落寞悒郁，雨已不能像童年那样带给我“好感”和“兴奋”，所以文章开篇写“冷雨缠绵”，中间追忆童年雨天的乐趣无穷，而结尾又回到现实，写“日来苦雨”，首尾呼应，今夕对比，全在作者的心境。

如果文章至此结束，也并不见其稀奇处，生活颠簸、人事烦扰以及各种人生碰壁等，因而失落、苦闷、芜杂萦于心头，这是人生常事，作家借文字浇心中块垒，通过在“反顾”中得到一种慰藉与补偿，这也是自然。况且，这时作家刚二十出头，正是人生、事业、理想正式开启的时刻，再大的愁绪也不算愁绪，不然真有些少年不识愁滋味“为赋新词强说愁”了。但作者最后一段虽寥寥三两句却让我们读出别一番意味：“阴晴风雨，发乎自然，各有丰姿。如果营营扰扰的人生，只为了一身温饱，那真是太辜负造化丰富的供养了。”从中我们似乎读到了一丝光亮、一股力量、一颗不甘于平庸俗世的颤动的灵魂。20 世纪 30 年代的上海是“Light，Heat，Power”的世界，20 世纪 30 年代的中国，是热血青年为民主自由、民族解放奋起斗争的时代，在这样一个时代，作为进步青年知识分子，柯灵怎会甘心于此咀嚼自己小小的落寞呢？当然不会！（吴翔宇）

拓展阅读

柯灵.钱钟书的风格与魅力.读书,1983(1).

柯灵.遥寄张爱玲.读书,1985(4).

柯灵.柯灵文集.上海：文汇出版社,2001.

徐中玉.纪念鲁迅　研究柯灵.文艺理论研究,1991(6).

《望春》

爱

张爱玲

这是真的。

有个村庄的小康之家的女孩子，生得美，有许多人来做媒，但都没有说成。那年她不过十五六岁吧，是春天的晚上，她立在后门口，手扶着桃树。她记得她穿的是一件月白的衫子。对门住的年轻人同她见过面，可是从来没有打过招呼的，他走了过来，离得不远，站定了，轻轻的说了一声："噢，你也在这里吗？"她没有说什么，他也没有再说什么，站了一会，各自走开了。

就这样就完了。

后来这女人被亲眷拐子卖到他乡外县去作妾，又几次三番地被转卖，经过无数的惊险的风波，老了的时候她还记得从前那一回事，常常说起，在那春天的晚上，在后门口的桃树下，那年轻人。

于千万人之中遇见你所要遇见的人，于千万年之中，时间的无涯的荒野里，没有早一步，也没有晚一步，刚巧赶上了，那也没有别的话可说，惟有轻轻的问一声："噢，你也在这里吗？"

（选自《流言私语》，江苏文艺出版社 2005 年版）

导　读

张爱玲，一个从未淡出大众视野的名字，一个影响历经半个世纪而不衰、不断被重塑金身的才女作家。1920 年出生于上海一个贵族家庭，祖籍河北，1995 年病逝于美国。张爱玲一生著作无数，小说代表作有《金锁记》《倾城之恋》《白玫瑰与红玫瑰》等，另外著有散文集《流言》。

《爱》是张爱玲散文经典作之一，这篇文章可谓袖珍得很，全文仅 344 字，但读后却让人感慨万千，悲从中来。文章写了一个极简单的故事，我们姑且认为是爱情故事，因为男女主人公也只是见过面，仅有男子一句轻轻的问候，便两人什么也没说各自离开而已。全文没有一个"爱"字，唯独散文题目定为"爱"，作家可谓用意良深。

故事很简单。一个小康之家的女孩子，十五六岁，"生得美"，追求者无数。一个春天的晚上，女孩站在后门口，穿着月白的衫子，"手扶着桃树"，对门的年轻人走来，问候了她一声，"噢，你也在这里吗？"在中国古代诗文中，"桃花"意象一般象征美好的爱情：

“桃之夭夭，灼灼其华。之子于归，宜其室家。”所以，这样一个“生得美”的妙龄女孩，在春天的傍晚，桃花下碰到一个年轻人，给我们的心理期待是似乎要发生些什么，比如总觉得一个缠绵浪漫或传奇动人的爱情故事要发生。但也是“桃花”这一意象解构了这个故事的美丽诗意的开端和大众对美好爱情的憧憬。“去年今日此门中，人面桃花相映红。人面不知何处去，桃花依旧笑春风”。桃花依旧，人面已不再，物是人非事事休。命运无情地捉弄，后来这女孩被拐，卖到外地做妾，经历许多惊险风波。这不禁让人感慨爱情的可遇不可求，命运的无法把握，一种苍茫感袭上心头。

作家在如此短小的文章中不忘写女孩直到年老时候还记得“从前那一回事”并“常常说起，在那春天的晚上，在后门口的桃树下，那年青人”。这一笔写得绝妙。在女孩无情黯淡的人生中，也仅有靠不断回忆、咀嚼那个春天的晚上和那唯一的一句“你也在这里吗”来慰藉自己了。悲哀的是，常常回忆、“常常说起”的若是一场轰轰烈烈、刻骨铭心的爱情即使这个爱情没有美好结果也罢了，但文中女子不断回忆的只有那个无言的春天傍晚，那桃树下的相遇，和那年青人仅有的一句问候，然后“她没有说什么，他也没有再说什么，站了一会，各自走开了”。这不算爱情的爱情，却给女子悲凉的一生带来点温馨的亮色，不是更增添了这个“爱”的故事的悲剧性么！回忆，频繁回忆，就会篡改最初的场景，“常常说起”，说起的是什么呢？文中没说，但作者可以想象。在遗憾与心痛中，在怀念与幻想中，女子也许在心底重新编织故事美好的结局。“于千万人之中遇见你所要遇见的人，于千万年之中，时间的无涯的荒野里，没有早一步，也没有晚一步，刚巧赶上了”，这是多么可遇不可求，如此一个难能可贵的相遇，如此一个美丽诗意的开头，按照故事的轨迹本该有一场传奇或一个美好的结果。但无奈，那往事也只是一个瞬间美丽的手势而已。文章语言单纯简练，没有华丽，没有渲染，但越是轻描淡写，越是不动声色，越是反衬出这个“爱”的故事的沉重与无奈，让人不禁心有戚戚焉。（吴翔宇）

拓展阅读

陈子善.张爱玲丛考.北京：海豚出版社，2015.

李欧梵，等.重读张爱玲.上海：上海书店出版社，2008.

子通，等.张爱玲评说六十年.北京：中国华侨出版社，2001.

张爱玲.张爱玲全集.合肥：安徽文艺出版社，1996.

《天才梦》

我的四个假想敌

余光中

二女幼珊在港参加侨生联考，以第一志愿分发台大外文系。听到这消息，我松了一口气，从此不必担心四个女儿通通嫁给广东男孩了。

我对广东男孩当然并无偏见，在港六年，我班上也有好些可爱的广东少年，颇讨老师的欢心，但是要我把四个女儿全都让那些“靓仔”、“叻仔”掳掠了去，却舍不得。不过，女儿要嫁谁，说得洒脱些，是她们的自由意志，说得玄妙些呢，是因缘，做父亲的又何必患得患失呢？何况在这件事上，做母亲的往往位居要冲，自然而然成了女儿的亲密顾问，甚至亲密战友，作战的对象不是男友，却是父亲。等到做父亲的惊醒过来，早已腹背受敌，难挽大势了。

在父亲的眼里，女儿最可爱的时候是在十岁以前，因为那时她完全属于自己。在男友的眼里，她最可爱的时候却在十七岁以后，因为这时她正像毕业班的学生，已经一心向外了。父亲和男友，先天上就有矛盾。对父亲来说，世界上没有东西比稚龄的女儿更完美的了，唯一的缺点就是会长大，除非你用急冻术把她久藏，不过这恐怕是违法的，而且她的男友迟早会骑了骏马或摩托车来，把她吻醒。

我未用太空舱的冻眠术，一任时光催迫，日月轮转，再揉眼时，怎么四个女儿都已依次长大，昔日的童话之门砰地一关，再也回不去了：四个女儿，依次是珊珊、幼珊、佩珊、季珊。简直可以排成一条珊瑚礁。珊珊十二岁的那年，有一次，未满九岁的佩珊忽然对来访的客人说：“喂，告诉你，我姐姐是一个少女了！”在座的大人全笑了起来。

曾几何时，惹笑的佩珊自己，甚至最幼稚的季珊，也都在时光的魔杖下，点化成“少女”了。冥冥之中，有四个“少男”正偷偷袭来，虽然蹑手蹑足，屏声止息，我却感到背后有四双眼睛，像所有的坏男孩那样，目光灼灼，心存不轨，只等时机一到，便会站到亮处，装出伪善的笑容，叫我岳父。我当然不会应他。哪有这么容易的事！我像一棵果树，天长地久在这里立了多年，风霜雨露，样样有份，换来果实累累，不胜负荷。而你，偶尔过路的小子，竟然一伸手就来摘果子，活该蟠地的树根绊你一跤！

而最可恼的，却是树上的果子，竟有自动落入行人手中的样子。树怪行人不该擅自来摘果子，行人却说是果子刚好掉下来，给他接着罢了。这种事，总是里应外合才成功的。当初我自己结婚，不也是有一位少女开门揖盗吗？“堡垒最容易从内部攻破”，说得真是不错。不过彼一时也，此一时也。同一个人，过街时讨厌汽车，开车时却讨厌行人。现在是轮到我来开车。

好多年来，我已经习于和五个女人为伍，浴室里弥漫着香皂和香水气味，沙发上散置皮包和发卷，餐桌上没有人和我争酒，都是天经地义的事。戏称吾庐为“女生宿舍”，也已经很久了。做了“女生宿舍”的舍监，自然不欢迎陌生的男客，尤其是别有用心的一类。但自己辖下的女生，尤其是前面的三位，已有“不稳”的现象，却令我想起叶慈的一句诗：

一切已崩溃，失去重心。

我的四个假想敌，不论是高是矮，是胖是瘦，是学医还是学文，迟早会从我疑惧的迷雾里显出原形，一一走上前来，或迂回曲折，嗫嚅其词，或开门见山，大言不惭，总之要把他的情人，也就是我的女儿，对不起，从此领去。无形的敌人最可怕，何况我在亮处，他在暗里，又有我家的“内奸”接应，真是防不胜防。只怪当初没有把四个女儿及时冷藏，使时间不能拐骗，社会也无由污染。现在她们都已大了，回不了头；我那四个假想敌，那四个鬼鬼祟祟的地下工作者，也都已羽毛丰满，什么力量都阻止不了他们了。先下手为强，这件事，该乘那四个假想敌还在襁褓的时候，就予以解决的。至少美国诗人纳许(Ogden Nash，1902—1971)劝我们如此。他在一首妙诗《由女婴之父来唱的歌》(Song to Be Sung by the Father of Infant Female Children)之中，说他生了女儿吉儿之后，惴惴不安，感到不知什么地方正有个男婴也在长大，现在虽然还浑浑噩噩，口吐白沫，却注定将来会抢走他的吉儿。于是做父亲的每次在公园里看见婴儿车中的男婴，都不由神色一变，暗暗想道：“会不会是这家伙？”想着想着，他“杀机陡萌”(My dreams，I fear，are infanticide)，便要解开那男婴身上的别针，朝他的爽身粉里撒胡椒粉，把盐撒进他的奶瓶，把沙撒进他的菠菜汁，再扔头优游的鳄鱼到他的婴儿车里陪他游戏。逼他在水深火热之中挣扎而去，去娶别人的女儿。足见诗人以未来的女婿为假想敌，早已有了前例。

不过一切都太迟了。当初没有当机立断，采取非常措施，像纳许诗中所说的那样，真是一大失策。如今的局面，套一句史书上常见的话，已经是“寇入深矣！”女儿的墙上和书桌的玻璃垫下，以前的海报和剪报之类，还是披头，拜丝，大卫·凯西弟的形象，现在纷纷都换上男友了。至少，滩头阵地已经被入侵的军队占领了去，这一仗是必败的了。记得我们小时，这一类的照片仍被列为机密要件，不是藏在枕头套里，贴着梦境。便是夹在书堆深处，偶尔翻出来神往一番，哪有这么二十四小时眼前供奉的？

这一批形迹可疑的假想敌，究竟是哪年哪月开始入侵厦门街余宅的，已经不可考了。只记得六年前迁港之后，攻城的军事便换了一批口操粤语的少年来接手。至于交战的细节，就得问名义上是守城的那几个女将，我这位“昏君”是再也搞不清的了。只知道敌方的炮火，起先是瞄准我家的信箱，那些歪歪斜斜的笔迹，久了也能猜个七分；继而是集中在我家的电话，“落弹点”就在我书桌的背后，我的文苑就是他们的沙场，一夜之间，总有十几次脑震荡。那些粤音平上去入，有九声之多，也令我难以研判敌情。现在我带幼珊回了厦门街，那头的广东部队轮到我太太去抵挡，我在这头。只要留意台湾健儿，任务就轻松多了。

信箱被袭，只如战争的默片，还不打紧。其实我宁可多情的少年勤写情书，那样至少可以练习作文，不致在视听教育的时代荒废了中文。可怕的还是电话中弹，那一串串警告的铃声，把战场从门外的信箱扩至书房的腹地，默片变成了身历声，假想敌在实弹射击了。更可怕的，却是假想敌真的闯进了城来，成了有血有肉的真敌人，不再是假想了好玩的了，就像军事演习到中途，忽然真的打起来了一样。真敌人是看得出来的。在某一女儿的接应之下，他占领了沙发的一角，从此两人呢喃细语，嗫嚅密谈，即使脉脉相对的时候，那气氛也浓得化不开，窒得全家人都透不过气来。这时几个姐妹早已回避得远远的了。任谁都看得出情况有异。万一敌人留下来吃饭，那空气就更为紧张，好像摆好姿势，面对照相机一般。平时鸭塘一般的餐桌，四姐妹这时像在演哑剧，连筷子和调羹都似乎得到了消息，忽然小心翼翼起来。明知这僭越的小子未必就是真命女婿。（谁晓得宝贝女儿现在是十八变中的第几变呢？）心里却不由自主升起一股淡淡的敌意。也明知女儿正如将熟之瓜，终有一天会蒂落而去，却希望不是随眼前这自负的小子。

当然，四个女儿也自有不乖的时候，在恼怒的心情下，我就恨不得四个假想敌赶快出现，把她们统统带走。但是那一天真要来到时，我一定又会懊悔不已。我能够想象，人生的两大寂寞，一是退休之日，一是最小的孩子终于也结婚之后。宋淇有一天对我说："真羡慕你的女儿全在身边！"真的吗？至少目前我并不觉得，自己有什么可羡之处。也许真要等到最小的季珊也跟着假想敌度蜜月去了，才会和我并坐在空空的长沙发上，翻阅她们小时相簿，追忆从前，六人一车长途壮游的盛况，或是晚餐桌上，热气蒸腾，大家共享的灿烂灯光。人生有许多事情，正如船后的波纹，总要过后才觉得美的。这么一想，又希望那四个假想敌，那四个生手笨脚的小伙子，还是多吃几口闭门羹，慢一点出现吧。

袁枚写诗，把生女儿说成"情疑中副车"；这书袋掉得很有意思，却也流露了重男轻女的封建意识。照袁枚的说法，我是连中了四次副车，命中率够高的了。余宅的四个小女孩现在变成了四个小妇人，在假想敌环伺之下，若问我择婿有何条件，一时倒恐怕答不上来。沉吟半晌，我也许会说："这件事情，上有月下老人的婚姻谱，谁也不能篡改，包括韦固，下有两个海誓山盟的情人，'二人同心，其利断金'，我凭什么要逆天拂人，梗在中间？何况终身大事，神秘莫测，事先无法推理，事后不能悔棋，就算交给二十一世纪的电脑，恐怕也算不出什么或然率来。倒不如故示慷慨，伪作轻松，博一个开明父亲的美名，到时候带颗私章，去做主婚人就是了。"

问的人笑了起来，指着我说："什么叫做'伪作轻松'？可见你心里并不轻松。"

我当然不很轻松,否则就不是她们的父亲了。例如人种的问题,就很令人烦恼。万一女儿发痴,爱上一个耸肩摊手口香糖嚼个不停的小怪人,该怎么办呢？在理性上,我愿意"有婿无类",做一个大大方方的世界公民。但是在感情上,还没有大方到让一个臂毛如猿的小伙子把我的女儿抱过门槛。现在当然不再是"严夷夏之防"的时代,但是一任单纯的家庭扩充成一个小型的联合国,也大可不必。

问的人又笑了,问我可曾听说混血儿的聪明超乎常人。我说:"听过,但是我不希罕抱一个天才的'混血孙'。我不要一个天才儿童叫我 grandpa,我要他叫我外公。"问的人不肯罢休:"那么省籍呢?"

"省籍无所谓,"我说。"我就是苏闽联姻的结果,还不坏吧？当初我母亲从福建写信回武进,说当地有人向她求婚。娘家大惊小怪,说'那么远！怎么就嫁给南蛮!'后来娘家发现,除了言语不通之外,这位闽南姑爷并无可疑之处。这几年,广东男孩锲而不舍,对我家的压力很大,有一天闽粤结成了秦晋,我也不会感到意外。如果有个台湾少年特别巴结我,其志又不在跟我谈文论诗,我也不会怎么为难他的。至于其他各省,从黑龙江直到云南,口操各种方言的少年,只要我女儿不嫌他,我自然也欢迎。"

"那么学识呢?"

"学什么都可以。也不一定要是学者,学者往往不是好女婿,更不是好丈夫。只有一点:中文必须精通。中文不通,将祸延吾孙!"

客又笑了。"相貌重不重要?"他再问。

"你真是迂阔之至!"这次轮到我发笑了。"这种事,我女儿自己会注意,怎么会要我来操心?"

笨客还想问下去,忽然门铃响起。我起身去开大门,发现长发乱处,又一个假想敌来掠余宅。

(选自《记忆像铁轨一样长》,长江文艺出版社 2015 年版)

导 读

作为一个诗人,余光中的名声早已蜚声海内外。但作为一个散文革新的理论家和创作家,余光中同样光彩熠熠。他自称"右手作诗,左手成文"。实际上余光中写散文比写诗几乎晚了 10 年,起步虽晚,但文路却比诗路走得快,也较早进入成熟之境。他的散文富有弹性、密度和质料,而且将"右手"的汩汩诗情浸透入"左手的掌纹",真是步步莲花,字字珠玑,让人读罢不禁为这双"缪斯的左右手"拍案叫绝!

20 世纪 60 年代初,余光中在中国台湾率先喊出"散文革命"的口号,在《剪掉散文的辫子》一文中,余光中强调现代散文应注意语言的密度、弹性与质料,他"尝试把中国文字压缩、捶扁、拉长、磨利,把它拆开又拼拢,折来且叠去"。后来他又对五四以降流行的小品文提出质疑，认为散文的格局不必谨守寸土，自囿于小品的味之如橄榄、饮之如清茶，散文家也不妨“发展重工业”，摆脱“小摆设”，经营“大品”。当然，大品之大，不全在其篇幅长，更在其格局与气势。《逍遥游》《鬼雨》《听听那冷雨》等一类代表作品，便是余光中散文革命的成功之作，或刚健遒劲、大开大合，或汪洋恣肆、纵横捭阖，文字有声、有色、有光、有节奏。

《我的四个假想敌》是余光中后期散文名篇之一，与早期散文相比，文字虽少了些纵横捭阖、万马奔腾般的壮观气势，但增添了不少谐趣和理趣，幽默趣味中更显文字的劲道、圆熟。能把“男大当婚女大当嫁”这种普通生活题材写得如此妙趣横生、情味十足，不愧是大家之笔！

写父爱的文章太多了，或深情款款，或沉重如山，但很少像余光中写得这般机智幽默、趣味盎然的。文章通篇没有一句直接写父亲对女儿的爱与珍惜，而是通过与自己虚构的四个假想敌——未来女婿的一系列假想战争来呈现。文章以“战斗”为基喻，表面是写父亲与假想敌正面开战的过程，其实是写父亲在这些假想敌面前节节败退的过程，即实际是写父亲无奈接受女儿们“开门揖盗”、恋爱嫁人的现实，在这过程中，一个饱满的父亲形象便被塑造出来。父亲明知女大当嫁是必然的，但心底又割舍不下，“伪作轻松”却“心里并不轻松”，理智上表现得洒脱但情感上仍患得患失，这种属于很多父亲共有的微妙复杂心理和情感被作者艺术化，让读者在忍俊不禁之余体会到为人父者的细腻和拳拳柔情。

这篇散文在风格上最大的特点便是幽默谐趣。作者从题目开始，通篇使用比喻，生动形象。把四个女儿的男友比作“四个假想敌”，在这一核心意象下，继而将妻子比作女儿们的“亲密战友”；将住所比作“女生宿舍”，自己为“舍监”；将长大成人自愿“出走”的女儿比喻成“内奸”；将女儿男友比作“鬼鬼祟祟的地下工作者”；将女儿追求者的来访比作“入侵”“堡垒”，女儿们便是“守城的那几个女将”，而自己是“昏君”。女儿与男友亲密交往以至“寇入深矣”，于是“敌方的炮火”瞄准信箱，“电话中弹”，战场由门外到书房，战事步步紧逼，最终“我”“腹背受敌”“大势已去”。作者使用大量军事用语，将这一战斗过程写得十分精彩，全文妙喻连篇，巧用成语，又引用中外典故，真是一场关于父爱的精彩演绎。而且作者很善于想象，比如他认为女儿长大是“昔日的童话之门砰地一关，再也回不去了”；为了让女儿永远停留在 10 岁不离开自己，作者竟幻想“用急冻术把她久藏”，但接着来一句“她的男友迟早会骑了骏马或摩托车来，把她吻醒”。

文章不仅幽默谐趣，而且富有理趣，如“学者往往不是好女婿，更不是好丈夫”“同一个人，过街时讨厌汽车，开车时却讨厌行人”；再如“树怪行人不该擅自来摘果子，行人却说是果子刚好掉下来，给他接着罢了。这种事，总是里应外合才成功”“人生的两大寂寞，一是退休之日，一是最小的孩子终于也结婚之后”“人生有许多事情，正如船后的波纹，总要过后才觉得美的”……作者在夹叙夹议中，自然而又生动形象地融入生活哲理，

以理启人，以趣诱人，这其中有作者自嘲意味的机智通达，也透出他洞识人生况味的智慧。（吴翔宇）

拓展阅读

余光中.余光中集.天津：百花文艺出版社，2007.

余光中.余光中：与永恒拔河.长沙：湖南大学出版社，2001.

陈君华.望乡的牧神：余光中传.北京：团结出版社，2001.

余光中.余光中谈翻译.北京：中国对外翻译出版公司，2007.

《黄河一掬》

记齐白石先生轶事

启功

齐白石先生的名望，可以说是举世周知的，不但中国人都熟悉，在世界各国中，也不是陌生人。他的篆刻、绘画、书法、诗句，都各有特点，用不着在这里多加重复叙述。现在要写的，只是我个人接触到的几件轶事，也就是老先生生活中的几个侧面，从这里可以看到他的生活、风趣，对于从旁印证他的性格和艺术的特点，大概也不是没有点滴的帮助吧！

我有一位远房的叔祖，是个封建官僚，曾买了一批松柏木材，就开起棺材铺来。齐先生有一口“寿材”，是他从家乡带到北京来的，摆在跨车胡同住宅正房西间窗户外的廊子上，棺上盖着些防雨的油布，来的客人常认为是个长案子或大箱子之类的东西。一天老先生与客人谈起棺材问题，说道“我这一个……”如何如何，便领着客人到廊子上揭开油布来看，我才吃惊地知道了那是一口棺材。这时他已经委托我的这位叔祖另做好木料的新寿材，尚未做成，这旧的也还没有换掉。后来新的做成，也没放在廊上，廊上摆着的还是那个旧的。客人对于此事，有种种不同的评论，有人认为老先生好奇，有人认为是一种引人注意的“噱头”，有人认为是“达观”的表现。后来我到过了湖南的农村，才知道这本是先生家乡的习惯，人家有老人，预制寿材，有的做出板来，有的做成棺材，往往放在户外窗下，并没什么稀奇。那时我以一个生长在北京城的青年，自然不会不“少见多怪”了。

我认识齐先生，即是由我这位叔祖的介绍，当时我年龄只有十七八岁。我自幼喜爱画画，这时已向贾羲民先生学画，并由贾先生介绍向吴镜汀先生请教。对于齐先生的画，只听说是好，至于怎么好，应该怎么学，则是茫然无所知的。我那个叔祖因为看见齐先生的画大量卖钱，就以为只要画齐先生那样的画便能卖钱，他却没想，他自己做的棺材能卖钱，是因为它是木头做的，如果是纸糊的即使样式丝毫不差，也不会有人买去做秘器。即使是用澄心堂、金粟山纸糊的也没什么好看，如果用金银铸造，也没人抬得动啊！

齐先生大我整整五十岁，对于我很优待，大约老年人没有不喜爱孩子的。我有较长一段时间没去看他，他向胡佩衡先生说：“那个小孩怎么好久不来了？”我现在的年龄已经超过了齐先生初次接见我时的年龄，回顾我在艺术上无论应得多少分，从齐先生学了没有，即由于先生这一句殷勤的垂问，也使我永远不能不称他老先生是我的一位老师！

齐先生早年刻苦学习的事，大家已经传述很多，在这里我想谈两件重要的文物，也就是齐先生刻苦用功的两件“物证”：一件是用油竹纸描的《芥子园画谱》，一件是用油竹纸描的《二金蝶堂印谱》。那本画谱，没画上颜色，可见当时根据的底本并不是套版设色的善本。即那一种多次重翻的印本，先生描写的也一丝不苟，连那些枯笔破锋，都不“走样”。这本，可惜当时已残缺不全。尤其令人惊叹的是那本赵之谦的印谱，我那时虽没见过许多印谱，但常看蘸印泥打印出来的印章，它们与用笔描成的有显著的差异，而宋元人用的墨印，却完全没有见过。当我打开先生手描的那本印谱时，惊奇地、脱口而出地问了一句话：“怎么？还有黑色印泥呀？”及至我得知是用笔描成的，再仔细去看，仍然看不出笔描的痕迹。惭愧啊！我少年时学习的条件不算不苦，但我竟自有两部《芥子园画谱》，一部是巢勋重摹的石印本，一部是翻刻的木板本，我从来没有从头至尾临仿过一次。今天齐先生的艺术创作，保存在国内外各个博物馆中，而我在中年青年时也曾有些绘画作品，即使现在偶然有所存留，将来也必然与我的骨头同归腐朽。诸位青年朋友啊，这个客观的真理，无情的事例，是多么值得深思熟虑的啊！这里我也要附带说明，艺术的成就，绝不是单靠照猫画虎地描摹，我也不是在这里提倡描摹，我只是要说明齐老先生在青年时得到参考书的困难，偶然借到了，又是如何仔细地复制下来，以备随时翻阅借鉴，在艰难的条件下是如何刻苦用功的。他那种看去横涂竖抹的笔画，又是怎样走过精雕细琢的道路的。我也不是说这种精神只有齐先生在清代末年才有，即如在浩劫中，我们学校里有不少同学偷偷地借到几本参考书，没日没夜地抄成小册后，还订成硬皮包脊的精装小册，这岂能不说是那些罪人们灭绝民族文化罪恶企图意外的相反后果呢！

齐先生送给过我一册影印手写的《借山吟馆诗草》，有樊樊山先生的题签，还有樊氏手写的序。册中齐先生抄诗的字体扁扁的，点画肥肥的，和有正书局影印的金冬心自书诗稿的字迹风格完全一样。那时王壬秋先生已逝，齐先生正和樊山先生往来，诗草也是樊山选定的。齐先生说：“我的画，樊山说像金冬心，还劝我也学冬心的字，这册即是我学冬心字体所写的。”其实先生学金冬心还不止抄诗稿的字体，金有许多别号，齐先生也曾一一仿效。金号“三百砚田富翁”，齐号“三百石印富翁”，金号“心出家庵粥饭僧”，齐号“心出家庵僧”，亦步亦趋，极见“相如慕蔺”之意。但微欠考虑的是：田多为富，印多为贵，兼官多的人，当然俸禄多，但自古官僚们却都讳言因官致富，大概是怕有贪污的嫌疑。如果称“三百石印贵人”，岂不更为恰当。又粥饭僧是寺院中的服务人员，熬粥做饭，在和尚中地位是最为卑下的。去了“粥饭”二字，地位立刻提高了。老先生自称木匠，而不甘作粥饭僧，似尚未达一间。金冬心又有“稽留山民”的别号，齐先生则有“杏子坞老民”之号，就无从知是模拟还是另起的了。金冬心别号中最怪的是“苏伐罗吉苏伐罗”，因冬心又名“金吉金”，“苏伐罗”是外来语“金”的音译，把两个译音字夹着一个汉字“吉”字来用，竟使得齐老先生束手无策。胆大如斗的齐先生，还没敢用“齐怀特斯动（“怀特斯动”是英语“白石”二字音译）。我还记得，当年我双手捧过先生面赐的那本《借山吟馆诗草》后，又听先生讲了如何学金冬心的画和字，我就问了一句："先生的诗也必学金冬心了。"先生说："金冬心的诗并不好，他的词好。"我当时只有一小套石印的《金冬心集》，里边没有词，我忙向先生请教到哪里去找冬心的词。先生回答说："他是博学鸿词啊！"

齐先生对于写字，是不主张临帖的。他说字就那么写去，爱怎么写就怎么写。他又说碑帖里只有李邕的《云麾李思训碑》最好。他家里挂着一副宋代陈抟写的对联拓本："开张天岸马，奇逸人中龙。抟（下有"图南"印章）。"这联的字体是北魏《石门铭》的样子，这十个字也见于《石门铭》里。但是扩大临写的，远看去，很似康南海写的。老先生每每对人夸奖这副对联写得怎么好，还说自己学过多次总是学不好，以说明这联上字的水平之高。我还看见过齐先生中年时用篆书写的一副联："老树著花偏有态，春蚕食叶例抽丝。"笔画圆润饱满，转折处交代分明，一个个字，都像老先生中年时刻的印章，又很像吴让之刻的印章，也像吴昌硕中年学吴让之的印章。又曾见到他四十多岁时画的山水，题字完全是何子贞样。我才知道老先生曾用过什么功夫。他教人爱怎么写就怎么的理论，是他老先生自己晚年想要融化从前所学的，也可以说是想摆脱从前所学的，是他内心对自己的希望。当他对学生说出时，漏掉了前半。好比一个人消化不佳时，服用药物，帮助消化。但吃的并不甚多，甚至还没吃饱的人，随便服用强烈的助消化剂，是会发生营养不良症的。

有一次我向老先生请教刻印的问题，先生到后边屋中拿出一块寿山石章，印面已经磨平，放在画案上。又从案面下面的一层支架上掏出一本翻得很旧的《六书通》，查了一个"迟"字，然后拿起墨笔在印面上写起反的印文来，是"齐良迟"三个字。写成了，对着案上立着的一面小镜子照了一下，镜中的字都是正的，用笔修改了几处，即持刀刻起来。一边刻一边向我说："人家刻印，用刀这么一来，还那么一来，我只用刀这么一来。"讲说时，用刀在空中比画。即是每一笔画，只用刀在笔画的一侧刻下去，刀刃随着笔画的轨道走去就完了。刻成后的笔画，一侧是光光溜溜的，另一侧是剥剥落落的。即是所谓的"单刀法"。所说的"还那么一来"，是指每笔画下刀的对面一边也刻上一刀。这方印刻完了，又在镜中照了一下，修改几处，然后才蘸印泥打出来看，这时已不再作修改了。然后刻"边款"，是"长儿求宝"，下落自己的别号。我自幼听说过：刻印熟练的人，常把印面用墨涂满，就用刀在黑面上刻字，如同用笔写字一般。这个说法，流行很广，我却没有亲眼见过。我在未见齐先生刻印前，我想象中必应是幼年听到的那类刻法，又见齐先生所刻的那种大刀阔斧的作风，更使我预料将会看到那种"铁笔"在黑色石面上写字的奇迹。谁知看到了，结果却完全两样，他那种小心的态度，反而使我失望，遗憾没有看到那样铁笔写字的把戏。这是我青年时的幼稚想法，如今渐渐老了，才懂得：精心用意地做事，尚且未必都能成功；而鲁莽灭裂地做事，则绝对没有能够成功的。这又岂但刻印一艺是如此呢？

齐先生画的特点，人所共见，亲见过先生作画的，就不如只见到先生作品的那么多了。一次我看到先生正在作画，画一个渔翁，手提竹篮，肩荷钓竿，身披蓑衣，头戴箬笠，赤着脚，站在那里，原是先生常画的一幅稿本。那天先生铺开纸，拿起炭条，向纸上仔细端详。然后一一画去。我当时的感想正和初见先生刻印时一样，惊讶的是先生画笔那样毫无拘束，造型又那么不求形似，满以为临纸都是信手一挥，没想到起草时，却是如此精心！当用炭条画到膝下小腿到脚趾部分时，只见画了一条长勾短股的九十度的线条，又和这条线平行着另画一个勾股。这时忽然抬头问我："你知道什么是大家，什么是名家吗？"我当时只曾在《桐阴论画》上见到秦祖永评论明清画家时分过这两类，但不知怎么讲，以什么为标准。既然说不出具体答案来，只好回答："不知道"。先生说："大家画，画脚，不画踝骨，就这么一来，名家就要画出骨形了。"说罢，然后在这两道平行的勾股线勾的一端画上四个小短笔，果然是五个脚趾的一只脚。我从这时以后，大约二十多年，才从八股文的选本上见到大家、名家的分类，见到八股选本上的眉批和夹批，才了然《桐阴论画》中不但分大家、名家是从八股选本中来的，即眉批夹批也是从那里学来的。齐先生虽然生在晚清，但没听说学做过八股，那么无疑也是看了《桐阴论画》的。

一次谈到画山水，我请教学哪一家好，还问老先生自己学哪一家。老先生说："山水只有大涤子（即石涛）画得好。"我请教好在哪里？老先生说："大涤子画的树最直，我画不到他那样。"我听着有些不明白，就问："一点都没有弯曲处吗？"先生肯定地回答说："一点都没有的。"我又问当今还有谁画得好？先生说："有一个瑞光和尚，一个吴熙曾（吴镜汀先生名熙曾），这两个人我最怕。瑞光画的树比我画的直，吴熙曾学大涤子的画我买过一张。"后来我问起吴先生，先生说确有一张画，是仿石涛的，在展览会上为齐先生买去。从这里可见齐先生如何认为"后生可畏"而加以鼓励的。但我自那时以后，很长时间，看到石涛的画，无论在人家壁上的，还是在印本画册上的，我都怀疑是假的。旁人问我的理由，我即提出"树不直"。

齐先生最佩服吴昌硕先生，一次屋内墙上用图钉钉着一张吴昌硕的小幅，画的是紫藤花。齐先生跨车胡同住宅的正房南边有一道屏风门，门外是一个小院，院中有一架紫藤，那时正在开花。先生指着墙上的画说："你看，哪里是他画的像葡萄藤（先生称紫藤为葡萄藤，大约是先生家乡的话），分明是葡萄藤像它呀！"姑且不管葡萄藤与画谁像谁，但可见到齐先生对吴昌硕是如何地推重的。我们问起齐先生是否见过吴昌硕，齐先生说两次到上海，都没有见着。齐先生曾把石涛的"老夫也在皮毛类"一句诗刻成印章，还加跋说明，是吴昌硕有一次说当时学他自己的一些皮毛就能成名。当然吴所说的并不会是专指齐先生，而齐先生也未必因此便多疑是指自己，我们可以理解，大约也和郑板桥刻"青藤门下牛马走"印是同一自谦和服善吧！

齐先生在出处上是正义凛然的，抗日战争后，伪政权的"国立艺专"送给他聘书，请他继续当艺专的教授，他老先生即在信封上写了五个字"齐白石死了"，原封退回。又一次伪警察挨户要出人，要出钱，说是为了什么事。他和齐先生表白他没叫齐家出人出钱，因此便提出要齐先生一幅画，先生大怒，对家里人说："找我的拐杖来，我去打他。"那人听到，也就跑了。

齐先生有时也有些旧文人自造"佳话"的兴趣。从前北京每到冬天有菜商推着手推独轮车，卖大白菜，用户选购，作过冬的储存菜，每一车菜最多值不到十元钱。一次菜车走过先生家门，先生向卖菜人说明自己的画能值多少钱，自己愿意给他画一幅白菜，换他一车白菜。不料这个"卖菜佣"并没有"六朝烟水气"，也不懂一幅画确可以抵一车菜而有余，他竟自说："这个老头儿真没道理，要拿他的假白菜换我的真白菜。"如果这次交易成功，于是"画换白菜"，"画代钞票"等等佳话，即可不胫而走。没想到这方面的佳话并未留成，而卖菜商这两句煞风景的话，却被人传为谈资。从语言上看，这话真堪入《世说新语》；从哲理上看，画是假白菜，也足发人深思。明代收藏《清明上河图》的人如果参透这个道理，也就不致有那场祸患了。可惜的是这次佳话，没能属于齐先生，却无意中为卖菜人所享有了。

（选自《启功全集》第四卷，北京师范大学出版社 2010 年版）

导　读

齐白石是中国现代一流的艺术大师，就个人而言，其绘画成就最高，书法其次。启功先生是中国当代一流的艺术大师，就个人而言，其书法成就最高，绘画其次。二人在艺术风格、艺术追求上相距甚远，但有意思的是，二人之间却有传承和师承的关系。

这是一个艺术大师写另一个艺术大师的故事，两个大师的形象都跃然纸上。齐白石的自然、正气、谦虚、艺术上的深厚功底以及一丝不苟、作为一个老人的孩童趣味，启功先生通过一些生动的细节把它表现出来，如画一样清晰。文章似乎写得比较随意，文字上也缺乏雕琢，但在散漫的叙述中，一个注意观察、注意体悟、勤学好思的启功形象也浮现出来。把两个人作一个比较，虽然二者在绘画风格、书法形态上差距很大，但两人在精神上、气质上却是一脉相承的。由此也可见，艺术上的继承，技法和风格上的继承还是浅层次的，最高境界的继承是精神上的，是品格上的。

关于齐白石买白菜的"佳话"，这是一个流传广泛的故事。一般人都把它当作一个趣话，一个"新世说"故事，但我读来甚感沉痛。菜农没有文化，不懂艺术，所以在他眼里，画的白菜又不能吃，又不能喝，当然不如真白菜值钱了，况且这个老头还是要用一棵白菜换一车白菜呢。这无可厚非，但当今的中国，整个社会都是重物质，轻精神，菜农的思想观念非常普遍，并且主宰着中国社会的发展。在现实生活中，我们经常听到有人振振有词地说文化没有用、文学没有用，他们说：工人制造产品有用，作家写文学作品有什么用？艺术家创作书法、绘画有什么用？学者研究历史、哲学有什么用？它们又不能吃，又不能喝，还浪费社会资源。听到这种话，我真是如齐白石面对菜农，都不知道如何回答是好。这实在是一种悲哀。没有思想的强大又有什么意义呢？没有精神内涵的物质丰富有又有什么意义呢？（高玉）

拓展阅读

启功.启功全集(全二十卷).北京：北京师范大学出版社，2009.

启功.启功日记.北京：中华书局，2012.

张志和.启功谈艺录——张志和学书笔记.北京：中国社会科学出版社，2007.

鲍文清.启功杂忆.北京：中国友谊出版公司，2011.

柴剑虹.高山仰止——论启功.北京：中华书局，2012.

新诗与译诗

萧红墓畔口占

戴望舒

走六小时寂寞的长途，
到你头边放一束红山茶，
我等待着，长夜漫漫，
你却卧听着海涛闲话。

（选自《戴望舒诗全编》，浙江文艺出版社 1989 年版）

导　读

戴望舒（1905—1950），浙江杭州人，20 世纪 30 年代“现代派”诗人群的重要诗人，诗歌翻译家。1927 年发表成名作《雨巷》，该诗运用了象征主义的手法，并融汇了古典的意境，且具有极强的音乐性，被叶圣陶称为“替新诗的音节开了一个新纪元”，因而享誉一时，有“雨巷诗人”之称，后来诗风发生变化，放弃了对音乐性的刻意追求，而力图“为自己制最合自己的脚的鞋子”，《我的记忆》《寻梦者》《对于天的怀乡病》《断指》等诗就体现了“华美而有法度”的追求，这里既有西方象征主义诗歌的影响，也是诗人对晚唐温、李一派诗歌传统的继承。同为“现代派”诗人的卞之琳评价他说：“在亲切的日常生活调子里舒卷自如，敏锐，精确，而又不失它的风姿，有节制的潇洒和有功力的淳朴。”抗日战争爆发后，诗人有《我用残存的手掌》《狱中题壁》等现实性的诗歌。戴望舒出版的诗集有《我的记忆》《望舒草》《望舒诗稿》《灾难的岁月》等。

这首诗所悼念的对象萧红也是中国现代著名的作家，出生于黑龙江一个叫呼兰县的地主家庭。创作有《呼兰河传》《生死场》《马伯乐》等作品，她的作品因独特的风格和视角深受鲁迅、胡风等人的推崇。萧红命运坎坷，一生颠沛流离，1942 年因病客死香港，年仅 31 岁，骨灰的一半被埋在了浅水湾。时隔两年多，戴望舒前往浅水湾探访萧红的墓地，这首诗记录了当时诗人的心情。

"走六小时寂寞的长途"所指并非仅仅路途的遥远,也包含着诗人去凭吊萧红一路上心情的复杂。"寂寞"是戴望舒诗歌常常出现的词语,这里的寂寞不是单指诗人旅途的寂寞、人生的寂寞,更是指孤独地躺在浅水湾的萧红的"寂寞",也是对萧红寂寞的人生的感慨。诗人在墓前献上的是"一束红山茶","红山茶"明艳而带着乡土的气息,诗人显然觉得只有它才配得上萧红。这里,诗人写的是"头边"而不是"墓旁",一下子消除了阻隔,拉近了生者和死者之间的距离。"我等待着,长夜漫漫,/你却卧听着海涛闲话",在萧红墓前诗人一定思绪万千,一定有和萧红的对话,但此时已都无须说出。"我"的"等待"与"你"的"卧听","我"的"长夜漫漫"与"你"的"海涛闲话"两相对应,这是"生"和"死"的对话,"生"的艰难还要继续,而"死"则是永恒的安详,短短四句诗包含了太多那一代知识分子痛苦而丰富的生命经验。这首诗使用的是简练的口语,语调自然、亲切,能体现戴望舒中后期诗歌的风格。(李蓉)

拓展阅读

戴望舒.戴望舒诗全集.北京：现代出版社,2015.

杜衡.《望舒草》序.戴望舒.戴望舒诗全集.北京：现代出版社,2015.

卞之琳.《戴望舒诗集》序.戴望舒.戴望舒诗集.成都：四川人民出版社,1981.

萧红.萧红文集.合肥:安徽文艺出版社,1997.

鱼化石（一条鱼或一个女子说）

卞之琳

我要有你的怀抱的形状，
我往往溶于水的线条。
你真像镜子一样地爱我呢。
你我都远了乃有了鱼化石。

（选自《卞之琳文集》，安徽教育出版社 2002 年版）

导 读

和戴望舒一样，卞之琳（1910—2000）也是中国 20 世纪 30 年代“现代派”诗人群的重要诗人，只不过就诗歌艺术特征而言，他在中国新诗发展中起到了更重要的承前启后的作用。前是指“新月派”的浪漫主义诗歌，后是指 20 世纪 40 年代的现代主义诗歌。卞之琳的诗歌一方面继承了中国古典的文化思想和诗歌传统，另一方面也吸收了西方现代诗歌的技巧和观念，可谓“化欧”“化古”的现代诗人。卞之琳的诗歌是非抒情的智性诗，通过感性的方式抵达智性的思考。他的诗体制都不大，但却包含着丰富的意蕴。因为追求诗艺的精致，卞之琳有“技巧专家”之称，他说：“中国艺术最推崇以认真到近于痴的努力来修养功夫而表现出随兴的风度。”故而“精雕细琢”成为卞之琳诗歌的写作旨趣，这也要求读者以充分的耐心和细致来体味他的诗歌。

《鱼化石》这首诗和他的另一首名诗《断章》一样，都只有四句，但这首诗却比《断章》更为玄奥。正是因为难解，卞之琳专门写了一篇《〈鱼化石〉后记》来解释自己的这首诗，这里可以结合诗人的解释来阅读这首诗。

诗题“鱼化石”是一种地质现象，“鱼”和“石”在漫长时间中的结合，指向的是一种深入的交融关系。从隐喻的角度来看，它可能关涉的有生命、时间、爱、永恒等主题。括号中的“一条鱼或一个女子说”，提示诗中说话的主体身份，那么，是“一条鱼对‘水’说”还是“一个女子对她的恋人说”？诗人说：“自我表现少不了对方的瞳子。”也就是说，这“女子”就是诗人的自我表现。要注意的是，现代诗歌非常注重人称的转换，而卞之琳则是这方面的高手，这一点在这首诗中有充分的体现。

整首诗都是“我”和“你”的对话。“我要有你的怀抱的形状，/我往往溶于水的线条”，诗的第一句、第二句都以“我”起句，可以看成一组，意思并不难理解，但却包含了许多的典故，诗人说“我想起爱吕亚(P.Eluard)的：‘她有我的手掌的形状，她有我的眸子的颜色。’我们有司马迁的‘女为悦己者容’。”“从盆水里看雨花石，水纹溶溶，花纹也溶溶，我想起瓦雷里的《浴》。”“我想起了玛拉美的‘镜子’……”“我”和“你”的相互融合和投射，使“你”“我”都不再是独立的个体，而是你中有我，我中有你。但镜子也好，水也罢，它们所呈现的与其说是“我”，不如说是自我的幻象，而“你”正是这样一面镜子，一片湖水。这又让人联想到中国文化里的“镜花水月”之说，有短暂、虚幻之感。从语气上看，这两句尽显女性的任性、娇憨、柔美之态，这也正是卞之琳诗歌的趣味所在。

第三句、第四句以“你”起句：“你真像镜子一样地爱我呢，/你我都远了乃有了鱼化石。”诗人在《后记》中说：“名胜地方壁上刻一个‘水流云在’，很有意思。鱼化成石的时候，鱼非原来的鱼，石也非原来的石了。这也是‘生生之谓易’。近一点说，往日之我已非今日之我，我们乃珍惜雪泥上的鸿爪，就是纪念。”在另一篇文章《成长》中又谈到“生生之谓易”，谈到“葡萄苹果死于果子，而活于酒”。第三句“爱我呢”语气亲昵，尽显爱情的幸福、甜蜜，但这样的“爱”仍是易逝的人间之爱，怎样让“爱”保鲜，不在时间中死去，诗人提供的答案是“远”，而“鱼化石”正是印证这样的“永恒”的象征物。于是我们也可以说，真正能够永恒的是艺术。从结构上看，四句诗精炼紧凑地完成了从靠近到远离再到升华的过程。

而这样的解释就明白了吗？在《后记》的最后诗人又问：“诗中的‘你’就代表石吗？就代表她的他吗？似不仅如此。还有什么呢？待我想想看，不想了。这样也够了。”这显然也是由于诗人知道解诗也是“生生之谓易”，一切都是相对的，都在绵绵不绝的变动和生成中。(李蓉)

拓展阅读

卞之琳.卞之琳文集(上卷).合肥：安徽教育出版社，2002.

卞之琳.卞之琳文集(上、中、下卷).合肥：安徽教育出版社，2002.

江弱水.卞之琳诗艺研究.合肥：安徽教育出版社，2000.

我们准备着

冯至

我们准备着深深地领受
那些意想不到的奇迹，
在漫长的岁月里忽然有
彗星的出现，狂风乍起。

我们的生命在这一瞬间，
仿佛在第一次的拥抱里
过去的悲欢忽然在眼前
凝结成屹然不动的形体。

我们赞颂那些小昆虫，
它们经过了一次交媾
或是抵御了一次危险，

便结束它们美妙的一生。
我们整个的生命在承受
狂风乍起，彗星的出现。

（选自《冯至全集》（第一卷），河北教育出版社 1999 年版）

导 读

冯至（1905—1993），中国现代诗人、翻译家，早期诗歌以抒情性著称，风格含蓄深沉、幽婉动人，被鲁迅称为“中国最为杰出的抒情诗人”。出版有《昨日之歌》《北游及其他》等诗集。1941 年，抗日战争爆发后，在昆明西南联合大学外文系任教，其间创作的诗集《十四行集》，代表了他诗歌创作的最高成就，文学史的评价是：“整体风貌中所显示的庄严、单纯与从容，以及艺术上的相对完美，使得它在 20 世纪 40 年代文学，以至整个现代文学之中，都是一个独特的存在。”（《中国现代文学三十年》）“十四行诗”是一种外来的诗歌形式,在结构上,通常须遵循"起""承""转""合"的原则,冯至学习欧洲的十四行体,并加以变通,他的《十四行集》的最后一首写道:"向何处安排我们的思想?/愿这些诗像一面风旗/把住一些把不住的事体。"冯至的这一创造对于中国新诗体式的建设有非常大的贡献。

冯至创作《十四行集》在精神上深受他热爱的诗人里尔克的影响,里尔克在《布里格随笔》(冯至译)中说:"为了一首诗我们必须观看许多城市,观看人和物。我们必须认识动物,我们必须去感觉鸟怎样飞翔,知道小小的花朵在早晨开放时的姿态。我们必须能够回想:异乡的路途,不期的相遇,逐渐临近的别离;……可是这还不够,如果这一切都能想得到。我们必须回忆许多爱情的夜,……我们有回忆,也还不够。如果回忆很多,我们必须能够忘记,我们要有大的忍耐力等着它们再来。因为只是回忆还不算数。等到它们成为我们身内的血、我们的目光和姿态,无名地和我们自己再也不能区分,那才能以实现,在一个很稀有的时刻有一行诗的第一个字在它们的中心形成,脱颖而出。"

冯至和当时西南联大的师生一样,经过几千里的长途跋涉来到昆明,所见所闻,带给他生命的沉思。特别是在西南联大任教期间,他住在郊外,经常要往返于学校和郊外住宿之间,这给了他不断观看和沉思的机会。在记叙这段经历的散文集《山水》的后记中他说:"在抗战期中最苦闷的岁月里,多赖那朴质的原野供给我无限的精神食粮,当社会里一般的现象一天一天地趋向腐烂时,任何一棵田埂上的小草,任何一棵山坡上的树木,都曾给予我许多启示,在寂寞中,在无人可与告语的境况里,它们始终维系住了我向上的心情,它们在我的生命里发生了比任何人类的名言懿行都重大的作用。我在它们那里领悟了什么是生长,明白了什么是忍耐。"正是在这个意义上,《十四行集》表达的是人应该不断地在或平凡或伟大的事物中去领悟生命的真理,包括人与世界的关系、个体在时代中的价值、生命存在的意义、如何看待死亡等问题,只有这样才能获得生命的成长。

《我们准备着》是《十四行集》中的开篇第一首(共27首),这首诗就表达了里尔克说的"稀有的时刻"的来临。诗中"彗星出现""狂风乍起"这样的奇迹,是经过漫长的等待在某个不经意的时刻突然降临的,就像诗人与他热爱的诗人里尔克的相遇一样,就像在停止数年创作之后在某一天终于迎来了他的《十四行集》一样,诗人对这样的奇迹满怀喜悦和感激之情。当"奇迹"到来的时候,过去生命所经历的种种都一起来到了我们的情感中,它丰富得难以言表,这一瞬间被凝定,像"第一次拥抱"那样成为一种永恒的姿态。诗歌第一节的"起"、第二节的"承"在这里是一个整体,第三节"转"到了"小昆虫的死亡":小昆虫在"交媾"和"抵御危险"之后便结束了自己的生命,但这并不意味着生命的彻底结束,消逝的生命能够在新的生命中获得延续和升华,而这样的死亡实际上也是生命最大的奇迹。在跨行后,诗歌最后又回到了"奇迹的来临"这一主题上,"我们整个的生命在承受/狂风乍起,彗星的出现"是一个结句,它呼应了第一节并重申了诗歌的主题。只是，第一节的“领受”含“主动”之意，凸显了生命的必然；最后一节的“承受”，含“被动”之意，凸显了生命偶然性的一面。此外，“彗星”和“狂风”这两个分句的次序在第四节相对于第一节的互换，在避免单调的重复的同时，也照顾到了韵脚。（李蓉）

拓展阅读

冯至.冯至全集(第一卷).石家庄：河北教育出版社，1999.

冯至.冯至全集(第四卷).石家庄：河北教育出版社，1999.

陈思和.探索世界性因素的典范之作：《十四行集》.中国现当代文学名篇十五讲.北京：北京大学出版社，2003.

《午夜的钢琴曲》

祖国（或以梦为马）

海子

我要做远方的忠诚的儿子
和物质的短暂情人
和所有以梦为马的诗人一样
我不得不和烈士和小丑走在同一道路上

万人都要将火熄灭　我一人独将此火高高举起
此火为大　开花落英于神圣的祖国
和所有以梦为马的诗人一样
我藉此火得度一生的茫茫黑夜

此火为大　祖国的语言和乱石投筑的梁山城寨
以梦为土的敦煌——那七月也会寒冷的骨骼
如雪白的柴和坚硬的条条白雪　横放在众神之山
和所有以梦为马的诗人一样
我投入此火　这三者是囚禁我的灯盏　吐出光辉

万人都要从我刀口走过　去建筑祖国的语言
我甘愿一切从头开始
和所有以梦为马的诗人一样
我也愿将牢底坐穿

众神创造物中只有我最易朽　带着不可抗拒的死亡的速度
只有粮食是我珍爱　我将她紧紧抱住　抱住她　在故乡生儿育女
和所有以梦为马的诗人一样
我也愿将自己埋葬在四周高高的山上　守望平静的家园

面对大河我无限惭愧
我年华虚度　空有一身疲倦

和所有以梦为马的诗人一样
岁月易逝　一滴不剩　水滴中有一匹马儿一命归天

千年后如若我再生于祖国的河岸
千年后我再次拥有中国的稻田　和周天子的雪山　天马踢踏
和所有以梦为马的诗人一样
我选择永恒的事业

我的事业　就是要成为太阳的一生
他从古至今——“日”——他无比辉煌无比光明
和所有以梦为马的诗人一样
最后我被黄昏的众神抬入不朽的太阳

太阳是我的名字
太阳是我的一生
太阳的山顶埋葬　诗歌的尸体——千年王国和我
骑着五千年凤凰和名字叫“马”的龙——我必将失败
但诗歌本身以太阳必将胜利

（选自《海子诗全集》，作家出版社 2009 年版）

导　读

海子（1964—1989），原名查海生，中国 20 世纪 80 年代的重要诗人，从小生活在安徽农村。海子 1979 年考入北京大学法律系，大学三年级开始诗歌创作，在之后的七年中写下了 200 余首抒情诗和七部长诗，七部长诗被其挚友骆一禾命名为《太阳·七部书》（未完成）。海子说：“我的诗歌理想是在中国成就一种伟大的集体的诗。我不想成为一名抒情诗人，或一位戏剧诗人，甚至不想成为一名史诗诗人，我只想融合中国的行动，成就一种民族和人类的结合，诗和真理合一的大诗。”海子的诗歌充满了一种理想主义的激情，他反感现代文明对乡村文明的毁坏，强烈地渴望通过诗歌构建一个新的世界，这里包含了他对乡村文明的诗意想象。他的好友西川说：“他梦想着麦地、草原、少女、天堂以及所有遥远的事物”，“每一个接近他的人，每一个诵读过他的诗篇的人，都能从他身上嗅到四季的轮转、风吹的方向和麦子的成长。泥土的光明与黑暗，温情与严酷化作他生命的本质，化作他出类拔萃、简约、流畅又铿锵的诗歌语言，仿佛沉默的大地为了说话而一把抓住了他，把他变成了大地的嗓子。”正是因为海子将自身看作是一个拯救者，受难和牺牲似乎是必然的，由此，海子冲击了诗歌，也冲击了生命的极限。

《祖国(或以梦为马)》写于1987年，这时，正是海子“冲击极限”写作大诗《太阳·七部书》的中期，由这首诗可以看出海子的诗歌理想及其热情。这首诗充满了一种英雄主义的色彩，诗人摒弃物质，渴望精神世界的遨游：“我要做远方的忠诚的儿子/和物质的短暂情人”。和尼采一样，海子非常清楚地标示自己和庸常的区别，但“我不得不和烈士和小丑走在同一道路上”。“以梦为马”的诗人在众人屈服于虚无、投降于黑暗的时候，“我一人独将此火高高举起”，并“借此火得度一生的茫茫黑夜”，这“火”是精神之火、理想之火。诗人写到了自己对祖国文化的眷念和自觉归属，以及重建祖国语言的巨大勇气，“这三者是囚禁我的灯盏 吐出光辉/……我也愿将牢底坐穿”。这里的“牢底”是象征意义而非现实意义上的。诗人清楚生命易朽，但只要是能回到“土地”，就能获得永恒的宁静，这也意味着诗人的理想不能完成，“面对大河我无限惭愧/我年华虚度 空有一身疲倦”，这样的“自责”是高尚并令听者惭愧的。诗人继续把自己放在宏大的历史长河中，即使千年后再生在祖国，也要选择继续“以梦为马”，表达了一种献身于热爱的事业而无悔的意志。诗歌的最后两节以“太阳”的意象为中心，诗人“永恒的事业”是“成为太阳”，虽然“我必将失败”，但“诗歌本身以太阳必将胜利”，这也成了诗人和诗歌命运的谶语。而以此为背景，我们再来读他的《面朝大海 春暖花开》，会看到诗歌中所包含的虚无和孤绝。(李蓉)

拓展阅读

海子.海子诗全集.北京：作家出版社，2009.

骆一禾.海子诗全集.北京：作家出版社，2009.

西川.海子诗全集.北京：作家出版社，2009.

海子.海子纪念文集.合肥：合肥工业大学出版社，2009.

壁虎与我

翟永明

你好！壁虎
你的虔诚刻到天花板上
你害人的眼睛在黑暗中流来流去
我的心灵多次颤栗
落在你的注视里

不声不响一动不动
你的沉默如此可怕
使我在古老房间里奔来跑去

当我容光焕发时
我就要将你忘记
我的嘴里含有烈性酒精的香味
黑夜向我上垂
我的双腿便迈得更美

我来到何处？与你相遇
你这怕人的温驯的东西
当你盯着我　我盯着你
我们的目光互相吸引
异邦的心灵
隔着一个未知的世界
我们永远不能了解
各自的痛苦
你梦幻中的故乡
怎样成为我内心伤感的旷野
如今都双重映照在墙壁阴影

我死了多久？与你相遇
当我站在这儿束手无策
最有力的手也不敢伸出
与你相握那小小的爪子
比庞然大物更让我恐惧
走吧　壁虎的你
离开阴影　如我一样
向更深处寻觅

（选自《十四首素歌》，南京大学出版社 2011 年版）

导　读

翟永明，祖籍河南，1955 年生于四川成都。20 世纪 80 年代中期因诗集《女人》（1986）一举成名，成为新诗潮中耀眼的诗人之一，同时，也成为“女性诗歌”这一群体的标志性诗人。她之后出版的诗集还有《黑夜里的素歌》（1996），《称之为一切》（1997），《终于使我周转不灵》（2002），诗文合集《最委婉的词》（2008），以及诗集《行间距：诗集 2008—2012》（2013）等。翟永明 20 世纪 80 年代的诗歌以主观性较强的“独白体”著称，这一形式主要受到了美国女诗人普拉斯的影响，20 世纪 90 年代以后，翟永明的诗朝着沉静、知性的风格转变，《壁虎和我》就写于这一转换时期。

不同于“独白诗”强烈的主体性，该诗出现了一个对话者——壁虎。这首诗以问候的方式开始，表面上亲切而随意，是诗人渴望交流的一种姿态，但却暗含着紧张感，“你害人的眼睛在黑暗中流来流去”，“壁虎”神秘、敏捷、冷漠的气质为整首诗的氛围定下了冷清、疏离的基调。自始至终，诗中没有任何说话的声音，只有壁虎和“我”的眼睛的对视。“不声不响一动不动/你的沉默如此可怕/使我在古老房间里奔来跑去”，壁虎的沉默是一种无声的言语，让我感到压力，而静默的审视者更有可能是主体，它拥有喧嚣者没有的自由。在紧张的对视之后，接下来出现了相对轻松的一节：“黑夜向我上垂/我的双腿便迈得更美”，酒精作用下产生了某种飘飘欲仙的感觉，充满一种颓废之美。或许只有借助酒精，“我”才能逃离壁虎的眼光，获得暂时的麻醉。

而诗人一旦与壁虎对视，孤独感就会油然而生。接下来两节都以问句开头，“我来到何处？与你相遇”“我死了多久？与你相遇”，这样的相遇似乎注定不能完成。诗中的壁虎和“我”的错位与隔膜实际上是诗人孤寂的内心的反映：“隔着一个未知的世界/我们永远不能了解/各自的痛苦/你梦幻中的故乡/怎样成为我内心伤感的旷野。”与异邦的生灵如此，与同类的人何尝不是如此呢？从存在哲学的意义上说，孤独是存在的宿命和本质，尽管如此，人又本然地有寻求交流和沟通的渴望，从这一角度来说，种种自我制造的幻觉和荒诞便会出现在生命当中。最后，诗人只有说："走吧 壁虎的你/离开阴影如我一样/向更深处寻觅"，"深处"是黑夜的深处、生命的深处，它实际上也意味着当交流的冲动不能达成，人只有承担起自我拯救的使命。（李蓉）

拓展阅读

翟永明.女人.北京：作家出版社，2008.

翟永明.十四首素歌.南京：南京大学出版社，2011.

唐晓渡.称之为一切.沈阳：春风文艺出版社，1997.

《在哈尔盖仰望星空》

镜　中

张枣

只要想起一生中后悔的事
梅花便落了下来
比如看她游泳到河的另一岸
比如登上一株松木梯子
危险的事固然美丽
不如看她骑马归来

面颊温暖
羞惭。低下头，回答着皇帝
一面镜子永远等候她
让她坐到镜中常坐的地方
望着窗外，只要想起一生中后悔的事
梅花便落满了南山

（选自《张枣的诗》，人民文学出版社 2010 年版）

导　读

张枣（1962—2010），湖南长沙人，先后就读于湖南师范大学、四川外语学院，在四川外语学院期间，正值 20 世纪 80 年代“朦胧诗”之后的“第三代诗”的崛起期，张枣和他的朋友柏桦等都成为了“第三代诗”的代表诗人。张枣 1986 年赴德留学，后长期寓居西方，获德国特里尔大学文哲博士，曾任教于德国图宾根大学。21 世纪初回国，任中央民族大学文学与新闻传播学院教授。张枣生前出版有诗集《春秋来信》，去世后由颜炼军编选出版了《张枣的诗》《张枣随笔选》。

张枣被称为“天才的诗人”，他是当代诗人中少见的对中国古典诗歌传统有自觉继承的诗人，“我天天梦见万古愁。白云悠悠”（《跟茨维塔耶娃的对话》），不过，他的诗歌虽有古韵，但又是非常现代的，因为他深知现代人的生存危机，“汉语”是他作为一个中国诗人唯一的自救之道：“对受损主体的修复，只有通过一个绝对隐喻的丰美勃发的诗歌语言花园才有可能完成。”

《镜中》是张枣广为流传的一首诗，尤其是“只要想起一生中后悔的事/梅花便落满了南山”一句成为经典诗句。诗人陈东东称之为“声气芬芳”“甜润婉转”，“《镜中》的诗歌思维跳跃宛转，意象画面剪辑拼贴、音势节奏幽柔缭绕、人称关系替换交错等技艺匠心，颇值得品鉴分析”。“镜子”在中西方文化里都是既古典又被赋予了现代内涵的意象。“揽镜自照”是一种自我探究的行为，镜外人之实体与镜中人之虚像的关系早有哲学家进行了解读，如拉康的“镜像理论”。张枣这首诗通过意象和词句的使用，将古典和现代打通，显示了典型的张枣式风格。

首句“只要想起一生中后悔的事/梅花便落了下来”，令人想起王维的《鸟鸣涧》：人闲桂花落。从字形来看，“悔”同“梅”，“悔”有伤怀之意，梅花之“落”是轻而美的，因而诗歌所表达的悲伤就显得温和而节制。接下来两个排比构成的动态场景“比如看她游泳到河的另一岸”“比如登上一株松木梯子”具有靠近自然的气息，也充满了隐喻的意味。“危险的事固然美丽”一句使整首诗在这里发生了转折，接下来的“骑马归来”“低下头”有一种雌雄同体的气质，或者说兼具现代与古典的美感。整首诗在婉转流畅的声音效果中又有片刻的犹豫和停顿——“面颊温暖/羞惭。低下头，回答着皇帝”，“皇帝”一词是整首诗中唯一的“重”词，一个突兀的词语的出现恰恰能够显示整体上的“轻”。“一面镜子永远等候她/让她坐到镜中常坐的地方”是点题之句，“她”没有像一般女子那样坐在镜前，而是坐到了“镜中常坐的地方”。这一句与唐代诗人李益的诗“万事销身外，生涯在镜中”有着几分相似性，一面镜子就映照了人的一生，可见人生之虚幻。只不过相对于古诗，此处“镜中”的是一个有故事的女子。最后一句“只要想起一生中后悔的事/梅花便落满了南山”回应了首句，同时，一个“落满”又意味着对漫长的一生的回望，它自然令人想起陶渊明的“采菊东篱下，悠然见南山”，只不过古诗是淡泊宁静，而在张枣的诗里却有着青春的哀恸。（李蓉）

拓展阅读

张枣.张枣的诗.北京：人民文学出版社，2010.

张枣.张枣随笔选.北京：人民文学出版社，2012.

宋琳，柏桦，编.亲爱的张枣.北京：中信出版集团，2015.

秋　日

［奥］里尔克　冯至 译

主啊！是时候了。夏日曾经很盛大。
把你的阴影落在日晷上，
让秋风刮过田野。

让最后的果实长得丰满，
再给它们两天南方的气候，
迫使它们成熟，
把最后的甘甜酿入浓酒。

谁这时没有房屋，就不必建筑，
谁这时孤独，就永远孤独，
就醒着，读着，写着长信，
在林阴道上来回
不安地游荡，当着落叶纷飞。

（选自《里尔克诗选》，长江文艺出版社 2013 年版）

导　读

赖内·马利亚·里尔克（1875—1926），生于布拉格，本世纪最伟大的德语诗人，他和卡夫卡是同乡，也是同时代人。里尔克早期的创作具有鲜明的布拉格地方色彩和波希米亚民歌风味，1897 年遍游欧洲各国，其后，受罗丹雕刻艺术的影响，他改变了早期偏重主观抒情的浪漫风格，写作更具有沉思理性的色彩，代表作品除了《秋日》，还有《豹》《预感》《严重的时刻》等。而在生命的最后完成的长诗《杜伊诺哀歌》《致俄耳甫斯十四行》代表了其创作的最高成就，尤其是《杜伊诺哀歌》，它和艾略特的《荒原》一样，成为世界诗歌史迄今无人超越的高峰。在这首长诗里，里尔克思考的是爱与死的主题，他的诗歌中诗艺与哲学的结合达到了一种高度的圆满。

一生漂泊，终身都在寻找精神的故乡，《秋日》这首诗书写了一个漫游者的生命境遇和选择。第一节“主啊！是时候了”表达的是某种必然的时刻的来临，它通过对“主”的祈祷来说明。“夏日的盛大”是秋日的前奏，秋风的浩大催动了秋日的来临，它刮过田野，这里“影子”与“风”、“日晷”与“牧场”相互呼应。第二节是写自然的秋天：果实成熟、收获，准备酿成美酒。前两节中的“把”“让”给诗歌带来的是一种主体性极强的力量感。人既受制于命运，也能把握命运。第三节是全诗的高潮，写人的秋天：“谁这时没有房屋，就不必建筑，/谁这时孤独，就永远孤独”，这是里尔克的名句，没有“家”是里尔克一生难以摆脱的宿命，但诗歌在这里所表达的并不全是悲观：虽然面对已经定型的生命，我们能改变的已经很少，但我们仍然可以有所行动，这里，在泰然、安然的接受中有诗人对生命的信任，“醒着，读着，写着”这样连续性的动作，给诗歌带来一种动态的节奏感，而最后的“游荡”“落叶纷飞”在更凸显个体生命无所依托的状态的同时，也给人带来一种自由、松弛之感，表明着孤独之于存在的必然性。

《秋日》一诗已有十几种名家译本，除了冯至，还有陈敬容、绿原、杨武能、飞白、北岛等的译本，可参见北岛的《时间的玫瑰》一书对各种译本的详解。（李蓉）

拓展阅读

林克.里尔克诗选.武汉：长江文艺出版社，2013.

里尔克.里尔克散文.冯至，译.北京：人民文学出版社，2008.

北岛.时间的玫瑰.南京：江苏文艺出版社，2009.

《柯尔庄园的野天鹅》

约　会

[俄] 玛丽娜·茨维塔耶娃　王家新 译

我将迟到，为我们已约好的
相会，当我到达，我的头发将会变灰……
是的，我将被攫夺
在春天，而你赋予的希望也太高了。

我将带着这种苦痛行走，年复一年，
穿过群山，或与之相等的广场、城镇，
（奥菲尼娅不曾畏缩于后悔！）我将行走
在灵魂和双手之上，勿需战栗。

活着，像泥土一样持续。
带着血，在每一道河湾、每一片灌木丛里；
甚至奥菲尼娅的脸仍在等待
在每一道溪流与伸向它的青草之间。

她吞咽着爱，充填她的嘴
以淤泥。一把金属之上光的斧柄！
我赋予我的爱于你：它太高了。
在天空之上是我的葬礼。

（选自《新年问候：茨维塔耶娃诗选》，花城出版社 2014 年版）

导　读

玛丽娜·茨维塔耶娃（1892—1941），俄罗斯“白银时代”时期的著名诗人。从茨维塔耶娃十八岁出版第一本诗集《黄昏纪念册》开始，她就被人认为具有“不容怀疑的天才”，帕斯捷尔纳克说她具有“黄金般无与伦比的天赋”，被认为是二十世纪诗歌史上伟大的诗人之一。茨维塔耶娃不长的一生却充满了动荡、困苦和坎坷，曾经有十七年的时间流亡国外，回国后又因政治原因而遭遇不幸，而茨维塔耶娃愿意因履行作为一个诗人的天职而承受不被世人理解的命运："我，丰饶，贫穷。/我，拥有翅膀，而又被诅咒。"（《我一个人度过新年之夜》）她的诗歌通过书写爱情、死亡和命运表达了生命激情和勇气，其感情的热烈和严酷，具有极强的震撼力，她超越性的精神气质和独特的诗歌方式也影响了许多中国的当代诗人。

《约会》所写的不是一次普通的花前月下的约会，而是一场生命的约会，诗人宿命般地写到"我将迟到……我的头发将会变灰"：为了赶赴一场神圣的"约会"，诗人历经难以想象的千辛万苦，可当抵达时，不仅诗人已经老去，而且也错过了相约的时间，"我将迟到"昭示的是一种无法相遇的宿命，而诗人只能带着伤痕和创痛继续在人世间行走。诗中的奥菲尼娅是莎士比亚戏剧《哈姆雷特》中哈姆雷特的恋人，因爱精神失常，溺水身亡，茨维塔耶娃对她饱含着同情，"甚至奥菲尼娅的脸仍在等待/在每一道溪流与伸向它的青草之间。/她吞咽着爱，充填她的嘴"，死亡也不能改变爱，"泥土""淤泥"在这里都是严酷的意象，表达了爱的执着和艰难。"我赋予我的爱于你：它太高了。/在天空之上是我的葬礼"，"太高了"是指诗人的精神世界的高度无人能与之匹配，因而只能葬于"天空"，"天空"是茨维塔耶娃诗歌中常见的意象，象征着远离尘世的理想世界。因为理想的光芒，这样的葬礼读来非但无悲伤之感，读者反而在感受诗人的骄傲和自信中，被其诗作所喷发的力量和勇气所震颤，这里，爱情从一种世俗的情欲上升为一种对存在悲剧的识破。正是因为茨维塔耶娃敢于直面命运的残酷性，她的诗歌具有了一种击碎人心的悲剧美。

然而，"葬礼"也并非结束，对此，茨维塔耶娃在写给里尔克的挽歌《新年问候》中有充分的表达，"白银时代"的思想家别尔嘉耶夫的下面这段话也是一个很好的解释，他说："死亡对我们来说是一个悖论。它是最大的恶，是很难接受的离别；可它又是彼岸世界的光明、爱的启示，改造的开端。爱与死联系在一起，但爱比死强大。死是离别的恐惧，但它又是精神交往的继续。"（李蓉）

拓展阅读

玛丽娜·茨维塔耶娃.新年问候：茨维塔耶娃诗选.王家新，译.广州：花城出版社，2014.

玛丽娜·茨维塔耶娃.刀尖上的舞蹈.苏杭，译.桂林：广西师范大学出版社，2012.

安娜·萨基扬茨.玛丽娜·茨维塔耶娃：生活与创作（上、中、下）.谷羽，译.桂林：广西师范大学出版社，2011.

《诗歌》

看一只黑鸟的十三种方式

［美］华莱士·史蒂文斯　陈东飚 译

Ⅰ

二十座雪山之中，
唯一移动之物，
是黑鸟的眼。

Ⅱ

我有三种心思，
像一棵树，
里面有三只黑鸟。

Ⅲ

黑鸟在秋风里旋转，
它是哑剧的一个小角色。

Ⅳ

一个男人和一个女人
是一。
一个男人和一个女人和一只黑鸟
是一。

Ⅴ

我不知道该偏爱哪个，
是变调之美
还是暗讽之美，
是啸鸣的黑鸟
还是随后的。

Ⅵ

冰柱给长窗装满了
野蛮的玻璃。
黑鸟的影子
穿过它，来来回回。
情绪
在影子里追溯
一个难解的缘由。

Ⅶ

哦，哈达姆[①]的瘦人，
为什么你们要想象金鸟？
你们没有看到黑鸟是如何
绕着你身边
女人的脚在走么？

Ⅷ

我知道高贵的重音
和明晰的、不可避免的节奏；
但我也知道
黑鸟和
我所知道的有关。

Ⅸ

当黑鸟飞出了视野，
它为许多圆圈中的一个
标出了边缘。

Ⅹ

看到黑鸟
在绿光里飞，

---

① Haddam，美国康涅狄格州一城镇，其镇民曾参与掘金。

连悦耳之音的老鸨
也会尖叫起来。

Ⅺ

他穿越康涅狄格州
乘一辆玻璃马车。
一次，一份恐惧刺穿了他，
其时他误把
他座驾的影子当成了
黑鸟。

Ⅻ

河在动。
黑鸟必定在飞。

XIII

整个下午都是黄昏。
在下雪
并且还会下雪。
黑鸟栖
在雪松枝间。

（选自《坛子轶事》，广西人民出版社 2009 年版）

导 读

华莱士·史蒂文斯（Wallace Stevens，1879—1955），美国最重要的现代诗人。出生于宾夕法尼亚州雷丁市，曾先后就读于哈佛和纽约法学院。他一直从事律师工作，后成为一家保险公司的副总裁，而诗歌写作只是他的业余爱好，到四十多岁才出版了第一本诗集，到了晚年才获得了巨大的名声，两次获国家图书诗歌奖以及普利策诗歌奖。正是他，建立了一种新的诗歌传统，因而被美国年轻一代的诗人称为“我们的父亲”。史蒂文斯的诗歌创作及其诗歌观念影响了后来无数的优秀诗人，其最核心的观念就是重塑浪漫主义之后失陷的想象力，并在语言的欢乐中让诗歌真正成为一门艺术，这也是人类在从诗歌对现实的重建中获得的安慰和尊严，他说：“最终的信仰是信仰一个虚构。你知道除了虚构之外别无他物。知道是一种虚构而你又心甘情愿地信仰它，这是何等微妙的真理。”这正如加勒东·巴什拉从科学认识论角度所论证的，诗和科学互为补充地构建了世界的真实性。史蒂文斯的诗歌观念也在一些中国当代诗人中产生了深刻的反响，诗人张枣说：“想象力作为主体，穿透万物，占据现实，成为‘汪洋大海的罗盘’和世界的慧心(mind)，使生命趣味盎然，同时也拓展了主体的真实，给主体带来获得真实的陌生的惊异感。”这样一种认知在张枣、藏棣、王敖等诗人的诗作中都能看到。

史蒂文斯的代表作有《坛子轶事》等，也包括这首《看一只黑鸟的十三种方式》。这首诗由十三小节组成，每一小节都是很短的句子，最短的第十二节只有两行九个字。这首诗有各种不同的翻译，最好能通过原文进行阅读，并在理解和想象的基础上对各种翻译的版本作出判断。该诗题为“看……的方式”，实际上“如何看”决定了“能看到什么”，它正体现了诗歌处理自我和现实关系的特点。“黑鸟”是在与各种事物的关系中呈现出来的，与其说在描画“黑鸟”，不如说借助于具象的“黑鸟”出入于各种抽象的事物之中，来表达诗人之“思”，整首诗富于想象力和画面感，每一幅“画”都超凡清奇，并融抽象与具象为一体，在深邃、清澈、沉静中也不乏机智、幽默和俏皮，诗歌在黑与白、动与静、多与少、有形与无形、中心和边缘等多重关系中，将玄思和想象结合得天衣无缝。更重要的在于，这十三种方式或许只是引领，读者可以展开想象的翅膀，看看自己可以飞多高。(李蓉)

拓展阅读

华莱士·史蒂文斯.坛子轶事.陈东飚，译.南宁：广西人民出版社，2015.

华莱士·史蒂文斯.最高虚构笔记——史蒂文斯诗文集.陈东东，张枣，编.陈东飚，张枣，译.上海：华东师范大学出版社，2009.

唐晓渡.大地上必不可少的安琪儿——史蒂文斯的《坛子的轶事》.中外现代诗名篇细读.重庆：重庆出版社，1998.

《像一棵簌簌作响的芦苇》

冰雪消融

[瑞典]托马斯·特朗斯特罗姆　李笠 译

早晨的空气送来邮票火烫的信件。
雪在闪烁，负担减轻——一斤只有七两。

太阳离冰很远，在冷暖交界处飞舞。
风像推着童车在慢慢走着。

全家倾巢而出，看久违的蓝天。
我们置身在传奇故事的第一章里。

衣帽上阳光如野蜂身上的花粉。
阳光在“冬天”的名字上坐着，直到冬天离去。

雪中的圆木静物画让我深省，我问：
“你们愿和我一起童年吗？”它们说：“去！”

灌木中词在用新型的语言呢喃：
元音是蓝天，辅音是黑色枝杈，它们在雪中漫谈。

但穿轰鸣之裙鞠躬的喷气式飞机
使大地的宁寂百倍地增长。

（选自《特朗斯特罗姆诗歌全集》，四川文艺出版社2012年版）

导读

托马斯·特朗斯特罗姆（1931—2015）是瑞典最优秀的诗人之一。1954年出版了他的第一本诗集《诗十七首》，在瑞典诗坛引起轰动，成名以后陆续出版了十余本诗集，获得了世界范围的高度认可。1990年患脑溢血致半身瘫痪后，仍坚持写作。他五十多年只写了两百多首诗，无疑是写得少而精的诗人。2011年，八十岁的特朗斯特罗姆获得了诺贝尔文学奖，理由是“通过凝炼、透彻的意象，为我们打开了一条通往真实的新途径”。

特朗斯特罗姆以创造出色的意象著称，布罗茨基曾公开承认，他不止一次“偷过”特朗斯特罗姆诗歌中的意象。特朗斯特罗姆说：“诗是对事物的感受，不是再认识，而是幻想。一首诗是我让它醒着的梦。诗最重要的任务是塑造精神生活，揭示神秘。”而他的中文译者李笠则如此评价他：“把思想和感情埋藏在对事物（自然）的描述里。它体现了20世纪庞德所倡导的受日本俳句和中国古诗影响的‘意象主义’的精义，即摒弃诗中的叙述和议论，追求意象的精准精炼，通过令人震惊的意象，让日常普通、缺少表达能力的语言显现奇迹。”

《冰雪消融》是一首充满欢乐气息的诗。谁都有冰雪消融的体验，但只有在特朗斯特罗姆的诗里，瞬间的感觉、日常的细节被诗人紧紧抓住并放大之后，我们才能深深体会冷暖交替、万物即将复苏给生命带来的轻松和喜悦，而这些只有一个具有充沛的好奇心的人才能感受到。诗中大量使用拟人的手法，带给人极其新鲜生动的感受。诗人以饱满的热情表现了自然周而复始的生命力，尽管弥漫着欢乐的情绪，但诗人仍然屏住呼吸并将“冰雪消融”置于一种缓慢推移的节奏里，“风像推着童车在慢慢地走着”“我们置身在传奇故事的第一章里”都表达了一种期待和耐心。在这样充满喜悦的画面之外，诗人也听到了自然最美妙的创世之音，“元音是蓝天，辅音是黑色枝杈，它们在雪中漫谈”。到此为止，整首诗写的都是冰雪消融之时的“动”与“变”，然而，这一切仍然是悄悄地进行着的，更盛大的季节的节日还没有到来，还需要静静地等待，于是，接下来一个转折，诗的最后一节回到了冰雪消融之“静”：“但穿轰鸣之裙鞠躬的喷气式飞机/使大地的宁寂百倍地增长”，这两句神来之笔是明显的超现实主义手法，中国古诗有“蝉噪林逾静，鸟鸣山更幽”，诗人用飞机的轰鸣来反衬春回大地前的宁静，运思精妙，并且在视觉上也由局部的细小走向整体的宏大和深远。总的来说，整首诗精彩纷呈，充溢着卓绝的想象力和欢乐的童趣。可以和他的另一首诗《1966年——写于冰雪消融》进行对读。（李蓉）

拓展阅读

托马斯·特朗斯特罗姆.特朗斯特罗姆诗歌全集.李笠，译.成都：四川文艺出版社，2012.

托马斯·特朗斯特罗姆.早晨与入口.万之，译.南京：译林出版社，2017.

北岛.特朗斯特罗姆：黑暗怎样焊住灵魂的银河.时间的玫瑰.南京：江苏文艺出版社，2009.

《一次赐福》

我喜欢你是寂静的

［智］巴勃罗·聂鲁达　李宗荣 译

我喜欢你是寂静的，仿佛你消失了一样，
你从远处聆听我，我的声音却无法触及你。
好像你的双眼已经飞离远去，
如同一个吻，封缄了你的嘴。

如同所有的事物充满了我的灵魂，
你从所有的事物中浮现，充满了我的灵魂。
你像我的灵魂，一只梦的蝴蝶，
你如同忧郁这个字。

我喜欢你是寂静的，好像你已远去。
你听起来像在悲叹，一只如鸽悲鸣的蝴蝶。
你从远处听见我，我的声音无法企及你：
让我在你的沉默中安静无声。

并且让我借你的沉默与你说话，
你的沉默明亮如灯，简单如指环。
你就像黑夜，拥有寂静与群星。
你的沉默就是星星的沉默，遥远而明亮。

我喜欢你是寂静的：仿佛你消失了一样，
遥远且哀伤，仿佛你已经死了。
彼时，一个字，一个微笑，已经足够。
而我会觉得幸福，因那不是真的而觉得幸福。

（选自《二十首情诗与绝望的歌》，中国社会科学出版社 2003 年版）

导 读

巴勃罗·聂鲁达(1904—1973),智利著名诗人,1971年获得诺贝尔文学奖,授奖辞说:"他的诗篇具有自然力般的作用,复苏了一个大陆的命运和梦想。"聂鲁达一生创作甚丰,风貌也较为多样,政治和个人,抒情和史诗,各种题材和风格都有作品,不过他最受读者喜爱的还是他的爱情诗,代表作是他十九岁出版的诗集《二十首情诗和一首绝望的歌》以及后来的《船长的诗》《一百首爱的十四行诗》等。"爱很短,遗忘很长"就出自于聂鲁达的诗歌。聂鲁达的爱情诗极富想象力和身体感,他能用充沛的激情和想象将爱情过程中的各种细微复杂的感受表现得淋漓尽致,同时,他善于借本地的自然风物进行抒情,他的诗具有流畅的音乐性和明亮的画面感。

《我喜欢你是寂静的》是《二十首情诗和一首绝望的歌》中的第十五首,写的是一种"遥远且哀伤"的爱情,整首诗有一种沉迷的气质。诗歌一开始就写道:"我喜欢你是寂静的,仿佛你消失了一样。"无人希望自己爱恋的对象静默无声,沉默意味着回避和拒绝,然而,诗人之所以能说出"我喜欢",不仅仅出于一种无奈的接受,而且也出于对沉默所创造的渴望和想象的迷恋,这也正是诗意的起点。虽然你寂静无声,但因为爱,你仍然无处不在:"你从所有的事物中浮现,充满了我的灵魂。"我的灵魂此时已经不属于我,而被你占有,这里"梦的蝴蝶"是幻觉性的意象,而后的"如鸽悲鸣的蝴蝶"是寂静的"你"所散发的忧郁气质。沉默的恋人遥不可及、无法触碰,诗人只能与这漫无边际的沉默对话,此时,诗人写出了最美的诗句:"你的沉默明亮如灯,简单如指环。/你就像黑夜,拥有寂静与群星。/你的沉默就是星星的沉默,遥远而明亮",这里的"星星""指环""灯"等意象象征一种理想、纯粹但又疏离的爱情。"我喜欢你是寂静的,仿佛你消失了一样"在诗歌中反复出现,它是诗人对爱人默默的呼唤,只不过诗人将内心的激情化作节制而忧伤的旋律。诗歌结尾处诗人终于还是表达了现实的愿望:"彼时,一个字,一个微笑,已经足够。/而我会觉得幸福,因那不是真的而觉得幸福。"诗人欲扬先抑,他自然渴望真实的"一个字,一个微笑"的回应,那是幸福,而即使没有,诗人仍是幸福的,因为对爱的信仰。(李蓉)

拓展阅读

聂鲁达.二十首情诗与绝望的歌.李宗荣,译.北京:中国社会科学出版社,2003.
聂鲁达.二十首情诗与绝望的歌.陈黎,张芬龄,译.海口:南海出版公司,2014.
亚当·费恩斯坦.聂鲁达传.杨震,译.杭州:浙江大学出版社,2018.

翻译小说

乡村医生

[奥] 卡夫卡　王炳钧 译

我的处境十分窘迫：我必须即刻出行；一位重病人在十里开外的一个村子里等着我；猛烈的暴风雪席卷着我与他之间的广阔地带；我有一辆大轮子的轻便马车，正好适合于在我们的乡村大道上行驶；我身穿皮衣，提着手术包，已经站在院子里准备出发；却没有马，马。我自己的马在这个寒冬精疲力竭，昨天夜里死掉了；我的女仆正在村子里到处为我借马；可这毫无希望，我心里很明白，身边的雪越积越厚，我越来越举步维艰，茫然地站在那儿。女仆出现在门口，就她一个人，晃着手里的灯；当然，谁会在这种天气借出马来跑那么远的路？我在院子里来回走着；我一筹莫展；我神思恍惚，悻悻地往多年不用的猪圈的破门上踢了一脚。门开了，嘎吱嘎吱地摇来摆去。一股暖烘烘的气味扑面而来，像是马的体味。里面的一根绳子上晃动着一盏昏暗的厩灯。一个男人缩成一团，蹲在低矮的圈栏里，露出他那嵌着一双蓝眼睛的坦诚的脸。"要我套车吗？"他问道，四肢着地爬了出来。我不知该说什么，只是弯下腰，想看看猪圈里还有什么。女仆就站在我身旁，她说道："连自己家里还有什么都不知道。"我俩笑了。"喂，老兄！喂，妹子！"马夫喊道，两匹马，两头膘肥体壮的牲口，腿紧贴着身体，像模像样的脑袋骆驼一般低垂着，完全靠身体扭动的力量，才先后从那个被它们的身体塞得满满的门洞里挤了出来。它们马上站直了，腿很长，浑身冒着热气。"帮帮他吧！"我说道，听话的女仆赶紧跑过去给马夫递套车的辔具。她刚一走近，马夫就抱住了她，把脸贴到她的脸上。她尖叫一声，逃回我身边；她的脸颊上印着两排红红的齿印。"你这个畜生！"我怒吼道，"你是不是想挨鞭子了？"但我随即意识到，我根本不认识他；也不知道他来自何方，现在谁也不肯帮忙，他却主动雪中送炭。他似乎明白我的心思，对我的威胁并不介意，忙着套马，末了才转向我，说道："您上车吧！"果真：一切准备就绪。我发现这辆车真漂亮，我还从未坐过这么好的马车呢，就高高兴兴地上了车。"不过得我来驾车，你不认识路，"我说。"这是当然，"他说道，"我根本就不跟你去，我留在这儿。""不，"罗莎喊道，跑进了房子，确实预感到自己已难逃厄运；我听见她当啷一声套上门闩链；听见门锁啪地一声撞上；我看见她飞快地穿过走廊和一个又一个房间，熄灭了所有的灯光，以防被找到。"你同我一道走，”我对马夫说，“否则我就不去了，不管这有多紧急。我从未想过走这一趟得以这个姑娘为代价，得把她给你。”“驾！”他说，拍了拍手，马车应声疾驰，宛如被冲入激流的木头；我还听得见在马夫的凌厉攻势下，我的房门猛地被撞开，裂成碎片，接着，我的眼里和耳里全是穿透所有感官的风驰电掣。这也不过是一刹那的功夫，因为我已经到了，仿佛我的院门前径直就是我的病人的院子；两匹马静静地站着；雪停了；院子里洒满了月光；病人的父母急急忙忙地跑出房子；后面跟着病人的姐姐；他们几乎是把我抬下了车；他们语无伦次，我什么都没听明白；病人房间里的空气简直令人窒息；无人照管的炉灶冒着烟；我会打开窗户的；可我想先看看病人。男孩瘦骨嶙峋，没有发烧，不冷，不热，两眼无神，没有穿衬衫，盖着鸭绒被，坐起身来，搂住我的脖子，轻声耳语道：“大夫，让我死吧。”我四下里看了看；谁也没听到；他的父母默默站着，探身静候我的诊断结果；他的姐姐拿过来一把椅子让我放手提包。我打开提包，在器械中翻找着；男孩不断从床上向我摸索过来，想提醒我别忘了他的请求；我取出一把镊子，就着烛光检查了一下，又放了回去。“是啊，”我亵渎神明地思考道，“多亏神的帮助，送来了短缺的马，由于情况紧急，还多给了一匹，额外还送了一个马夫——”我这才又想起了罗莎；我怎么做，我如何救她，我离她十里之遥，拉车的马不听我使唤，我如何能把她从马夫身下拽出来？就是这两匹马吗？它们不知怎的松开了缰绳；不知怎的从外面撞开了窗户；各从一扇窗户探进头来，根本不理会家人的喊叫，注视着病人。“我马上回去，”我想道，仿佛这两匹马在催促我动身，可我还是听任病人的姐姐替我脱掉皮衣，她认为我是热迷糊了。老人为我端来一杯罗姆酒，敲了敲我的肩膀，似乎献出这心爱之物，就可以对我有这种亲昵举动。我摇摇头；如果认同老人的狭隘想法，我会觉得很难受的；完全是由于这个原因，我拒绝喝这杯酒。母亲站在床边，引诱我过去；我走过去，正当一匹马朝向屋顶高声嘶鸣时，我把头贴在男孩的胸口上，我的湿胡须使他瑟瑟发抖。我的想法得到了证实：这个男孩很健康，只是血液循环不太顺畅，无微不至的母亲给他灌了太多咖啡，他其实很健康，最好把他一脚踢下床来。我并非社会改造者，就让他继续躺着。我是区里委派的医生，恪尽职守，甚至超乎于此。我的报酬很低，但我对穷人慷慨解囊，乐善好施。我还得养活罗莎，这么一想，男孩说得对，我也想死呢。在这没有尽头的冬天，我来这儿干吗呀！我的马死了，村子里谁也不愿把自己的马借给我。我不得不从猪圈里拉出一驾车来；要不是猪圈里刚好有马，我就得靠母猪拉车了。就是这样。我向这家人点点头。他们一无所知，即便知道也不会相信的。开处方是件容易事，而除此之外，还与这些人沟通就很困难了。行，我的出诊就算结束了，又让我白跑了一趟，对此我已习以为常，全区的人都半夜三更来按门铃折磨我，这次我还不得不付出罗莎这个漂亮姑娘，她在我的房子里住了好几年了，我没怎么注意过她——这牺牲太大了，而现在已经到了这个地步，我不得不暂时绞尽脑汁想开一些，以免对这家人大发雷霆，他们反正不会把罗莎还给我。然而，正当我关上提包，挥手要我的皮衣时，全家人站在一块儿，父亲闻着手中那杯罗姆酒，母亲恐怕是对我感到失望了——是啊，这些人到底指望什么呢？——眼泪汪汪地咬着嘴唇，姐姐晃着一块血淋淋的手帕，这时不知怎的，我已准备好在一定情况下承认，男孩可能是病了。我走向他，他朝我微笑，仿佛我给他带来了灵丹妙药——哎，两匹马这时嘶鸣了起来；这叫声恐怕是上天安排的，为的是帮我诊断——，我发现：是的，男孩有病。他的右侧臀部裂开了一个掌心大的伤口。玫瑰红色，但各处深浅不一，中间颜色深，越往边上颜色越浅，呈小颗粒状，还有东一块西一块的淤血，像露天矿一样裸露着。这是远观。近看就更严重了。谁看见了，能不倒抽一口冷气？一堆虫子，和我的小指一般长一般粗，玫瑰红的身体还沾满了血，它们呆在伤口中心，白色的小脑袋，密密麻麻的小腿，正往亮处蠕动着。可怜的孩子，你没救了。我找到了你的大伤口；你就要毁在这侧身体的这朵奇葩上。家人见我在检查病人，大为高兴；姐姐告诉母亲，母亲告诉父亲，父亲告诉几位客人，他们正踮着脚，张开双臂以保持平衡，披着月光走进敞开的院门。“你会救我吗？”男孩哽咽着低声问道，完全被伤口中那蠕动的一团弄晕乎了。我这个地区的人们就是这样的。总是向医生们要求力所不及的事。他们已经失去了旧信仰；牧师坐在家中，撕着一件又一件弥撒服；医生凭他动手术的纤弱之手，却应当无所不能。好吧，随他们的便；我不是毛遂自荐来的；如果你们要我越俎代庖尽神职，我姑且听之任之吧；我，一位老乡村医生，连女仆也被抢走了，还指望什么更好的下场呢！他们来了，家人以及村子里的长老们，他们脱掉我的衣服；一位教师领着学生合唱队站在房前，唱了起来，曲调特别简单，歌词是这样的：

> 脱他的衣服，他就会治病，
> 他若不治，就把他处死！
> 他不过是个医生，不过是个医生。

接着，我的衣服被脱光了，我用手指捋着胡须，我偏过头去，静静地看着这些人。我镇定自若，胜过在场的所有人，并保持着这种从容，尽管这无济于事，因为他们正抓着我的头和脚，把我抬上了床。他们把我放在面朝墙壁、挨着伤口的那一侧。然后，人们全都走出屋子；门关上了，歌声停了下来；云朵遮住了月亮；被子温暖地盖在我身上；马脑袋在窗口忽隐忽现。“你知道吗，”我听见病人在我耳边说，“我对你的信任少得很。你也不过是碰巧被扔在这儿了，又不是自己走来的。你不帮我，反倒来挤我临终的床榻。我恨不得把你的眼睛挖出来。”“不错，”我说道，“这是一种耻辱。可我是医生啊。我该做什么？相信我，我也不容易。”“我应当对这样的道歉感到满意吗？咳，我恐怕只能这样。我总是不得不表示满意。我带着一个美丽的伤口来到世上；这就是我的全部装备。”“年轻的朋友，”我说道，“你错就错在只盯着自己的伤口。而我，我去过远远近近的所有病房，可以告诉你：你的伤口没那么严重。是斧子的尖角砍了两下造成的。许多人不大听得见树林里的斧子声，更听不到斧子在靠近他们，就傻乎乎地等着挨砍。”“真是这样吗，还是你趁我发烧哄骗我？”“真是这样，你就当这是一位官方医生以名誉担保的话吧。”他听进去了，安静了下来。我现在却该考虑如何救自己了。两匹马还忠实地站在原地。我将衣服、皮衣和提包匆匆收拾起来；我不愿因为穿衣服而停留片刻；两匹马像来的时候一样急不可待，我仿佛是从这张床跳到了自己的床上。一匹马驯顺地从窗口往后退，我把收拾好的那包东西扔到车上；皮衣飞出老远，惟独一只袖子挂在了一个钩子上。这就够好了。我飞身上马。缰绳松松地拖曳着，两匹马几乎没有套在一块儿，马车乱打转，后面还拽着雪中的皮衣。“驾！”我说道，马却没有扬蹄飞奔；我们像老人一样缓缓地穿过冰雪荒原；我们身后久久回荡着孩子们的那首新歌，而歌词与实情大相径庭：

欢呼吧，病人们，

医生被抬上床来陪你们！

这样下去，我永远回不了家；我的生意兴隆的诊所完了，一个接班人在抢我的生意，可这没用，因为他代替不了我；那混蛋马夫在我的房子里胡作非为；罗莎成了他的牺牲品；我不愿再想下去了。驾着尘世的车，非尘世的马，我赤身裸体，遭受着这最不幸时代的冰雪肆虐，我这老头子四处飘荡。我的皮衣挂在马车后面，我却够不着它，我那手脚灵便的病人中谁也不愿动一下手指头。上当了！上当了！一次听信了深夜骗人的铃声——就永远无法挽回。

（选自《卡夫卡小说全集（Ⅲ）》，人民文学出版社 2003 年版）

导　读

卡夫卡（Franz Kafka，1883—1924），犹太裔布拉格德语作家，法学博士，长期供职于布拉格工人事故保险公司，在业余时间（主要是晚上）写作。卡夫卡在世时发表作品不多，主要是一些短篇小说，包括《判决》《变形记》《在流刑营》及《乡村医生》等，去世后他的朋友布罗德（Max Brod）陆续整理出版了包括三部长篇小说《美国》《审判》和《城堡》在内的几乎所有作品。他的日记、书信甚至公文写作也颇受重视。《乡村医生》初次发表于 1918 年，次年收入同名小说集《乡村医生》。这一作品具有非常明显的梦幻氛围，既令人不安，也令人着迷，更让人困惑。第一代卡夫卡专家认为它“不可理解”，19 世纪末 20 世纪初的如精神分析的解读又太过复杂——解释者试图驱散作品中的噩梦，却几乎代之以“解释的噩梦”。相形之下，参照荷马史诗《伊利亚特》，或许是进入这一作品的稍微简单些的方式。

《伊利亚特》的主题是“阿基琉斯的愤怒”。对应阿基琉斯的两个“关心”，《伊利亚特》以阿基琉斯的“两次愤怒”搭建起了情节框架：一次为有着“美颊”的布里塞伊斯女仆，阿基琉斯眼睁睁地看着她被从自己的营帐/（房间）抢走；另一次是为好友帕特洛克罗斯，他穿着自己的衣服被杀死。这两次愤怒及相关联的场景与《乡村医生》的两个场景有呼应：第一个场景中，当着医生的面，他的美丽女仆罗莎先是在“脸颊”处被咬出了两排血痕，后又在自己的“房间”被强暴；第二个场景则写他面对一个有致命伤口、正走向死亡的病人，伤口里蠕动的“蛆虫”有《伊利亚特》的回声。阿基琉斯重装上阵前，曾向母亲表达自己的忧虑：“我担心这时苍蝇会来叮吮墨诺提奥斯的勇敢儿子身上被铜器砸破的伤残，在那里滋生蛆虫，毁坏他的机体，使肉腐烂，因为生命已经离开他。”

《乡村医生》里两匹“神马”显明了更多的东西。驾着两匹神马飞驰的医生并不大像去救人，倒更像参加一场战争，而“神马”出自《伊利亚特》。它们是阿基琉斯的战马：“众所周知我那两匹战马最俊美，它们是不死的神马，波塞冬把它们送给我父亲佩琉斯，我父亲又把它们送给我。”对照《乡村医生》，可以注意到：“风暴神”所生的神马与冲击乡村医生所有感官的“风暴般”的激流有某种联系；乡村医生那匹过度劳累而死的马指向了“凡马”佩达索斯，后者死于帕特洛克罗斯与萨尔佩冬的战斗；这场战斗发生在帕特洛克罗斯被杀死之前，乡村医生家里那匹马则死于被病人“召唤”之前的头天晚上；根据医生的判断，病人身上的伤口是被“斧头呈锐角砍了两下”形成的，颇像是帕特洛克罗斯杀死萨尔佩冬时荷马所用的一个比喻：“萨尔佩冬当即倒下，有如山间橡树或白杨或高大的松树倒地，被伐木人用新磨的利斧砍倒准备材料造船。”

《伊利亚特》中，“神马”与“诸神”的关系值得注意。宙斯对神马说：“可怜的畜生啊，你们本是永生不老，我们为何把你们送给了有死的佩琉斯？为了让你们去分担不幸的人们的苦难？在大地上呼吸和爬行的所有动物，确实没哪一种比人类更艰难。”卡夫卡笔下的乡村医生先是“不知道”马夫和马从哪里来，而后在第一次检查病人时又猜测这是诸神的礼物：“在这种情况下，诸神还真是肯帮忙……”在第二次检查病人时则将马的嘶鸣视为“高天”的安排。与《伊利亚特》不同的是，“诸神”在《乡村医生》中被封闭和内化在医生的意识或无意识层面，“诸神”因而不能走出医生的意识而获得“知道问题所在”的解释能力。在《乡村医生》的最后部分，时态转为“永恒的现在”，没有结束也没有回归，应该是“诸神”被“内化”而无法走出医生的意识或无意识的一个自然结果。（赵山奎）

延伸阅读

荷马.伊利亚特.罗念生，王焕生，译.北京：人民文学出版社，1994.

《出发》

在法的门前

[奥] 卡夫卡　叶廷芳 译

在法的门前站着一位门警。一位乡下人来到他的身边，请求进入法的大门。但门警说，他现在不能准许他进去。这个人考虑了一下，问道：那么他以后是否可以进去。“有可能，”门警说，“但现在不行。”由于法的大门一如往常总是敞开着，而门警也已走到了一旁，这人就躬下身去，以便透过大门看看内部情形。门警见此笑着说：“如果它那么吸引你，那就试试，不顾我的禁令，往里走好了。不过请注意：我是强大的。而我只不过是最低级的门警。但一个个大厅都站着门警，一个比一个强大。连我看到第三个就不敢再看了。”这样多的难关真是出乎乡下人的意外；他以为，法律嘛应该是人人都有份的，随时都可以进入它的大门的，但当他现在仔细地打量了一下穿着皮大衣的门警，看到他那高高的大鼻子，他那鞑靼人的稀稀拉拉、又长又黑的胡子，他决心宁可等下去，直到他获准进去为止。门警给了他一张小板凳，让他在门旁坐下。他在那里坐了一天又一天，一年又一年。他作了很多次要求让他进去的尝试，门警都被他的请求弄疲倦了。门警时不时地对他进行三言两语的盘问，打听他是什么地方人，以及别的许多事情。但那都是些干巴巴的提问，仿佛都是些大老爷们在提似的。而末了总是对他说：他还是不让他进去。乡下人为这次出门带了很多很多东西，该花的都花了，不管如何，还得把贵重的留下，用来贿赂门警。门警呢，他什么都照收不误，但同时却说：“我收下这些仅仅是为了免得你以为耽误了什么。”在这年年岁岁的等待过程中，乡下人几乎从不间断观察这位门警。别的门警他都忘了，而这第一位似乎是他进法的大门的唯一障碍。他诅咒这个不幸的偶然性。在头几年里他毫无顾忌地大声咒骂，后来，他老了，还在喃喃呐呐地骂个不停。他变得幼稚可笑。由于他长年研究门警，连他皮领上的跳蚤都认得出来，他也请求跳蚤帮他忙，使门警改变态度。最后他的视力变弱了，他搞不清是他周围真的变暗了呢，抑或仅仅是他的眼睛造成的错觉。但是现在他倒确实认出了一道正从法的每一重大门发出的永不熄灭的光环。眼下他活不长了。在临终前，他在脑子里把一生的全部经验集聚成迄今尚未向门警启口的问题。由于他那僵硬身体已不能再站起来了，他只向他示个意。门警不得不深深躬下身去，因为两个人个儿的差别正朝着对乡下人不利的方向变化。“你现在到底还想知道什么呢？”门警问道，“你真是不知满足啊。”“人人都在追求法，”乡下人说道，“但在这么许多年里却没有一个人要求进法的大门，这是何故呢？”门警看出此人已经走到他的尽头了，为了让他正在消失的听觉还能听得见，他对他大声号叫道：“这里再也没有人能够进去了，因为这道大门仅仅是为你而开的。我现在就去把它关上。”

（选自《卡夫卡全集》第一卷，河北教育出版社 1996 年版）

导　读

《在法的门前》（“Vom dem Sesetz”）写于 1914 年，初次发表于 1916 年，后收于 1919 年的小说集《乡村医生》，是卡夫卡为数不多从中感到“幸福”的作品。

直到 1925 年《审判》问世之后，读者才知道这个故事原本属于这部长篇的第九章也就是倒数第二章“在教堂里”。被莫名案件缠身的约瑟夫·K 在教堂里遇到了一个神父。关于 K 目前的处境，神父对他说：别欺骗自己。K 问：我为什么要欺骗自己呢？神父于是向 K 讲述了这个寓言：“法律的序言是这样描述这种欺骗的：在法的门前……”听完这个故事的 K 与神父就谁欺骗了谁、有没有真正的欺骗以及乡下人与守门人谁更优越等问题展开了长篇讨论。“对一件事情的正确理解和错误理解并不完全相互排斥”，“用不着把他（守门人）的每句话都当成真理，只要当成必须如此就行了”，“令人沮丧的结论，谎言构成了世界的秩序”，可看作在这场关于法的冗长谈话中零星发射出来的、或许带有欺骗性的几束亮光。K 从一开始被这个故事“深深吸引”到“感到疲倦”，进而“想摆脱掉它的纠缠”，似乎这个寓言本身即是约瑟夫·K 所面对的法及其所伴随的“审判”的缩影。

回到这个小故事的结尾。这道最后被揭示为只是为“你”而开但在“你”还是“你”的时候进不去的门不妨理解为“死”。每个人都有这样一道属于自己的“门”，死就是生的法，是生的意义的最后规定，但由于“死”的大门不可能现实地进入，“生”于是只能以自欺的、想象的方式为自己“立法”。考虑到卡夫卡曾说自己的一生其实只是“出生前的犹豫”，“在法的门前”所想象的，或许是一次说服自己“出生”但失败了的尝试。毕竟，一旦出生，必然进入未必是真理也未必有充分依据的各种“法”的纠缠。（赵山奎）

延伸阅读

卡夫卡.诉讼.张荣昌，译.上海：上海三联书店出版社，2012.

《在大教堂里》

素昧平生的朋友

[加] 斯蒂芬·里柯克　萧乾 译

他走进卧车的吸烟室,我独自坐在那里。

他穿了一件皮里大衣,提着一只价值五十元的手提箱。他把箱子放在座位上。

然后他瞥见了我。

"哦,哦!"他满面春风,象是一下子认出了我似的。

"哦,哦,"我重复一遍。

"天哪,"他使劲和我握手,"谁料到会在这里碰见你!"

我心想,确实没有料到。

他又仔细端详了我一下。

"你一点儿也没变,"他说。

"你也没改样儿,"我热诚地搭讪着。

"你也许胖了那么一丁点儿。"他接着评论起我来。

"对,"我说,"胖了那么一丁点儿,可你自己也比以前发福啦。"

这么说当然有助于替自己的发胖作辩解。

"可不,"我接着壮起胆子十分肯定地说,"你跟以前完全一样儿。"

我心里一直在琢磨他究竟是谁。我完全不认得他;丝毫也回忆不起来。并不是说我的记忆力差。正相反,我什么都记得牢牢的。我确实很难记住人们的姓名;我还时常想不起某人的容貌;衣服自然更不会去留意。可是除了这些细节,我从来没忘记过谁,并以此而自豪。倘若我偶尔记不起谁的姓名或面孔,我也不会惊慌失措。我懂得怎样随机应变。需要的仅仅是冷静和机警,总能应付裕如。

我的朋友坐了下来。

"咱们可久违啦,"他说。

"久违啦,"我把他的话重复一遍,语气间还带点伤感。我要他觉得我也为此而难过。

"可是时光过得好快啊。"

"真是转瞬之间,"我欣然表示了同感。

"好离奇,"他说,"日子一天天地过去,朋友们失去了踪迹。真是恍如隔世。我时常想起这个问题。有时候我纳闷——"他接着说,"那帮老伙计都哪儿去啦!"

"我也时常这么想,"我说。

其实,此时此刻我也正在纳闷。我发现每逢遇上这种情况,对方迟早会提到“那帮老伙计”、“那些小伙子们”或“那伙人”。趁此机会我正可以发现这位仁兄究竟是何许人也。

“你可曾回到咱们那老地方去过?”他问道。

“压根儿没去过,”我坚决地、斩钉截铁地回答说。一点都含糊不得。我认为在我没发现这“老地方”在哪里之前,绝不可接这个话题。

“没去过,”他继续说,“想必你不喜欢那地方。”

“现在不啦,”我不动声色地说。

“对不起,我了解你的心情,”他说,接着沉默了一阵。

截至此刻,我总算摸索出点线索了。想必确有个我不喜欢去的老地方。

这样,谈话就有了点基础。

不一会儿,他又开口了。

“是呀,”他说,“有时候我遇到个把老伙计。他们谈起了你,并且很想知道你在干些什么。”

——我心里想,可怜的家伙。但我并没说出声来。

我晓得应该乘这时机来一手猛的。我就拿出自己经常采用的方法。我兴奋地问他:

“喂,比利去哪儿啦?你听到过他什么消息吗?”

这确实是很保险的一着。任何一帮老伙计中总有个叫比利的。

“啊,当然,”我的朋友回答说,“他在蒙大拿经营牧场哪。春天我还在芝加哥见到了他呢。体重足有两百磅了。你不会认得出他来的。”

“那么,皮特在哪儿呢?”我说。这很保险。总会有个叫皮特的。

“你是说比利的哥哥呀,”他说。

“对,对,比利的哥哥皮特。我时常想念他。”

“啊,”这位素昧平生的人回答说,“老皮特完全变了——成家啦。”他咯咯咯地笑起来。“喏,皮特结婚啦!”

我也笑开了。在这种情景下,如果某人结了婚,按说总是很可笑的。不管老皮特指的是谁,反正他结婚这件事简直笑死人。我默默地笑着,脑子里光想着这事。只剩五十哩的路程了,我本来希望能一直笑到火车进站。只要你晓得该怎么笑,笑上五十哩并不困难。

然而我的朋友可不甘心就此打住。

“我多次想给你去封信,”他开始用推心置腹的语气说,“尤其又听说你遭受了损失。”

我没吱声。我损失了什么？是钱吗？倘若是的话，那么丢了多少？我为什么会损失钱呢？我纳闷这究竟教我彻底破了产呢，或者只是部分地破产。

“遭受那样一种损失是永远不会忘怀的。”

显然我遭受的损失惨重到家了。可我没搭腔，闷着头等他亮牌。

“是啊，”那个人接下去，“死了人总要悲伤的。”

死了人！哦，原来是这么回事！我高兴得几乎打出嗝儿来。这好办。在这种谈话中，死亡这个题目再好应付不过。我只消纹丝不动地坐在那里，等着发觉究竟死的是谁。

“是啊，”我低声说，“是很难受。可还有另外一面。”

“当然是啊。尤其年纪那么大了。”

“正象你所说的，反正年纪都那么大了，而且过的又是那样的一辈子。”

“想必直到最后都挺硬朗，头脑也清楚吧，”他接着满怀同情地说。

“是啊，”我回答说，这回有了把握。“临死前几天还能坐在床上抽烟哪。”

“怎么，”他困惑不解地说，“你祖母她……”

我祖母！原来如此，对啦。

“对不起，”我说，不禁因自家太笨而生起自个儿的气来。“我刚才说抽烟，指的是她能坐起来，让人朝她喷烟——这是她的一种习惯：让人读给她听，让人对着她喷烟。只有这么做，她好象才能平静下来……”

这么说着的当儿，我听到火车驶经信号灯和侧线的咔嗒声，徐徐停了下来。

我的朋友赶紧朝窗外望了望。

他脸上露出不安的神情。

“我的天！”他说。“都到联轨站了。我坐过了头。我本该在前一站下的。喂，脚夫！”他朝车厢甬道嚷着。“这一站停多久？”

“先生，只停两分钟，”听到这么一声回答。“这趟车晚点啦，现在正赶点哪。”

我这位朋友猛地站起来，掏出一束钥匙，摸索着手提箱的锁。

“我得给家里打个电报什么的，”他气喘吁吁地说，“该死的锁。我的钱放在手提箱里哪。”

我当时最担心的是他会来不及下车。

“这里有钱，”我说，一边从兜里掏出钞票。“别折腾锁了。拿去用吧。”

“那就多谢啦，”他一边说，一边就从我手里抄去那叠钞票——慌乱之间，他一张也没替我留下。“我勉强还来得及。”

他跳下了车。我隔着车窗望见他朝候车室走去，步子迈得并不快。

我等着。

脚夫们大声嚷着“上车吧！上车吧！”一阵铃声，蒸气的嘶嘶声。一霎时，车移动了。

我想，他真是个白痴，没赶趟儿，而他那只值五十元的手提箱还在座位上呢。

我等着，一边朝车窗外望，一边纳闷他到底是谁。

随后，我又听到脚夫的声音。他显然在领着什么人从车厢里穿过。

“先生，我在车厢里找遍了，”脚夫说。

“我把它放在那个车厢里我太太后边的座位上啦，”传来了一个陌生人气哼哼的声音。一位穿得很体面的先生把头探进我这个车厢的门。他立即面露喜容，象是认出了什么。认出的不是我，而是那只值五十元的手提箱。

“啊，就在那儿哪，”他大声嚷着，抄起手提箱就走。

我颓然瘫在座位上。“老伙计！”皮特的结婚！我祖母的死！天哪！我的钞票却给拿走了！我这时才看穿这套把戏。那个人也在“瞎扯”，有目的地瞎扯。

上当啦！

下回我在车厢里同萍水相逢的陌生人搭讪，就绝不再去显示自己有多么聪明啦。

（选自《里柯克幽默小品选》，作家出版社 1991 年版）

导 读

行骗如偷窃一样是一种“行业”，全世界到处都有，任何时代都有。骗子对社会的伤害主要是对社会诚信的伤害，当然也是对社会同情和善良的伤害，因为很多行骗都是利用了人们善良和同情的心理。当然，骗子也有正面作用，那就是提高人们的警惕性，提高人们的智力，比如大人就经常采用小骗的方式教育孩子，以提高孩子的分辨能力、判断能力，还有自我保护能力。

当代中国骗子太多，生活中经常能遇到行骗，很多人都有被骗的经历，我相信很多人都有很多这方面的精彩故事。被骗了，经济上有所损失还只是一方面，但智力上被打击则是更难以让人接受的。其实，对付行骗不要多少招数，只要记住两点就行：一是不要相信天上会掉下馅饼，不要贪财、贪色或者贪其他的，很多人被骗都是在为“贪”买单；二是不要把自己的钱物拿出来，骗子不管使多少花招，最终目的是要你的钱和物以及其他的东西，骗子不同于土匪，是靠智力吃饭，一般只来“文”的不来“武”的，只要你自己不乖乖地把钱财交出去，就没有多大危险。

既然骗子是靠智力吃饭，有时和骗子斗智，开开玩笑也是很有意思的。我的一位女性朋友，没有什么文化，但有点积蓄。有一天突然认识了一个同性朋友，朋友对她无缘无故地很好，自称是大老板，请她吃饭，请她到外面去玩，她不理解，问我，我说可能是骗子，她感到很害怕，我说没有关系，记住别借钱给她就行，骗子在这位朋友身上感情和物质投资了三个月，也花了不少钱，最后终于开口向她借钱，且是很大的数目，说尽了好话，我这位朋友始终不借，最后骗子简直崩溃了，哭哭啼啼要我这位朋友赔偿投资损失。

有一段时间手机诈骗特别多，有骗子给我发短信说是从我的银行卡上取走了3000块钱，如果我有异议，可以打电话多少多少，我回答说："没有异议，你只管取，想取多少就取多少。"有骗子给我发短信，请我把钱打到一个指定的银行卡上，而且说很急。我回短信说，"好的，五分钟就打过来，不多，只有3万元"。过了大约七八分钟，骗子发来短信："你是一个大骗子！"前几天，有个骗子给我打电话，开口就直呼我的名字，我问是哪位？他说我的声音你都听不出来？我说真对不起，我没有听出来。他又问，还没有听出来？我说没有。他很生气，说，你明天早上到我的办公室来，如果还没有想起我是谁，就给我打这个电话。我这时知道了他是骗子，说："我想起来了，你是王市长。"他说这就对了。我说："不是说你前一段时间被抓起来了吗？怎么这么快就出来了？"他马上挂了电话。

这篇小说叙述了一个比较复杂的骗局，最后把手提箱提走的那个人其实是骗子的同伙。骗子的故事总是吸引人，况且作者是很幽默地叙述这个骗局，所以读来给人一乐。（高玉）

拓展阅读

里柯克.里柯克幽默小品选.萧乾，译.北京：作家出版社，1991.

县里的医生

[俄]屠格涅夫　冯春 译

秋天里。有一次，我从远处田野打猎回来，路上受了风寒，生病了。所幸发烧的时候我已住在县城的旅馆里，我派人去请医生。过了半小时，来了一位县里的医生，他个子不高，瘦瘦的，长一头黑发。他给我开了一帖普通的发汗剂，叫我贴上芥末膏，然后极其麻利地把一张五卢布的钞票塞进翻袖口，只是干咳了一声，往旁边看了一眼，完全是一副准备打道回府的样子，但不知怎么又同我说起话来，而且留下了。我因发烧，人很不舒服，知道今夜一定睡不好，正乐于找个好心人聊聊天。茶送来了。我的医生便打开了话匣子。这个人颇为聪明，他口齿伶俐，还很幽默。世界上就有那么多奇怪的事：有时和一个人相处很久，彼此关系很融洽，可就是从不推心置腹地谈谈心里话；有的人则不一样，你刚刚认识他，彼此就无话不谈，好像在忏悔一样，把所有的底都翻出来。不知道我凭什么博得这位新朋友的信任，他竟无缘无故，正如人们通常所说的，"不假思索"就把一次相当动人的经历告诉了我。现在我就把他所说的故事转告厚意的读者。我尽量用这位医生的原话来表达。

"您大概不认识，"他用微弱而颤抖的声音说（这是吸用纯正的别廖夫烟草的结果），"您大概不认识本地的法官梅洛夫，帕维尔·鲁基奇吧？……不认识……好，没有关系。"他清清喉咙，揉揉眼睛。"请允许我告诉您，事情是这样的，怎么跟您说好呢——我决不吹牛，事情发生在大斋期，那正是解冻天气。我在他家里，在我们的法官家里，打朴烈费兰斯。我们的法官是个好人，喜欢打朴烈费兰斯。突然，"我的医生用"突然"这个词，"有人对我说：'有人找您。'我说：'有什么事？'他们说：'带来一张纸条——大概是病家送来的。'我说，'把纸条给我看看。'果然是病家送来的……那好吧，您知道，他们是我们的衣食父母……事情是这样的：纸条是一个守寡的女地主写来的，她说：'小女病危，请看在上帝分上劳驾出诊，已派马车去接您。'是啊，这种事情是常有的……可她住在离城二十俄里的地方，夜已经很深了，路又是这个样子，唉！再说，她家也很清苦，诊金别指望超过两个银卢布，能否拿到这个数目都很难说，说不定只能拿到一块粗麻布和一点谷物而已。可是，您知道，职责高于一切：人命关天。我突然把纸牌交给牌桌上的常客卡利奥平，匆匆赶回家去。我一看：我家门口停着一辆小马车；马是农家的——大肚子，很大的肚子，身上的毛简直就像一条毡子，马车夫为了表示恭敬，摘了帽子，坐在那里。我心里想，老兄，看得出，你的主人可不是乘金马车的人家……您可以笑话我，可我得对您说：我们这些穷弟兄，遇事都得好好想一想……要是马车夫神气活现地坐着，不脱帽向你鞠躬，胡子底下露出一丝冷笑，手里还抖着马鞭——那你就大胆地向他要两张钞票吧！可是今天，我看得出，不是这么回事。不过，我想，没有办法：职责高于一切。我抓起一些最必需的药品便出发了。您可相信，我差一点到不了病人家。道路糟透了：处处是小河、积雪、泥泞、水沟，突然有一处堤坝决了口——真倒霉！可我还是赶到了。房子很小，屋顶上盖着干草。窗户里透出灯光：说明在等我。一位戴睡帽的可敬老太太迎着我走来。‘您救救她吧，’她说，‘她快死了。’我说：‘请别着急……病人在哪儿？’‘请到这儿来吧。’我一看，房间很干净，墙角里点着一盏灯，床上躺着一个二十来岁的姑娘，神志不清。她在发烧，热度很高，呼吸急促——患的是热病。屋里还有两个姑娘，是她的姐妹，已吓成泪人儿了。她们说：‘昨天还好好的，胃口也不错，今儿早上说头疼，到傍晚突然就变成这副模样了……’我仍然说：‘请别着急，’您知道，这是医生的责任，接着我便着手给她治疗。我给她放了血，吩咐给她贴芥末膏，给她开了一剂药水。这时我细细瞧着她，瞧着她，您知道，上帝作证，我还从来没有见过这样漂亮的脸蛋……一句话，是个美人儿！我心里非常可怜她。她的脸真讨人喜欢，眼睛……哦，荣耀归于上帝，她的病好些了；出了汗，好像清醒了过来，她向四周看看，笑了笑，手在脸上抹了一下……两姐妹俯身问她：‘怎么样？’‘没什么，’她说着，转过头去，我一看——她睡着了。我说，现在应该让病人好好休息。于是我们都蹑手蹑脚走出去，只留下一个使女随时侍候。客厅桌上已烧好茶炊，摆着牙买加甜酒：干我们这一行，这是不可或缺的。他们给我倒了茶，请我留下过夜……我答应了：现在还能到哪儿去呢！老太太老是唉声叹气。‘您怎么啦？’我说，‘她会好的，您别着急，您自己最好也去休息一下，已经一点多钟了。’‘好吧，不过要是有什么事，请您叫醒我。’‘好的，好的。’老太太走了，姑娘们也回自己的房间去了；她们在客厅里给我搭了个铺。我躺下，只是睡不着——真是奇怪！其实我已经累得够戗了。我的病人总在我的脑子里萦绕不去。我终于忍耐不住，突然爬起。我想，我得去看看，病人怎么样了。她的卧室就在客厅隔壁。于是我站起来，悄悄打开房门，心怦怦直跳。我一看：使女睡着了，嘴张得大大的，还打着呼噜，真该死！病人脸朝我躺着，摊开双手，可怜的姑娘！我走近去……她突然睁开眼睛，直盯住我！……‘是谁？是谁啊？’我感到很不好意思。‘别怕，’我说，‘小姐，我是医生，我来看看，您感觉怎么样了。’‘您是医生？’‘是医生，是医生……是令堂派人到城里请我来的；我们给您放了血，小姐；现在请您好好休息，再过两三天，上帝保佑，我们会把您治好的。’‘哦，是的，是的，医生，别让我死……求您了，求您了。’‘瞧您说的，上帝会保佑您！’她又发烧了，我暗自忖度着。我按按她的脉，果然在发烧。她看看我，突然一把抓住我的一只手。‘我告诉您，为什么我不想死，我告诉您，我告诉您……现在只有我们两个，不过请您不要告诉任何人……您听我说……’我朝她弯下身子，她把嘴唇凑近我的耳朵，她的头发碰到了我的脸——说实话，那时候我的头都晕眩起来了——她轻轻地说着……我一点也没有听懂……哦，她这是在说胡话……她轻轻地说着，轻轻地说着，说得很快，说的好像不是俄语，说完了，她打了个寒颤，把头倒在枕头上，伸出一个指头警告我。'当心点，医生，别告诉任何人……'我好歹让她安静了下来，给她喝了点水，唤醒使女，便走出去了。"

这时医生又狠狠地吸了一阵鼻烟，愣了一会儿。

"可是，"他继续说，"出乎我的预料，第二天，病人并没有好转。我反复思量，突然决定留下来，虽然还有一些别的病人在等着我……您也知道，这些病人是怠慢不得的，要不然我的营业会因此受到影响。但是，第一，病人确实在病危中；第二，我得说实话，我本人对她产生了强烈的好感。再说，我也喜欢她们全家。她们虽然过着清苦的生活，但很有教养，可以说，这样的人是很难碰到的……姑娘们的父亲是个很有学问的人，是个作家；已经过世了，当然是贫病交迫，可是他已经让孩子们受到了很好的教育；他留下了很多书。不知是因为我悉心照料病人，还是另有其他原因，总之，我敢说，她们一家都喜欢我，把我看作亲人……然而，这时候正值雨季，道路泥泞不堪，可以说，一切交通都完全中断了，连到城里去买药都非常困难……病人不见好转……一天又一天，一天又一天……但是……这时候……"医生沉默了一会儿，"真的，我不知道怎么对您说好……"他又嗅嗅鼻烟，喉咙里咯咯响了一下，呷了一口茶。"我坦率地对您说吧，我的病人……怎么说好……是这么回事，可以说爱上了我，也许，不是爱上了我……而是，不过……真的，是这样……"医生低下头，满脸通红。

"不，"他兴奋地继续说，"哪儿谈得上爱上我！到底一个人应该有自知之明。她是个有教养、聪明，读过许多书的姑娘，可我，可以说连自己的拉丁文都忘得一干二净了。至于外貌，"医生微笑着朝自己看了一下，"好像也没什么可夸口的。不过上帝也没有把我造成一个傻瓜：我不会把白的说成黑的，我多少还是懂得点事理。譬如说，我心里很明白，亚历山德拉·安德烈耶夫娜——她叫亚历山德拉·安德烈耶夫娜——并非对我产生了爱情，而不过是产生了一种友情，可以说是有好感，尊敬。虽然她自己在这方面也许是弄错了，可她当时的处境是怎样的，您自己判断吧……不过，"医生一口气说出了这些断断续续的话，显然有些语无伦次，之后，又补充说："我大概有点信口开河吧……这样您是听不明白的……请让我从头说起吧。"

他把一杯茶喝完，然后以稍微平静些的声音说了起来。

"是这样的，是这样的。我的病人病情越来越重。好心的先生，您不是医生，您不能体会干我们这一行的人的心情，尤其是在他预料到病魔将会战胜他的最初那一刻的心情。自信心不知道哪儿去了！你突然心虚到难以言传的地步。你会觉得你把所有的知识全都忘记了，病人不信任你，别人已开始看出你的慌乱，不大情愿把病情告诉你，皱着眉头看着你，在一旁窃窃私语……唉，真是糟透了！你心里明白，这种病是有药可治的，只要找到它就行。哎，该不是这种药吧？你试了试——不，不是这种药！你没等到药力发生作用……一会儿用这种药，一会儿用那种药。你往往会拿出药典来……你心里想，药方就在这里，就在这里！说实话，有时是随便翻翻，想碰碰运气……可病人已经危在旦夕，碰上别的医生也许还能救他。你会说，要会诊，我负不起这个责任。在这种情况下，你看起来就像个十足的傻瓜！不过天长日久你也就习惯了，感到无所谓，一个人死了，不是你的过错：你是照章办事。可是还有一种情况会使你很难堪，你眼看着别人盲目地信任你，可你自己已经感觉到力不从心。现在亚历山德拉·安德烈耶夫娜一家就是这样信任我的，因此，她们竟忘了她们家的女儿正处于危险中。我同样也安慰她们，说这病没有关系，可自己几乎已吓得魂飞魄散。尤其不幸的是，道路泥泞不堪，马车夫出去买药，一去就是好几天。而我寸步不离地守在病人的房间里，我不能离开她，还要给她讲各种好笑的奇闻轶事，跟她打牌，给她解闷。我整夜整夜地守在她身旁。老太太含着泪感谢我；可我心里想：'我是不值得你感谢的。'我坦白承认，现在已没有什么好隐瞒的了——我爱上了这个病人。亚历山德拉·安德烈耶夫娜也眷恋着我：除了我，她常常不让任何人进她的房间。她开始和我闲聊，问我以前在哪儿上学，现在生活过得怎么样，我有些什么亲人，和哪些人交往。我觉得她不应该多说话，想禁止她，可您也知道，要绝对禁止她，我也办不到。我常常抓住自己的脑袋问自己：'你在干什么，你这个强盗？……，'可是她拉住我的手，抓得紧紧的，望着我，久久地望着，然后扭过头去，叹一口气说：'您真好！'她的手是那么烫，眼睛睁得大大的，却没有精神。她说：'是的，您真好，您是个好人，您跟我们这里的邻居不同……是的，您不是那样的人……以前我怎么不认识您！''亚历山德拉·安德烈耶夫娜，您安静些，'我说，'请您相信，我觉得，我不知道有什么值得您这样……不过，请您安静些，看在上帝的分上，请您安静些……您的病会好的，您会恢复健康的。'说到这里，我还得告诉您，"医生把身子往前探了探，扬起眉毛，又说下去："她们和邻居很少来往，因为那些普通老百姓和她们谈不来，跟那些富人来往，她们的自尊心又不允许。我跟您说：这个家庭是极有教养的——您知道，我觉得很荣幸。她只吃我递给她的药……这可怜的姑娘，在我的搀扶下，她稍稍坐起来，服了药，眼睛盯着我……我的心怦怦直跳。可是她的病越来越重，越来越重。我想，她会死的，一定会死的。您可相信，我真恨不得自己躺到棺材里去；而她母亲，她的姐妹们一直在观察我，盯住我的眼睛……已经不大相信我了。'什么？怎么样？''不要紧，不要紧！'怎么不要紧，我自己也搞糊涂了。一天夜里，我又独自坐在病人旁边。使女也坐在那儿，呼噜打得山响……是啊，也难怪这可怜的使女：她实在太累了。而亚历山德拉·安德烈耶夫娜整个晚上都感到很不舒服；她因为发烧感到很难过，一直折腾到半夜；最后她似乎睡着了，至少躺在那儿再没动过。墙角圣像前的神灯一直点着。不瞒您说，我坐着，垂下头，也打起瞌睡来。突然，仿佛有人在我腰眼上推了一下，我转过身来……主啊，我的上帝！亚历山德拉·安德烈耶夫娜正睁大眼睛望着我……她的嘴巴张开着，双颊烧得通红红。'您怎么了？''医生，我会死吗？''怎么会！''别，医生，别，请您别对我说我会活下去……别说……要是您知道……您听我说，看在上帝的分上，别对我隐瞒病情！'她急促地喘着气，'我要是确切知道我要死了……我就要把所有的话都告诉您，所有的话！'‘亚历山德拉·安德烈耶夫娜，别这么说！'‘您听我说，其实我一点也没有睡着，我看了您很久……看在上帝的分上……我相信您，您是个好人，您是个正直的人，我以世界上一切神圣的名义恳求您，请您对我说实话！您要是知道这样做对我有多么重要就好了……医生，看在上帝的分上，告诉我，我的病是不是很危险？'‘叫我对您说什么好呢，亚历山德拉·安德烈耶夫娜，别那么想！'‘看在上帝的分上，我求求您了！'‘亚历山德拉·安德烈耶夫娜，我瞒不了您，您的病确实很危险，但上帝是仁慈的……'‘我要死了，我要死了……'她仿佛很高兴，神情变得很快乐；我好不害怕。‘您别害怕呀，别害怕，我一点也不怕死。'她突然稍稍抬起身子，用臂肘撑着，‘现在……哦，现在我可以对您说，我衷心地感谢您，您是个善良的好人，我爱您……'我呆呆地望着她，您知道，我受宠若惊……‘您听见吗，我爱您……'‘亚历山德拉·安德烈耶夫娜，我有哪一点值得您爱啊！'‘不，不，您不明白我的心……你不明白我的心……'突然她伸出双手，抱住我的头，吻了一下……您相信吗，我差一点没叫起来……我扑通一声跪下，把头埋在枕头里。她没做声，她的手指在我的头发里哆嗦着，我听见她哭了。我开始安慰她，用各种话劝说她……说实话，我已经不知道我对她说了些什么。我说：‘亚历山德拉·安德烈耶夫娜，您会把使女吵醒的……我谢谢您……请您相信……您安静些吧。'‘好了，好了，'她一再说。‘让她们去吧；哦，让她们都醒来吧，哦，让她们都进来吧——我无所谓：不管怎么样，我反正快死了……你有什么好顾虑的呢，你怕什么？抬起头来……也许您不爱我吧，也许是我想错了……如果是这样，那就请您原谅我。'‘亚历山德拉·安德烈耶夫娜，瞧您在说些什么呀？……我爱您，亚历山德拉·安德烈耶夫娜。'她正视着我的眼睛，张开双臂。‘那你就抱住我……'我坦白告诉您：我自己也不明白，那天夜里我怎么没有发疯。我觉得，我的病人是在毁灭自己，看得出，她的神志不太清楚；我也很理解，她如果不是认为自己快要死了，她是不会想到跟我说这些话的；您想想看，一个人活到二十五岁，还从来没有恋爱过，就这样死去，岂不遗恨终生吗？正是这件事使她痛苦不堪，正是因为这种情况才使她绝望地抓住我不放，现在您明白了吗？您瞧她是那样紧紧地抱住我，不肯放开我。‘您顾惜顾惜我吧，亚历山德拉·安德烈耶夫娜，您也顾惜顾惜自己吧，'我说。‘有什么必要？'她说，‘有什么可惜的？反正我要死了……'她不停地反复这样说。‘如果我知道，我还会活下去，仍旧做一个体体面面的小姐，那我就会感到害羞，真的会害羞……可现在有什么关系呢？'‘可谁对您说过，您会死呢？'‘唉，你别说了，够了，你别骗我，你不会撒谎，瞧瞧你自己吧。'‘您会活下去的，亚历山德拉·安德烈耶夫娜，我会把您治好的；我们要请求令堂为我们祝福……我们要结为夫妇，我们会幸福的。'‘不，不，我已经得到你的许诺了，我会死的……你已经答应过我了……你已经对我说过了……'我感到很痛苦，有很多原因使我感到痛苦。您也知道，有时发生一些小事，看起来琐事一桩，却叫人心痛。她忽然问起我的名字来，不是姓，而是名字。不幸，我的名字叫特利丰。是啊，是啊，特利丰，特利丰·伊凡内奇。在她家里，大家都叫我医生。

我没办法，只好说：‘我叫特利丰，小姐。’她眯起眼睛，摇摇头，嘴里用法语轻轻说着什么。哦，这可不是什么好事，后来她又笑起来，这也不是好兆头。就这样，我几乎通宵达旦陪着她。早晨，我从她房间里出来，简直六神无主，我再次走进她的房间时已是下午吃过茶点以后。我的上帝，我的上帝！她已经叫人认不出来了：那样子比死人还难看。我敢向您发誓，到现在我还不明白，完全不明白，我是怎样挺过来的。我的病人又拖了三天三夜……这是些多么难熬的夜晚啊！她跟我说了些多么令人难过的话啊！……到最后一夜，请您想象一下——我坐在她身旁，只向上帝祈求一件事：快点把她带走吧，连我也一起带走……突然她那老母亲跑了进来……昨天我已经对她，也就是对她母亲说过，我说，她希望不大了，情况很不好，可以去请神父了。病人一看见她母亲就说：‘哦，很好，你来了……你看看我们，我们相爱了，互相起了誓。’‘她这是怎么了？医生，她这是怎么了？’我惊呆了。我说，‘她在说胡话，因为发高烧……’可她说：‘别说了，别说了，你刚才对我说的完全是另一回事，你还接受了我的戒指……你干吗要装出这副样子？我母亲是好人，她会原谅我们的，她会理解的，我要死了——我没必要撒谎；把手给我吧……’我霍地站起来，跑了出去。老太太当然猜到是怎么回事了。”

“可是，我不想再多打扰您了，而且，说实话，我想起这件事来自己也很难过。我的病人第二天便去世了。愿她升入天堂！”医生边叹气边快速地说着这些话，“临终时她要家里的人都出去，单把我留下来陪她。她说：‘原谅我，也许，我对不起您……病哪……但是请您相信，我从来没有像爱您这样爱过别人……别忘记我……把我的戒指保存好……”

医生把脸转了过去；我拉起他的手。

“唉！”他说，“我们还是谈点别的事吧，想不想打打小输赢的朴烈费兰斯？您知道，干我们这一行的，不该沉醉在这样崇高的感情里。我们只想着一件事：希望孩子们别吵吵闹闹，老婆别骂骂咧咧。因为后来我也，怎么说呢，正式结婚了……可不是吗……我娶了个商人的女儿：有七千卢布的陪嫁。她叫阿库利娜，和特利丰倒是门当户对。我得对您说：这婆娘很凶，幸而整天睡懒觉……怎么，打不打朴烈费兰斯？”

我们坐下来打输赢一戈比的朴烈费兰斯。特利丰·伊凡内奇赢了我两个半卢布——他很晚才离去，因为赢了钱，显得心满意足。

（选自《猎人笔记》，上海译文出版社 2011 年版）

导　读

屠格涅夫(1818—1883)，19 世纪俄国批判现实主义作家。主要作品有长篇小说《罗亭》《贵族之家》《前夜》《父与子》等。1847—1852 年陆续完成的《猎人笔记》是其成名作。

根据一个解读者的意见，《猎人笔记》中“猎人”所要猎取的，是俄罗斯民众中的“隐匿财富”，而作者屠格涅夫或作品中的叙述者正是这样一个“猎人”，属于此类猎人的还有普希金、果戈理、陀思妥耶夫斯基等等;这位研究者进一步认为:《猎人笔记》没有提出却又暗含了下述问题:当这些着眼于诊断和治疗民族疾病的人坠入徒劳的自我分裂时,当"病人"(母亲俄罗斯)满足于狂热幻想(其中有些非常美丽)给"她"带来的宽慰时,这种对理想之城的提升如何才能实现呢?——《猎人笔记》有美丽而忧伤的布景和原野,也讲述了很多美丽而忧伤的故事,这些故事里被突出地置于前景的受伤、疾病和死亡(及面对受伤、疾病和死亡的态度)也是"猎人"要猎取的财富吗?

从这一角度看,讲述病人与医生(医生在这个故事里讲述了一个病人与医生的爱情故事)关系的《县城医生》在整部《猎人笔记》中的位置就具有了某种特殊意味:"从远处打猎回来"的猎人自己"受了风寒,生病了"——医生所讲的故事似乎是医生对"猎人/病人"的某种治疗。而有趣的是,这个故事的核心又恰恰在于,真正的治疗就包含在这个故事里面的女病人的"自我治疗"之中——提升"理想之城"需要"神话",而安德列耶夫娜正是这样一个"神话家":面对疾病和死亡,"这位女性神话家决心在县城医生身上看到他缺少的一切,她也为县城医生带去了生活中痛苦而有益的瞬间。"生病的猎人和这位女性神话家似乎有着一种隐秘的联系。猎人和安德列耶夫娜害的似乎是同一种病(风寒、发烧),当猎人屠格涅夫让他笔下的县城医生"无缘无故""不假思索""好像忏悔一样"把这个"相当动人的经历"告诉故事中生病的猎人时,屠格涅夫的叙事行动显得就像是安德列耶夫娜对县城医生特利丰临终嘱托的回声:"别忘记我……"

安德列耶夫娜的父亲是个"作家",写过"很多书",安德列耶夫娜受过很好的教育,也"读过很多书"。我们不知道她父亲写过什么书以及在写书之前读了什么书,她读的又是什么书,但我们知道,读这些书的一个后果就是"和邻居不同",与之"交往也很少"。而我们仍然不知道的是:这些书和她的疾病以及她的"创造神话"的能力有没有一种内在的联系?在用"法语"轻声嘲笑特利丰俗气的名字之前,安德列耶夫娜先是用"好像不是俄语"、特利丰"一点也听不懂"的语言对特利丰说了一番特利丰不能"告诉任何人"的话(说完这番话后她打了"寒颤")。屠格涅夫没有告诉我们安德列耶夫娜说了什么,估计是已经预先知道我们"一点也听不懂"。

县城医生特利丰显然无法忘怀安德列耶夫娜,可以想见,他会一遍一遍地讲述这个故事,与安德列耶夫娜的相遇,使他的生命中的某个时刻以及在其后回忆这个时刻的无数时刻,笼罩在浪漫神话中,在这样的时刻,他得以在和现实达成妥协的同时,也能成为"英雄"和"白马王子"。(赵山奎)

延伸阅读

德里克.《猎人笔记》中的哲学、神话与技艺//西方古典诗文绎读(西学卷·现代编)(下).北京:华夏出版社,2009.

林中之死

［美］舍伍德·安德森　方智敏 译

一

她是个老太婆，家就在我住的那个小镇附近的一个农场里。所有住在小镇上和乡下的人们都见过不少这样的老太婆，可谁也不知道她们的详细情况。有这么个老太婆，时常赶着一匹疲惫不堪的老马到镇上来，要不就提着个篮子走路来。她可能养着几只母鸡，常带些鸡蛋来卖。她把鸡蛋搁在篮子里，拿到杂货铺去换些吃的东西，一些咸猪肉和豆子，另外再买一两磅白糖和一些面粉。

然后她就到肉铺去要点儿狗吃的肉。她也许得花上十个或十五子儿，但当她花钱时她就得要再讨点儿什么。过去卖肉的向来是把牛肝随便送人，只要愿意拿走就行。我们家就常吃牛肝。有一次我的一个哥哥从镇上集市附近的屠宰场要来了整副牛肝，我们吃得直到腻味，这东西从来不值一分钱。自打那时起，一想到牛肝，我就感到恶心得要命。

这个农场上的老太婆讨了一些牛肝和一块熬汤的骨头。她从来都不去别人家串门，一弄到所要的东西，就急匆匆地赶路回家。这么老弱的身子骨背上这样重的东西可真够呛。没人让她搭上顺路马车。人们赶着马车在路上扬长而去，从来没有人注意到像这样的一个老太婆。

我小的时候，有一年夏天和秋天，得了种叫风湿性关节炎的病待在家里，就见过一个这样的老太婆常路过我们家门口到镇上来。不一会儿她就背着一个沉甸甸的大包回家了，两三只精瘦的大狗紧跟在她的身后。

这老太婆平淡无奇。她是那些几乎谁都不认识的没名没姓的老太婆中的一个，但她的身影却印进了我的脑海中。在这多年后的今天，我现在才突然想起她来以及当时所发生的事。这是一段往事。这个老太婆的夫家姓格兰姆斯，她和丈夫、儿子住在小河边上的一座没有刷过漆的小房子里，离镇子约四英里。

她的丈夫和儿子都是粗鲁蛮横的家伙。儿子尽管才二十一岁，却已经蹲过一回牢房了。人们私下里都传说老太婆的丈夫是个盗马贼，把偷来的马赶到别的县城去卖掉。时常会发现丢了一匹马时，那个家伙也无影无踪了。不过他从来没有被人逮住过。有一次我在汤姆·怀特里德的代客养马的马棚里闲逛时，这家伙也来了，坐在房前的长凳上。另外还有两三个人也在那儿，可是谁都不理睬他。他坐了一会儿，就站起来走了。离开的时候，他转过身子狠狠地盯了那几个人一眼，眼里流露出一种挑衅的目光："哼，老子想跟你们表示友好，你们都不理睬我。老子在这个镇子里不论走到哪儿，都是碰到这个样子。总有那么一天你们的好马会丢了一匹，哼，到时看你们又能怎么样？”他实际上并没有吭声。“老子真想砸烂你们中的一个人的下巴！”这就是他的那双眼睛所说的话，想起他那可怕的目光真使我感到毛骨悚然。

这老家伙出生在曾经是个很有钱的家庭。他的名字叫杰克·格兰姆斯。现在回想起来一切都很清楚了。他的父亲约翰·格兰姆斯在这一带乡下刚开发的时候曾开过一个锯木厂，赚了不少钱。后来他酗酒，嫖女人。到他死的时候家产已经所剩无几了。杰克把剩下的那点钱都挥霍光了，很快他就没有什么木材可锯的了，地皮也几乎全变卖光了。

那年六月麦收时节的一天，他去给一个德国籍的农场主干活，在德国人那儿搞到了他的老婆。那个时候老太婆还是个年轻的姑娘，一天到晚提心吊胆的。你瞧，那农场主老是对这个姑娘存心不良。我想，这姑娘是个契约奴。农场主的老婆起了疑心，趁男人不在的时候就折磨这姑娘，把她当作出气筒。而农场主又常趁老婆到镇上买生活用品时，对这姑娘动手动脚。姑娘告诉年青的杰克其实并没有真格地出过什么事，但对她的话他只是半信半疑而已。

杰克自己第一次跟她出去游逛的时候，没费什么劲儿就占有了她。要不是那个德国农场主叫他滚蛋的话，他还不会娶她。有一天夜晚他在麦场上打麦的时候，把她叫去乘他的轻便马车兜风，并告诉她下星期天晚上来接她。

她想办法不让主人看见，从房子里溜了出来，可是当她爬上马车的时候，她的主人突然冒了出来。天几乎黑了，她的主人突如其来地站在马头前，一把抓住马笼头，于是杰克抽出了马鞭。他们俩打了起来。那德国人也是个恶棍，可能他也不在乎老婆是否会知道这件事了。杰克用鞭子抽他的脸和肩膀，马却受惊了，于是杰克不得不跳下车。

接着两个人死命地打了起来。姑娘没有看见打斗的情景。那马拉着车顺着大路狂奔一英里左右，姑娘才使它停下来。然后她想办法把马拴在路边的一棵树上。（我不知道我是怎么会知道这一切的，可能是我小时候镇子上的传说深深地印在我的脑子里了。）杰克收拾完了德国人之后，沿路找到了她。她蜷缩在车座上，呜咽着，害怕得要命。她告诉杰克好多事情，那个德国人老想着怎样把她弄到手。有一回怎样跟着她到牲口棚里去，另一次凑巧只有他俩单独在房子里时，他一下子把她的衣服从前面撕开了。她说，要不是德国人听到他老婆赶车进门口来的话，那次他可能会得手。他老婆是到镇上购买生活用品的，回来后要把马牵进棚里去。德国人想办法不让老婆看见就偷偷摸摸地溜到地里去了。他警告姑娘如果她说出去就杀了她。她有什么办法呢？她只得撒谎说是在棚里喂牲口时把衣服撕破了。我现在回想起来了，她是个契约奴，而且不知道父母在什么地方。也许她根本就没有什么父亲，你会明白我的意思的。

这些的契约奴经常遭到很残酷的虐待，他们都是些没有父母的孩子，名副其实的奴隶。那个时候几乎没有孤儿院，他们被合法地典给人家。这些孤儿们的命运只有完全听天由命了。

二

她嫁给了杰克，生了一儿一女，可是女儿死掉了。

然后她定居下来喂养牲畜，这是她的活计。在德国人的农场时她得给德国人和他老婆做饭。那老婆是个臀部宽大，强壮的女人，大部分时间和丈夫一道在地里干活。她得给他们煮饭，要喂牲口棚里的母牛，要喂猪、马和鸡。虽然还是个年青的姑娘，每天不管在什么时候，她总是在喂着一些的牲畜。

后来她嫁给了杰克·格兰姆斯，也要给他做饭。她长得瘦弱，结婚三四年生了两个孩子后，她的纤弱的肩膀就耷拉了下来。

杰克总是养上好多只大狗在小河旁荒废的锯木厂附近的房子周围。他不去偷东西时一直在做贩马的买卖，因此房子周围常有许多瘦骨伶仃的马。他还养三四口猪和一头母牛。这些牲畜都赶到格兰姆斯农场所剩下的几英亩土地上放牧，杰克几乎是不干活的。

为了买一部脱粒机，杰克负了债，机器用了好几年，还没有把债务还清。人们都不信任他，生怕他在夜里偷粮食，于是他只好到大老远的地方去揽活儿干，但搬运脱粒机花费又太大。冬天他打猎，还砍点儿柴火到附近的镇子上卖掉。儿子长大后，和他老子是一丘之貉。爷俩一块酗酒。如果他们回到家里没有吃的，老头子就在老太婆头上比划一刀。她自己喂有几只鸡，这时不得不赶紧宰一只。如果鸡都宰光了，她就没有鸡蛋拿到镇上去卖了，到那个时候她该怎么办呢？

她一辈子都得想方设法张罗着东西喂牲口。猪要喂，好让它们长膘，秋天可以屠宰。猪宰后，丈夫把大部分的猪肉拿到镇上去卖。假如他不先下手的话，儿子也会这样干。有时父子俩还打起来，这时老太婆就站在一边发抖。

她早已习惯了保持沉默，习以为常了。她开始显得苍老了，她还不到四十岁呢。在丈夫和儿子都出去贩马，喝酒，打猎或者偷盗的时候，她有时就独自一人在房子周围和牲口棚前的空地上转悠，喃喃自语着。

拿什么去喂养那些所有的牲畜呢？这正是她犯愁的。狗得喂，牲口棚里没有足够的干草来喂马和母牛。如果她不喂鸡，它们怎么能下蛋？要是没有鸡蛋可卖，怎么能从镇上买回东西呢？要把农场上的生活维持下去，那些东西是她不得不买的呀。谢天谢地，从某种程度上说，她现在不必养活丈夫了。有了孩子后，他们的夫妻生活没有持续多久。他出远门到她不知道的什么地方去，有时候他离开家一去就是好几个星期。儿子长大后，爷俩就一道出去。

他们把家里所有的事情都扔给她去料理，而她又没有钱。她和别人都没有来往，在镇上谁都不跟她说话。冬天她得拾些柴枝生火，得绞尽脑汁用很少的粮食喂牲畜。牲口棚里的牲畜饿得朝她嗷嗷叫，狗也老跟着她转。冬天母鸡很少下蛋，都蜷缩在牲口棚的旮旯里，她得留心看守着它们。大冷天母鸡在棚里下了个蛋，如果你没有找到的话，蛋就会冻裂的。

冬天的一个大冷天，老太婆带着几个鸡蛋到镇上去了，几只狗跟在她后面。快到三点钟她才出发，雪下得很大。几天来她一直不大舒服，所以她喃喃自语地走着，衣衫穿得很单薄，肩膀在抖索着。她把鸡蛋塞到一个旧粮袋里，再卷上袋子拿着。没有多少个蛋，不过冬天蛋的价钱高。她可以用蛋换到一点鲜肉、一些咸猪肉、一点儿白糖，也许还可以换一点儿咖啡。卖肉的也许还会给她一块牛肝。

到了镇上，她用鸡蛋换东西时，几只狗就蹲在门外。她换得挺划算，换到了她所需要的东西，比原来希望得到的还多。然后她走到肉铺那儿去，卖肉的给了她一边牛肝和狗吃的肉。很久以来这是第一次有人对她和气地说了这么长的话。当她走进肉铺时，卖肉的正孤零零地一个人待在铺子里，没想到这么冷的天还有这样的一个病恹恹的老太婆进来，他感到心烦。天气凛冽，下午才停住的雪现在又下了起来。卖肉的说了几句她丈夫和儿子的事，然后就破口大骂他们。老太婆直瞪瞪地看着他骂，眼中流露出淡淡的惊讶神色。卖肉的说要是她丈夫和儿子想来要他放进粮袋里的牛肝和带肉的腔骨，他宁可先瞧着他们饿死掉。

饿死，嗯？算了吧，牲畜可得要喂，人也得要吃啊，那些没有任何用处的马也许可以卖掉的，那头可怜的瘦母牛已经三个月没下奶了。

马、牛、猪、狗、人。

三

老太婆得尽可能地在天黑以前赶回去。几只狗紧跟在她后面，不断地用鼻子嗅着她绑在背上的沉甸甸的粮袋。到了镇子外边时，她在栅栏旁边停了下来，掏出一根早就放在衣兜儿里准备要用的绳子，把背上粮袋扎紧，这样背起来就更容易些了。她的胳膊疼了起来。她艰难地爬过不得不爬的栅栏时，一下子摔了下来，栽到雪地上。几只狗围着她跳来跳去。她只得挣扎着站起来，她终于站了起来。爬过栅栏，是因为有条近路从这儿越过小山和穿过树林。她也可以沿着大路走，不过那条路要多走一英里多，她担心自己吃不消。此外，还得赶回去喂牲口。家里只剩下一点儿干草和玉米了。也许丈夫和儿子回家时会带些东西回来。他们赶着格兰姆斯家的唯一的那辆马车出去，一辆破玩意儿，套上了一匹瘦巴巴的马，还有另外两匹瘦得只剩下一把骨头的马用缰绳牵在后面。他们准备去贩马，如果能卖掉的话，还能赚点儿钱。他们也许会喝得醉醺醺地回家。他们回来的时候，家里有点儿吃的东西总好一点。

儿子和离家十五英里外县城里的一个女人勾搭成奸。那女人非常粗野强悍。夏天有一次儿子把她带回家来,那个女人和儿子一块喝了不少酒。杰克·格兰姆斯不在家,儿子和女人就像对佣人一样地把老太婆唤来唤去。她并不在乎,她已经习以为常了。不管出了什么事,她从来都不吭声。她就是这样地活着。当她还是个年轻的姑娘,在德国人的农场上干活儿的时候,她就是这个样子,嫁给杰克以后更是这样。那次儿子带了女人回来,他们整整混了一晚上,两人睡在一块就好像已经结过婚似的。这并没有使老太婆感到什么震惊,这类事在她早年的生活中早已司空见惯了。

背着一个大包在背上,她艰难地穿过一片空旷的田野,吃力地在深雪里走着,最后来到了树林里。

那儿有条小路,却非常难走。就在这座山顶那一边,有一片茂密的树林,树林中有一块很小的空地。是不是曾经有人想在那儿盖座房子呢?这块空地和镇上的房基一样大,足可以盖一座房子和一个花园。小路沿着空地的边上穿了过去,老太婆走到那里时,就在一棵树下坐下来歇了歇脚。

这是做了一件傻事。她找了个地方,把大包靠在树干上坐了下来休息的时候,这很舒服,但等会儿怎么站起来呢?她对这件事发了一会儿愁,然后慢慢地闭上了眼。

她一定是睡着了一会儿。这么冷的时候在外面,你不能使自己更冷了。下午变得稍微暖和点儿,但雪下得更大了。然后过了一段时间,天就转晴起来,甚至月亮都露出脸来了。

四只格兰姆斯家的狗跟着老太婆到镇上去,它们全是又高又瘦的家伙。像杰克·格兰姆斯和他儿子这样的人总养着这样的狗,他们踹它们,骂它们,可是它们还是待着不走。这些狗为了不挨饿只得自己到处寻找食物。老太婆背着大包靠在空地边上的那棵树睡觉的时候,它们正在到处找吃的。它们在树林里和附近的田野中撵着了几只兔子,在寻找猎物时还招来了三只别的农场上的狗加入了它们的行列。

过了一阵子,那些狗都回到空旷地来了。它们都有点激动起来。这样的夜晚,寒冷、晴朗、月亮高挂,确实引起了狗的兴致。也许是它们身上的狼的旧本性,想在冬夜里成群地在树林里游逛的旧习性又在它们身上复苏了。

那些狗在老太婆面前的空旷地里又撵到了两三只兔子,它们当时的饥饿得到了满足。它们开始玩耍起来,在空旷地上兜着圈子,一圈又一圈地跑着,每只狗的鼻子紧跟着前一只狗的尾巴上。在空旷地上,在覆盖着厚雪的树下,在苍冷的月光下,它们构成了一幅奇怪的画面:在一个圆圈里它们静悄悄地跑着,爪子拍打着松软的积雪。静悄悄地,它们在那圆圈里一圈又一圈地奔跑着。

也许老太婆在临死前看到了狗的那样奔跑。也许她醒过来一两次,用浑浊的老眼看着这奇怪的景象。

这时她不会感到很冷,只是昏昏沉沉。生命徘徊了好久。老太婆可能已经神情恍惚了。她可能梦想到了在德国人的农场上干活儿的少女时代,再往前,她母亲尚未离家出走时的孩提时代。

她的梦不会是很愉快的，因为在她的一生中并没有过多少愉快的事情。不时地会有一只格兰姆斯的大狗离开正在跑的圈子到她面前，伸出头来靠近她的脸，鲜红的舌头耷拉着。

狗的这种奔跑也许就是一种死亡的仪式。由于这样的夜晚和奔跑，狗的身上复燃起了狼的原始本性，也许正是这种本性使它们感到有点儿惊恐不安了。

“我们现在不再是狼了。我们是狗，是人类的仆从。活下去吧，主人！主人要是死了，我们就又要变成狼啦。”

一只狗来到背靠树干而坐的老太婆身边，把鼻子伸到她的脸上嗅了一下，它似乎感到满足了，又回到它奔跑的伙伴那里。在老太婆死去之前，所有格兰姆斯的狗在那个夜晚有一段的时间里就这样在她面前跑来跑去。在我长大成人后，我才知道了这一切，因为有一次在另一个冬夜，在伊利诺斯州的一个树林里，我见到过一群狗正是那样奔跑的。那群狗也是等待我死去，就像当年我小时候的那天夜里格兰姆斯的狗等待老太婆死去一样。不过我碰上这种事的时候是个年轻的小伙子，根本没有任何要死掉的意思。

老太婆悄无声息地死去了。在她死后，一只格兰姆斯的狗来到她跟前发现她死了的时候，所有的狗都停止兜圈子奔跑。

它们都围绕在她的身旁。

唉，她现在死了。她活着的时候喂养过的这些格兰姆斯的狗，现在怎么办呢？

那个大包还在她的背上，粮袋里装着那块咸猪肉、卖肉的给她的那块牛肝、狗吃的肉、煮汤的骨头。镇上那个卖肉的突然起了恻隐之心，把她的粮袋装得沉甸甸的。对老太婆来说，这本是个极大的收获。

现在，对这群狗来说，也是个极大的收获。

四

突然有一只格兰姆斯家的狗从狗群中跳了起来，开始撕咬老太婆背上的大包。如果这些狗真是一群狼的话，那一只就是它们的头领。它怎么做，其他的也就跟着做。就这样所有的狗的牙齿都咬进老太婆用绳子绑在背上的粮袋里。

它们把老太婆的尸体拖到了空旷地上。老太婆破旧的衣裳立即从肩膀上起都被撕开了。一两天后当她的尸体被人们发现时，她身上的衣服从上身直到臀部都被撕烂了。但那群狗却没有咬她的身上。它们只是从粮袋里把肉掏出来，仅此而已。她的尸体被人发现时，已经冻得僵硬了。她的肩膀是如此的窄小，身体是如此的纤细，以至在死后看上去很像是个迷人的年青姑娘的身躯。

这些事情是在我小的时候，发生在中西部的镇子附近的农场上。一个猎人在追捕野兔时发现了老太婆的尸体，但没有去动她。是什么东西在那白雪皑皑的小空旷地上踩出圆圈跑道，寂静的山林，还有那群狗撕咬尸体，拽出粮袋并把袋子撕开的地方，这情景使猎人感到心惊肉跳，他赶紧向镇上跑去。

我正和我的一个哥哥在大街上，他是镇上的报童，手上正拿着下午的报纸要分发到各个店铺里去。天就要黑了。

那个猎人走进一家食杂店，告诉人们这件事。然后他又走进一家五金店和另一家杂货店。男人们开始聚集在人行道上，然后他们沿着大路向树林里的那个地方走去。

我哥哥本来应该要继续送发他的报纸，但他也不干了。大家都往树林里走去。殡仪员和镇警长也都去了。几个男人爬上马车，一直把车赶到大路和小道分岔的地方，然后下车走进树林里。但是马掌都没有钉好，马在滑溜溜的道上直打滑，所以他们几个人并不比我们这些走路的人快多少。

警长是个大块头，他的腿在南北战争中受过伤。他拄着一根大手杖，一瘸一拐地沿着大路走得还挺快的。哥哥和我紧跟在他后面。我们一边走着，其他的男人和小孩子也一边加入到人群里来。

我们走到老太婆离开大路的那个岔道时，天已经全黑了，不过月亮出来了。警长一路想着这可能是个谋杀案。他不断地向那个猎人提问题。猎人肩上背着猎枪，一只狗紧跟在他后面。一个打野兔的猎人很少有机会能如此引人注目的。他正充分利用这个机会，和警长一起带领着这个队伍。“我没有看到任何伤痕。她是个很漂亮的年青姑娘。她的脸埋在雪里。不，我不认识她。”实际上，他并没有靠近仔细地观察尸体。他吓坏了。也许她是被谋杀的，弄不好有人突然从树后面跳出来杀他呢。傍晚的树林子里，所有的树枝都是光秃秃的，地面上白雪皑皑，山中万籁俱寂，这就够使你的身心感到毛骨悚然了，如果附近发生了什么奇怪或可怕的事，你所能想到的就是尽快地逃离开那个地方。

这一大群的男人和小孩跟着警长和猎人走到了老太婆穿过的那片田野，再往前走，翻过一个小山坡，就到了那片的树林子。

哥哥和我都沉默不语。他的肩上还背着一只装着一捆报纸的书包，回到镇上他还得继续送报，然后才能回家吃晚饭。要是我陪他去送报，毫无疑问他相信我会这样做，那么我们俩都得迟回家，妈妈或姐姐就一定得给我们热晚饭了。

不过，这下子我们就有话题可谈了。小孩子难得有这样的机会，我们赶得凑巧。那个猎人走进食品店的时候，刚好我们也走了进去。猎人是个乡巴佬，哥哥和我过去都没有见过他。

现在这群男人和小孩子已经来到了那片空旷地上。冬天的夜晚天黑得特别快，但满月的清辉把一切照得通明。哥哥和我就站在老太婆被冻死的那棵树的附近。

月光下，她僵直地躺在那儿，看上去并不老。有个人把她的身子从雪地里翻了过来，于是我看到了她的整个模样。我身上的一种奇妙神秘的感觉使我浑身颤抖起来，哥哥也在颤抖着。

也许是因为冷吧。

我们俩以前谁也没有见过女人的身体。也许是由于雪粘在她冻僵的皮肤上的缘故，尸体看上去如此的洁白可爱，很像块大理石雕。没有一个女人从镇上跟着大家一块来；但有个男人，他是镇上的铁匠，脱下大衣，盖住她的身子，然后他把她抱在怀里向镇上走去。其他的人都默默地跟在他后面，这时还没有人知道她是谁。

五

我看到了所有这一切：看到了在雪地上的椭圆形的痕迹，就像个小型跑道，那是狗奔跑出来的。看到了大人们对此感到怎样地疑惑不解，看到了那裸露的洁白的像年轻姑娘一样的肩膀，还听到了男人们低声的议论。

那些男人们简直令人费解。他们把尸体放在殡仪馆里，并且当铁匠、猎人、警长和其他几个人进去之后，他们就把门关上了。如果父亲在那儿也许能进去，可是我们小孩子是不行的。我和哥哥一起去分发完剩下的报纸。回到家里，是哥哥向家里人讲述了这件事的。我一直没有说话，很早就上床睡觉了，也许是因为我不满意他的那种讲法。

后来在镇上，我肯定还听到了关于这个老太婆其他的一些传说片断。第二天就辨认出她是谁了，于是开始调查死因。

她的丈夫和儿子在一个地方找到后被带到了镇上。人们都试图把老太婆的死和他们父子俩联系起来，但不能够成立。他们有足够的证据来证明他们当时不在现场。

不管怎么说，所有镇上的人都反对他们，他们不得不滚蛋。我再也没有听到他们后来到哪儿去了。

我只记得在森林里的那幅情景：大人们都在周围站着，那具像少女般的赤裸的尸体，脸埋在雪地里。狗群跑出来的痕迹，头上那寒冷晴朗的夜空，片片的白云飘浮过来，在树林中小空旷地的上空很快地飘荡而过。

森林里的这幅景象不知不觉地与我后来所经历的情景相吻合，成了我现在要讲的一个真实故事的基础。那些零碎的片断，你看，已经在后来漫长的岁月里慢慢地被缀合成章了。

事情发生在我还是个年轻的小伙子时，我在一个德国人的农场里干活。那儿有个雇来的姑娘非常害怕她的主人，而农场主的老婆又恨死这个姑娘。

我在那个农场里还看到了不少事情。后来有一次，在一个晴朗、月光如水的冬天夜晚，我在伊利诺斯州的一个森林里，与一群狗有过一段荒诞离奇的遭遇。在另一个夏季的一天，我还是个小学生的时候，我和另一个小伙伴沿着镇外的小河旁走了几英里路，来到了那个老太婆居住过的房子那儿。自从她死后，再没有人住过那栋房子。两扇门全都从铰链上脱落了下来，窗玻璃也全都破碎了。正当我和小伙伴站在外面的路边时，有两只狗,毫无疑问就是农场上的流浪狗,从房子的拐角跑了过来。两只狗又高又瘦,来到栅栏旁,瞪着眼睛看着站在路边上的我们俩。

随着我的长大成人,这整件事——老太婆死去的这个故事,就像是在听一曲来自远方的音乐,它的音符一次次慢慢地被缀合成章。因为有些事情得要弄明白才行。

死去的老太婆是个命里注定要喂养牲畜的人。不管怎么说,这就是她一生中所干的活。在她出生之前,在童年时期,在德国人的农场上干活的少女时期,结婚后,老了时,甚至在她死了以后,她的一生都在喂着那些牲畜:牛、鸡、猪、马、狗、还有人!她的女儿在幼年就夭折了,她和唯一的儿子无话可说。即使在她死去的那天夜晚,她身上背着食物急匆匆地赶回家去,也是为了那群牲畜。

她死在森林中的空旷地里,甚至在她死后,还在继续喂着那群牲畜!

你看事情可能就是这样,那天晚上我们回到家时,哥哥讲述了这件事,母亲和姐姐坐在一旁听,我认为他没有讲到点上。他和我那时候都太小了,一件如此完整的事情必然有它的奇妙之处。

我并不打算强调那个要点。我只是解释一下当时和从那以后我为什么一直不满意。我所要说的只是,也许你会明白,为什么我非要把这个简单的故事又说了一遍。

(选自《舍伍德·安德森短篇小说选》,中央编译出版社 2012 年版)

导 读

美国小说家舍伍德·安德森(Sherwood Anderson, 1876—1941)作品的一个突出特点就是他与普通人的认同感以及由此表现出的同情。他以一种充满爱的同情来写处于社会下层人的苦难。但他并没有在此止步,而是把他们的苦难当作生存意义的根基来领悟。和同样写下层女性的作品——比如福楼拜的《一颗纯朴的心》、鲁迅的《祝福》——比较起来,《林中之死》没有成为某种人生哲学的图解,也穿透了意识形态的笼罩而获得了一种形而上的意味,写得美,写得通透;而当作者把其创作过程也一并和盘托出时,这篇小说同时也成了关于写作活动的意义的小说。

《林中之死》存在着多层意义空间。小说展示了农村女性那沉默而动人心魄的苦难,以及对待苦难的坚忍态度。小说中有很多地方暗示老妇人的遭遇和命运具有一种普遍性:"所有的乡村和小镇都能见到这样的老妇人","她是一个几乎没人认识的无名妇人中的一个"。这些暗示给小说中的想象世界抹上了一层大地般宽广的苦难底色。

小说还以一种象征的方式展示了文明与自然、世界与大地之间的冲突。小说的美就在这种冲突中发生,并在作品中得到保存。小说中的那个"袋子"就是文明的象征,也是老妇人用全部生命建立起来的"世界"的象征。它既是人的生存的标志,又意味着"重负"。狗处在自然与文明、大地与世界之间。在大地神秘氛围的诱引下,它们向野性复归，用神秘的圆形奔跑为老妇人的死举行了一个隆重的原始死亡仪式。它们撕去了老妇人背上的袋子，为她卸去了文明的重负。老妇人最后被狗们拖到林中空地里裸体死去，意味着她向原始生命的还原。"林中空地"就是小说中世界与大地、文明与自然互相冲突、互相彰显的场所。"世界"就是面对沉默无言的大地的一种建构性力量。在小说的故事层面，老妇人就是这种力量；在叙述者所面对的生活"底本"层面，这篇小说就是这种力量，它显示了存在的真，并把真升华为一种让人心动的美。

在小说的最后，叙述者表示自己之所以"被迫"把这个简单的故事再讲一遍，是因为不满意这个故事曾被讲述的方式。但叙述者并不认为现在的他讲述这个故事的方式已经抓住了"要点"。相反，他强调，相对于有着无限丰富的意义（或者从另一种角度看来根本没有什么意义）的生活的"底本"，相对于每一件"如此完整的事"所独具的"自己的美"，任何人为构建的"世界"，任何一个"叙述版本"，都是让人"不满意"的。因此，必须"再讲一遍"，然后，"再讲一遍"，一点一点地接近那个不可捉摸的事件的核心。（赵山奎）

延伸阅读

福楼拜.一颗简单的心.三故事.刘益庚，译.北京：人民文学出版社，1982.

鲁迅.祝福，彷徨.北京：人民文学出版社，1973.

翻译散文

霍拉旭的版本

［加］玛格丽特·阿特伍德　张璐诗 译

暂且摒弃你的幸福，屏息忍痛活在这苛严的世上，讲我的故事……

这些是哈姆雷特对我说的最后的话。呃，几乎是最后的。当时我不知道这并不是请求而是命令——其实，是个机智地拐弯抹角的诅咒。我注定了将一直活下去，直到我当真讲了这个故事。也因此你现在就读着我所说的话，就在这期报纸上，今天。

没错，是霍拉旭在说话：友人、心腹、耐心聆听的耳朵，欢宴上永远的旁观者，庞然杀戮中的调解人。我得说，我在艾尔辛诺事件那次尽全力当了一次丑角。我倾听哈姆雷特不时满载疯狂的滔滔不绝；我掏出同情；我尽量提供明智之见。可最终我总得收拾毫无体恤的烂摊子。

说收拾也不确切：应该说包裹起来。我本应将事情真切地记下，照着它们发生时的原样，尽管这会让哈姆雷特显得闪闪发光，那种映在每一个主角身上的光。我希望在这些事件里绞出诗句，那将全是黑暗的诗句。也许我还可以加上些关于人类现状的哲思。我还希望能给故事想出一个合理的解决方案。

但故事到底是怎样的呢？那是个复仇记，这点比较清晰。一段冤孽曾经发生，或似乎发生过。哈姆雷特说过，我记得是这样的："唉，倒霉的我却要负起重整乾坤的责任，"或类似这样的话。可是，乖僻寡断加上莽撞的行动，即使就按当时任意列下的勇士标准来看，他最终还是杀死了比该杀的更多的人。

就我在这太过漫长的生命历程中的观察，这样的事经常有。哈特菲尔德斯家族与麦克凯斯家族之间，互相攻击，无休无止，直到两败俱伤。国家之间也很相似。"错上加错不可能成就正义，"当我故意站在这些小、中、大规模的复仇事件的火线之内，经常会这么说，但几乎没人听得进我的话。他们只能想到以牙还牙。以头颅还头颅，以炸弹还炸弹，以一城换一城。人类——就我的观察——全都是狂热的记分者，由于求胜心切，他们总在追求要比他人更好。

不好意思，不是比他人好，是比他人多。

我的开头还比较顺利。我找到了一张新的羊皮纸,磨好了墨。从前有个正义善良但特别拧巴的王子叫哈姆雷特,我写道。可这么写似乎不大好。于是我又想,要不就当一个剧本写吧。艾尔辛诺。城堡前面的一块平地,我写道。然后就又枯竭了。

麻烦的是,我开始想起了故事背后的故事,也就是说,不是克劳迪斯杀死了老哈姆雷特,而是老哈姆雷特先谋杀了另一个名叫福丁布拉的国王。呃,也不算真是谋杀:是在一场战役中杀了人家,并就此掌控了福丁布拉的一方领土。而小哈姆雷特一切谋划的结局却是他也以死告终,因而福丁布拉二世得到了一切——不仅是他父亲失去的领土,还包括了哈姆雷特所有的领土。

因此,如果说这是个复仇记,那也是个古怪的复仇。唯一从中捞到好处的人,事情却从头到尾与他无关。我注意到,这样的事也很常见。也许,与其说这是一个复仇者的悲剧,哈姆雷特世家的故事讲的是潜意识的罪疚——哈姆雷特意识到哈姆雷特家族做了对不起福丁布拉氏族的事,便以惊天动地的自毁方式,除掉自家亲族,勾销了遗产。

当我咬着鹅毛笔深思的当儿,几打光阴就过去了。忽然跳出了个英国剧作家,决心要把这场纷扰再捅个沸沸扬扬。我气愤——他那时甚至还不在人世,就往里添油加醋了一堆他怎么也不可能了解的事儿。要是他来找我,我还会帮他纠正;可他没找我,就自先出版了。他窃取了我的素材,润色了我的声音,还利用了一出跟他真没关系的人间悲剧。

不管怎么说,他的戏也太冗长了。

我自个儿的写作障碍越来越大。哈姆雷特家喻户晓的优柔寡断落到了我身上,我竟也开始提出高难度的问题。为何是我?我为何非得去写哈姆雷特的故事?为何不是写我自己的故事?可确实,也真没多少情节跟我有关系。但仔细想想,难道跟哈姆雷特有关的就很多吗?那时正值十七世纪,奥立佛·克伦威尔正掀起暴乱,而查理一世已被砍了头,成千上万的士兵与老百姓遭遇了悲惨残忍的死亡,尸体上露出伤痕累累的肠子,头颅挂在木柱子上。这种场面我亲眼见得多了,对比起来,丹麦法庭上横放的几具砍伤累累、被溺过水、下过毒的尸体,对我来说怎么也算不上触目惊心。

然而我不再想讲哈姆雷特的故事。我想说一个更——怎么说的?人性,还是不人性?一个更宏大的故事,但过了一段时间以后数据就变样了。我们没有计划过要登记超过一百具以上的尸体,可如今它们成堆成堆地摞着,简直成了最瞩目的情景。

所以我还是回到了关于个体的故事。我可以告诉你,我哪儿都去过了。法国大革命、恐怖统治、奴隶贸易、西班牙内战、澳大利亚、古巴、北美、非洲、墨西哥、俄罗斯、越南、中东、柬埔寨——你能叫出名字的,我都在场亲历过。我有时是货品小贩,有时是被派去送信的,有时是中立的旁观者,有时是施援者;最近我一直在给报社效力。我与饥荒的受害者、战争孤儿、大屠杀的幸存者、被强暴者,还有上述这一切的始作俑者,都做过对话——形形色色的人们,带着干净或肮脏的双手。

你听说过非正义收纳吗？那正是我如今的方向——成为一名非正义收纳员。这跟税收工作者一样，只不过非正义被收纳后，除了尽可能将其传播出去之外，你无可作为；尽管有时候一味告诉人们这一类的故事会激起怒火，从而衍生出别的非正义行为。不过，经历了四个世纪之后，我觉得我已准备好要开腔了。我要告诉大家，现在，在这个地球上，一切到底是怎么回事。我终于做好了开始的准备。

你们可以听到奸淫残杀、反常悖理的行为、冥冥中的判决、意外的屠戮、借刀杀人的狡计，以及陷人自害的结局。

这一切我都可以确确实实地告诉你们。

（选自《帐篷》，南京大学出版社 2008 年版）

导 读

玛格丽特·阿特伍德(Margaret Atwood)1939 年生于加拿大渥太华，曾任加拿大作协主席，哈佛大学文学硕士，著名小说家、诗人和评论家，已出版包括长篇小说《女仆的故事》《别名格雷斯》《佩涅罗佩纪》《盲刺客》在内的作品 30 余部。《霍拉旭的版本》是 2006 年出版的虚构性随笔集《帐篷》中的一篇。

《霍拉旭的版本》可看做对莎士比亚不朽之作的一个充满智趣和想象力的评注。在文献堆积如山的《哈姆雷特》解读史上，霍拉旭曾一度成为关注的中心。这个人物的名字(Horatio)中包含着演讲者(orator)和理性(ration)的意思，但在剧中的大部分时间里，他是一个沉默的倾听者，是戏剧秘密的耳朵。他是哈姆雷特唯一忠实的朋友，而这个朋友在引领他见了鬼魂后，就成了一个若隐若现的影子了。在“戏中戏”一场之后，他直到在舞台上朗读哈姆莱特的书信时才实质性地出现。最后他被哈姆雷特说服放弃自杀，只是因为临终的哈姆莱特需要他的叙述声音来讲述他的“故事”……阿特伍德的版本就从这个“脱了节”的时间空档中斜插了进来，霍拉旭刚开了头的故事以及文学经典的生命同时得以延续。

如同戏中戏(其实更像是“戏外戏”，霍拉旭最近的身份是个报社记者)，阿特伍德的版本也可以看作是“假戏真做”。既然是“真做”，就不妨认真考察一下她笔下的霍拉旭为何觉得下笔写作关于哈姆雷特的故事的“难度”越来越大。

“奸淫残杀”看来将是开腔后的霍拉旭所讲的第一个故事，但他如何能够真实地讲述这个故事呢？第一个讲述这个故事的是自称为老哈姆雷特的鬼魂的那个形象。但要相信他所讲述的故事，我们就得面对巨大的理解上的困难。这个鬼魂说：“当我按照每天午后的惯例，在花园里睡觉的时候，你的叔父趁我不备……”俨然是自己遇害过程的目击者。但严格地说，这一事件的见证需要另一个鬼魂或鬼魂视角，因为此时讲述那个事件的鬼魂在它还不是鬼魂的时候正在睡觉。更难以理解的是：“那药性发作起来，会像水银一样很快地流过了全身的大小血管，像酸液滴进牛乳般地把淡薄而健全的血液凝结起来；它一进入我的身体里，我全身光滑的皮肤上便立刻发生无数疱疹……”这个视角不但看到外表，还能像内视镜一样透视身体的内部进程。接下来鬼魂的话就更值得玩味了：“我在睡梦之中，被一个兄弟同时夺去了我的生命、我的王冠和我的王后……”难怪第一个听到这个故事的哈姆雷特惊呼：“时间脱节了……”

“时间脱节”的时刻就是“思接千载”和“视通万里”的启示时刻。可以说，通过让霍拉旭成为超越时空局限的鬼魂般的视角，阿特伍德得以解决霍拉旭的困境，讲述了霍拉旭版本的哈姆雷特故事以及我们身在其中的世界历史的故事。（赵山奎）

延伸阅读

莎士比亚.哈姆莱特.朱生豪，译.南京：译林出版社，2018.

《葛特露的反驳》

什么是自由教育

[德] 列奥·施特劳斯　一行 译　魏朝勇 校

自由教育是在文化之中或朝向文化的教育，它的成品是一个有文化的人(a cultured human being)。“文化”(*cultura*)首先意味着农作：对土壤及其作物的培育，对土壤的照料，以及按其本性对土壤品质的提升。在派生性上，“文化”现今主要意味着按心灵的本性培育心灵，照料并提升心灵的自然禀赋。正如土壤需要它的培育者，心灵需要老师。但老师的产生可没有农夫那么容易。老师自己是学生且必须是学生。但这种返回不能无限进行下去：最终必须有一些不再作为学生的老师。这些不再是学生的老师是伟大的心灵，或者为了避免在如此重要的事情上的含糊其词，可说是最伟大的心灵。这些人实乃凤毛麟角。我们不可能在课堂遇到他们任何一位，我们也不可能在其他地方遇到他们任何一位。一个时代有一位这样的人活着，就已经是一种幸运了。实际上，无论学生的精通程度如何，他们都只能通过伟大的书来接近不再是学生的老师，接近最伟大的心灵。因而，自由教育在于以特有的小心(with the proper care)，研读最伟大的心灵所留下的伟大的书——在这种研读中，较有经验的学生帮助经验较少的学生，包括初学者。

这并非一项易事，如果我们考虑一下我刚才提到的程式，它似乎如此。那程式需要一个长长的评注。许多生命已经并仍将消耗在写作这些评注之中。例如，说伟大的书应该“以特有的小心”去研读是什么意思呢？此刻，我只提一个对你们任何人都很明显的困难：最伟大的心灵在的主题上并不全都告诉我们相同的东西；分歧乃至各式各样的分歧撕裂了伟大心灵们的共同体。不管这种情形可能招致怎样更多的后果，但它无疑导致了自由教育不能仅仅是灌输。我还要提另一个困难。“自由教育是在文化之中的教育”。在什么文化中？我们的回答是：西方传统意义上的文化。然而，西方文化只是诸多文化之一种。把我们自己限定在西方文化，我们不是宣称自由教育不该变成一种狭隘主义吗？而狭隘主义难道不是与自由教育的自由主义理念、宽宏、心灵开放性无法共容吗？我们的自由教育观念似乎不适合这样的时代，即它意识事实上没有人类心灵的文化(the culture of the human mind)，却存在着品类繁多的文化。显然，文化若允许用作复数，就完全不同于作为单纯之物(singulare tantum)的文化，后者只能用作单数。像人们所说的，文化现在不再是绝对的，而已成为相对的。很难说清可用作复数的文化到底是指什么。作为这种含混性的结果，人们已经或明或暗地表示，文化是任一人群的共同行为模式。于是，我们毫不犹豫地谈论郊区居民风俗文化或少年帮派文化，既有合法的也有非法的。换句话说,任何疯人院之外的人都是文化的人,因为他参与了文化。在尚待开发的研究领域,就出现了至于疯人院中的病人是否也有文化的问题。如果我们对比“文化”一词的当前用法与其原初意义,就好像有人会说,花园的培育可以由这样一个花园构成,里面是乱扔一地的空锡罐和威士忌酒瓶,以及随手丢弃的形形色色的废纸。尽管到了如此地步,但我们认识到我们已不知何故地迷失了道路。因而,让我们以这样的提问重新开始:此时此地,自由教育能意味着什么?

自由教育是某种读写的(literate)教育:某种在文字(letters)之中或通过文字进行的教育。没有必要举例说明这种读写教养;每一位选民都知道,现代民主制与之共浮沉。为了理解这种需要,我们必须反思现代民主制度。什么是现代民主?据说,民主制是一种与德性相辅相成的政体:它是一种在其中所有或绝大多数成年人都禀有德性的政体,并且,既然德性要求智慧,它就是一种在其中所有或绝大多数成年人富于德性和智慧的政体,或是一种在其中所有或绝大多数成年人理性高度发展的社会,亦即理性社会(the rational society)。简言之,民主制意味着一种扩展为普遍贵族制的贵族制。现代民主制还没有产生之前,对如此理解的民主制是否可能的疑问就已出现了。正如民主理论家中两位最伟大者之一所说的,

> 如果存在一个由诸神构成的群体,它的确能民主地统治它自己。但如此完善的统治却不适于人类。

这一安静而轻微的声音今天已变成了大功率的扩音机。

这里有一门完整的科学——政治科学,我是它成千的教授者之一——可以说,其主题不过是将民主的原初概念或可称为民主的理念与如其所是的民主加以比较。在一种极端观点、亦即这一专业中的主流观点看来,民主的理念只是纯粹的幻想,唯一有意义的是诸种民主制的行为和民主制中人们的行为。与普遍贵族制迥异,现代民主将会是一种大众统治(mass rule)——倘若不是由于存在下面的事实的话:大众并不能进行统治,反倒受治于精英、即那些无论出于何种原因处在上层或有很好的机会升到上层的人组成的群体。就大众而言,民主平稳运作的最重要的德性之一,据说是选举冷漠,亦即公共精神的匮乏;那些只读报纸体育版和滑稽版的市民,的确不是地上的盐,倒是现代民主制的盐。民主因而的确不是大众统治,而是大众文化。大众文化是这样一种文化,它被没有任何智识和道德努力的最低劣的能力所占据,并是极为廉价地占据。但即便是大众文化且恰恰是大众文化,需要所谓新观念的事物的不断支持,这些新观念是那些所谓有创意的人的产品:连歌曲广告都会失去吸引力,如果它们不随时更新的话。但是,民主即使只被当成保护柔软的大众文化的硬壳,从长远来看,仍然需要要一些完全不同的品质:一种献身、一种专注、一种辽远、一种深邃。于是,我们很容易懂得,在此时此地自由教育意味着什么。自由教育是大众文化的解毒剂,它针对的是大众文化的

腐蚀性影响，及其固有的只生产“没有精神或远见的专家和没有心肝的纵欲者”的倾向。自由教育是一架阶梯，凭借这阶梯，我们可以努力从大众民主上升至原初意义上的民主。自由教育是在民主大众社会里面建立高贵气质的必要努力。自由教育呼唤着大众民主中那些有耳能听的成员，向他们呼唤人的卓越。

可能会有人说，自由教育的观念仅仅是政治性的，它教条地假定了现代民主制的美好。难道我们就不能不依傍现代社会？难道我们就不能回归自然、回归到文字出现以前的部落生活？我们不是被那些成堆的印刷品——它们是如此众多的美丽而雄伟的森林的坟墓——弄得破碎、恶心和退化吗？说这种想法仅仅是浪漫主义，说我们今天不可能回归自然，是不够的：难道将来的世代，在一场人为的大灾变之后，就不会被迫生活在未开化的部落中？我们关于核战争的想法难道就没有受这种预见的影响？显然，大众文化的可恶之处（其中包括对整个大自然的旅游观光）使回归自然的愿望变得可以理解。一个未开化的社会，就其最好状态而言是由古久的祖传习俗支配的社会，那习俗追溯原初的创建者、诸神、诸神之子或诸神的学生；既然这样的社会还没有文字，后来的继承者就不能直接与原初的创建者相联系；他们也无法知道，自己的父辈或祖父辈是否没偏离原初创建者的意图，是否没有用仅仅人为的损益去毁损神圣的消息；因此，一个未开化的社会无法前后一贯地按其“最好即最古老”的原则去作为。只有创建者留下文字，才使他们向后来的继承者直接说话成为可能。因此，企图回到未开化状态是自相矛盾的。我们被迫与书一起生活。但生命太短暂，以至于我们只能和那些最伟大的书生活在一起。在此，正如在其他方面一样，我们最好从这些最伟大的心灵中选取一位作为我们的榜样，他因其共通感（common sense）成为我们与这些最伟大的心灵之间的那个（the）中介。苏格拉底从不写书，但他读书。让我引证苏格拉底的一段论述吧，它几乎谈到了与我们的主题相关的所有应被提及的事情，而且带着一种古人特有的高贵的单纯和宁静的卓越。

> 就像别人被一匹良马、一条好狗或一只灵鸟取悦那样，我自己则因好朋友们而获得更高的快乐……古代的贤人们通过将它们写进书中而遗留下来的财富，我与我的朋友们一起开启它并穿行其中，而且如果我们发现了什么好东西，我们就把它挑出来，并当作一次丰盛的收获，倘若我们因此而能相互促益的话。

传扬这段话的人添加了评论：

> 当我听到这些时，对我来说，不仅苏格拉底受到祝佑，他还将那些倾听他谈话的人引向了完美的高贵气质。

但这个传言有缺陷，因为它没有告诉我们任何相关的事情，即苏格拉底如何对待古代贤人们的书中的那些他无法判断其优劣的章节。从另一则传言中，我们知道，欧里庇得斯有一次将赫拉克利特的著作送给苏格拉底，并问他对这本著作的意见。苏格拉底说：

> 我已经理解的部分是卓越而高贵的；我相信我所不能理解的部分同样如此；但为了理解那本著作，一个人肯定需要成为某种专门的潜水者。

作为对完美的高贵气质和对人的优异的培育，自由教育在于唤醒一个人自身的优异和卓越。自由教育通过何种道路和方式唤醒我们身上的人的卓越呢？我们无法太充分地思考自由教育注定是什么。我们听说过，柏拉图认为教育在最高的意义上就是哲学。哲学是对智慧的探求，或对关涉最重要、最高或最整全事物的知识的探求；柏拉图表明，这种知识就是德性和幸福。但是智慧难以达于人，所以德性和幸福总是不完美。尽管如此，哲人并非像所指的那样极为智慧，但还是被宣称为唯一真正的王：哲人被宣称最高程度地拥有人类心灵能够具备的一切优异。由此，我们必须得出我们不能成为哲人的结论——我们也无法获得这种最高形式的教育。我们一定不能被我们经常遇到的一些自称哲人的人这一实情给骗了。因为那些人采用了一个可能是行政便利所必需的模糊表达，他们通常不过是说他们是哲学系的人士。但期待哲学系的人成为哲人，如同期待艺术系的人成为艺术家一样的荒谬。我们不能成为哲人，但我们可以热爱哲学；我们可以努力进行哲学化思考。这种哲学化思考首先且主要地在于倾听伟大哲人之间的交谈，或者更普遍更审慎地说，在于倾听最伟大的心灵之间的交谈，因而也在于研读那些伟大的书，我们应当倾听的最伟大的心灵决不只是西方的最伟大的心灵。阻碍我们倾听印度和中国的最伟大心灵的东西仅仅是一种令人遗憾的贫乏：我们不懂他们的语言，而且我们不可能学习所有的语言。

再重复一遍：自由教育在于倾听最伟大的心灵之间的交谈。但这里我们面临着一个不可抗拒的困难，即这一交谈没有我们的帮助就不会发生——事实上我们必须促成那交谈。最伟大的心灵们在独白。我们必须把他们的独白转换为对话，使他们"肩并肩"进入这一"聚会"。甚至在写作对话时，最伟大的心灵也仍在独白。当我们看看柏拉图的对话录时，我们发现在最高等级的心灵中间从来没有对话：所有的柏拉图式对话都在一个较高者和次于他的人们之间进行。柏拉图显然感到人无法写出两个最高等级的人之间的对话。于是我们必须去做某些连最伟大的心灵都不能做到的事情。让我们直面这一困难——这困难过于巨大，以至于自由教育看来是荒谬的：既然最伟大的心灵们在最重要的事情上彼此相互矛盾，他们就迫使我们去裁决他们的独白；我们不可能相信他们任何一人所说的东西。另一方面，我们不能不注意到，我们并不胜任做这种裁决者。

大量肤浅的错觉让我们看不见这一事态。不知何故，我们竟相信自己的观点比那些最伟大的心灵的观点更高、更优越——或者因为我们的观点是我们时代的，而我们的时代由于迟于最伟大的心灵们所属的时代，所以能够被假定为优越于他们的时代；或者还因为，我们相信他们中的每一位就其观点而言是正确的，但并非像他所声称的那样是绝对的正确：我们知道，并不存在完全真实的实质性观点，只存在一个完全真实的形式性观点；这个形式性观点在于一种洞察，即任何全面的观点都与特定的视角(perspective)相关，或者说，所有全面的观点都是彼此排斥而没有一个完全真实。使我们看不见真实境况的肤浅的错觉可以全部归结为：我们是，或能够是，比过去最智慧的人更聪明。于是，我们被导向这样的角色：不是成为专注和温良的倾听者，而是成为指挥或驯狮员。但我们仍必须面对让我们敬畏的境况，这种境况肇生于一种必要性(necessity)，即我们要努力成为更加专注和温良的倾听者，也就是裁决者，然而我们尚不能胜任这一角色。对我来说，这一境况的原因是我们失去了所有我们能够信任的完全权威的传统，丧失了给我们以权威性引导的习俗(nomos)，因为我们直接老师以及老师的老师们相信，一个完全理性的社会是可能的。在这里，我们每一位都被迫用自己的力量寻找方向，无论这些方向可能有怎样的缺陷。

除了其固有之物外，我们不能从这一活动中获得其他安慰。哲学，我们已经知道，必须谨防希望成为有启示性的东西——哲学只能是一种内在的启示。只有经常地理解一些重要的事物，我们才能发挥自己的理解力，这一理解活动可伴以对理解的领会、对理解的理解、对认知的认知(noesis noeseos)，而且这是如此优越、如此纯粹、如此高贵的一种经验，以至于亚里士多德把它归之于上帝。这种经验完全不依据于我们主要理解的事物是令人愉快还是令人不快，美丽抑或丑陋。它使我们认识到，所有的恶在某种意义上都是必然的，倘若我们想要理解的话，它使我们能以上帝之城的好公民的精神接受降临于我们身上的恶，而且很可能是让我们心碎的恶。在意识到心灵的尊严的同时，我们也意识到人的尊严的基础以及世界的善。不管我们认为这个世界是创造的还是非创造的，它都是人类的家园，因为它是人类心灵的家园。

作为与最伟大心灵们的不断交流，自由教育是一种在最高形式的温顺(modesty)中的煅炼——虽不能说这温顺就是谦卑(humility)。同时，自由教育是一次勇敢的冒险：它要求我们完全冲破智识者及其敌人的名利场，冲破这名利场的喧嚣、浮躁、无思考和廉价。自由教育要求我们勇敢，这意味着决心将所接受的观点都仅仅当成意见，或者把普通意见当成至少与最陌生和最不流行的意见一样可能出错的极端意见。自由教育是从庸俗中解放出来。古希腊人关于"庸俗"有一个绝妙的词：他们称之为apeirokalia，形容缺乏对美好事物的经历。自由教育将赠予我们对美好事物的经历。

(选自《古典传统与自由教育》，华夏出版社2005年版)

导　读

列奥·施特劳斯(Leo Strauss，1899—1973)生于德国一个犹太家庭，先后在马堡大学等四所大学学习哲学、数学和自然科学，1924年获哲学博士学位。20世纪30年代初赴法国和英国研究霍布斯，1938 年流亡美国，1949 年受聘于芝加哥大学政治系直至退休。施特劳斯去世前并非声名显赫的学界名人，去世之后，逐渐被认为是“当今美国政治哲学中最具影响的人物之一”。主要著述有《迫害与写作艺术》《城邦与人》《犹太哲人与启蒙问题》《苏格拉底与阿里斯托芬》等。施特劳斯坚持以哲学化的思考来批判现实，坚持从西方古典的视野来全面审视和反思西方现代性问题；鉴于现代性也是自 19 世纪末以来我们身不由己地纠缠其中的语境，施特劳斯的思考方式或许也能为我们理解自身的问题提供参照。

《什么是自由教育》(What Is Liberal Education)一文是斯特劳斯在 1959 年 6 月 6 日在芝加哥大学“成人自由教育基本项目”第十届毕业典礼上对毕业生的讲演。在讲演的开头其实还有一段在后来正式出版的文本中被拿掉的话。他首先向毕业生表示祝贺，同时也觉得有“义务”对其进行一番“告诫”；这告诫令人“绝望”，但“你们”刚刚获得的自由教育将能够避免这一“危险”。

但面对他所提出的自由教育，却很难不令我们感到绝望——若理解并认同其观念的话。他所说的“自由教育”显然不是我们通常理解的“通识教育”或“博雅教育”，不是各类“导论”“赏析”和“概观”——这些大约相当于他所说的“空锡罐和威士忌酒瓶，以及随手丢弃的形形色色的废纸”之类；或许，在他看来此类教育倒正是向着“名利场”的教育，是满足虚荣心的教育。而他所推荐的“自由教育”尽管看似触手可及(也就是“研读最伟大心灵留下的杰作”)，似乎又是难以实现的，甚至是危险的——撕裂了“伟大心灵们的共同体”那些“各式各样的分歧”，难道不会更可怕和彻底地撕裂我们的心灵，让我们“心碎”？最让人绝望的是，他最后向我们描述的那种“如此优越、如此纯粹、如此高贵”的经验，也就是经历“自由教育”的经验，其最终结果竟然是“使我们认识到，所有的恶在某种意义上都是必然的，倘若我们想要理解的话”……所有这些理解上的困难，几乎都用得上他在讲演中使用的一个例子：为了理解这篇讲演，“一个人肯定需要成为某种专门的潜水者”。

但绝望也是一种“锻炼”，能同时激发起我们内在的谦卑和勇气。或许正如他所说，自由教育只是“内在地”教导或只在内在的意义上有教导意义。经历自由教育是从庸俗中的解放，这种解放将超越自由与庸俗的简单对立；如同 apeirokalia 这个绝妙的词所暗示的，庸俗不是实体，庸俗只是作为实体的美好之缺乏。无论如何，这篇伟大心灵的独白本身就是一个中介，对它的阅读将为我们提供一次美好的经历。(赵山奎)

延伸阅读

色诺芬.回忆苏格拉底.吴永泉，译.北京：商务印书馆，1984.

《理想国》

漫步之二

［法］让-雅克·卢梭　徐继增 译

我处在任何凡人所不能经历的最奇特的处境中。自从我计划要把我的心灵在这种处境下的常态记录下来之后，我发现要从事这样一项工作，最简单最可靠的办法莫过于在我让我的头脑无拘无束、让我的思想纵横驰骋时，把我独自进行的漫步以及漫步时涌上心头的遐想忠实地一一记载下来。在一天当中，只有在这孤独和沉思的时刻，我才充分体现我自己，自由自在地属于我自己，能毫不含糊地这样说自己正是大自然所希望造就的那种人。

我不久就感到，执行这个计划已经为时过晚。我的想象力已经不再那么活跃，不能再象过去对某一对象沉思默想时那样迸发出火花来了，也不再能沉醉于遐想的狂热之中了；我的想象力的产物已是回忆多而创造少；一种疲惫之感使我的一切智能都变得软弱无力；生命之火在我心中慢慢熄灭；我的心要挣脱它的包膜已经不是那么容易；而我感到我有权向往的那种境界已完全无望达到，今后也只能是在回忆中度日了。因此，为了在暮年到来之前对有关自己之事作一次沉思默想，我至少得回顾几年已逝的岁月，回到那此生已失去一切希望、在这块大地上已找不到可以哺育我心的养料的时光——正是在那时，我才慢慢习惯予以我的心自身来哺养它，就在我自己身上搜寻它的全部养料。

这个来源，虽然我发现得已经太晚，却是非常丰富，马上就使我对一切都得到补偿。省察内心这种习惯终于使我丧失对自己苦难的感受，甚至是对它的回忆；我这就亲身体会到真正的幸福的源泉就在我们自己身上，要想把懂得怎样追求幸福的人置于真正可悲的境地，那真是非人力之所及。四五年以来，一颗对人怀有深情的温柔的心在沉思之中所得的欢畅，我是经常尝到的。我有时在独自一人散步时体会到的那种欣喜若狂、心旷神怡的境界，是一种应该归功于我的迫害者的享受：要是没有他们，我就永远发现不了、也认识不到在我自己身上的这一宝藏。在如此丰富的资源当中，怎样去作一份忠实的记录呢？当我想回顾这么多甘美的遐想时，结果是无法把它们记录下来，反而又一次陷入这样的遐想之中。这种境界是通过回顾得来的，而当你完全不能感知这种境界时，你也就无从认识这种境界了。

在决心写《忏悔录》续篇后我进行的那些漫步中，对这样的效果我深有体会，特别是在下面要谈的那一次。在这次漫步中，一次意外事故打断了我的思路，一下把它导向了另一方向。

一七七六年十月二十四日是个星期四，我在午饭后沿着林荫大道一直走到绿径街，然后走上梅尼孟丹山岗，从那里踏上穿过葡萄园和草地的小径，直到夏罗纳村，饱赏这两个村庄之间的明媚风光；然后我绕了一个弯，从另外一条路回到那片草地。美丽的景色总激起我极大的喜悦和乐趣，我也正是这样兴高采烈地穿越这片草地，不时停下来注视绿丛中的花草。我忽然发现了两种巴黎近郊很少见到的品种，而在这一带却非常茂盛。一种是菊科的毛连菜，一种是伞形科的柴胡。这一发现使我深感兴趣，欣喜若狂，结果又发现了一种更罕见的品种，特别是在地势较高的地方难得见到的品种：水生卷耳。尽管当晚发生了事故，后来我还是在随身携带的一本书里找到了它，就把它收进我的标本集里。

此外那里还盛开着好几种花，虽然它们的外形和科目是我所熟悉的，然而我还是饶有兴趣地仔细看了一番，然后慢慢结束这局部的观察，开始品味这整个景色给我留下的同样愉快而且更加感人的印象。葡萄的收摘已经结束好几天了；城里的游客已经回去；农民也正离开田地，要到冬季的农活开始时再回来。田野依然一片翠绿，明媚宜人，但有些地方的树木已开始落叶，显得有点冷落，展现出一种荒凉和冬天临近的景象。田野的景色给人既甘美又悲凉的印象，这跟我的年龄和命运太相似了，怎能使我不触景生情？我自己也正处在清白无辜而命途多舛的一生的晚年，胸中充满了强烈的感情，心上虽还有着几朵花儿作点缀，然而已被悲哀摧残得凋谢、被苦难折磨得枯萎了。孑然一身，举目无亲，我已经感到初霜的寒冷，我那行将枯竭的想象力已经无法照我的心愿去设想会有人来伴我度过这孤寂的余生。我不禁长叹：在这世上我到底做了些什么？天之生我本是为了要我活下去，然而我却没有生活过就要去死了。这至少不是我的过失，我要奉献给我的生命的创造者的礼品，虽然不是人们没有让我去做的善举，但至少是些遭受挫折的善意，是健康然而未曾生效的感情，是经受了人们蔑视考验的耐心。想到这里，我的心平静下来了；我把我的心灵的活动回顾一番，从童年直到成年，从被剥夺跟他人的交往直到现在这行将就此了此余生的隐退生涯。我满怀喜悦地追忆发自我心的一切感情，追忆它那如此亲切而盲目的眷恋之情，回顾几年来在我头脑中产生出来、予我以慰藉甚于悲哀的那些思想；我准备对所有这一切都进行充分的回顾，以便怀着与追思时同样喜悦的心情把它们记载下来。这个下午我就在这样宁静的沉思中度过，而正当我庆幸这一天没有虚度而准备回家时，却被下面要说的这件事把我从遐想中召回。

大约六点钟光景，我正从梅尼孟丹山岗下来，走到差不多正对风流园丁酒店的地方，走在我前面的几个人突然闪开，只见有条高大的丹麦狗在一辆马车前飞奔，向我扑来。当我瞧见它时，它已来不及刹住脚或拐向一边。这时我想，要想不被它撞倒在地，惟一的办法就是腾空一跃，让狗在我还没着地之前就穿过去。这个念头来得比闪电还快，既没时间多想，也没时间照办，只是事故之前的最后一念罢了。直到我苏醒过来以前，我既没感到被狗撞着，也没感到自己倒下，后来的事也就一无所知了。

当我恢复神智时，天差不多已经黑了。我发现自己正在三四个年轻人的怀抱里，他们把刚发生的事对我讲了。那条狗控制不了它的飞奔，撞上我的双腿，以它的重量和速度，撞得我头朝前跌倒在地；上颌承受着全身的重量，碰在十分崎岖不平的路面上，而那里正是下坡，脑袋比双脚跌落的位置还低，跌得也就更重了。

那条狗的主人的马车紧接着就跟上来了，要不是车夫及时勒住缰绳，可能就要从我身上压过去了。这些就是把我扶起来，当我醒来时还抱着我的那几个人对我说的。在我醒来的那一刹那间我所见到的情景是如此奇异，这里便不能不说上几句。

天越来越黑了。我看到了天空、几颗星星以及一小片花草。这第一个感觉的一刹那真是甜蜜。我只是通过这一感觉才感到自己的存在。我就是在这一刹那间复活过来的，我仿佛觉得我所见到的一切都使我感到我那微弱生命的存在。在那一瞬间我全神贯注，别的什么都记不起来了；对自己的健康状况也没有什么清楚的意识，对刚发生的事也毫无概念；我不知道我是谁，又是在什么地方；我既感觉不到痛苦，也没有什么害怕和不安。我看着我的血流出来，就跟我看小溪流水一样，丝毫也没想到这血是从我身上流出来的。在我心底有着一种奇妙的宁静的感觉，现在每当我回顾此事时，在我所体会过的一切乐趣中我找不出任何可与之相比的东西。

他们问我住在什么地方，我却答不上来。我问他们我在什么地方，他们说是在奥特博纳路，我听了倒象是在阿特拉斯山似的。我接着问我是在哪个国家、哪个城市、哪一地区，结果还是想不起我在什么地方，直到从那里一直走到林荫大道上，我才想起我的住址和我的姓名。有位素不相识的先生好心陪我走了一段，当他知道我住得那么远的时候，就劝我到圣堂雇辆马车回去。我走得很好，步履轻盈，虽然还咯出很多血，但既不痛，也感觉不出哪儿有伤；只是冷得发颤，松动的牙齿格格作响，很不舒服。到了圣堂，我想，既然我走起来没有困难，那么与其坐在车上挨冻，还不如继续走着回去。就这样，我走完了从圣堂到普拉特里埃街间的两公里路程，既无困难，也能闪避一切障碍和车辆，所选的路线就跟我身体健康时一样。我走到了，打开临街门上的暗锁，在黑暗中摸上楼梯，走进了我的家；别的意外倒没有发生，只是最后摔倒在地上了。这一跤是怎么摔的，后来又发了什么事，当时我一点也不知道。

我的妻子在看到我时发出的尖叫，使我明白我受的伤比我所想象的要重得多，然而当晚却安然度过了，也没有觉得哪里疼痛。到了第二天才发现，上唇从里面一直裂到鼻子那里，而在外面因有皮肤保护，才没有裂成两片。四颗牙嵌进了上腭，整个上腭都相当青肿。右手的大拇指扭伤了，肿得很厉害，左手的大拇指受了重伤，左胳臂也拧了，左膝盖也肿得很厉害，挫伤使我疼痛难忍，弯不下去。尽管受了这么严重的伤，幸亏哪儿也没有折断，连一颗牙也没有碎；对摔得那么重来说，这真够幸运的，象奇迹一样。

以上就是这次意外事故的忠实记载。不出几天，这消息就传遍了整个巴黎，但经过一番歪曲篡改，结果变得面目全非。这样的篡改，原不出我之所料，但我却没想到有人会编出那么多荒唐的细节，讲了那么多捕风捉影、吞吞吐吐的话，在我面前谈起时又是那样的躲躲闪闪，这样的神秘莫测倒使我不安起来了。我一向是讨厌这种莫测高深的神秘气氛的，多少年来我身边的这种气氛使我产生的恐惧之感一直就没有消失过，现在自然更有增无已了。在当时的神种事之中，我现在只提一件，其余的也就可想而知了。

警察总监勒努瓦先生，我跟他从来没有任何联系，却打发他的秘书来打听我的消息，殷切地提出要为我效劳，而他的那些建议，我看对我的康复并没有多大好处。他的那位秘书免不了一个劲儿敦促我接受他的劝告，甚至说如果我对他不信任，可以直接给勒努瓦先生写信。这种殷勤劲儿，还有那种吐露衷情的神气，叫我看出里面必有文章，然而我又猜它不透。那次事故的发生，继之而来的高烧，使我心里本已焦急不安，即使没有这样的事也够使我担惊受怕的了。万千令人不安、使人愁肠百结的猜测在我脑海中翻腾，我对周围发生的事作出这样那样的解释。这些解释与其说是体现了一个对任何事都无动于衷的人的冷静，倒不如说是一个高烧病人的谵妄。

另外一件事又来加深我心中的不安。有那么一位多穆瓦夫人，几年来总是来找我，也猜不透是为了什么。不时送点小小的礼物，经常无缘无故登门，作些索然乏味的拜访，这些都说明她怀着什么不可告人的隐秘意图。她说起过她要写一部小说献给王后。我把我对女作家的观感对她说了。她转弯抹角地告诉我说，她写这部小说是为了重振家业，需要有人荫庇；这些，我都无可奉告。后来她又说，由于她无从接近王后，她决定把那部作品公开发表。我没有必要向她提什么忠告，因为她既没有向我讨教，而且即使我说了，她也是不会听的。她说要在发表以前把原稿送给我看看。我求她千万别这么办，她也就没有送来。

有一天，我病还没有全好，却收到了她的书[①]，已经印好了，连装订都已完成，序言里对我夸奖备至，但语言粗俗，情虚意假，矫揉造作，使我极度不快。一目了然的拙劣谄媚决不会出之于善意，这我是不至于上当的。

过了几天，多穆瓦夫人又带了她的女儿来看我。她告诉我，由于那部书的一条注解，引起了轩然大波。原先我在翻阅这部小说时却没怎么注意到这条注。多穆瓦夫人走了以后，我就注意捉摸这条注的文字，这才发现她的访问、她的奉承以及序言里的谀辞的动机何在。我想，所有这一切，其目的无非是诱导公众相信这条注出自我手，把公众可能提出的指责引到我的头上。

我毫无办法去平息风波、消除它可能产生的影响，我所能做的就是不再容忍多穆瓦夫人和她的女儿继续对我进行虚情假意、招摇撞骗的访问，免得再给风波火上加油。下面就是我写给多穆瓦夫人的便条：

> 鄙人不在舍下接待任何作家，对夫人盛情谨致谢意，并请夫人勿再枉驾是幸。

---

① 这部小说以“青年女子埃米莉哀史”为题，出版于 1777 年。

她给我回了一封信，表面上客客气气，字里行间却蕴涵着世人在类似情况下给我写的信里的同样的味道。我这是在她那敏感的心上插了一刀，从她信上的语气看来，她既对我怀有如此强烈、如此真实的感情，现在这么断绝来往，那是非死不可的了。这世上就是这样，在任何事情上表现出来的正直坦率都是可怕的罪过；在我的同代人看来，我既心地不正，又残酷无情，其实在他们心目中，我也没有什么别的罪过，只不过是不象他们那样虚伪，不象他们那样奸诈罢了。

我已好几次离家走动，甚至时常到杜伊勒里宫去散步，有一天却发现有好几个人在遇见我时现出一副不胜诧异的神色，这才看出还有一些有关我的消息，连我自己都还不知道呢。我终于打听出来了，原来谣言四起，说我已经摔死了；这谣言传得那么快，那么难以平息，就在我打听出来半个多月以后，还有人在朝廷里说这是千真万确的。有人写信告诉我，《阿维尼翁信使报》在公布这一喜讯时，还曾以向我致悼词的形式，预言人们在我死后献给我的祭品将是辱骂和痛恨。

随着这个消息而来的还有一个更离奇的情况，是我偶尔听到的，迄今无法得知其详。有人曾办理预订手续，准备把以后在我家中找出的手稿付印。我这就明白，原来有人早就准备好了一部蓄意伪造的文集，好在我死后立刻伪托是我的作品出版。如果以为有人果真会把收集到的我的手稿忠实付印的话，那就真够愚蠢的了，这是任何有理智的人无法设想的，十五年来的经验早就使我不作此想了。

这些接踵而来的事件，再加上另外好些同样令人震惊的情况，把我原以为已经麻木了的想象力又惊醒了；而大家不遗余力在我周围布下的幢幢黑影自然又煽起了我心中的惧之感。我对这一切作出万千解释，竭力想去窥透这难的谜团，结果搞得心力交瘁。这么多的谜只能产生一个结果，那就是肯定了我从前的一切结论：我个人的命运和我的名声已经被这一代人一致确定，我所作的任何努力都无法使我摆脱这一切，因为我如想把任何记录传之后代，就不能不先通过某些人之手传到当今这一代，而这些人都是蓄意要把这记录销毁的。

这次我想得更多。这么多出乎意料之外的情况，所有我那些死敌都由于命好而步步高升，所有那些执掌国家大事的人，所有那些指导公众舆论的人，所有那些身居高位的人。从所有那些暗中和我结仇的人中选出的对我进行阴谋暗害的人，他们之间的协同一致是如此异乎寻常，不可能是纯出偶然。然而只要有一个人拒绝充当同谋，只要发生一件阻挠的事，只要有一个前所未料的情况出来拦挡，就足以使这阴谋归于失败。可是所有的意志，所有的宿命，事态的一切演变却都使这些人勾结得更紧；他们那类似奇迹似的协同一致使我无法怀疑这阴谋的彻底成功是早就写在神谕上了。无论是过去还是现在看到的大量事实，都使我的这种想法得到证实，使我不能不从此把我原来认为是人的歹意的产物看成是人的理性所无法识透的上天的秘密。

这种想法，不但没使我感到痛苦心碎，反而使我得到安慰，使我安静下来，帮助我俯首听命。我不象圣奥古斯丁那样走得那么远，他认为如果自己受罚出于上帝的意志的话，也就从中得到了安慰。我的认命之所以产生，其动机确实不是那么毫无利害观念，然而却是同样纯洁，而且在我看来，更无愧于我崇拜的“完美本体”。上帝是公正的；他要我受苦受难，然而他知道我是清白的。我的信心正是由此而产生；我的心和我的理智向我高呼，告诉我我的信心决不我欺。因此，让人们和命运去做这做那吧，我要学会无怨无艾地忍受；一切都将恢复正常秩序，轮到我的那一天也迟早要来临的。

（选自《漫步遐想录》，人民文学出版社 1986 年版）

导读

让-雅克·卢梭（Jean-Jacques Rousseau，1712—1778）声名显赫，影响深远。他是“法国 18 世纪启蒙思想家、哲学家、教育家、文学家，是 18 世纪法国大革命的思想先驱，杰出的民主政论家和浪漫主义文学流派的开创者，启蒙运动最卓越的代表人物之一”。1794 年，经法国大革命后的国民议会表决，他的骨灰移葬先贤祠。在移葬仪式上，议会主席说：“我们的道德、风俗、法律、感情有了有益健康的改造，应该归功于卢梭。”

不知卢梭对这样的盖棺论定是否满意，毕竟，对于他与“我们”（据说“卢梭令好些中国文人如痴如狂地追随”）应该有一种怎样的关系，他的态度其实含混暧昧——细究起来，倒是拒绝大于引诱。在被称为“自传三部曲”的最后一部《漫步遐想录》（另两部是《忏悔录》和《卢梭评判让-雅克：对话录》）的开篇，他刻意拉开了与我们的距离：“我在世间就这样孑然一身了……他们终于在我心中成了陌生人，成了从未相识的人，成了无足轻重的人……”在卢梭笔下，由于“他们”竭力维持并不断煽动“公众”的敌意，进一步使得“他们”的这种“敌意”具有了“公众性”和世界性阴谋的性质。如何面对与他人无关的“孤独的自我”，似乎是卢梭在这部《漫步遐想录》中要处理的严峻问题。可以说，写作《遐想录》的目的之一就是完成这种“脱离”：把自己与“他们”脱离开来。卢梭想象：脱离了“他们”的他将会“安安静静地呆在深渊里”，同时又“上帝一样泰然自若”。

“漫步之二”从头开始这种“脱离行动”：这颗心将在“找不到可以哺育我的心的养料”的大地上以“我的心自身”为养料来喂养自己（这是鲁迅式“抉心自食”的浪漫主义版本吗？）。靠怎样的养料呢？不是源于作为“迫害者”的“他们”的养料（“他们”所带来的只是“苦难的感受”以及对苦难的“回忆”），而是“对人怀有的深情的温柔的心在沉思之中所得的欢畅”。令人困惑的是，这里的“他们”与“人”是什么关系？它们的化身是否分别对应下文故事里高大的“丹麦狗”和“三四个年轻人”？但狗显然并无“他们”的恶意……无论如何，悖谬的是：正是“他们”的“迫害”把我推进到了这一个“欣喜若狂、心旷神怡”的境界。

卢梭最终的困境是：“这境界无法记录”。因为这境界本来就是“回顾得来的”。写作活动作为“回顾行动”，在写作中回顾这种境界并不直接意味着“感知”和“认识”这种境界；要以写作的形式进行回顾、感知和认识，必先进入第一个“回顾”的状态中；因此，卢梭觉得自己根本“无法把它们记录下来，反而又一次陷入这样的遐想之中……”以写作的形式，卢梭清楚地呈现了一个“无法写作”的困境。

就在此时此刻，卢梭写了一个堪称为启示事件的“意外事件”，“一件始料不及的惨事”。这个事件“打断了”他的思路，也破解了他那陷入“无限回顾”之怪圈的“（无法）写作困境”，把他的遐想导向了“另一方向”：“我看到了天空、几颗星星以及一小片花草”。这件事更像是一则“道德寓言”，一个必须把自己从“遐想中召回”的决断。

也就是在此时此刻，卢梭向我们展示了他的写作技艺：他对这个事件的描写几乎精确地模仿了他在这部作品的“散步行动”：他散步散到某个境界后，“绕了一个弯”，然后从“另外一条路”回到那片草地……这“另一条路”在形式上就对应着他所寻找的“另一方向”。甚至，他还教导了一种阅读艺术：他先是饶有兴趣地“仔细看了一番”他已经熟悉的“外形与科目”，而在结束这“局部”的观察之后，他开始品味着“整个景色”留下的印象：“在我心底有着一种奇妙的宁静的感觉，现在每当我回顾此事时，在我所体会过的一切乐趣中，我找不出任何可与之相比的东西。”相形之下，“散步之五”的“顿悟”更像是这个事件激荡开来的一圈涟漪：“只有当我处于忘我的境界时，我的沉思、我的遐想才最为甜美。当我跟天地万物融为一体，当我跟整个自然打成一片时，我感到心醉神迷，欣喜若狂，非言语所能形容。”（赵山奎）

延伸阅读

卢梭.忏悔录.黎星，译.北京：商务印书馆，2005.

《忏悔录》（节选）
《再发现让-雅克·卢梭》

在中国屏风上

——哲学家

[英] 威廉·萨默塞特·毛姆　唐建清 译

这一个在我看来如此偏僻的地方，竟能发现这样庞大的一个城市，真让人感到惊奇。站在它面向落日的城楼上，你能看到西藏的雪山。城里人口众多，你只有在城墙上才能走得自由自在，一个腿脚快的人走城墙一圈要花三个小时。一千英里内没有铁路，河道很浅，只有载重不大的平底船能够安全航行。坐舢板需要五天才能抵达长江上游。在心神不安的时刻，你会自问：对生活来说，火车和轮船是否是必需的？我们每天使用这些交通工具，我们也认为是必需的；而在这儿，一百万人在成长、婚嫁、生儿育女和衰老死亡；这儿一百万人也忙碌地从事商业、艺术和思想创造。

这座城市里住着一个著名的哲学家，前去拜访是我这次艰苦旅程的心愿之一。他是现代中国儒家学说最为权威的学者。据说他能流利地讲英语和德语。他多年担任慈禧太后的一个大总督的幕僚，但如今过着退隐的生活。然而全年某个星期的几天里，他会敞开大门进行诸如切磋学问、讲授儒学的活动。他有一批门徒，但人数不多，因为比起他那朴素的寓所和严厉的训诫，大部分学生更喜欢外国大学华丽的建筑和洋人有用的科学；而在他看来，这都不值得提起，他也不屑一顾。从听到的所有情况我可以推断，他是一个有个性的人。

当我表示想拜访这位名人时，我的东道主马上答应安排一次会见；但几天过去了，一点动静也没有。当我问起时，主人耸了耸肩。

“我送去一张便条让他过来。”他说。“我不知道他为什么没有来，真是个固执的老家伙。”

我不认为以如此傲慢的方式对待一位哲学家是合适的，我也不奇怪他不理会这样的召唤。我设法给他送去一封信，用我想得出的最有礼貌的措辞问他能否同意我去拜访他，不到两个小时，我收到了回复，约定第二天上午十点钟见面。

我坐了轿子去。路似乎长得没有尽头。我经过或拥挤或冷僻的街道，最后来到一条街上，这儿安静而又空旷，在一堵长长的白墙中的一个小门前，轿夫放下我坐着的轿子。轿夫敲敲门，过了好一会儿，门上的一个小窗打开了，一双黑眼睛朝外看，随之是一番简短的通话，最后同意我进去了。一个脸色苍白的年轻人，神情委靡，衣着寒酸，示意我跟他走。我不知道他是一个仆人还是这位大师的一个门生。我穿过一个破败的院子，被引进一间狭长低矮的屋子。这儿几乎没有家具，只有一张美国式书桌、两把红木椅和两张中国式小桌子。靠墙摆着书架，上面有很多的书：绝大多数当然是中文书，但

“我曾想她宣告着新时代之春的来临。”他说。“然而她只是这个伟大国家之秋的最后的花朵。”

他从书桌的一只抽屉里取出些铜钱，交给小女孩就让她走了。

“你看见我留了一条辫子。”他把辫子拿在手里说。“这是个象征。我是古老中国的最后的代表。”

他现在更温文尔雅了，他说起古代哲学家如何带着他们的弟子周游列国，传授一切值得学习的知识。各国王侯召请他们商议国事，让他们成为城市的治理者。他非常地博学，也极富口才，他绘声绘色地给我讲述了他的国家历史上的一些事件。我不禁想他多少是一个悲哀的人物。他觉得自己有治理国家的才能，但没有帝王来赋予他治理国家的重任。他满腹经纶，渴望传授给莘莘学子，这是他精神上所追求的，但只有少数生活不幸、贫寒和资质愚钝的外乡人去听他讲学。

我几次小心地表示我该告辞了，但他不想让我走。最后我觉得必须走了。我站起身。他拉住我的手。

“你来看望中国最后一个哲学家，我要送你一点东西作为纪念，但我是一个贫穷的人，我不知道能送什么才值得你接受。”

我谢谢他的好意，表示拜访留下的记忆本身就是宝贵的礼物。他笑了。

“在这个衰败的时代，人的记忆是很短暂的，我愿意送你更为坚实一点的东西。我想送你一本我的书，但你不会读中文。”

他带着一种亲切的困惑表情看着我。我有了一个主意。

“送我一幅你的字吧。”我说。

“你喜欢中国书法？”他笑着说。“我年轻时就有人认为我的字体不是一无是处的。”

他在书桌前坐下，取出一张宣纸铺开来。他在砚台里倒了一点水，用墨磨着，又拿来了笔。他活动了一下手臂，开始写起来。我一边看他写字，一边饶有兴味地想起有关他的一些轶事。说是这个老人每当积攒了一些钱，就会胡乱地用在花街柳巷，这是通常对那些地方的委婉说法。他的大儿子是城里一个有名望的人，被他父亲的传闻弄得很没有面子，只是他强烈的孝顺心才避免了对这种放荡行为的严厉责备。我敢说，对做儿子的来说，父亲如此放荡确实令人难堪，但对研究人性的学者而言，这又是可以平静看待的。哲学家倾向于在书房中阐述他们的理论，只是从他们间接了解的生活材料中得出结论，而在我看来，如果他们也面临普通人所遭遇的人生浮沉，那他们的著作会有更确切的意义。我是乐于宽厚地看待老夫子的这种雅好的。也许他寻求的不过是去阐明人之假象的最不可理解的一面吧。

他字写好了。为了让墨迹干得快些，他撒了些粉末在纸上，随后把纸递给我。

“你写了些什么？”我问。

我想他眼神中略微有一丝恶意。

“我冒昧地送你我自己的两首小诗。”

“我不知道你还是个诗人。”

“在中国仍是一个未开化的国家时，”他不无讽刺地回答说，“所有的读书人至少会写几行风雅的诗句。”

我接过纸，看着上面的汉字，这些字在纸上构成了一种好看的图形。

“你愿意给我翻译一下吗？”

“译者即叛徒，”他回答说。“你别指望我出卖自己。请你的英国朋友帮忙吧。那些中国通其实一无所知，但你至少可以找到一个人，能够给你粗略而简单地翻译几行。”

我向他告辞，他特别客气地送我到我的轿子前。后来有个机会，我把诗给我认识的一个汉学家看，下面就是他的译文。老实说，我读诗的时候，多少有点吃惊，这无疑是不合情理的。

你不爱我时：你的声音甜蜜；
你笑意盈盈；素手纤纤。
然而你爱我了：你的声音凄楚；
你眼泪汪汪；玉手让人痛惜。
悲哀啊悲哀，莫非爱情使你不再可爱。

——

我渴望岁月流逝
那你就会失去
明亮的双眸，桃色的肌肤，
还有那青春全部的残酷娇艳。
那时我依然爱你
你才明了我的心意。
令人歆羡的年华转瞬即逝，
你已然失去
明亮的双眸，桃色的肌肤，
还有那青春全部的迷人娇艳。
唉，我不爱你了
也不再顾及你的心意。

（选自《在中国屏风上》，上海译文出版社 2013 年版）

导 读

威廉·萨默塞特·毛姆（William Somerset Maugham，1874—1965）是英国著名作

家，其小说、剧本、评论、随笔、游记和回忆录都广受好评。他的小说《月亮和六便士》《刀锋》尤其拥有广泛的读者。其漫长的一生多姿多彩，他读万卷书，也行万里路，几乎游遍了世界各地：他在伦敦干过军情处的特工，在马来西亚当过种植园主，还到亚马逊丛林探过险。1920 年他来到中国，坐舢板逆江而上，在重庆南泉一幢老宅院拜访了当时中国最大的儒家权威辜鸿铭。在 1922 年出版的《在中国屏风上》(*On a Chinese Screen*)第 38 篇"哲学家"(The Philosopher)中，毛姆记载了他和辜鸿铭这次难得的会面。

在序言中毛姆写道："揣摩一下你新认识的那个人究竟属于哪一类人，并将他与你所认识的同类人相比较，是件很有意思的事情。大多数情况下，人们都将自己简单地归入某一类中，而识别出那些你所设想的特点和习性则会妙趣横生。就像你经常在大自然的美景中找到你所见过的某一幅画作的意境，你也会遇到和你读过的某部小说中人物类似的人。"可以说，比较分析自然人性的"哲学动机"和塑造艺术形象的"文学冲动"内在地决定了毛姆的视野。

在由 58 篇速写构成的游记中，"哲学家"篇幅是最长的；也正是在这里，毛姆的哲学和文学活动遭遇了此行的最大挑战。作为观察对象的辜鸿铭，在被观察之前，已经被毛姆归到"哲学家"一类。显然，他知道这个自己要观察的这个人也是个"观察者"。他事先对辜鸿铭已经有了一定的了解，并且随着交谈的深入，他还将长驱直入对方的内心世界，但也不得不做好让对方长驱直入的心理准备。甚至在见面之前，他就努力把自己塑造得礼貌谦恭，因此不惜使自己的朋友显得粗鄙野蛮："我不认为以如此傲慢的方式对待一位哲学家是合适的，我也不奇怪他不理会这样的召唤"——奇怪的倒是，毛姆何不一开始就"设法给他送去一封信"？或许，若果如此他便难以揭示这位哲学家似乎显得过分的敏感："我明白我朋友的糟糕的便条还在让他生气。"在他笔下，恭维像是快门的咔嚓一响，启动了这位哲学家的自我膨胀("轻松地恢复他的自我天性")……某种意义上，毛姆对辜鸿铭的"哲学"的兴趣其实出于他对自己的哲学的兴趣："我对此感兴趣是因为这证明了我的一个观点：……"但毛姆如此详细地记录辜鸿铭的"非哲学的时刻"，以及在这些时刻所发表的富有感情色彩的宏论(那时"他身上几乎没有一个智者的沉静")，似乎超出了他证明自己观点的"个人兴趣"；而那些宏论所裹挟的感情，也远非辜老夫子的"个人感情"和"个性"所能涵盖。

无论从何种意义上看，这都是一个令人惊奇的时刻，一个从头到尾充满着惊奇的时刻：在开头，对一个早已知道有一个"庞大的城"就在那里的毛姆来说，竟然对在那里"竟能发现"这个城感到"惊奇"；而在结尾，毛姆发现辜鸿铭竟然"还是个诗人"，他甚至"吃惊"于辜鸿铭的诗的"不合情理"——"唉，我不爱你了，也不再顾及你的心意。"谁知道呢？也许正如薇依所说："也许，归根到底，他爱我。"(赵山奎)

延伸阅读

毛姆.月亮与六便士.傅惟慈，译.上海：上海译文出版社，2014.

辜鸿铭.中国人的精神.李晨曦，译.南京：译林出版社，2012.

神圣的克劳狄传

[古罗马] 盖乌斯·苏维托尼乌斯·特兰科维鲁斯　张竹明 等译

Ⅰ. 克劳狄·恺撒的父亲德鲁苏斯,起初名叫德基姆斯,后来改为尼禄,利维娅与奥古斯都结婚不到三个月(38 B.C.)就生下了他(因为结婚时她已有了身孕)。因此,人们怀疑德鲁苏斯就是奥古斯都与利维娅私情的产物。无疑,下面这行诗在当时确是很快传开了:

幸运的人三个月就生得孩子。

德鲁苏斯与年轻的安东尼娅生有好几个孩子,但仅有"日耳曼尼库斯"、李维拉和克劳狄三人活着。

Ⅱ. 克劳狄于优鲁斯·安东尼和费边(阿非利加的)任执政官那一年的8月1日(8月1日10 B.C.),即那个城市第一次为奥古斯都奉献一个圣坛的日子,生于卢格都努姆,取名提比略·克劳狄·德鲁苏斯。后来,他哥哥被朱里乌斯家族收为养子,故而由他承袭"日耳曼尼库斯"的称号。当他还是婴儿时,父亲就去世了。他几乎整个童年和少年时代因各种各样无法解决的混乱而受到严重的伤害,以致身心两个方面都缺乏活力,甚至在他达到独立年龄时,人们还认为他没有处理任何公务或私人事务的能力;在很长一段时间里,甚至在达到自立之年后,他还处在受指导状态,处在监护人的监护之下;他在自己的一本书中抱怨自己这位监护人粗野,说他以前是个赶骡人的领班,监护的明显目标就是不论什么原因都尽可能严厉地惩罚他。也由于他体质虚弱,所以他违反先例,穿着斗篷主持自己与兄弟为纪念父亲而举办的剑斗比赛。在接受成人长袍这一天午夜时分,他被一乘肩舆抬到卡庇托尔,没有惯常的亲友护送。

Ⅲ. 但是,从少年起,克劳狄就注重研读典籍,甚至不止一次地出版了这个或那个方面的著作。但即使这样,他还无法获得任何名誉,感到自己前途渺茫。//他母亲安东尼娅常称他为"只被自然开始而未被自然完成的怪人";如果她责骂某人呆笨,常常说这人"比她的儿子克劳狄还要愚蠢"。他祖母奥古斯塔最看不起他,几乎不和他讲话;要训诫他时也只用简短刻薄的几个字或通过别人口头转达。当他妹妹利维拉听说他有朝一日会做皇帝时,就公开大声祈祷说,罗马人民或许要遭遇一个不该得到的悲惨命运了。

Ⅴ. 克劳狄伸手要官时，他叔父提比略授予他执政官装饰；当他固执地要求实际职位时，提比略仅用一纸便条答复道："我已派人给你送去了 40 个金币过农神节和小雕像节"。此后，克劳狄终于打消了一切发迹的念头，整日无所事事，隐居到城外自己的家中和花园里，有时住在坎佩尼亚的一座别墅里。于是，由于终日生活在最底层的人中间，除了以前的蠢笨名声外，又因酗酒和赌赙受到指责。然而整个这一时期，尽管品行如此，他还是得到了一些个人对他的注目和公众对他的敬重。

Ⅷ. 但是，所有这一切也没能使他免于受辱。例如，当他略迟于规定时刻来就餐时，就很难找到座位，要绕餐厅转一阵子才能找着。每当饭后就地睡着时（这是他的习惯），总有人向他抛橄榄核和枣核，有时候扮演小丑的人用皮鞭或木棒弄醒他。当他睡着打鼾时，人们常常把拖鞋套在他手上，让他被突然弄醒时用拖鞋擦脸。

Ⅹ. 克劳狄在以上所述的境况中度过了大半生。50 岁那年，由于一个意外的好运，他做了皇帝（41 A.D.）。当刺杀盖乌斯的人托辞说盖乌斯喜欢独处，不让群众接近他时，克劳狄与其他一些人一起被撵，躲在一个名叫赫尔迈乌姆的公寓。不多一会儿，由于听到谋杀的消息而感到十分恐怖，他偷偷离开这里溜到旁边一座坚固的阳台上，躲进门帘里。当他卷缩那儿时，一个普通士兵从这里走过看到了他的脚，想知道那是谁，于是把他拖出来而认出了他。当克劳狄恐惧万分地跪在士兵的脚下时，这个士兵却高呼他为新皇帝。然后，这个士兵把克劳狄带到自己的伙伴那里，那些人当时正在那里瞎闹，却不知下一步该怎么办好。由于克劳狄的轿夫逃散了，士兵们只好让他坐在肩舆里轮流抬着他，嘻嘻哈哈地把他抬到营房里。克劳狄本人则怕得发抖，群众看到他时都可怜他，以为他是一个被拉去处死的无辜者。在壁垒里，他在士兵的保卫中度过了一个夜晚，虽然生命安全已可放心，但当皇帝的愿望却觉得渺茫，因为执政官、元老院和罗马城的步兵大队已经占据了罗马市中心广场和卡庇托尔，决心宣布普遍的自由。当库里亚会议让保民官召唤他去发表对时局的主张时，他捎去一句话："我被武力和强制截留住了。"第二天，由于持不同政见的人互相争吵，元老院延迟了计划的实行，而聚集在会场周围的老百姓又要求个人统治，并明确地点了克劳狄的名字。这时，他才允许武装的士兵集会宣誓效忠他，并答应发给每人 15000 塞斯特尔提乌斯。因而，他是第一个花钱收买士兵忠诚的皇帝。

ⅩⅤ. 在听审和判决案件时，他的表现奇特地前后不一，有时细心机敏，有时蠢笨大意，偶尔还荒唐得像个精神病人。在审查陪审员名单时，他取消了一个人的陪审员资格。那个人本因多子女可以享受休假的，但因热心诉讼没提及多子女的事而还是出庭了。有一个陪审员遭到反对派控告有关他自己的事情，他抱怨说那案件不应归元首法庭审理，而应归普通法庭审理；克劳狄于是立刻命令把案件交给这个陪审员本人审理，并说，在影响到自己利益的案件中，这个陪审员的表现可以表明他在判决他人案件时能公正到什么程度。一位妇女不认自己的儿子，并且母子双方都提供不出让人信服的证据，克劳狄命令她与那个年轻人结婚，以此使她承认了自己的儿子。每当诉讼的一方不出庭时，他就毫不犹豫地判缺席者败诉，不考虑其缺席有无正当的理由。有一次遇到一个伪造遗嘱的案子，有人大喊应该砍掉伪造者的双手；克劳狄就立即命令叫一个刽子手带来刀斧和垫板。又一次在一件涉及公民权的案件中，律师们就被告应该穿罗马托加还是希腊斗篷争论不休，克劳狄似乎为了自夸公正，命令根据当事人是以原告身份说话还是以被告身份说话而随时更换服装。据说在审理一个案件时，他作了一个实际上已事先写成书面的决定："我判决说真话的人胜诉。"所有这一切大大败坏了他的名望，使他遭到普遍和公开的蔑视。有一次皇帝从一个行省传呼一个人前来作证，但是这个人没有来，有人为他辩解，说了很长时间的"不能来"就是不说"为什么"不能来，只是在被问了一长串问题之后，他才说："他有正当的理由：他死了。"另一个人在热情感谢皇帝允许被告辩护时补充道："其实这也是常例。"我自己过去常常听老人们说，讼师们往往利用他的耐性，以致有时当他想要离开法庭时，他们不仅喊他回来，而且常常抓住他托加的袍边、有时抓住他的脚不让他离开。为了让人们不必对此诧异，我可补充一个事例：一个普通的希腊讼师在一次激烈的法庭辩论时竟对他说道："你是一个老糊涂虫。"众所周知，有个罗马骑士被嫖娼中的对手陷害，犯有调戏妇女罪，当他看见被传作证的人是些最淫荡的妇女，而她们提供的证据还获得了承认时，他大声辱骂克劳狄残酷愚蠢，还用力把拿在手里的铁笔和字板砸向皇帝，重伤了他的面部。

XXⅥ．克劳狄早在未成年时就订过两次婚，第一次是与奥古斯都的曾孙女艾米利娅·雷必达，另一次是与利维娅·米杜里娜，她也姓卡米拉，是古代独裁官卡米路斯家族的后裔，因为艾米利娅·雷必达的双亲是奥古斯都的政敌，故尚未结婚克劳狄就放弃了这门婚事。利维娅·米杜里娜由于身体欠佳，在选定举行婚礼的那天去世了。后来他与普劳提娅·乌姑兰尼拉结了婚，她的父亲曾因战功获得过凯旋式的荣誉。再后来他与埃利娜·培提娜——一个前执政官之女结了婚。但是，他先后离弃了这两个妻子；与培提娜离婚是因为一些琐事上的争吵，与乌姑兰尼拉离婚是因为她的丑事和有谋杀嫌疑。以后，他与表哥麦撒拉·巴尔巴图斯的女儿瓦列利娅·美撒里娜结了婚。但当他得知她除了有其他一些可耻和邪恶的行为外，她实际上已与盖乌斯·西利乌斯结过婚，并且当着证人签定过正式婚约，因而他处死了她，并且在集会时对近卫军宣布：他的每次婚姻结果都是失败的，因此，今后他将过独立生活，如果他说话不算数，情愿死在他们手里。然而，他并没能抑制自己立即另找新欢，甚至与以前被他抛弃过的培提拉或元首盖乌斯的未亡人罗利娜·保利娜同居。他受到阿格里皮娜的蛊惑挑逗——她是克劳狄之兄日耳曼尼库斯之女，和克劳狄有亲属关系，有权和皇帝接吻。——她利用这种机会和他亲近。在此后的第一次元老院会议上，他请一些元老出面提议，为了国家的利益要他与阿格里皮娜结婚，同时也允许其他人缔结类似的婚约——此前这种婚姻一直被认为是乱伦犯罪。几乎只隔了一天，他便与阿格里皮娜结了婚。像他这样，一个释放奴和一个百人队队长也缔结了类似的婚姻，他还和阿格里皮娜一起参加了他们的婚礼。但是，除此而外，再没有发现别的人学他的榜样。

XXⅦ. 克劳狄与其中的三个妻子生有孩子，与乌姑兰尼拉生了德鲁苏斯和克劳狄娅，与培提拉生了安东尼娅，与美撒里娜生了屋大维娅和一个儿子，这个儿子起初取名日耳曼尼库斯，后来改为不列塔尼库斯。德鲁苏斯在即将成年时死于一次游戏：他把一个梨子抛上天，然后张口去接，不料梨子塞住喉咙使他窒息而死；而几天前，克劳狄才为他同塞雅努斯之女订了婚。这使我越发怀疑一些人的说法：德鲁苏斯是被塞雅努斯谋杀的。克劳狄娅是他的释放奴包特尔和乌姑兰尼拉所生之女，是在克劳狄和乌姑兰尼拉离婚后5个月内出生的(20 A.D.)。尽管克劳狄已开始抚养她，但仍然命令让她赤身裸体地呆在其母的门槛上，并否认她是自己的女儿。他把安东尼娅嫁给伟大的格涅乌斯·庞培，后来改嫁给福斯图斯·苏拉，这两个年轻人都是贵族出生。屋大维娅先和希拉努斯订过婚，但后来克劳狄把她嫁给了自己的养子尼禄。不列塔尼库斯出生于克劳狄即位后第二十天和担任第二任执政官期间。(42 A.D.)在他还年幼时，克劳狄常抱着他，在集合时把他介绍给士兵，在竞技会上介绍给人民。他让他站在自己的膝盖上，或托在伸出的双手上，祝福他吉星高照，群众也鼓掌表示祝福。在他的女婿中，他收纳尼禄为养子，但拒不收养庞培和希拉努斯，还把他们处死了。

XXⅨ. 如上所述，由于处在这些人及他的妻妾们的控制下，所以他所扮演的角色不像是一个国家元首而像是一个仆人，他根据他们任何一个人的利益、愿望甚或兴致授予荣誉、任命军事指挥官，给予赦免或施加惩罚，他本人对此大都甚至什么都不知道。不必逐一细说不太重要的小事(诸如不履行他承诺的奖励、取消他的决议、公然假冒他的任命指令，甚或公开篡改他已发布的命令等)，只说重大的就有：他根据莫须有的控告处死了他的岳父阿庇乌斯·希拉努斯以及德鲁苏斯的女儿朱里娅和日耳曼尼库斯的女儿朱里娅，并且不给他们以辩护的机会。他还处决了大女儿的丈夫格涅乌斯·庞培和小女儿的未婚夫鲁基乌斯·希拉努斯。在这些人中，庞培是在娈童的怀抱中被刺死的，而希拉努斯被迫在1月1日前4天辞去了大法官职务，在这一年之始，也就是克劳狄和阿格里皮娜举行婚礼的那一天，结束了他的生命。克劳狄处死了35名元老、300多名罗马骑士。他如此草菅人命，以致有一次一个百人队长报告他一个前任执政官已被处死，他的命令已被执行，他却回答说没有下达任何命令。但是，他还是追认了这个行动，因为他的释放奴称士兵们在没有得到指示的情况下，为了急于替皇帝报仇而履行了自己的职责。如下这件事是完全不可信的：在美撒里娜与其情夫西利乌斯结婚时，他作为证人之一亲自在他们的婚约上签了名；他之所以做出此举是因为他被劝说，似乎这个婚姻只是一场假戏，目的在于避免和转嫁由某些迹象表明正威胁着皇帝本人的危险。

XXX．他在站着或坐着、特别在躺着时，具有庄重高贵的外貌，因为他身材魁伟结实，面孔迷人，头发花白，脖颈很粗。但是，他走起路来瘦弱的双膝支撑不住他的上身。他无论在工作还是休息时，许多动作都显得不像样，他笑的模样相当难看，动怒的神态更令人生厌，常常口吐泡沫，流鼻涕，说话结巴，脑袋不停地摇动，特别在他不尽力控制的时候。

XXXⅢ．他时时处处贪吃贪喝。有一次他在奥古斯都广场主持审判，嗅到战神庙里为萨利祭司们准备的饭菜香味时，他离开法官席，径直朝祭司们的地方走去，在他们的餐桌旁坐下来。吃饱喝足后很快就仰面躺下睡起觉来，张着嘴巴，嘴里插上一根羽毛以助消化，睡足醒来后才离开餐桌。他每次的睡眠时间很短，通常在午夜前醒来；因此有时他白天主持庭讯时也打瞌睡，律师有意提高嗓门才好不容易使他醒来。他对女人好色无度，对男色绝对无动于衷。他极喜欢赌博，甚至写过一本有关赌博艺术方面的书；他还坐在车上一边走一边赌博，并在车上安上了一块牌板以防止别人干扰他的赌博。

XXXⅣ．他残酷、嗜血好杀的本性在大大小小的事情上都可以看得出来。对于杀父罪他总是要求当着他的面立即对犯人进行拷问和惩罚。有一次在提布尔时他想亲眼看看用古代方式处死犯人的情景，但在犯人已被捆绑到行刑桩上时却找不到刽子手；于是，他派人到罗马城里去找刽子手，耐心地一直等到夜幕降临。在格斗表演中——不论是他自己主办的或别人主办的——偶尔摔倒在地的角斗士，尤其是鱼网角斗士，他都下令杀死他们，因为他想看看他们临死时的面部表情。当一对角斗士相互杀伤致死时，他立刻命令用他们的剑为他做几把小刀。他非常喜欢狩猎戏和午间的角斗。为此，他常常一大早就去竞技场，到中午人们散去吃午餐了，他还坐在那儿。除事先选好的角斗士外，他还由于一些不足道的或偶然的原因而把一些别的人、木匠、操作工或诸如此类的人——如果机械装置、梯子或别的诸如此类的东西出了问题的话——派上场角斗。有一次他甚至强迫自己的一个侍从连衣服也不换就穿着托加袍上场进行决斗。

XXXV．他最为胆怯和缺乏自信。即使在当政之初，正如我们说过的，他极力表现出平易近人，但出去参加宴会时也总是由手持长矛的士兵围护着，由士兵侍候而不用仆人侍候。每逢看望一个病人，总要事先搜查病房、枕头和床单，总要抖了又抖，搜了又搜。后来，甚至早晨来向他请安的人也一个不漏地都要接受最严格的搜身。事实是，直到后来他才勉强放弃粗暴地对妇女和男女儿童搜身，不再禁止侍从或书吏携带装有书写用笔或刻字用笔的盒子。卡米路斯开始革命时，确信对克劳狄可以用恐吓而不必用武力达到目的。结果真的，当他给皇帝写了一封傲慢无礼的恐吓信，命令皇帝退位去过隐居生活时，克劳狄真的把一些重要人物召集起来，讨论是否应该照办。

XXXⅦ．无论告密的根据多么不足，也不论告密人多么不可信，只要有一点点疑心，他都急于自卫和复仇。有一次发生了一件讼案，诉讼的一造早晨去向克劳狄请安时，把克劳狄拉到一边，说他梦见克劳狄被一个人杀害了；过了一会儿，他假装认出了梦中的那个杀人者，并把一个走过来送呈文的人，即诉讼的另一造指给克劳狄。于是，克劳狄立即好像是在现场似的逮捕了那个人，并把他处死了。据说，阿庇乌斯·希拉努斯也是这样被处死的。美撒里娜和那尔奇苏斯串通了陷害阿庇乌斯，那尔奇苏斯在黎明时假装惊惶失措地冲入主子的寝室，告知说自己梦到阿庇乌斯袭击皇帝；美撒里娜故作惊讶，说她也连续好几夜做过同样的梦。一会儿之后，根据事先安排，有人报告说阿庇乌斯朝皇帝冲来了。其实他是前一天接到命令要他这个时候来见皇帝的。这下子，似乎那个梦的真实性是确凿无疑的，因此，皇帝下令立即对他起诉，并处以死刑。

克劳狄第二天毫不犹豫地向元老院叙述了事件的整个过程，并感激地赞扬自己的这个释放奴在梦中都注意保护他的安全。

XXXⅨ．除此而外，人们对他的走神和发呆或用两个希腊词，即μετεωρία和'αβλεψία——感到吃惊。例如，在处死美撒里娜之后，有一次他坐到桌旁不久便问道，为什么皇后没有来。他判了许多人死罪，但就在第一天，他召集他们商讨问题，或与他们游戏；当他们没有及时到场时，他派信使责怪他们贪睡。当他正准备不顾习俗地娶阿格里皮娜为妻时，他却在每一篇演说中都称她为自己的女儿和他养大的孩子，说她是在他的怀抱中出生和抚养成人的。而当他正打算收养尼禄时，似乎他在已有一个成年儿子的情况下再收一个养子，为此受到的谴责还不够多，他还不只一次地大声说，还不曾有过人通过收养关系进入克劳狄家族。

XⅠⅢ．晚年，他对与阿格里皮娜结婚及收养尼禄为子表现出明显的后悔。有一次当他的释放奴们称赞他在前一天审判一名犯通奸罪的妇女时惩办了她，他说自己也命中注定妻子都是不正经的，也都受到了惩罚。以后不久，他看到不列塔尼库斯时紧紧抱住他，希望他快快长大成人，接受父亲对自己一生所作所为的解释，并用希腊语对他说："治伤还需伤害人"。他在表示打算授予不列塔尼库斯成人长袍(尽管他还很年轻，但其身高证明他已有资格穿成人长袍)时还说："罗马人民终于获得了一个真正的恺撒。"

XⅠⅣ．此后不久，他立下遗嘱，加盖所有高级长官的印章密封起来。在他得以采取进一步的行动之前，阿格里皮娜终止了他。因为这时阿格里皮娜不仅自己心里有数，而且还有许多告密人揭露了她的不少罪行，使她心神不安。

普遍认为克劳狄是被毒死的，但是谁、在什么时间投毒的？——对此，人们的说法不同。有些人说投毒者是他的试食员——阉人哈洛图斯，时间是他在城堡上与祭司一起进餐的时候；另一些人说，是在一次家庭晚餐上，阿格里皮娜在他特别爱吃的一盘蘑菇中放了毒药，然后亲手送给他。至于吃下毒药后怎么样，说法也各不相同。许多人说，他一吞下毒药就变成哑巴，受了整整一夜的折磨，天亮时一命呜呼。一些人说，他先是人事不省，然后把装得太多的胃里的东西通通吐了出来，而后投毒者再次下了毒，或许是放在稀饭里，伪称吐空之后必须吃点东西才有精神；或许是灌肠时喂进去的，似乎他饮食过量，需要排泄以减轻肠胃负担。

ⅩⅥ. 他死亡前的主要征兆如下：天空中出现一颗通常叫做彗星的长尾扫帚星，他父亲德鲁苏斯的坟墓遭到雷击，那一年有许多大小长官先他而死。而且，他本人似乎也意识到自己行将归天，并且对此毫不隐瞒。可以证明这一点的是，他在临终的那个月份才任命了执政官，而在此之前，他已应宣布任命但没有这样做。在最后一次出席元老院会议时，他在谆谆告诫两个儿子要和睦相处之后，恳求元老们关心这两个年幼的孩子。最后一次出席法庭时，尽管所有听众都祝愿他化凶为吉，但他仍一再说自己的寿命已到尽头。

（选自《罗马十二帝王传》，商务印书馆 1995 年版）

导　读

盖乌斯·苏维托尼乌斯·特兰科维鲁斯（Gaius Suetonius Tranquillus，约 69—140）是罗马帝国早期的历史学家和传记家。《罗马十二帝王传》（下称《帝王传》）是他流传下来的篇幅最完整、最重要的作品，传主为尤里斯·凯撒和罗马帝国的 11 个皇帝。《神圣的克劳狄传》是该书的第五卷。

克劳狄是继奥古斯都、提比略和卡里古拉之后罗马帝国的第四位皇帝。他在历史上算得上是个有所作为的君主。他统治期间，罗马帝国完成了自奥古斯都以来的第一次大规模的领土扩张，人口增加到近 600 万。他还颁布了无数的法令，从医疗卫生的建议到宗教道德的看法等等，涉及生活的各个方面。另一方面，他在身心两方面却不很健全，常常做出一些可笑的事情。

苏维托尼乌斯对人性的病态方面有着浓厚的兴趣。在他笔下，克劳狄这个罗马帝国的一代君主几乎成了一个荒唐可笑的精神病患者。他稀里糊涂地当上了皇帝，最后稀里糊涂地被毒死；他处理起政务来前后不一，发布的许多政令也莫名其妙；他感觉迟钝，分不清幻想与现实，根据梦（更可笑的这还是别人的梦）中的"罪行"就能处人死刑，并对此加以夸耀；他似乎常常陷入某种"意识流"的状态，时空错乱，走神发呆；他会召集已被他处决的人商讨国事，甚至"当他们没有及时到场时，他派信使责怪他们贪睡”。他性格中也充满矛盾，他极力表现出平易近人，但也嗜血好杀，喜爱欣赏别人的痛苦，同时又极为胆怯和缺乏自信，一生受控于他人，以至于“不像是一个国家元首而像是一个仆人”。

苏维托尼乌斯的描述给人这样的印象：克劳狄是一个病人。但也有人认为，传记家对于人性的特殊兴趣夸大了传主的缺陷与荒唐可笑的一面。克劳狄本人现存的作品表明他并非如此，他有很强的理解力，十分博学，是一个尽职尽责的皇帝，并且注意细节和公正。还有历史学家们认为他实际上有意无意地利用了他的病态的表现以获得政治上的利益，而克劳狄本人也的确宣称他曾有意识地夸大自己的愚蠢以保全自己（但苏维托尼乌斯在传记中否认了这一点，认为他是在吹牛）。

《帝王传》的各篇有大致相同的结构。首先是编年叙述，写皇帝的家族起源，他的青年时代和及其所受的教育，接着作者暂时放弃时间顺序，而按照类别或主题来加以讲述，如他的政治军事活动以及私人生活的各个方面（与性、恶行及丑闻相关的内容尤其受到关注），之后，作者会再次回到编年叙述，描述皇帝之死的过程及征兆，统治的时长，葬礼的情况等等。处在两部分编年叙述之间的部分被戏称为“巨大的括号”，是《帝王传》中最具苏维托尼乌斯个人特征的篇章，也是传记中最精彩的部分。作者自称这样做的目的是“使叙述更清楚、更容易理解”。这一结构模式的优点在于它能够将中间那个“巨大的括号”里的关于传主私人生活的大量细节和轶事集中起来，从而造成了一种感官印象的冲击力，形成了某种和传主进行“亲密接触”的氛围，拉近了传主、传记家和读者之间的距离，这也使得整部作品具有一种回忆录般的亲切风格。《神圣的克劳狄传》同样遵循了这一结构模式。传中的克劳狄形象鲜明生动，呼之欲出，是和作者对于大量轶事细节的结构性处理分不开的。（赵山奎）

延伸阅读

塔西佗.编年史.王以铸，等，译.北京：商务印书馆，1983.

编年史

——尼禄弑母

［古罗马］塔西佗　王以铸 等译

(1) 在盖乌斯·维普斯塔努斯和盖乌斯·丰提乌斯担任执政官的一年里，尼禄决定不再将蓄谋已久的罪恶计划拖延下去。因为长时期的统治助长了他的胆量，而且他对波培娅的情欲也一天比一天更加热烈地燃烧起来。她看到，只要阿格里披娜活着，她自己就没有办法和尼禄结婚，就没有办法使尼禄和屋大维娅离婚，因此她就常常责怪甚至嘲笑皇帝，说他是"唯他人之命是听的被保护人"。她说他不仅说不上是帝国的主人，甚至对他自己的事情都不能作主。他和她之间的婚事有什么理由再拖延下去呢？是什么还不能使他满意呢？是不是她的相貌长得不美，是不是她的祖先没有足够的凯旋的荣誉，还是因为怀疑她不能生孩子，因为她的爱情还不够真诚？

"不是的，害怕的是，一旦她成了他的妻子，她就一定会把元老院所受到的各种各样的不公正的待遇，把全国人民对他母亲的横傲和贪欲所感到的愤怒揭发出来。如果阿格里披娜竟能容许一个仇视她的儿子的人做她的儿媳的话，那末为什么不把她波培娅送回到她原来的丈夫奥托那里去：她愿意到天涯海角，她在那里至多只能听到皇帝的丑行，而不致亲眼看到这种丑行，并且被卷到他所遭到的危险里面去。"通过眼泪和媚术而步步进迫的诸如此类的攻势不曾遇到任何反击：所有的人都渴望阿格里披娜的势力能被打垮，但是谁也不会相信儿子的憎恨会发展到杀死自己亲生母亲的地步。

(2) 克路维乌斯说，阿格里披娜为了保住自己的权势竟干出这样的事情：每当正午，尼禄酒酣耳热的时候，她竟有好几次打扮得十分妖媚，到已经微醉的儿子这里来，准备进行近亲相奸的勾当。宫廷里的近侍早已看到了预示未来罪行的那些色情的接吻和轻佻的行动。这时塞内加想利用一个女人来抵制另一个女人的迷惑，于是把被释女奴隶阿克提召了进来。阿克提对自己的危险处境和尼禄的丑行十分害怕。她按照指示提醒尼禄，乱伦的事情已经尽人皆知，因为他母亲以此自鸣得意；她又对尼禄说，士兵们是不会服从一个渎神的皇帝的统治的。但是按照法比乌斯·路斯提库斯的说法，想通奸的不是阿格里披娜，而是尼禄，不过又是这个机灵的被释女奴隶破坏了他们的勾当。另一些说法和克路维乌斯的说法相同，传统的说法也和这一说法相近。也许这一罪行实际上是阿格里披娜自己想出来的，也许人们只是想当然地认为在这样一个女人身上，比较有可能会发生这样新奇的淫乱勾当；要知道，当她还是个女孩子的时候，她便为了贪权而投入玛尔库斯·列庇都斯的怀抱；而为了同样的目的，她又失身于帕拉斯的淫欲之下；此外又由于跟自己的叔父结婚，这就简直不知人间羞耻为何物了。

(3) 因此尼禄便回避和他的母亲在私下里会见了。当她到她在图司库路姆和安提乌姆的那些庭园或别墅去的时候，他就赞美她到那里去休养的意图。但是最后尼禄终于看到，不管她在什么地方，她始终是个极大的祸害，于是他就下了杀死她的决心，而盘算的只是用毒药、用刃器还是用其他办法下毒手的问题。最初选择放毒药的办法。不过，如果在皇帝的饭桌上放毒药的话，她的死亡就不能被认成是偶然的，因为不列塔尼库斯的事件已经提供了这样的前例。而且要想收买阿格里披娜的仆人也是件困难的事情，因为她这样一个已习惯于犯罪的女人，对于陷害她的阴谋有很高的警惕性。此外由于在事先用了解毒药，她自己是有办法来加强自己的体力，从而保证自己的生命安全的。用刃器杀害的办法也很不妥当：这种血腥的手段是绝对隐瞒不住的。而且尼禄还担心被挑选出来干这件血腥罪行的人会拒绝执行他的命令。正在这个时候，一个名叫阿尼凯图斯的被释奴隶前来献策了。阿尼凯图斯曾在米塞努姆统率过海军，又是尼禄少年时代的教师。这个人十分憎恨阿格里披娜，当然，阿格里披娜对他也是如此。他的意见是造这样一只船，当这只船驶行到大海上去的时候，它的一部分可以由于事先的安排而脱落下去，这样就会把阿格里披娜完全出其不意地沉到大海里去。任何地方都不如大海那样容易发生事故。如果这个女人在海上的难船事件中丧命的话，谁还能强词夺理到把风浪的过失看成是一种谋杀呢？不用说，皇帝是可以为死者修建神殿，祭坛或作出其他孝心的表示的。

(4) 这个主意立刻就被采纳了：时机对执行这样一个计划也十分有利，因为尼禄惯常要在拜阿伊庆祝米涅尔瓦节。于是他便引诱他的母亲到那里去，他不时表示，在老人家发火的时候，他必须忍耐，而且他必须对她采取宽容的态度。他说这种话的目的，是要放出一种和解的空气，而作为一个很容易相信顺心事的妇女，阿格里披娜是可能相信这种说法的。阿格里披娜按时来了。她是从安提乌姆来的。尼禄一直到海岸的地方来迎接她，拉她的手，拥抱她，并且陪着她到包利去，包利是面临着一个小海湾的一座别墅的名称，这个小海湾位于米塞努姆岬和拜阿伊湖之间。在这里停泊的船只里有一只比别的船只装饰得更加漂亮，看来这正是儿子对母亲的一份特别的孝心，因为她平时乘坐的是一只上面有一批水手的三层桨的船。此外还给她安排了一次晚宴，这样一来，黑夜就可以用来掩盖这一罪恶的勾当了。可以确定的是，有人把这件事在暗中告诉了她，不过得悉这一阴谋的阿格里披娜不知道是相信还是不相信这话为好，但是她还是乘着肩舆到拜阿伊去了。在那里，儿子的殷勤而又热情的欢迎以及使她坐在自己上首的举动，减轻了她的恐惧心理。最后他们竟然自由自在地谈了起来：尼禄一会儿跟她象小孩子那样地亲暱，一会儿又作出一本正经的样子，仿佛要讲出什么重要的知心话似的。尼禄这样把宴会拖了很久之后，才陪着她离开，这时他更紧地拥抱了她，并且吻她的眼睛；他这样做的目的或者是想把这出戏做到底，或者因为对这位行将丧命的母亲所看的最后一眼，甚至使这个残忍成性的人也不得不犹豫起来了。

(5) 一个繁星满天的夜晚与平静无波的大海，看来正是上天安排来为罪行作证的。这只船还没有驶行得很远；阿格里披娜家里的两个仆从侍候着她。克列培莱乌斯·伽路斯站在离舵柄不远的地方，阿凯罗尼娅倚偎在横卧着的皇太后的脚下，十分高兴地叙说着儿子的悔悟和母亲重新得到儿子的敬重。突然间发出了信号。上面放置了很重的铅块的天盖陷了下来，克列培莱乌斯立刻被砸死。阿格里披娜和阿凯罗尼娅则由于床两侧的挡板有一定的高度，又正好是相当结实，因此没有被砸坏，这才得到了活命。原来安排的船的破裂也没有发生，因为这时已经一片混乱，甚至那些参预这次阴谋的人也由于多数不知内情的人们的阻挠而无法动手了。于是船上的水手决定把全部重量压到一面去以便把船弄翻。然而对于这样一个紧急决定，他们甚至都未能及时地取得一致的意见，结果由于另一些人把重量加到相反的一面去，这就使那些谋害的对象得以在不会受到什么伤亡的情况下掉到海里去。但是阿凯罗尼娅这时偏偏鲁莽地大喊大叫着把自己说成是阿格里披娜，并要求人们前来救助皇帝的母亲，因而她就被竿子、船桨以及随手拿到的什么海上的用具打死了。一语不发因而也就未为大家所发觉的阿格里披娜只是在肩头受了一处伤；她在水里泅着，后来遇到了几只渔船，这样她便来到了路克利努斯湖，从那里返回了自己的别墅。

(6) 她在那里把经过仔细地回忆了一番。她仔细地回忆了那封显然是不怀好意的邀请信，她的儿子对她异乎寻常的尊重，此外还有这样的事实：为什么在离海岸很近的地方，一只船既未遇到暴风又未触礁，却象陆地上的人工建筑物那样从上面塌陷了呢。她又回想了阿凯罗尼娅丧命的情况，同时望了望她自己所受的伤，于是她意识到，对付这种阴谋的唯一办法就是不去揭穿它。于是她把一个名叫阿盖尔穆斯的被释奴隶召来，要他带信给她的儿子说，由于上天的护佑和她自己的幸运，她竟然安全地避过了一场意外的灾难。尽管他对于母亲遭到的危险会感到震惊，但她求他不要急着来看她，因为目前她需要休息。这时，她装作若无其事的样子为自己的伤口涂药并进行热敷。她下令寻找阿凯罗尼娅的遗嘱，并把她的财产封存起来，只有这一个行动她不是做作的。

(7) 正当尼禄在这里等候使者前来报告阴谋进行情况的时候，消息传来，他的母亲并没有死，只是受了轻伤；她遇到了很大的危险，但是却弄清楚了是谁在谋害她。吓得半死的尼禄坚决认为，渴望复仇的阿格里披娜随时都可能来到这里。她可能把她的奴隶武装起来，可能煽动军队，也可能到元老院或人民那里去控诉他在船上布置的谋杀和使她负伤与杀害她的朋友的罪行。但不拘她是怎样做法，他这一方面的对策是什么呢？塞内加和布路斯也许有办法！于是他立刻派人去把塞内加和布路斯召来——这是要试探一下他们的态度，还是他们事先已参预了这一阴谋，就不清楚了。

但是两人沉默了良久。这或是由于他们不愿作无益的劝告，或是由于他们认为事情已经发展到这样一个地步：尼禄必须先下手弄死阿格里披娜，否则他自己也活不成。

过了一会儿，塞内加才敢于先望望布路斯，问他是不是要给军队下令把她处死。布路斯回答说，近卫军是对凯撒全家效忠，并且是十分怀念日耳曼尼库斯的，因此他们必定不愿对他的女儿下这样的毒手。看来阿尼凯图斯必须实践他的诺言了。于是，阿尼凯图斯毫不迟疑地请求把执行罪恶计划的任务全部交给他。尼禄知道了阿尼凯图斯的这个表示以后就叫道，从今天起他才真正得到帝国的统治大权，而这样一份丰厚的礼物却是一名被释奴隶送给他的！阿尼凯图斯必须带领一批绝对服从命令的侍从火速前往！

当尼禄本人听说阿盖尔穆斯带着阿格里披娜的信息前来的时候，他就先发制人地布置下了一个会构成大逆罪的圈套。当阿盖尔穆斯向他传话时，尼禄把一把匕首抛到自己的脚下，然后便下令把阿盖尔穆斯作为一名现行的谋杀犯逮捕起来；他这种做法的目的在于捏造事实，硬说她的母亲要来谋杀他，但由于被发觉，她才不得不在羞愧中自尽的。

(8) 在这个时候，阿格里披娜遇险的事情外面的人全都知道了，但大家都认为这是一桩意外的事情。大家听到了这个消息之后，便都跑到海岸地带这里来。一些人聚集在海边的堤岸上，另一些人聚集在附近的渔船上，还有一些人在海边浅滩上一直涉水到没腰深度的地方，一些人则站在那里张开双臂。号泣和许愿的声音，提出各种各样的问题和含混的回答的声音，响遍了整个海岸。大批的人拿着火把拥到这里来，当他们知道阿格里披娜平安无事的时候，他们又开始表示庆贺。

但这时一支森严可畏的武装部队来到这里，把在场的人们强行驱散了。阿尼凯图斯在她的别墅四周布置了一圈哨兵之后就闯了进去，把他遇到的每一名奴隶都捉了起来，最后他来到了她的寝室门口。有一些仆从正站在这里；其余的人在军队冲进来时都吓跑了。屋里灯光很暗，只有一个女仆陪伴着阿格里披娜。阿格里披娜的心情一刻比一刻都更加紧张不安。不但她的儿子那里没有人来，甚至阿盖尔穆斯也没有回来。如果不发生什么意外的话，那末事情就不会是这个样子。而现在的情况却只是一片孤寂，跟着是突然发出的喧嚣，一切都预示着无可挽回的最险恶的命运。过了一会儿，她的侍女也站起来要离开她。她说，你也要离开我！就在这时，她一回身看见了阿尼凯图斯，同他在一起的有三层桨船只的船长赫丘列乌斯和海军百人团长奥巴里图斯。"如果他是前来看望病人的，那末他可以带信给皇帝，说她比先前好一些了。如果他是来谋杀她的，她知道这种事情和她的儿子毫不相干，要知道，他是决不会下令杀死自己母亲的。"刽子手们把她的床围了起来。船长先用木棍打她的脑袋，然后是百人团长也要抽出刀来刺她。这时她指着自己的腹部叫道："刺呀，刺这里呀。"百人团长一刀一刀地刺下去，终于把她杀死了。

(9) 当时的历史家对于上述事件的记述都是一致的。有人说尼禄看到他母亲的尸体时，曾称赞她的体形之美，但也有人否认这个说法。当天夜里，她就在一个用晚餐的卧榻上十分潦草地被火化了。在尼禄的全部统治时期，她的葬地上面既没有添土，也没有特别用什么标志圈起来。后来,她过去的仆人才给她弄到一块简陋的墓地,墓地就位于通往米塞努姆的道路的近旁,离开独裁官凯撒的那座别墅不远;别墅在高耸的山峦之上,俯临下面的海湾。

正当阿格里披娜被火化的时候,她的一名被释奴隶莫涅斯特用刀自戕了。他这样做是出于对女主人的爱戴,还是由于害怕自己也被陷害,这一点就不清楚了。阿格里披娜这样的结局,她自己在多年以前便知道了,但是并未放在心上。原来过去她曾要占星术士给尼禄算命,占星术士们回答说,他可以做皇帝,但是会杀死他的母亲。阿格里披娜说:"只要是能做皇帝,杀就杀吧。"

(10) 但尼禄只有在干下了这一罪行之后才认识到罪行的严重。那天晚上的其余时间中,他时而呆呆坐着,一句话也不讲,时而象发了疯似地吓得从床上跳起来,等候着天明——他相信天明将是他的末日。但是当百人团长和将领们由于布路斯的建议而到尼禄这里来握住他的手,祝贺他逃出了他母亲想出其不意地杀掉他的罪恶企图的时候,这种谄媚的行动的确又促使尼禄开始有了希望。尼禄的朋友们也到各个神殿去。这个前例一经树立起来,附近康帕尼亚的各个城市便也用奉献牺牲和派遣代表团的方式来表明自己的欢乐情绪。

尼禄这一方面却装模作样地表现出悲痛的样子,好象对于他自己竟还活在世上这种情况感到遗憾,而对于母亲的去世又深为痛心似的。但是由于河山的面貌不能象人的面孔改变得那样方便,并且由于他的视线总是避不开海洋和海岸的阴郁景色——此外还有人说他可以听到周边山中的喇叭声和他母亲的墓地那里的哭声,因此他离开罗马到那不勒斯,并且给元老院写了一封信,大意是说,阿格里披娜的一位知心的被释奴隶阿盖尔穆斯向他阴谋行刺时被发觉,而他的女主人在事发后认识到自己的主使罪行的严重,所以就畏罪自杀了。

(选自《编年史》,商务印书馆 1983 年版)

导 读

塔西佗(Tacitus, 约 55—120)是古罗马历史学家、传记家。《编年史》是塔西佗思想和文笔最成熟的作品,其文学价值足以同它的史学价值相媲美。

《编年史》中关于尼禄(Nero, 37—68)的叙述历来为人称道。尼禄是克劳狄的养子,克劳狄死后,他被拥立为皇帝。此人猜忌多疑,凶狠残暴,杀人无数。尼禄当上皇帝之后,由于担心克劳狄的小儿子布列塔尼库斯会争夺皇位,他阴谋毒死了后者;由于不能忍受母亲阿格里披娜对他的控制,他最终处死了自己的母亲;出于猜忌,他找借口命令教导自己多年的老师塞内加自杀;为与情人波培娅结婚,放逐并杀死了原配妻子屋大维娅。罗马大火之后,为转移公众对他的怀疑,他将这一罪过归于基督徒,对其进行长达数年的残酷迫害，以至在当时被普遍仇恨和歧视的基督徒也引起了公众的怜悯。他穷奢极欲，贪婪无度，极端放纵。他曾恬不知耻地夸耀，他最知道自己拥有什么样的权力。据说，他因看不惯罗马老城的建筑布局，竟秘密下令一把火烧了罗马城，他则站在塔楼上观赏大火，并唱起荷马史诗中有关特洛伊陷落的诗句。

"尼禄弑母"是尼禄统治时期的一个重要事件。尼禄的母亲阿格里披娜和第一个丈夫格涅乌斯·多米提乌斯生下了后来的皇帝尼禄。在其兄卡里古拉统治时期，她在宫中兴风作浪，终被驱逐。此后几经沉浮，最终嫁给了其叔父、罗马帝国的第四个皇帝克劳狄，并说服他将尼禄收为养子。据说，为了尽快让尼禄登上皇帝位置，她迫不及待地毒死了克劳狄。但日后她和尼禄的矛盾日渐加深，终于被尼禄处死。

塔西佗对尼禄弑母的叙述颇具匠心。尼禄长久以来的不满与愤恨，情人波倍娅的挑拨与煽动、阿格里披娜无耻大胆的举动以及她与许多大臣的冲突，所有这些推动叙事进展的因素都被作者巧妙地加以组织和安排，造成某种一触即发的情势：矛盾层层堆积，最终促使尼禄下了决心。而接下来的对谋杀行动的叙述也是一波三折、跌宕起伏，如对种种谋杀手段的分析与比较，制造沉船事故的计划，意外情况导致阴谋的破产，直到最后抛开一切掩饰的赤裸裸的血腥屠杀，环环相扣，颇具戏剧性。

塔西佗善于描绘细节与使用轶事来增加叙述的生动性和趣味性。写阿格里披娜之死："百人团长一刀一刀地刺下去，终于把她杀死了。"细节的呈现带给读者一种身临其境的现场感，以及心理和情感的强大震撼。作者随后引入了尼禄称赞母亲身体之美以及阿格里披娜曾给尼禄算命两则轶事，缓和了由叙述血腥杀戮行为而带来的令人窒息的阅读氛围，也平添了几分趣味。

《编年史》表现出作者对于历史人物心理的卓越洞察力。他写尼禄弑母后的复杂的心理反应，先写其内心的恐惧："时而呆呆坐着，一句话也不讲，时而像发了疯似地吓得从床上跳起来"，继而写其在民众的谄媚下恢复平静，最后写其伪装和表演，他"装模作样地表现出悲痛的样子，好像对于他自己竟还活在世上这种情况感到遗憾，而对于母亲的去世又深为痛心似的"。这是塔西佗对于历史材料进行合理分析和想象的结果，也是他深刻理解人性的标志。（赵山奎）

延伸阅读

苏维托尼乌斯.罗马十二帝王传.张竹明，等，译.北京：商务印书馆，1995.

名哲言行录

——赫拉克利特

［古希腊］拉尔修　徐开来　溥林 译

赫拉克利特是爱菲斯人，布洛松的儿子，或者如一些人所说，赫拉孔的儿子。他的鼎盛年在第69届奥林匹亚运动会期间。在高贵和自傲方面他胜过任何一个人，从他的著作中可以看出这一点，在那里他说："博学并不能教导人的心灵。否则，他已经教导赫西俄德和毕达哥拉斯了，同样也已经教导过克塞诺法涅斯和赫卡泰俄斯了。"因为"智慧是一，就是去认识那遍在于万物中而统治着万物的东西"。他还说，应当将荷马从各种大会上驱逐出去，并加以鞭挞；对待阿拉基洛科斯也一样。

他说："消除狂妄比扑灭大火更加必要"，还有"人民要像保护城墙一样保护法律"。他还攻击那些流放了其朋友赫尔谟多洛斯的爱菲斯人，说："爱菲斯的所有老年人都该被吊死，将城邦留给年轻人。因为那些人驱逐了他们当中最优秀的赫尔谟多洛斯，还说：'我们当中不需要所谓最优秀的人；如果确有这样一个人，那就让其到别处去与他人为伍。'"当他们请求他为他们制定法律的时候，他轻蔑地加以拒绝，因为那时城邦已经为恶的政制所统治。

他退隐到了阿耳忒弥斯神庙，同孩子们一起玩掷骰子。当爱菲斯人围在他身边看时，他说："哦，最坏的东西们，你们在好奇什么？这样做难道不比同你们一起参与城邦事务更好吗?"

最后，他成了一位恨世者，时常在山林间游荡，独自生活，靠吃各种植物为生。由此他得了浮肿病，不得不回到城邦，并以打谜语的方式问医生，他们是否能够让潮湿的气候变得干燥。但他们无法理解他的话，于是他来到一个牛棚那里，将自己埋在牛粪中，希望牛粪所产生的热气能够将他身上的湿气蒸干。但这样还是不管用，他在六十岁时就死去了。

关于他，我们写了这样一首诗：

> 对于赫拉克利特，我时常感到好奇，他为何要那样生活，
> 以如此不幸的方式死去。
> 因为可怕的疾病浸染了他的身体，
> 水熄灭了他眼睛里的光亮，并为之盖上了黑幕。

而赫尔米珀斯则说，他问医生，是否有人能够清空他的肠子，从而将湿气排除体外。

当他们说无法做到时，他就将自己置于太阳底下，并让仆人将牛粪涂在他身上。这样一来，他的身体就得以被拉直，第二天就死了，人们将他埋在了集市上。库日科斯的涅昂特斯则说，由于无法将牛粪从他身上剥去，他就被留在了牛粪当中；因模样发生了改变，结果无人认出他，最后让狗给吃掉了。

他从孩提时代起就令人称奇。年轻时，他说他一无所知；但当他长大后，他说他什么都懂。他没有听过其他任何人的课，他说他向自己求问，从自己那里学习所有的东西。但索提翁说，一些人说他曾听过克塞诺法涅斯的课。而阿里斯通在《论赫拉克利特》一书中说，他治好了浮肿病，而死于另外一种疾病。希珀伯托斯也持同样的说法。

他有一部著作传世，是关于自然的一部论文集，全书分为三个部分，即论万物、论政制和论神。据一些人讲，他将该书藏在阿耳忒弥斯神庙里，并且故意用晦涩的语言进行撰写，以便只有那些有能力的人才会前去阅读它，从而免遭大众的轻薄。提蒙曾经描写过这个人，他说：

> 在他们中间腾空飞起了一只布谷鸟，那就是群氓的批评者，晦涩的赫拉克利特。

忒俄弗拉斯托斯说，非常可惜的是该著作只完成了一半，其余的仅仅打了一个草稿，且风格迥异。而安提司特涅斯在《师承》中给出了一个关于他品格高贵的例子，说他将王位让给了他的兄弟。他的著作拥有如此巨大的声誉，以至于从他那儿产生出一个学派，该学派的人被称为赫拉克利特主义者。

概而言之，他的学说大致如下。万物产生于火，又复归于火；万物都根据其命运而生，所有存在的事物都通过对立面的彼此趋近而结合在一起；万物都充满了精神和魂魄。对于宇宙中所发生的所有事情他也给予了讨论，如说太阳同它看起来的一样大。他还说："一个人即使穿越了所有的道路，也无法找到灵魂的边界，因为灵魂有着极其深远的逻各斯。"他说思想乃神圣的疾病，而视觉会欺骗人。有时，在其著作中，他给予明白、清楚的表达，以至于非常愚钝的人也能轻易地理解他的话，并从中获得灵魂的提升。就其表达的简洁和力度而言，无人可以企及。

具体而言，他的学说主要有以下这些。火是元素，万物都无非是火的某种变化，通过其稀释或浓缩而成。但他对此没有给出进一步的清楚解释。万物都根据对立面的冲突而产生，整个宇宙如同河流一样奔腾不息。万物都有终结，且只有一个世界；这个世界从火中产生，并在一定的时间内再次为火所毁灭，如此循环往复；而且这乃是根据命运而发生的。在对立面中，那导致生成的一方被称为战争或冲突；那导致被火所毁灭的一方被称为和谐或安宁。变化就是向上的路和向下的路，世界就是根据它而产生出来的。

当火浓缩时，就会变成湿气，进一步凝结，就会成为水，然后水又会进一步凝结为土，这条路乃向下的路。接下来，土会再次发生稀释，从它的稀释中生出水，从水中产生出其他所有的东西，他几乎将所有事物的产生都归于海洋的蒸发，而这条路则是向上的路。从土和海洋中会发生蒸发现象，它们中的有些是明亮而洁净的，有些则是浑浊的。明亮的蒸发让火变得越来越大，而浑浊的蒸发则加重了湿气。至于那环绕我们的东西是何性质，他没有指出。但他说，在那环绕我们的东西里有一些碗状的东西，其中空部分对着我们，明亮的蒸发都被聚积到那里，最后产生出光芒，那就是星星。太阳的光芒是最亮、最热的；而其他的星辰离地球较远，因而所发出来的光和热也较弱。月亮尽管离地球较近，但它运行在一个不洁净的轨道上；而太阳则在一个清澈、纯粹的轨道上运行，并同我们保持着一段恰当的距离，因而它发出较多的热和光。当太阳和月亮所处的碗状物翻转过去时，就会出现日食和月食。月亮每个所表现出来的不同状态，乃是由于其所处的碗状物在一点点地翻转。此外，白天和夜晚，月、四季和年，下雨和刮风，以及其他类似的现象，都是由于不同的蒸发而引起的。当明亮的蒸发在太阳所处的碗状物的中空中变得光耀时，就产生出白天；当浑浊的蒸发占据优势时，就产生出夜晚。当热从明亮的蒸发中一点点增加，就产生出夏季；当湿气从浑浊的蒸发中积累起来后，就产生出冬季。对于引起其他那些现象的原因他也给予类似的解释。但对于地球，他没有阐明其性质，对于其碗状物的性质也没有给予阐明。他的学说似乎就是以上这些。

阿里斯通曾讲过一些关于苏格拉底的事情，并谈及当欧里庇德斯把赫拉克利特的著作送给苏格拉底时，苏格拉底所作的评论，这些内容在论述苏格拉底的地方我们已经给予了指出。而语法学家塞留科斯则说，一个叫克洛同的人在《潜水者》一书中记载说，是一位叫克拉特斯的人首先将赫拉克利特的著作带到了希腊；那人还说，他需要一位不会被淹死在其中的得洛斯潜水员。一些人将该书称为《缪斯》，另一些人则称之为《论自然》，而狄俄多托斯则称它为“对正确生活的准确引导”。其他一些人则称之为“伦理规范，万物运行的秩序”。据说，当有人问他为何保持沉默时，他回答说：“以便你们能喋喋不休。”大流士也渴望与他会面，并写了这样一封信给他：

> 大流士王，希斯塔斯佩斯的儿子，向爱菲斯的智慧之人赫拉克利特致意。你写下了《论自然》一书，该书非常难懂，也难以解释。其中的一些内容，如果给予字面解释，似乎体现了某种对整个宇宙及生成其中的万物给予静观的能力，它们处于最神圣的运动中。但该书大部分内容的意义都是悬而未决的，以至于那些深研你的著作的人也无法对你所表达的话给予正确的理解。因此，大流士王，希斯塔斯佩斯的儿子，希望能聆听你的教诲，并得到希腊式的教育。请尽快来到我的面前，来到我的王宫。智慧的人总是给出了许多非常值得听和学习的教导，但一般说来，希腊人却总是轻视他们。而在我这里，你将享有各种特权，我们每天都可以进行美好而严肃的谈话，我们也将遵照你的教导，

去过良善的生活。

他给大流士写了一封回信：

爱菲斯的赫拉克利特，向大流士王，希斯塔斯佩斯的儿子致意。

> 世上所有的人事实上都已经背离了真理和正义，他们由于邪恶的愚蠢而沉溺于对财富和名望的追逐中。而我已经忘记了他们的所有邪恶和贪婪，只想远离同胞们的妒忌和虚浮的显赫，因此我不能来波斯。现在我已满足于卑微，我按照我自己的意愿而活着。

这就是此人同国王打交道的方式。

德谟特里俄斯在其《同名人》中说，尽管他在雅典人中享有极高的声望，但他还是鄙视他们；而他虽然遭到爱菲斯人的轻视，但他还是更加热爱自己的家乡。而法勒隆的德谟特里俄斯在其《苏格拉底的申辩》中也提到过他。解释他的著作的人很多，如安提司特涅斯、(旁托斯的)赫拉克利德斯、克勒昂特斯和斯多亚主义者斯菲洛斯，此外，还有绰号叫"赫拉克利特的模仿者"的帕萨尼阿斯、尼科谟德斯、狄俄尼西俄斯。语法学家狄俄多托斯则说，该书的主题不是论自然，而是论政制，书中关于自然的讨论仅仅是拿来作为例子。

希罗尼谟斯说，讽刺诗人斯库提诺斯曾试图将赫拉克利特的著作改为韵文。有许多讽刺诗是关于他的，其中一首是这样的：

> 我就是赫拉克利特。你们这些无知的人为何将我拖上拖下？
> 我的劳作不是为了你们，而是为了那些理解我的人。
> 对我而言，一个穷光蛋可以价值三万，
> 而家财万贯的人却会一文不值。
> 我在珀尔塞福涅的殿堂说这番话。

另外一首是：

> 不要那么急迫地翻完赫拉克利特的书，
> 这是一条非常艰辛的路，
> 那里满是迷雾和黑暗，不见一丝亮光。但如果有位向导
> 引领着你，它将比太阳还明亮。

有五个人叫赫拉克利特。第一个就是这里的这位；第二个是一位抒情诗人，他为十二位神写下了颂词；第三个是哈利卡尔纳索斯的哀歌诗人，卡里马科斯为他写下了如下诗句：

> 赫拉克利特啊，有人告诉了我你死亡的消息，

它让我悲伤哭泣。
这让我想起了我们的往日，
我们在愉悦的交谈中无数次地让太阳西沉。
亲爱的哈里卡尔纳索斯客人啊，虽然你已归尘土，
但你如夜莺般婉转的歌声永世流传。
哈德斯可以夺走一切，却无法将你的歌声带走。

第四个是勒斯博斯岛人，他著有《马其顿史》；第五个是一位讲笑话的人，他本是一位竖琴师，后来放弃了这门技艺而转向该领域。

（选自《名哲言行录》，广西师范大学出版社 2010 年版）

导　读

第欧根尼·拉尔修是罗马帝国时代的哲学史家，生平不详。归于其名下的《名哲言行录》是流传至今全面、系统讲述希腊哲人生平、思想和轶事的唯一一部古代著作。一般认为该书出现于公元 3 世纪上半期，距今已经差不多 1800 多年了。该书当然具有重要的学术价值，特别是作为重要的历史资料，对于希腊乃至整个西方的哲学、思想和文化的研究，都具有不可替代的意义。对于当今大学生和普通读者来说，此书其实也颇值得一读：它是一部传记文学名著，开辟了令人耳目一新的哲学家传记风格。初读这部古书的当代读者，会被出现于其中的 82 位古代哲人的生动面貌刷新由教科书而来的对于哲学和哲人的刻板理解。在拉尔修笔下，苏格拉底会思辨，但也很会赚钱，“他把本金投资出去，把利息一点点积累起来，花光利息后，又放出本金”；柏拉图也不总是静观永恒的理念世界，他不仅有一个情妇，还先后爱上了几位同性青年，为他们写了不少情诗；百科全书式的学者亚里士多德口头表达很不好，在衣着、指环和发式方面却比较讲究。文学是人学，哲学也是人学，此书中的哲学形象和哲人形象都被人性化了。在很多方面，此书令人想起英国学者保罗·约翰逊在 2000 年所写的那部旨在批判现代知识分子“言行不一”的学术畅销书《知识分子》。

“赫拉克利特”是该书第九卷的第一章。对于赫拉克利特，或许我们并不陌生，“性格即命运”“人不可两次踏入同一河流”“向上的路和向下的路是同一条路”，等等，这些耳熟能详的说法都是他所提出的。柏拉图《会饮》中的厄里克希马库斯曾引用过赫拉克利特的著名说法：“一分为二，又自己与自己合在一起，有如调正弓弦与竖琴。”直到 20 世纪，荒诞派经典剧作家还在《秃头歌女》中以一首命名为《火》的诗向赫拉克利特致敬，因为赫拉克利特曾说：“世界对所有人都是同一个，不由神或人造成，但它过去是、现在是、将来也是一团持续燃烧的火……”

和其他各章风格相似，此章所叙述的，既有从各种资料来源和文献记载而来的对于

赫拉克利特哲学思想的解释，也有道听途说的充满戏谑色彩的轶事。在有些情况下，作者所叙述的轶事和赫拉克利特的思想似乎并没有多大关系，作者似乎只是为了增加阅读的趣味，或为了突出传主人格中的某种戏剧性，才引入了轶事：比如他叙述了赫拉克利特把自己埋在牛粪中的两个版本，一个说法是他在“牛棚”里将自己埋在牛粪中，另一个说法是他在“太阳底下”让仆人将牛粪涂在他的身上。

而在另一些情况下，轶事和思想构成了某种有趣的映照——当赫拉克利特说“消除狂妄比扑灭大火更加必要”时，我们自然会感到其中所包含的反讽意味：首先，对赫拉克利特来说，世界本来就是一团“持续燃烧的火”，身在火中，如何灭火？其次，在拉尔修笔下，包括赫拉克利特在内的哲人都是非常“狂妄”的，他们看不上那些并不狂妄的芸芸众生所过的平常生活。从这一角度看，上述两个版本的“牛粪轶事”，或许也有与赫拉克里特的哲学思想相关联的更隐蔽的意义：虽然人不能两次踏入同一河流，但却可以选择以两种方式将自己埋入牛粪般的生活。这或许也可以说是拉尔修对赫拉克利特是一个“恨世者”的说法所进行的一个特殊论证。（赵山奎）

延伸阅读

赫拉克利特.赫拉克利特著作残篇：希腊语、英、汉对照.罗宾森，英译，楚荷，中译.桂林：广西师范大学出版社，2007.

保罗·约翰逊.知识分子.杨正润，等，译.南京：江苏人民出版社，2002.

《秃头歌女》
（节选）

儿童文学

熊之火

［日］安房直子　彭懿 译

1

啊啊，对面来人了。小森想。虽然听不见声音和脚步声，但小森就是知道。黑暗中，豆粒大小的香烟头的火光一闪一闪地晃动着。

“哎——”

小森不由得挥起双手来。

在这深山老林里，有几天没撞见人了呢？和同伴们走失了（还不如说是被撇下不管了）以后，也分辨不出东南西北，就靠着沼泽里的水，摇摇晃晃地走到现在了。扭伤了的右脚重得像一块铅，加上又累又困，眼睛都看不大清楚了。不过，小森的眼睛，却清清楚楚地看见了那红红的香烟头的火。

（千真万确，是有谁来了。也许是在山里干活儿的人，要不就是林业局的巡夜人吧……啊啊，这下得救了！终于得救了……）

小森挣扎着想。于是，身子一下子软了下来，一屁股坐到了地上。

随着香烟头火光的接近，听得到对方的脚步声了。哒、哒、哒，这强而有力的声音，就像是一个彪形大汉穿上了胶底短布袜的声音。是一个听上去舒畅的、让人有一种依赖感的声音。

（好像爹的脚步声啊！）

小森突然冒出了这样一种感觉。接着，就想起了数年前死去的父亲。父亲是一个又高又大的人。小森是兄弟中最小的一个，父亲最疼爱他了。

（是爹来救我了吗……）

正在那么恍恍惚惚地想着的时候，一个巨大的影子，蓦地出现在小森面前。

“晚上好！”

那人冷不防这样说道。声音听上去含混不清、怪怪的，也许是因为叼着香烟说话的缘故吧？小森刚要说晚上好，可借着星光仔细一看，不由得大吃一惊。

原来对方是一头熊。

巨熊用两条腿直挺挺地站着，像普通人一样叼着香烟。而且，熊还戴了一顶草帽。小森浑身直哆嗦。即使是想逃命，已经这么近了，也来不及了。

（有了，装死！装死装死！）

小森在熊的面前，笨拙地一头倒了下来。然后，闭上眼睛，憋住了呼吸。不过，他却怎么也止不住身体的战栗。

于是，熊像雷鸣一般地笑了起来：

“哈哈哈哈！再怎么，也用不着摆出这么一个姿势啊……”

说完，熊就重重地坐到了小森的边上。

“……”

小森把眼睛睁开一条缝。从黑暗中，仿佛传递过来一种熊毛的暖意。而且，从那个巨大的身躯里，还散发出一股让人怀念的干草的味道。熊一边美滋滋地吐了一口烟，一边眺望着星星、哼着鼻歌。

小森稍稍放下心来，决定不再装死了。他慢慢地爬起来，用干巴巴的声音悄声问道：

“香烟好抽吗？”

他是想打一个招呼。于是，熊点点头，心情愉快地说：

“好抽啊！怎么样，你要不要也来一根？”

“真是不巧，我的烟丢了。”

“啊，什么时候？丢到哪里了？”

“呀……昨天还是前天呢？丢在那边的沼泽里了。”

“啊，那么，现在你打算到什么地方去呢？”

“什、什么地方？简单地说，我正在回家啊！可是，半道上迷路了。”

这个时候，不知为什么，小森已经把这头熊当成真的父亲了。而且，他有一种心情，想把自己心中的不满，全都发泄给它听。小森嘟嘟囔囔地说了起来：

“说是说迷路了，实际上被同伴们给撇下不管了。因为我的脚扭伤了，落在了后头。一开始，大家对我还挺亲切的，为我贴膏药、让我搭在他们肩膀上。可后来天一黑、稀稀落落地下起雨来的时候，大家的脚步自然就加快了，我终于追不上了。不管我怎么叫，连头也不回啦……

“不知是谁说了，明天是星期一，不上班不行！

“这叫什么话啊，人真是冷漠无情。说到底人还是只想着自己啊！”

熊嗯嗯地点头。

“说起来，熊的世界要更有人情味吧？”

小森又补充了一句，他是想讨好熊。然而，熊却猛烈地晃了晃脑袋：

“没——有的事！我们的世界，也是一样啊。”

“是吗？”

“啊啊，是啊。”

话到这里，就切断了。

这头熊好像也有什么难言的苦衷似的。熊叹了一口气，嘟囔了一句：

“呀，不是常说吗，什么‘弱肉强食’！”

“的确如此。”

一边附和了一句，小森一边想，可这么一头巨熊，会败给什么呢？于是，这回熊说了起来：

“简单地说吧，在熊的世界里，就连挖一个冬眠的洞穴，也要激烈竞争。大家都动脑筋想先找一个好地方，而且冬眠之前，必须要吃下大量的东西，这也要竞争。一旦竞争激烈起来，就要开始互相残杀了。那样的话，也就没有什么朋友和亲戚了。”

“可你那么一个庞然大物，不会败给别的熊吧？”

熊眼睛看着地面，咕哝了一句：

“要是我一个，怎么都好办，可我还有一个小女儿呀！”

“哎，女儿……”

“是的，也是扭伤了脚啊。”

听了这话，小森彻底同情起熊来了。

“哦，这就不行了。这种地方腿要是不好使了，想干什么也干不了啦。”

“可不！那是好些年前的秋天的事了。”

“呼——”熊冲着遥远的星星，喷了一口烟雾。

“风已经变得相当寒冷了，可是我们还没有做好冬眠的准备。洞穴没有预备好不说，肚子里也是空空的。那一年，雨水特别多，山里的果子和树的果实还没有成熟，就绝大多数都烂掉了。就那么一点食物，都被熊们给吃光了。

“饿着肚子，我们父女俩并排坐在纷纷扬扬地飘着小雪的林子里。这时，女儿咕哝了一句：

“——爹爹，想去一个远远的地方哪！想去一个一年到头开着花、一年到头有花楸树红果子的地方去哪——

“听到这话，不中用的父亲都要掉眼泪了。

“——是啊，要是真的能去那样的地方就好了——

“熊这种东西，这种时候，就会不顾一切地冲到村庄里吃田里的庄稼、家畜，有时说不定还会吃人。不过，我害怕枪。我一想到要是被那家伙‘砰’地一枪打中了，往后小女儿可怎么办呢，就不能去了。

“一天，我在林子里用落叶点起了一堆篝火，一边想着红彤彤的花楸树果子、红彤彤的野草莓、红彤彤的石榴，一边盯着火。

“松树的落叶熊熊燃烧，升起一道白色，高得几乎够得着天了。就在这时，一个魅幻般的情景突然浮现出来，我在烟里清清楚楚地看到了我和女儿！

“烟里是春天的野山，一片新草的颜色。再仔细一看，这不全是我们最喜欢的甘草、款冬、观音莲吗？而且再远一点的地方，还开着山樱。女儿兴奋地高声叫了起来：

“——爹爹，去那里哟！

“我闭上眼睛，不行不行地叫着。又冷又饿，两个人不能就这么一直看着幻影吧？然而，就在我闭着眼睛的工夫，女儿已经拖着不听使唤的腿，跳到烟里头去啦！而且，还在那幻影的绿色中‘来呀来呀’地叫我哪。危险！我叫着，想把女儿拉回来，可结果自己也跳到了烟里。不过是一眨眼的事情。

“怎么样了呢？缓过神来一看，我这不是已经坐到绿草地上了吗……

“明明跳到了火里，可不但没被烫伤，也不觉得热。而且，烟的世界里怎么会那么辽阔、心情愉快呢！走啊走啊，春天的野山连绵不断，到处都是让人流口水的蚂蚁窝、蜜蜂窝。小河里还有鱼在游。我和女儿狼吞虎咽地吃了起来。吃啊吃啊，吃得肚子都快要撑破了，可喘了一口气的时候，后背突然哆嗦了一下，这才发现，我们还仍然坐在风雪交加的林子里。两手伸向燃尽了的篝火，又回到了凄惨的没有洞冬眠的熊。火一灭，梦幻就结束了。

“——爹爹，把火再烧大一点嘛——女儿一边颤抖，一边说——再往火里多放点树叶，烧一堆永远也不熄灭的火吧！然后，我们就一直呆在里面吧——

“我也想那么做啊，如果篝火能永远燃烧下去，我真想一辈子就无忧无虑地呆在里头。可是，我知道火是多么的脆弱。就说山火吧，烧上三天也就灭了啊。我把女儿抱过来，把道理讲给她听。想不到女儿眼珠一转，说：

“——那么爹爹，我们就去山顶吧——

“女儿手指的山顶的火山口上，有一道白烟笔直地升上天空。

“——哪，爹爹，那里烟从来也没有灭过吧——

“这意想不到的话，让我的脑袋懵掉了。想了一会儿，那倒也是。这山，一百年前曾经是火山啊！

“（火山口的烟里头，说不定也是像刚才一样的乐园呢……）

“我像烧昏头了似的胡思乱想着。这时，小时候我爹唱过的一首歌，突然出现在了我的脑海里。那是这样的一首歌：

“火里有熊的乐园，
发现了它的家伙是个幸运儿，
如果是不灭的火那就更不得了，

能进去的家伙是幸运儿，

不过再也不能回来了。

“我抱着孩子，猛地站了起来。然后让女儿骑到脖子上，就往山上爬去了。顺着开始嗖嗖地刮起西北风的小道，往山顶、往火山口的烟走去……”

熊说到这里，喘了口气。

小森不知不觉地被熊的故事吸引住了。

“后来呢？火山口里果真有熊的乐园吗？有和篝火里一样的春天的野山吗？”

熊一个劲儿地点头：

“有啊！那是一片富饶美丽的森林。女儿和我钻了进去，已经住了很长时间了。从那以后过去几年了呢，我都老了，女儿也到了该出嫁的年龄。现在呀，我们已经完完全全地成了烟的世界里的生命啦！”

“嘿，这么说，今天晚上你也是从烟里头来的？”

“是的，最近每天晚上都是。因为有不得不外出的事，所以我一直在这一带转来转去。”

“可是，能自由地出入烟的国度吗？刚才的那首歌不是说，一旦进去了，最后就出不来了吗……”

“香烟。”

熊干脆地说。

“只要我吸着烟，我就能像普通的熊一样，在山里转来转去。也就是说，只有在被烟包裹着的时间里，才能呆在普通的熊的地方。”

“是这样啊。不过，你究竟有什么事，要呆在这里呢？呆在火山口的烟里头，不是可以和女儿过着悠闲的生活吗？”

于是，熊久久地凝视着小森，这样说道：

“我们需要一个像你这样善解人意的年轻人。”

小森呆呆地张大了嘴巴。于是，熊突然说出了这样的话：

“我说小伙子，来当我的儿子吧？”

“……”

“一起去火山口的烟的国度，和我们一起生活吧！”

小森呆若木鸡。

“可我是人，你们是熊啊……”

“外貌不一样，不是问题。那种事，总有办法的。”

熊说完，不知从哪里掏出一盒香烟。

“怎么样，来一根？”

熊说。黑暗中，看不大清楚香烟的牌子。小森连想也没想就伸过手去，从烟盒里抽了一根白色的香烟。熊弯下身子，把自己香烟的火借给了小森。

红色的火点一下变成了两个，那股升腾起来的香烟的味道，让小森感觉亲切极了。于是，也就不管它是什么熊的香烟、熊的火了，使劲儿地吸了起来。

就这样，当抽起一根熊的香烟的时候——也就是说，当他从鼻子里喷出一股白色的烟的那一刻，小森的外貌已经变成了熊。

"走吧！"

熊老爹直起身子。

天空上流淌着银河。熊在前头急匆匆地走了起来。变成了熊的小森，也慢吞吞地直起身子，跟在后头走去。

一边往山上爬，熊老爹一边用好听的声音唱起了火中乐园的歌。小森也在后头轻轻地哼了起来。心情好得不可思议。

虽然扭伤了的右脚还有点疼，但一边被秋天的夜风吹着，一边抽着烟，那就甭提有多么惬意了。

2

成了熊的小森，和熊老爹一起爬到山顶上的时候，真的在火山口的烟里看到了闪耀着光辉的春天的森林。

"瞧呀，那里就是我们住的地方！"

熊老爹一边吐了一口烟，一边得意地用手一指。小森的眼睛也清清楚楚地看到了那魅幻一般的风景。又岂止是看到了呢，还闻到了娇媚的花香，听到了小鸟的叫声。而且，款冬、甘草、细竹的芽的味道，强烈地刺激着小森的胃。

"跟在我后头，进到里面去。"

说完，老爹一闪身就钻进了烟里，已经在绿色中冲他招手了。

小森大吸了一口气，闭上了眼睛。怎么搞的，他觉得像是跳到了跳绳的绳子里似的。

"大胆往前走！对了，快点往前走！"

和着老爹的声音，小森往前走去。于是，不知不觉中，自己也倏地进到了烟里头。这太简单了，一点也不费力。

"你好！"有谁说道。

一个温柔的声音。睁开眼一看，小森面前站着一个熊姑娘。头上插着红色的石楠花，看上去非常美丽。

"这就是我的女儿啊！"

熊老爹高兴地冲小森招呼道。

“刚到这里来的时候，还只是一个孩子啊，可现在就像你看到的一样，已经出落成一个大姑娘，该是招女婿的年龄了。我已经这么大岁数了，不知道能活到哪一天……”

小森正在那里发呆，老爹说：

“这就要拜托你了。”

于是，不知从什么地方拿出来一个旧土罐子和三个土烧的粗糙的容器：

“来，用珍藏的酒来干杯吧！”

一边说，一边重重地坐到了草地上。

（是这样……原来是这个原因啊……）

小森有了一种中了计的感觉，不过他并没有觉得有什么不好。他想，如果能住在这样心情舒畅的森林里，娶个媳妇，一辈子过上悠闲的日子，不回到人的社会里也没什么不好。小森又恨起那些撇下自己不管的同伴们来了，厌倦起村里消费合作社的会计工作来了。

（也许就那么打算盘、核对决算结果过一辈子，还不如当熊幸福呢！）

也许当小森这样想的时候，小森的心已经开始变成熊的心了。

就这样，变成了熊的小森，和媳妇在火山口的烟里过上了和睦的生活。

小森开始右脚还不大好，可是在媳妇的精心护理下，彻底好了起来。熊媳妇用艾蒿的叶子给小森做湿敷，他从来都不知道，艾蒿的叶子还是药。

“嗬，这效果太神奇了，叫人吃惊。”

小森钦佩极了。于是，熊媳妇开心地笑了，告诉他说，自己孩子的时候也扭伤过脚，用艾蒿湿敷了以后，就彻底好了。然后，一遍又一遍地说起住在这片烟的森林里有多舒适来了。

这里确实是一个乐园。天气总是那么暖和，不费任何力气，就能得到树芽、水果和鱼。更用不着担心饥饿、冬天的寒冷和意想不到的外敌。

日子恬静而甘甜地流逝着。

不久，媳妇就生了三头可爱的小熊。

小森每天不是和小熊们一起下河捉鱼，就是给媳妇编个花环，要不就陪老爹喝酒。

现在，老爹整天把自己埋在金雀花丛里。自从给女儿招来了女婿之后，彻底安心了，每天细细地品酒，享受着余生。而且只要一喝酒，就会唱起从前那首歌。歌的后头，跟着这样的话：

“住在烟里的熊，不仅仅是我们。很久以前就有过。像打架受伤了的熊、上了岁数没人理的熊，不是住那边山里的烟中，就是住在海那边喷着火小岛的烟里头。”

老爹就是躺着，也在不停地唱着歌。

不过，小森是什么时候从这首歌里听出了一种奇妙的寂寞的余音呢？特别是黄昏的时候，和被风刮得沙沙响的树叶的声音一起听，这首歌是那么让人郁闷、让人伤感。

从那天晚上开始，究竟有多少年过去了呢？扭伤了脚，只剩下一个人在黑夜的山里瞎转的小森，那时是那样地讨厌那个世界。所以，那天熊关于命运的话，才会刺痛他的心灵。于是，才会感到悠闲地生活在这样一片恬静的森林里，是多么幸福。

然而，一旦习惯了这种幸福，小森又渐渐地可怜起胆怯的自己来了。

不知从何时起，小森觉得自己的心里好像开了一个小洞，有空虚的风吹过。而且每当这个时候，他嘴里一定会这样自言自语：

"应该用别的方法弄吃的。"

熊媳妇在哄小熊睡觉，听了这话，脸上露出了惊讶的表情。小森在心中嘀咕道：

（是呀，想办法到外面走一趟。到外面去，像个男人的样子去战斗！归根结底，要去创业！挣钱、出人头地，超过别人……）

不知不觉地变成了人的心情的时候，小森那样想道。而当他变成了熊的心情时，又这样想：

（真想去奋力战斗，弄点新鲜的活物啊。不，哪怕只是吸上一口这个冬天来临之前的寒冷的山风也行啊！）

一天，熊小森对媳妇这样说：

"我想到外头去，弄点更好吃的东西，能去求老爹给我一根烟吗？"

听了这话，媳妇猛然摇头：

"父亲的烟可不行。父亲已经不抽了，为了不让别人用，早就藏到什么地方去了。"

"什么地方？到底是什么地方？"

"呀……不知道是什么地方。再说，那东西，对我们已经没有必要了。"

于是，小森压低声音，央求道：

"我只是想到外头吸一口新鲜的空气，马上就回来哟！"

"……"

"如果不那样，我都要憋死啦！"

听到这里，媳妇沉思了片刻，然后悄悄地告诉他：

"父亲把香烟装到了一个大木头箱子里，上了锁，放到了枕头边上。箱子的钥匙，在父亲的耳朵里。"

听到这里，小森想：怎么会有这么聪明的老爹呢！

从那以后，小森不管是睡着还是醒着，不断地想着那箱子和钥匙的事。然后有一天晚上，他想出来一个好主意，慢腾腾地爬了起来。

"我出去一下。"

小森给媳妇丢下这么一句话，就慢慢吞吞地走了起来，朝着老爹睡的金雀花丛走去——

月光泻在森林的小路上。

(干这种事,还真有点于心不安哪!)

小森觉得自己也够可悲的。

(结果连我也是只想着自己。)

熊老爹睡在黄色的金雀花的花丛里。酒喝多了,这会儿睡得正熟。小森在花丛外面试着叫道:

“爹爹! 爹爹!”

只听老爹和着呼噜声问:

“谁——”

于是,小森像唱歌似的轻声说道:

“爹爹,爹爹,你从前的朋友想要见你,在烟的外头等着哪。”

只听老爹用睡得迷迷糊糊的声音说:

“说什么傻话哪!”

然后,这样嘟哝道:

“我哪有一个朋友呀! 我倒了大霉,我是一头没有洞穴的熊啊!”

“那也许是你的兄弟。不,说不定是你过去的恋人呢! 我刚才听到了,远远地,老爹、老爹地叫着。那确实是熊的声音。要不就是风声? 大叶竹的歌声……”

小森说到这里,金雀花的花丛沙沙地一阵摇晃,老爹爬了起来。接着,猛地张开血红的醉眼,叫起来:

“不管是谁,我也不想见! 事到如今,还有什么好说的。到底说有什么事? 让它回去吧!”

这时,老爹的耳朵里有什么东西在月光下闪烁了一下。

(啊,真的有钥匙!)

于是,小森鼓足了勇气说:

“那样的话,老爹,请把烟给我。我一边抽,一边到烟外头代替老爹去说吧!”

“好、好吧……”

老爹顺从地点了点头。于是,把自己的手伸进耳朵里,掏出一把金色的钥匙。接着钻进了花丛里。

“咔哒咔哒”,响起了开箱子的声音,当老爹的脸再探出来的时候,刚点上火的一根香烟,已经递到了小森的面前。

“给你! 一边抽,一边去见吧! 然后你替我说,这是我们一家好不容易才发现的乐园,赶紧回去!”

“……”

接香烟的时候,小森的手有些哆嗦。他还是头一次这样骗人。

（没事。只要能弄到好吃的，就会原谅我的。）

心里一边这样嘀咕着，熊小森一边在森林的小路上走了起来。

他一边用舌尖回味着久别的香烟的味道，一边恍如走在梦中的小路上似的走着。

3

怎么走、走到什么地方，才能走到烟的外面去，小森完全不知道。

等意识到的时候，小森正走在冷飕飕的寒山夜路上。月光把四下照得亮堂堂的，狗尾草的穗白晃晃地摇曳着。

“噢，已经是秋天啦！”

小森环顾四周。多么让人留念的秋天啊！草丛里有虫子在叫。

（下回，带孩子们来玩多好啊。）

小森这样想道。然后，当他要去捡落在脚边的栗子的时候，吃了一惊。

自己那映在小路上的黑黑的影子，是人的形状。是一个头发乱七八糟的男人的身影。

小森摸起自己的身体来，胸、手腕和脚，然后是后背、脸和头发——

从上到下，没错，是人的小森。是迷了路，在山里不知徘徊了多少天的年轻人、村消费合作社的职员小森。

（这、这太叫人吃惊了……）

小森一屁股坐到了小路上。一阵眩晕。

这时，远远地有谁在唤自己。

“喂——小森！”

“小——森！”

小森猛地扬起脸。只见远远的树林里，星星点点地晃动着红色的灯。传来了人的嘈杂声，好像有一大群人正在向这边走过来。

“喂，在那里抽烟的，不是小森吗？”

是一个朋友的耳熟的声音。

小森没吱声。太突然了，小森发不出声音来了。而且，小森不知道自己到底是人还是熊了，他就那么蹲着，不停地哆嗦着。

获救回到了村子里，小森还是恍恍惚惚的。

去上班也是心不在焉的，碰见人，连话都说不好。所以，村子里的人们完全不知道小森在这一个星期（怎么只过去了一个星期）里究竟干了什么。而且，小森也没有像在烟的世界里那样渴望挣钱、出人头地的精力了，仍旧还是与过去一样，又变成了一个只是蹲在那里打算盘的年轻人。

偶尔，小森会遥望着远山的烟想：

（为什么从那里出来了呢？）

然后，又不不地摇头，嘟哝道：

“还是我毕竟是人呢？”

小森怎么也忘不了熊一家的事。有时，心口会涌起一股阵痛般的思恋。说不出为什么，但是他知道，既然已经贸然离开了那里，恢复了人的形状，现在就再也不可能回去了。

这就像人不能和鱼一起住在海里一样。不能和鸟一起住在天上一样——

就这样，慢慢地过去了一年。

接下来这一年的秋天，到了大雁飞过天空的时候，不可思议的事情发生了。

深夜里，小森家的窗户响起了咚咚的敲窗声。

“晚上好！”

谁在叫。是一个耳熟的声音。小森慢慢地坐了起来，竖起了耳朵。

“晚上好……请把窗子打开一下好吗？”

小森吃了一惊。然后，连滚带爬地冲到了窗边，“嘎吱”一声打开了窗户。只见月光中，呆呆地立着一头熊。

熊头上插着石楠花。

“你、你……”

啊啊，它千真万确是那头熊媳妇啊！

“你……究竟是怎么到这里来的呢……”

小森的声音嘶哑了。

“一边烧山，一边来的。就是想来看你一眼。”

母熊一边这样说，一边指着身后的山。抬眼一看，小森“啊”地叫了起来。

熊指的那座山，从山顶到山脚，不，一道弯弯曲曲的火路，已经烧到了小森家的院子前头。就像一条火把的长龙，像一条鲜明的火河。

小森瞪圆了眼睛，倒吸了一口凉气，凝视着这道火舌。熊悲伤地说：

“到这火熄灭为止，我就必须回到山顶上去了。”

然后，母熊递给小森一根香烟。

“喂，请跟我回去吧！请抽着它再回去吧！”

小森用颤抖的手接过香烟，然后问道：

“老爹还好吧？”

熊点点头。

“孩子们还好吧？”

熊又点点头。

“是吗？那再好不过了……”

小森的心里乱极了，说不出是悲伤，还是内疚，耷拉着脑袋。接着，眼睛就那么看着地上：

“把院子里的柿子带去吧！”

他说：

“把田里的芋头、大葱带去吧！什么都行，全带去吧！”

一边这样说，小森一边下到田里，取来了好多好多的柿子、芋头和大葱，堆到了一个大筐里。这样干着的时候，他已经是泪流满面了。

熊背着筐回去了。

山火还在烧着。小森盯着那火，一个晚上没睡。

“再来呀……常来呀……”

他这样嘟哝着。

然而，这样的事情只有一次就结束了。

就是从那时开始，小森渐渐地和人说话了。这个不可思议的故事，小森逢人便说，一说起来就没完没了。

在山上迷路之后发生的事情，谁听了都觉得有意思，每天不断有新的人来听他讲。不过，没有一个人觉得他是在瞎编。

为什么呢？因为那天晚上母熊一边烧山一边来的那条道上，就像锁链一样，连绵不断地开满了迄今为止从未开过的天上之花。那一排红色的花，确实是从小森家的院子开始，一直蜿蜿蜒蜒地延伸到了山巅。

小森的故事讲到最后，必定是这样结束：

“熊送给我的香烟，我曾经狠下心来想抽过。但是它根本就不能用，就像从地里挖出来的很久很久以前的香烟似的，湿漉漉的，怎么也点不着。这样，对于我来说，那烟中的森林就成了我再也去不了的地方、绝对、绝对进不去的世界了。”

（选自《银孔雀》，少年儿童出版社 2004 年版）

导　读

安房直子是享有世界声誉的日本幻想小说家，她的作品以魅幻的想象、细腻的情感和疏朗的文字见长，几乎每一篇都隐藏着从“民间童话”发展成为“作家童话”的创作痕迹。就这一点而言，《熊之火》非常突出。

《熊之火》的原型是人熊与男子结婚的故事。民间童话的讲述大致是这样：一名男子乘船去海外，船遇到大风停泊在一个港湾。船长让旅客们在岛上游玩，并约好开船的时间。男子错过了，船开走了。一只人熊把男子抢去关在山洞里。男子与人熊生下了孩子，多年以后，船再次经过小岛，男子上船离开。千年来，故事不断激起人们讲述的热情，这与故事的深层隐喻着现实与幻想两个世界的互相探索、融合最终又悲剧般的分离不无关系。安房直子抓住了这个隐喻，将她对人性之矛盾、心灵之幽微的理解揉进故事，赋予它一个深邃美丽的灵魂。

安房直子为主人公小森进入“熊之火”的世界做了精心铺垫：小森扭伤了脚，感到被同伴撇下不管了。因为对现实世界产生了怨恨和不信任，作为成年人的小森才更需要也更容易进入幻想世界。“如果能住在这样心情舒畅的森林里，娶个媳妇，一辈子过上悠闲的日子，不回到人的社会里也没什么不好”……故事最具冲击力的地方就在于小森还是想要回到人的社会。小森认为现实世界冷漠无情、弱肉强食，生活在其中的人“说到底还是只想着自己”，最终却还是回到了人的世界。这是为什么呢？

人为什么要从天堂般的幻想世界回到不完美的现实？这是儿童文学中一个耐人寻味的话题。安房直子给出了她的解释：

“是呀，想办法到外面走一趟。到外面去，像个男人的样子去战斗！归根结底，要去创业！挣钱、出人头地，超过别人……”

不知不觉地变成人的性情的时候，小熊那样想到。而当他变成了熊的心情时，又这样想：

“真想去奋力战斗，弄点新鲜的活物啊。不，哪怕只是吸上一口这个冬天来临之前的寒冷的山风也行啊！”

幻想世界治疗心灵的创伤，积蓄成长的力量，通常幻想小说里的主人公进入幻想世界之后便获得了面对现实的勇气和能力。小森有些不同，在烟的世界里待久了，他内心生长的是欲望，既有原始本能的欲望，也有社会赋予的欲望。孩子更愿意呆在幻想里，给孩子讲这个故事，他们对小森的选择也许会感到不理解甚至愤怒。安房直子不满足于只写一个儿童视角的故事，她说她写幻想小说“是因为太喜欢在幻想与现实的境界之间那种微妙的变化着的彩虹一般的颜色”，她说“描绘那个境界线，让我着迷”。这种微妙的变化，我们可以从小森身上看到。

小森从烟的世界回到人间，发现自己失踪了一个星期，村里人仍然在找他，他没有被所有人抛弃。在意识到这一点之前，小森其实已经接受了人的自私与亲密关系中的背离。就在他准备偷熊老爹的烟回到人间的时候，他明白了“结果连我自己也只想着自己”。所以，烟的世界，不仅让小森生出了回到现实的欲望，更具非凡意义的是，让小森通过面对自我，与人性的不完美达成了和解。奇怪的是，小森回到村子，并没有如他急着离开时所想的那样去“奋力战斗”，“仍旧还是与过去一样，又变成了一个只是蹲在那里打算盘的年轻人”。

好像发生了些什么，又好像什么都没有改变，只有一种落在心上的美丽和伤感。小森与熊妻子最后一次见面，“那天晚上母熊一边烧山一边来的那条道上，就像锁链一样，连绵不断地开满了迄今为止从未开过的天上之花。那一排红色的花，确实是从小森家的院子开始，一直蜿蜿蜒蜒地延伸到了山巅”。安房直子精彩地写出了日本文化里的

"物哀",从"熊之火"的幻境中走出,小森遇见了本真的自我,通达了人情与世态,放下了愤怒与谴责,学会了对逝去种种付之绵绵思心。虽然幻想之门永远在他面前关闭了,但这也未尝不是一种成长。(常立)

拓展阅读

安房直子.花香小镇.彭懿,译.上海:少年儿童出版社,2004.

宫泽贤治.银河铁道之夜.周龙梅,译.青岛:青岛出版社,2006.

一苇.中国故事.北京:中信出版社,2017.

《快乐人的衬衫》

春天的曲子

[芬]托芙·扬松　任溶溶 译

四月底一个万里无云的安静傍晚，小嗅嗅上北方去看山坡上还没有融化的雪，感到走得已经够远了。

他沿着宁静的田野，听着也在从南方往北飞的鸟儿吱吱喳喳叫，已经走了一天。

一路走下来他轻松愉快，因为背囊差不多空了，心中无忧无虑。他喜欢这些树木、这种天气和他自己。明天和昨天都离得很远，只有现在，太阳在桦树间红艳艳地照着，空气凉爽。

正是在这样的傍晚应该吹一首曲子，小嗅嗅想。一首新曲子，其中一段歌唱期望，两段歌唱春天的忧伤，其余部分歌唱一个人独行的乐趣。

这首曲子他在帽子底下已经酝酿了好几天，只是还不大敢吹出来。必须等到有充分把握，到时只要嘴唇一凑到口琴上，所有的音符就马上归位，跳到它们该去的地方。

万一过早放出来，它们会走错地方，成不了好曲子，甚至会全部失去，再也收不回来。曲子不好作，特别是作叫人又快活又忧伤的曲子。

但这个傍晚，小嗅嗅觉得他有把握作成这首曲子。它已经等在那里，几乎酝酿成熟了——它会成为他作过的曲子中最好的一首。

等他回到木民谷，他要坐在桥栏上吹它，小木民矮子精准会马上说："这是首好曲子。的的确确是首好曲子。"

小嗅嗅停下来，觉得有点不自在。是的，小木民矮子精总是等着他，想着他。家里那个小木民矮子精崇拜他，总是对他说："你当然应该感到自由自在。你当然应该出去走走。我很理解，你有时候需要独自一个。"

他老是由于失望而流露出忧郁眼光，毫无办法。

"唉，唉。"小嗅嗅对自己说着又走起来。

"唉，唉。这小木民矮子精感情丰富。但我现在不去想他。他是个很好的木民，但我现在不用想他。今晚我只想我的曲子，今晚还不是明天。"

过了一会儿，小嗅嗅终于把小木民矮子精完全忘记了。他东闻西嗅，要找一个好地方过夜。他听到林中不远处有淙淙的流水声，马上朝那声音走去。

太阳最后一道红光在桦树间消失。春夜慢慢地降临，渐渐地变蓝。整个树林变了样，白色的桦树干在蓝色的暮色中一棵接一棵地过去。

那是条很好的小溪。

它湍急地在去年落下的一堆堆叶子上流过，在残冰的窄缝中穿过，在绿色的青苔间急转直下，变成一道小瀑布，倾泻到下面的白沙水底上。它有时候发出尖细的蚊子嗡嗡声，有时候想要发出可怕的隆隆声，却一下子停住，带着一些融雪汩汩地流，格格笑它们。

小嗅嗅站在潮湿的青苔上倾听。我一定要把这小溪也作进我的曲子里，他想，我想可以把它放在副歌中。

瀑布附近一块小石头忽然松了落下去，使小溪的最高音提高了整整一个音阶。

“不坏，”小嗅嗅入迷地说，“正该这么写。这样来个突然变化。我还必须给这小溪专门谱一首曲子。”

他拿出他的旧平底锅，伸到瀑布那里装满了水，然后到枞树间找柴火。由于春雨，地上还是湿的，小嗅嗅爬了好一段路才在被风刮倒的荆棘丛下找到一些干树枝。他出来时什么东西忽然大叫一声，在他面前闪过，到枞树间不见了，一路上还在尖叫。

“对了，”小嗅嗅说，“到处都有林中的爬虫。它们老是那副紧张样子，真可笑。越小越神经过敏。”

他找到了一个干树桩和一些干树枝，在小溪边生起旺旺的火堆。小嗅嗅一向自己做晚饭。他尽量避免给别人做晚饭，也不想吃别人的晚饭。有那么多人吃饭时爱不停地讲话。他们要用椅子和桌子，有人还用餐巾。他听说有人每次吃饭要换衣服，但这也许是造谣。

小嗅嗅吃他的薄汤时有点心不在焉，眼睛直愣愣地看着桦树旁的青苔。

曲子已经要到手了，很容易就能用尾巴抓住它。但可以等一等，它已经被团团围住，跑不掉了，还是先洗盘子，然后点起烟斗——等到篝火快灭，夜间的动物开始互相呼唤的时候，歌就到来了。

小嗅嗅正在小溪里洗平底锅，看见了那只小爬虫。它坐在远远一头的树根底下看着他。小爬虫的眼睛露出害怕但充满好奇的神色，看着小嗅嗅的一举一动。

一蓬头发下两只害羞的眼睛。就是那种从不受人注意的小人物的眼睛。

小嗅嗅装作没有看见它，把火弄旺，折下一些枞树枝铺在地上，坐在它们上面。他拿出烟斗，点着了，向夜空吐了几口烟，开始等他的春天曲子到来。

曲子没有到来。他只感到那只小爬虫的眼睛在死死盯住他，盯住他的一举一动，充满佩服之意。他又开始感到不自在了。他拍拍爪子叫道：“嘘！走开！”

那小爬虫听了他的话，反而从树根底下钻出来——当然还是在小溪对岸——胆怯地说：“但愿我没有吓着你吧？我知道你是谁。你是鼎鼎大名的小嗅嗅。”

接着那小爬虫下水，涉水过来。但小溪对它来说太宽了，水也冰凉。小爬虫两次没站稳，翻了个跟头，但这时小嗅嗅觉得太不自在，简直没想到去帮帮它。

最后这只又瘦又可怜巴巴的小爬虫爬上了岸，牙齿捉对儿打着架说：“你好，遇到你我太高兴了。”

“你好。”小嗅嗅还是冷冰冰地回答。

“我可以在你的火堆旁边暖和一下身子吗?”小爬虫继续说,那张湿淋淋的小脸快活得放光,“只要想想,我这就要成为一只在小嗅嗅的火堆旁坐过的爬虫了。我永远忘不了。”

小爬虫再挨近一点,把一只爪子放在小嗅嗅的背囊上,一本正经地悄悄说:“你的口琴是放在这里面吗?你带来了没有?”

“带来了。”小嗅嗅很不高兴地说。给它一搅,他的曲子失去了,孤独感没有了,一切变样了。他咬着烟斗,盯着面前的桦树却视而不见。

“现在别管我,”小爬虫天真地说,“我是说你万一想吹口琴的话。你永远猜不出我多么想听点音乐。我从来没有听过音乐。但是我听说过你。刺猬他们,还有我的妈妈都说起过你……刺猬有一次还见过你呢!是的,你真想像不出来……这里难得有什么事……不过我们向往得很多很多……”

“你叫什么名字?”小嗅嗅问它。这个晚上反正已经给它破坏了,因此他想还是跟它聊聊算了。

“我太小了,还没有名字。”小爬虫渴望着说,“说实在的,过去还没有人问过我叫什么名字。现在我遇到了你,我听到那么多、一直想见见的人,而你问我的第一句话就是我叫什么名字!你认为……也许你可以……我是说,你给我想出个名字来会很费事吗,想出个只给我一个人用而不给任何人用的名字?今夜就想出来?”

小嗅嗅咕哝了一声什么,把帽子拉到眼睛上面。什么东西扑着尖长的翅膀飞过小溪,在树木间发出悠长而忧伤的叫声:唷唷——唷——蒂呜——

“对一个人崇拜过头,就不可能感到真正自由自在了,”小嗅嗅忽然说,“我知道。”

“我知道你什么都知道,”小爬虫挨得更近一点说下去,“我知道你什么都见过。你说的话句句是正确的,我一直想变得和你一样自由自在……你如今是到木民谷去休息,并且见到你的那些朋友吧?刺猬告诉我,说小木民矮子精冬眠一醒来就开始等着你……知道有人想念你,一个劲儿地等着再见到你,这不是件高兴的事情吗?”

“我想到哪里就到哪里。”小嗅嗅狠巴巴地大声说,“也许我根本不到那里去。也许我要到别处去。”

“噢,那么他要伤心的。”小爬虫说。

它的毛干了,变得松软,淡棕色。它再一次摸那背囊,小心地问道:“也许你可以跟我讲讲吧……你旅行了那么多地方……”

“不,”小嗅嗅说。他生气地想:它们为什么不能不过问我的旅行呢!它们难道不明白,如果我把它说出来,我就要一句一句地讲,它也就像一串珠子断了线那样散开了。这样一来它没有了,等到我尝试想出它到底是什么样子时,我记得的只有我自己讲的故事。

长时间的沉默，夜鸟又叫了：蒂呜——

小爬虫站起来，小声说："好，我想我必须走了。再见。"

"再见，"小嗅嗅说，感到有点坐立不安，"你听我说。这个……你不是想要个名字吗？'蒂蒂呜'怎么样？'蒂蒂呜'，你没听出来吗，开头声音很细，结尾圈起嘴唇发出来带点伤感。"

小爬虫在火光中用黄色眼睛看着他。它把它这个名字反复地想，反复地咀嚼，反复地听，钻到它里面去，最后把鼻子朝向天空，轻轻地叫着这个新名字，那么伤感，那么入迷。小嗅嗅感到背上掠过一阵颤抖。

接着那条棕色尾巴在荆棘丛里不见了，一切恢复沉寂。

"天啊！"小嗅嗅说着踢了一下余火。他拔出烟斗，接着站起来叫道："喂，你回来。"

但树林里一片寂静。好吧，小嗅嗅想，不可能一直好下去的。那不可能，还没到时候。但小爬虫至少有个名字了。

他重新坐下来倾听溪水声和寂静，等着他的曲子回来。但它没有回来。他马上知道，它去得太远，抓不回来了。也许永远抓不到了。他听到的似乎只有小爬虫激动和羞怯的声音，说了又说，说了又说。

"它们为什么不和妈妈一起待在家里呢？"小嗅嗅不高兴地说，倒下来仰面躺在枞树枝上。过了一会儿，他坐起来又叫了小爬虫一次。他听了半天，接着把帽子拉到脸上睡他的觉。

第二天早晨小嗅嗅继续走。他又累又别扭，还是一路朝北走，头也不朝两边看看。在他的帽子底下，现在连曲子开头的影子都没有了。

除了小爬虫，他根本什么也想不起来。他记得它说的每一个字和他自己说的每一个字，把这些话嚼来嚼去，直到嚼腻了，只好坐下休息。

我怎么啦？小嗅嗅想，又生气又昏头昏脑。这种感觉我过去从来没有过。我一定病了。

他站起来继续走。一切从头开始，小爬虫对他说的每一句话和他回答过的每一句话。

最后他只好停下。到了下午，他转过身来开始往回走。

过了一会儿，他觉得好些。他越走越快，越跑越急。小乐句在他的耳际飘过，但他来不及抓住它们。傍晚时他回到那桦树林，又叫起来。

"蒂蒂呜！"他叫道，"蒂蒂呜！"夜鸟醒来回答他：蒂呜，蒂呜。但他听不见那小爬虫的声音。

小嗅嗅在那里来回徘徊，到处看，到处叫唤和倾听，直到暮色笼罩大地。新月升起，小嗅嗅站在那里看着，茫然若失。

我应该许一个愿，他想。这是个新月。

他正想希望得到他经常想得到的东西：一首新曲子，或者他有时候想得到的东西：一条新路，但忽然改变主意，并且说出来："我想找到蒂蒂呜。"

他按照许愿的规矩，说完转了三个身。然后他穿过空地，走进林子，登上一个山冈。有一样东西在矮树丛里瑟瑟作响，这东西淡棕色，毛蓬蓬。

"蒂蒂呜！"小嗅嗅轻轻地叫道，"我回来找你谈谈。"

"噢，你好，"蒂蒂呜回答着，把头从矮树丛里伸出来，"真好，因为我有样东西可以给你看看。瞧！一块姓名牌！上面有我的名字，等我有了自己的房子，就把它挂在门口。"

蒂蒂呜给他看一块树皮，上面有房屋主人的名字："蒂蒂呜"。他又郑重其事地说："很好看，对吗？大家都这么说。"

"非常好看！"小嗅嗅说，"那么你要有自己的房子？"

"当然！"蒂蒂呜兴奋地说，"我从家里出来独立生活了！真带劲！你知道，在我有名字之前，我只是习惯于东蹦西跳，知道有这么件事或那么件事，周围只是发生事情，有好的，有不好的，但都没我的事，你明白吗？"小嗅嗅正想回答，蒂蒂呜又说下去："现在我有了名字，是个人了，发生的每一件事都真是一件事。因为它不仅发生，而且是对着我蒂蒂呜发生的，我蒂蒂呜对它可以这么想，也可以那么想……你明白我的意思吗？"

"当然，我明白，"小嗅嗅说，"这对你来说真是太好了。"

蒂蒂呜点点头，钻进矮树丛又开始翻找东西。

"你知道吗，"小嗅嗅说，"我还是要回木民谷去。说实在的，我真想见到他。"

"谁？"蒂蒂呜说，"是小木民矮子精吗？没错。"

"在我动身之前，也许你想听首曲子，"小嗅嗅说下去，"或者听个故事吧？"

蒂蒂呜又伸出它的头说："故事？噢，是的。也许晚上可以听。眼前我正忙着……我想你一定不会介意……"

那条淡棕色尾巴在荆棘丛里不见了。过了一会儿，在远一点的地方露出了蒂蒂呜的耳朵，它说："再见，请代我问候小木民矮子精！我必须赶快过我自己的生活，因为我失去的时间已经太多了！"

它又不见了。

小嗅嗅抓抓头。

"是这样，"他对自己说，"不错。我明白。"

他伸直腰，抬头看春天的天空。头顶上是澄清的一大片深蓝色，树木顶上是一片海洋的绿色。在他的帽子底下，那曲子开始流出来，一段是期待，两段是春天的忧伤，其余部分是孤单一人的无限喜悦。

（选自《看不见的小妞》，明天出版社 2004 年版）

导 读

芬兰作家托芙·扬松创造的木民谷系列故事，吸引了世界各国的诸多小朋友，也使无数读者在长大成人后仍旧难以忘怀。这是因为她总会在故事里留下一条神秘的小路，让读者独自去探索。

这条神秘的小路通向人间的孤独。哪怕是在木民之家的亲密关系里，仍有各自疏离的时刻，哪怕是对小木民这样忠诚的好友，小嗅嗅也有不耐烦的时刻。

但扬松把孤独审美化，从而发掘出孤独的内在力量。在《春天的曲子》中，小嗅嗅一心要创作一支春天的曲子，旁边受到冷遇的粉丝小爬虫离开了（在走之前从小嗅嗅那儿获得了自己的名字）。这之后，小嗅嗅再也无法创作出曲子了，他重新找到小爬虫，要给它讲故事、奏曲子，但小爬虫说，有了自己的名字之后，这世界上发生的所有事都和自己有关了，“我必须赶快过我自己的生活，因为我失去的时间已经太多了！”于是，春天的曲子开始流出来，“一段是期待，两段是春天的忧伤，其余部分是孤单一人的无限喜悦”。在写给成年人的《轻装旅行》一书中，扬松重复了这一主题，远在他乡的日本读者来信说，“只在书里和它的作者相见”。

从小嗅嗅的角度看，这个故事探讨了创作者、读者和作品之间复杂的互动关系。创作者不是为了赢得读者而创作的，他/她创作，是因为内心有曲子在流淌，血液中有声音在沸腾，头脑中有火焰在燃烧。创作者需要独处，需要感到自由自在，而读者的期待有时会造成限制。与此同时，创作者也需要读者，当把读者完全抛开时，作品也就“去得太远，抓不回来了”。

从小爬虫的角度看，这个故事讲述了成长的力量。通过和艺术家小嗅嗅的相遇，通过获得一个自己的名字，小爬虫的内在自我开始形成，它“是个人了”，可以不再迷信权威，不再崇拜偶像，而学会了独立判断，独自面对与自身紧密相关也充满诸多可能的世界。

如哈罗德·布鲁姆所说，阅读使人学会善用自己的孤独。好的阅读，总是通向自我的独立，而好的作品，也总是把读者带往成长的神秘之路。（常立）

拓展阅读

托芙·扬松.十一月的木民谷.徐朴，译.济南：明天出版社，2004.

阿斯特丽德·林格伦.长袜子皮皮.李之义，译.北京：中国少年儿童出版社，1999.

《奥菲丽娅的影子剧院》

树　桩

[德] 舒比格　廖云海 译

我在森林里走了很久，又累又饿，就找了个树桩坐了下来。“嗯，现在是午后点心时间了。”我自言自语。我喜欢自言自语，因为这样我才会觉得自己有伴。我正想从衣服口袋里拿出面包，我屁股下面的树桩忽然不见了，我跌倒在潮湿的叶子上。

我从地上爬起来，发现眼前站着一个王子。他有着金色的头发，穿着深红色的紧身衣、深红色的裤子、深红色的带有银扣子的鞋子。他哭着对我说：“你救了我，谢谢你！”

我正为刚才的跌倒而生气，我说：“我不是有意的。”

王子不受干扰地继续说，就像一个很久都没有开口说过话的人一样：“几百年来我一直在等待着这一天，一个人坐在我身上，然后说出‘午后点心时间’这几个字。你这么做了，你救了我。”他开始讲述他的那个很长但很无聊的故事，我现在已经记不得内容了。我只记得在故事里有船、有马、有小矮人出现，在一个午后点心时间，王子被咒语变成了树桩。

我能够对一个王子怎么样呢？我不能和他结婚，因为我不是公主。他可以去剧院演出或者去参加花车游行，但这都不关我的事，我也没有义务给他建议。当王子和我说他要马上离开的时候，我觉得轻松多了。他要去援助某人，至于他要去帮谁，为什么要去帮，怎么去帮，我都不记得了。他匆匆忙忙地拥抱了我，然后就走了。

我继续坐在潮湿的叶子上，吃着我的面包。“永远都不能坐在树桩上了，”我自言自语道，“如果所有的树桩都是王子变的，我们能坐哪里呢？”这时我突然听到一个声音在我的耳边说道：“你在叫我吗？”我抬头一看，是一个小矮人。“不是的。”我说，“我现在正在吃我的面包，请你不要烦我。”

“但是我刚才听到你叫我的名字了，我叫‘树章’。”小矮人说。

“树章？我发誓我这辈子从来没说过这么一个词，‘树桩’或者‘树墩’我倒是说过。但是‘树章’绝对没有。我为什么要说‘树章’呢？“

“最近我的听力越来越差了。”小矮人承认。

我真替他难过，他现在站在我的旁边，只有我的肩膀那么高。我说：“也许是我刚才说话的时候，嘴巴还在嚼东西的缘故。”

我开始向他讲述我对树桩王子的恼怒，他很认真地听我讲话。

等我说完之后，他开始说：“以前这里的情况更糟，这里几乎没有一个树桩是真的树桩，没有一个国家养得起这么多被施了魔法的王子公主们，在这片森林里到处都是。在那个时候一个王子可能一转眼就会变成一个蘑菇或是一道闪电，一个公主变成一棵柏树，一匹马变成一个火炉，还有其他的东西……那时候松树也可能变成山毛榉，农夫可能变成农妇，有时候只是一颗核桃变成另一颗核桃。

“真可怕！”我说。

“是呀。”小矮人继续说，“那时候人们根本不知道自己处在什么情形下，也许自己的孩子都不是真正的人，而是，譬如说，是一头公牛。很多人也在怀疑自己，他们常常问自己：‘我们真的是人类吗？’人们随口说的一句话，就有可能解除一个咒语或者变成另一个咒语。这么多的东西和人都变来变去，搞得人都晕了。”

“这么说来你很老了哦，如果你也经历过这些的话？”我问。

“是的，”小矮人说，“我已经超过一万岁了。”

当我问他是否一直是个小矮人的时候，他笑了，他说：“我不是一个真正的小矮人，我本来是一个树桩，这就是我为什么叫‘树章’的原因了。今天就是我解除魔咒，从小矮人永远变回树桩的日子。”

“为什么刚好是今天呢？”我问。

“因为只有一个树桩变回了人之后，我才能变回树桩。大部分的树桩都不太愿意这么做。刚才，事情正好发生了。”

小矮人等待解咒已经超过了一万年，他现在已经等不及了。他要我挪开一点空间，他要在原来树桩所在的地方变回新的树桩，之后我必须坐在他的背上。我照着他的话做了，感觉自己好像又坐在了之前的那个树桩上。“啊——”他舒了一口气，“很舒服啊。”

“如果你真的是一个树桩，你就不应该再说话。”我说。

“嗯，那是的。我不会再说话了。”树桩回答，“你一定要相信我。”

从此以后，他没有再说过一句话。

（选自《当世界年纪还小的时候》，四川少年儿童出版社 2006 年版）

导　读

我们从小就听落难王子和公主的故事，听他们怎么被使了魔法，又怎么被解救，听了一遍又一遍。这样的故事太多了，他们不是被变成蛤蟆、公牛、羊羔，就是被变成小鸟、白鹅、圆木头。拯救者通常是王子和冒险者，他们都有清醒的角色意识，目标明确地为破除魔咒、赢得佳偶而努力。

但于尔克·舒比格的童话书《当世界年纪还小的时候》却告诉我们：用于陷害和拯救的魔法时代过去了。收录在这本书的魔法故事，与古老的民间童话形成了有趣的互文，对传统的魔法极尽讽刺、调侃、幽默之能事。每一篇故事都和从前某些耳熟能详的故事联系着，以一个令人疲倦的老话题开始，但是在幽默中展开；以一个习以为常的情节为核心，但是在荒诞中结束。现代童话以幽默与荒诞告诉我们：这是关于我们时代的故事，有我们对周遭世界的感受，对生活处境的体认。

比如这篇离经叛道的《树桩》：主人公只是恰巧坐在一个树桩上，恰巧对自己说了句“午后点心时间”，屁股下的树桩就消失了，一个王子站在他面前。这让他很恼火——“我能够对一个王子怎么样呢？我不能和他结婚，因为我不是公主。”而且他坐得远比先前不舒服，气恼地自言自语：“如果所有的树桩都是王子变的，我们能坐哪里呢？”可他当时正在嚼着食物，发音有些含糊，一个树桩错听成“树章”，而变身成一个小矮人。小矮人向我们描述了那个密布魔法的神奇时代——“那时候人们根本不知道自己处在什么情形下，也许自己的孩子都不是真正的人，而是，譬如说，是一头公牛。很多人也在怀疑自己，他们常常问自己：‘我们真的是人类吗？’”

与其说这是古老的魔法，不如说这是魔法的现代版，它就是那些让人们搞不清楚什么是什么而自己又是谁的东西。现代魔法让人失去了对事物的信任感，世界处在不断的转化中，人再也不能一成不变地看待一件事。在舒比格的另一个故事《上了锁的山》里，就连魔法本身也变成了似是而非的东西，人们再也无法凭借原来的认识把握世界了。

据说在拓斯谷有一座上了铁门的山。你只要往门缝里瞧，就可以看到亮晶晶的东西。可是谁都无法打开它。人们用尽了所有办法之后，想到了童话。他们试着念各种咒语，可是咒语无效；帮助老人和小动物，无效；猜谜语，无效。没有回应，没有因果，事物之间没有联系，人和人之间也没有关系。一个完全不知情的年轻人偶然经过那里，屁股不小心顶住铁门，铁门突然打开了，年轻人跌了进去，铁门又关上了。而他是个哑巴。关于魔法本身的真相，我们仍然不得而知。

漫游奇境的爱丽丝说，她不喜欢老是变来变去的，却偏偏在一天里不停地变大变小。我们都有各自的自我、习惯与偏爱，也不喜欢变来变去，但在像现代魔法一样变化无常的今天，我们不得不变来变去。关于自己，关于世界，我们都需要不断地重新认识。值得庆幸的是，即使像不断推着石头上山下山的西西弗一样，我们也总是可以一次又一次地重新开始。（常立）

拓展阅读

于尔克·舒比格.当世界年纪还小的时候.廖云海，译.成都：四川少年儿童出版社，2006.

米切尔·恩德.永远讲不完的故事.杨武能，译.南昌：二十一世纪出版社，2013.

阿尔贝·加缪.西西弗的神话：论荒谬.杜小真，译.北京：生活·读书·新知三联书店，1998.

《颠倒兽》

女性文学

女性写作的“亚特兰蒂斯岛”

［美］肖瓦尔特　韩敏中 译

> 女性文学的出现有希望带来女性的人生观和女性经验，换言之，带来新的元素。无论人们想对社会作什么样的划分，男人和女人构造不同，因而有迥异的经验，这一点仍然是不争的事实……然而，迄今……妇女文学还没有发挥其功能，或可归因于一个很自然的、也是清晰可辨的弱点——它过分地成了一种模仿的文学。要像男人那样写作，这是女作家的目标，也成为她们难以摆脱的积习；而她们真正应该履行的职责是作为女人进行写作。
>
> ——乔治·亨利·刘易斯，《淑女小说家》，1852 年

英国女作家从来都不愁没有读者，她们也从不缺乏学者评家的关注。然而我们从来没有把握，究竟什么因素使她们可以统称为女人，抑或她们是否共享了与女性特质关联的共同遗产。约翰·斯图尔特·穆勒(John Stuart Mill)在《论女性的从属地位》(1869 年)中写到女性的创造力，他论述说，妇女需要进行艰苦的斗争去战胜男性文学传统的影响，并创作出新颖的、本色的、独立的艺术。穆勒设想道，“假如妇女住在和男人很不同的国度，从来没有读过男人写的任何作品，那么她们将会拥有自己的文学。”他又推论道，反之，妇女将永远成为模仿者，而不是创造发明者。看似自相矛盾的是，如若不是妇女在文学上已经获得了显著的地位，穆勒又从何提起这个问题。对他那时代的(同样对我们中的)许多人而言，19 世纪似乎就是“女小说家的时代”。有了简·奥斯汀(Jane Austen)，夏洛特·勃朗特(Charlotte Brontë)和乔治·爱略特(George Eliot)这样璀璨的明星，女人有没有写小说的才能这个问题至少是有了答案的。然而，仍然有个更大的问题：女人因习俗和教育的限制，未能取得诗歌、历史、戏剧创作方面的卓越成绩，若她们把自己的文学才华成就定位于小说的话，那是否只是把另一种男性文类据为己有呢。乔治·亨利·刘易斯(George Henry Lewes)和穆勒总的说来都是妇女权利和维多利亚自由主义的代言人，他们感到女人就像生活在希腊影响中的罗马人一样，在男性文化帝国主义的笼罩之下黯然失色。穆勒写道：“如若女性文学注定会有不同于男性

文学的集体品格的话，那么今天仍为时过早，尚需假以时日，容其能从确立模式的影响中解放出来，接受自身驱动力的指引。”

在女人操笔写的书与刘易斯力图界定的“女性文学”之间存在着显著的差别；“女性文学”应自觉地共同专注于清晰地表达女性经验，并在“自身驱动力”的指引下进行自主的自我表达。写小说的女人从来都是有自我意识的，只是她们很少作出自我界定。女作家们深深地持久地感受到各自的身份和经验，但她们又很少去思考这些经验能否超越个体和局部的限制，采用共同的艺术形式，去揭示一种历史。在1880年至1910年的激进女权主义时代，英国和美国的女作家都在探索亚马孙乌托邦的主题，那是一个完全由女性居民构成、同男人的世界彻底隔绝的地方。然而，即使在这些关于独立自主女性社群的空想中，也不存在女性艺术的论说。种种女权主义的乌托邦都不是对于原初女人那种自由界说自己的本性和文化的构想，而只是从男人的世界遁入了一种与男性传统作对的文化。典型的女权主义乌托邦都是田园式的避难地，在那里，“堕落前”的夏娃们在贴近自然的花果园中耕作，消除了水污染，管理着模范托儿中心，但她们并不写书。

与穆勒的看法相反，而且直到前不久，在没有任何女权主义文学宣言的情况下，两个世纪以来大量的小说读者仍然朦胧地却又不断地得出女性文学有自成一体声音的印象。欧内斯特·贝克(Ernest Baker)在《英国小说史》中单辟一章谈女小说家。他评论说：“女文学家的特殊性犹如种族或远祖传统的独特性一样，将她与那另一性别截然区分开来。只消随意选取一群女作家，无论我们在她们的才华、见解或个人脾性上看出多大的不同，这差异性均有明显属于女性气质的相似性与之匹敌，甚至相似很有可能压倒了差别。”贝克很明智地回避了对这些女性的“特殊性”进行分类；凡是致力于细说女性特殊之处的批评家大多很快就发现，与其说他们在阐述性别构造，不如说是在表达自己的文化偏见。1852年时，刘易斯认为他可以确认情感和观察力是女性的文学特征；1904年，威廉姆·考特尼发现“女性作者既羞涩又好教诲”；1965年，伯纳德·贝尔贡齐解释说，“女小说家……乐于保持狭隘的关注。”写书的女性阅读别的女性写的书也面临着问题，她们很难阐明自己的潜能，按乔治·爱略特的说法，就是那种发掘出“存在于男性的聪明才智及经验之外的宝贵特质”的能力。爱略特本人则试图将女性特质定位于母性情感。

有关女小说家个人、心理之品质特征的陈述林林总总，但这些同样是印象式的，不可靠的。“淑女小说家”(“lady novelist”)本身就是多种刻板形象的集合词。对于J.M.勒德洛(J. M. Ludlow)来说，她是墨水沾满半截手指、披着肮脏围巾、头发乱蓬蓬的女人；在W. S. 吉尔伯特(W. S. Gilbert)看来，她是那一望便知、绝对不会认错的“奇特异类”。对于20世纪的批评家而言，她不生孩子，这也就暗含着她神经质的意思：“我们提醒自己，”卡洛琳·海尔布伦(Carolyn Heilbrun)如此说，“伟大的女作家大多不曾结婚，那些结了婚的作家则是在忠心耿耿的丈夫呵护下的平静领土上从事写作。她们中只有极少数人生育孩子。”南希·米尔福德(Nancy Milford)则问道,究竟有没有女人“年轻时结了婚,生下孩子,却还在继续写作的……想想那些写了书的女人:不结婚的,结了婚无子女的,极少数只有一个孩子的,况且那个孩子还被当做了绊脚的石头。”

有关女作家的讨论如此不准确,支离破碎,充斥着派性,是有很多原由的。首先,妇女文学史深受一种极端形式的伤害,约翰·格罗斯(John Gross)称之为“残余的‘伟大传统论”,它将范围非常广阔并多样化的英国女小说家队伍压缩精简为人数少而又少的“大作家”,然后从她们那里发展出了所有的理论。实际上,对女小说家来说,伟大这个概念最终落实到了四五个作家——简·奥斯汀,勃朗特姐妹,乔治·爱略特和弗吉尼亚·伍尔夫——甚至于就“女小说家”的理论研究而言,结果也无非是没完没了地把有关“不可或缺的简或乔治”的洞识加以再生利用和重新组合。女小说家批评集中在这些幸运的少数人身上,却始终无视那些并不“伟大”的人,举凡作品选集、文学史、教课书和理论著述对她们一概略去不提。次要小说家是将一代代人联系起来的链条上的链环,没了她们的踪影,我们对女性写作中的连续性也就没有明晰的理解;对作家人生同妇女在法律、经济、社会地位方面的变化这两者间的关系,我们也没有获得可靠的资讯。

其次,对于批评家来说,从理论上去思考女小说家和女性文学是一件很困难的事,因为他们总是会凸出、放大由自己的文化所决定的对女性特质的固定看法,总是在女性的写作中看到生物创造力和艺术创造力之间永久的矛盾。维多利亚时代的人期望看到女性小说反映他们所崇尚的女性价值,尽管小说家本人显然已经成熟而超越了柔弱女性角色的束缚。夏洛特·勃朗特在给刘易斯的信中写道:“无论怎样,我不可能在写作时总想着我自己,总想着女性该怎样做才优雅妩媚;我不是按这样的条件,或怀着这样的想法才握笔写作的。”即便我们不理会玛丽·埃尔曼(Mary Ellmann)所说的“阳具批评”和辛西娅·奥齐克(Cynthia Ozick)所说的“卵巢文学理论”中的过分之处,当代的女作家批评多数仍然在因袭陈规、画地为牢。现实情况是,一方面缺乏足够的信息,另一方面则存在大量的偏见,既然在这种腹背受敌的处境中颤颤巍巍地行驶如此艰难,那么,形式主义—结构主义批评家干脆只字不提性别认同问题,或者以不相干、太主观为由将这问题一笔勾销,也就不奇怪了。一旦发现对女作家很难进行明智的思考,学术批评就用除去其性征的方式获得过度代偿。

然而,自20世纪60年代以来,尤其是1968年前后妇女解放运动在英国和美国再度兴起以来,人们对于“每个时代的文学中都涌现出特别的女性自我意识”这样一种思想的热情重又点燃。建立一套更可靠的女作家批评词汇,写出更准确和系统的女作家文学史——这样的兴趣成为一种更为广泛的跨学科尝试的组成部分:从事心理学、社会学、社会史和艺术史研究的学者在努力重建妇女的政治、社会和文化经验。

当代女权主义运动所产生的研究成果使我们变得敏感起来,看到了文学史中性别意识的偏见或投射的问题;新的学识也开始向我们提供所需的知识信息,去理解女性文学传统的演化过程。其中最有意义的贡献是发掘出“丢失了”的女作家的作品，加以重新阐释，并把她们的人生和事业轨迹整理出来。

过去的调查研究因突出精英小团体而歪曲了真相，不仅因为这小部分人遮蔽了我们的注意力，例如使我们看不到存在于乔治·爱略特和弗吉尼亚·伍尔夫之间绵延不绝的大量文学活动，还因为对小团体的专注把普通妇女的日常生活，切身经验，她们的个人智谋和人生挣扎都挡在了我们的视线之外。如果想阐明在英国小说中“女性自我意识”得以表达的具体方式，我们就需要将女小说家置于同时代妇女的背景上，还需要把她和历史上别的作家联系起来。弗吉尼亚·伍尔夫(Virginia Woolf)是认识到这一需要的：

> 没有平凡的女人，就不会有非凡的女人。只有当我们懂得一般女人的生活状况——她有几个孩子，她有没有自己的钱，她有没有自己单独的房间，她养育子女的时候有没有帮手，她有没有佣人，她是不是必须做一部分家务——只有当我们能够衡量普通女人所可能有的生活方式和人生经验的时候，我们才有可能解释非凡女人作为作家的成功或者失败。

学者既已信服妇女经验之重要，也就开始发现女人的经验。有了新的认识框架，过去认为根本不存在的材料一下子清晰地跃然纸上。跨学科的维多利亚妇女研究在医学、心理学、经济学、政治学、劳工史和艺术等学科中开辟了新的研究领域。有关“女性想像力”的问题已在一些理论学说中呈现出智性的分量，如卡伦·霍尼(Karten Horney)的女性心理学、埃里克·埃里克森(Erik Erikson)对女性和内在空间的研究以及 R. D. 莱恩(R. D. Laing)有关分裂自我的研究等。琳达·诺克林(Linda Nochlin)、莉丝·沃格尔(LiseVogel)及海伦妮·罗伯茨(Helene Roberts)等艺术史学者的著述则催生了对女性图像和意象的研究。

当数十位女作家的作品从 E.P.汤普森(E. P. Thompson)称之为“后人的极度轻慢”中被解救出来后，当人们把这些作品互相联系起来加以考量时，女性传统这块沉没的大陆就像消失的亚特兰蒂斯一样从英国文学的海洋中浮现出来。现在看得越来越清楚了：同穆勒所设想的情形相反，女人一直以来就有自己的文学。用维乃塔·科尔比(Colby)的说法，女小说家“其实既不怪异，亦非不合常规”，然而她也不仅仅是“自己时代的记录者和代言人”。她置身一种发轫于她的时代之前、并持续到我们时代的传统之中。

许多文学史学者已经开始重新阐释并修正对女作家的研究。埃伦·莫尔(Ellen Moers)把妇女文学看做是一场国际性的运动，它“游离于主流之外，但几乎不可能从属于主流：它是一股湍急而强劲的潜流。这一‘运动’始于 18 世纪末，在多国发生，它除了生产出大部分粗糙的赚钱之作外，也创作出两个世纪中一些最伟大的文学作品”。在

《女性的想像》中，帕特里夏·迈耶·斯帕克斯(Patricia Meyer Spacks)发现，“鉴于不难看到的历史原因，妇女关心的事物总是多少处在男人关注的外围，或至少有一点点偏离。传统的女性思虑和角色与男性之间的不同造成了女性写作的差异。”其他很多批评家也正在取得一致的认识：当我们把女作家看做一个集合体的时候，我们就能看到想像的连续性，从一代代作家中发现某些循环出现的类型、主题、问题和形象。

本书力图描述英国小说领域内从勃朗特姐妹那一代至今的女性文学传统，并说明这一传统的发展与一切文学亚文化的发展具有怎样的相似性。妇女一般被视为“社会学意义上的变色龙”，所体现的是其男性亲属的阶级、生活方式和文化特征。然而，可以对此提出不同意见：妇女在大的社会框架之内构成了一种亚文化，她们通过深深影响个体的价值、习俗、经验和行为方式而联结起来。如此宽泛地看待女性文学传统，把它同更大范围内女性自我意识的演变过程、同任何一个少数群体在与主流社会的关系中找到自我表达方向的方式联系起来章看，是十分重要的，因为我们无法展示有自觉意识的进步和积累的女性文学传统的模式。诚然，如埃伦·莫尔所写，“女人特别仔细地阅读同性作家的作品”；从影响、借鉴、亲缘性等意义上看，传统是显而易见的。但是，这个传统也存在着许多空洞和缝隙，那是因为杰曼·格里尔(Germaine Greer)所说的“女性文学名望的昙花一现现象”；“自共和政体以来，一小群女人在有生之年享有耀眼的文学盛名，到头来在后人的记载中竟消失得无影无踪，这种情形几乎从未间断过。”于是，从某种意义上说，每一代女作家都发现自己并没有历史，被迫再次重新发现过去，一次又一次地锻造属于自己性别的意识。考虑到这种持续不断的断裂，以及使女作家疏远集体认同感的自我憎恶情绪，那么要谈什么“运动”就不大可能了。

“女性的想像”这种观念也让我感到不安。所谓女性感受力会通过女人特有的形象和形式自我揭示出来的理论总是危险地重申着熟悉的刻板形象。它也暗示了永久性，即男女感知世界的方式之间存在着深刻的、根本性的、无可避免的差异。我倒是觉得，女性文学传统源于仍在发展变化中的女作家与社会之间的关系。而且，文学史学者也不能把“女性的想像”当作浪漫的或弗洛伊德式的抽象概念。“女性的想像”是一个在时间中发挥影响力的精密网络的产物，对它的分析必须要看它如何在语言，在页面上固定下来的文辞安排中表达自己，而语言和文辞安排这一形式本身也受制于一个影响力和习俗的网络，其中包括市场运作。在这部研究英国小说的论著中，我想考察的并非天生的性别态度，而是在特定的地点和时段内，女作家的自我意识转换为文学形式的方式，看看这种自我意识如何变化发展，又可能引向哪里。

正因如此，我所关注的是希望得到报酬和出版作品的职业作家，而不是日记和书信作者。这一侧重点要求很细致地掂量选出来加以讨论的小说家和小说。当我们从文学传统的纵览转向构成传统的个人时，一整套不同的却又互相关联的动机、内驱力和缘由便凸显出来。我需要问的是，为什么女人开始为挣钱而写作，她们如何做到在自己家里进行写作活动？她们职业上的自我形象是怎样的？她们的作品是怎样被接受的，批评对她们产生了怎样的影响？她们身为女人的经验有哪些，这些经验又怎样反映在她们的书中？她们怎样理解女人的人生？她们同其他女人，同男人，同自己的读者有什么样的关系？女人地位的变化怎样影响她们的生活和事业？写作职业本身又怎样改变了一心从事写作的女人？放眼文学中的亚文化群落，如黑人、犹太人、加拿大人、英裔印度人或甚至是美国人，我们可以看到他们都经历过三个主要阶段。首先，有一个很长的模仿阶段，模仿主导传统的流行模式，并把它的艺术标准和对社会角色的观点国际化。然后就是抗议阶段，反对这样的标准和价值观，并提倡少数群体的权利和价值，其中就有获得自主权的要求。最后是自我发现的阶段，适度地摆脱了对于对抗的依赖，转向内心，寻求身份认同。对女作家来说，用以指称这三个阶段的恰当用语是：女性的，女权的，女人的(feminine，feminist，and female)。这些显然不是在时间上可切分得一清二楚，对各个作家的归类有十足把握的严格范畴。三个阶段是部分重叠的：在女性特征的作品中有女权主义的因素，反之亦然。人们也会在一位小说家的写作生涯中发现三个阶段。尽管如此，指出文学价值发生变化的转捩点是有用的。本书中，我把出现男性笔名的19世纪40年代到1880年乔治·爱略特去世的这个时期定为“女性阶段”(the feminine phase)；把1880—1920年，或说争取妇女选举权的时期定为“女权阶段”(the feminist phase)；把1920年至今定为“女人阶段”(the female phase)，当然，1960年左右进入了自我意识的新阶段。

如何理解女性亚文化十分重要，它不仅仅有辛西娅·奥齐克所说的“监护性”(“custodial”)——为从属群体规定的，旨在使之永久处于从属地位的一整套意见、偏见、趣味和价值——它还是一种强劲活跃的实际存在。对女性亚文化群的讨论大多来自描述杰克逊时期美国的史学家，但这些讨论同样适用于维多利亚英国早期的情况。按南希·科特(Nancy Cott)所说，“我们可以把妇女的集体意识看作因与主导文化的联系而造成奇特自我分裂的亚文化。尽管同主导文化的联结具有渗透性和约束性，但它们在亚文化内既引起虚弱，却更激发力量，既形成迁就妥协，却更成就了持久的价值。”在后工业化时代的英国和美国形成了所谓女性正当活动领域(the proper sphere of womanhood)的中产阶级意识形态，它规定女人就应该是完美的淑女，是家中的天使，心满意足地顺从男人，但却以内心纯洁和笃信宗教而见长，在家庭这个属于她的王国中，她就是女王。许多观察者指出，维多利亚时代女性最初的职业活动是当社会改革者、护士、家庭教师，以及写小说，这些活动或是在家中进行，或是女性作为人类社会的教师、助手和母亲之类的角色之延伸。有两位历史学者在描述美国的情况时，看到一种亚文化如何从两性活动领域差异论中产生：

我们所说的“亚文化”简单说是指一个少数群体的“生活习惯”……它自觉

> 地有别于一个社会的主导性行动、期望和价值。历史学者看到，女性教会团体、改革协会和慈善活动等成为这个亚文化群在实际行为中的表现方式，而由女性写作的或为女性写作的大量丰富的作品则在观念层面上表达了这个亚文化的冲动。行为和思想两个方面都把养育孩子、宗教活动、教育、家庭生活、社交联谊及女性团体当做女性亚文化的组成部分。女性之间的友谊——这个阶段女性间有着令人惊讶的亲密关系和深厚情谊——把她们真正地联结在一起。

对英国妇女而言，女性亚文化首先来自女性共有的，并渐次变得愈加隐秘的、仪式化的身体经验。青春期，行经，初次性经验，怀孕，分娩，以及绝经，女性的整个性活动周期形成了一种必须掩藏自己生活方式的习惯。虽然不可以公开谈论或承认上述事件，但是伴随着有关经历的是精致的仪式和秘传知识，是外在的风尚礼仪之规，还有女性之间休戚与共的强烈情感。女作家的联合则有各种原因：身为女儿、妻子和母亲的角色，不信任想像、强调责任这种内化了的福音教教义，法律和经济上对她们社会流动性的种种限制等。有时她们会围绕一种政治理想更加直接地团结起来。大体上看，这些都是隐含的文化的融通，而不是意识的能动联合。

然而从一开始，女小说家对相互存在的意识和对女读者群的意识就表现出某种隐蔽的团结，有时几乎等同于一场彬彬有礼的共谋。主张妇女联合的萨拉·埃利斯(Sarah Ellis)是第一代维多利亚人中最保守的作家之一，她问道："对于一个背叛相互利益的奴隶社群，对于遭遇海难、到了举目无亲的海岸却在互相欺骗的一群水手，对于居民不愿意认真诚挚地团结起来抵御共同敌人的无助的国度，我们应作何感想？"埃利斯夫人对于少数群体经验对妇女的黏合力量感受十分强烈，乃至在她广为阅读的多种英国妇女专论的前言中含蓄地指出，她的女性读者会懂得她字里行间要说的话，并且不会泄露她们读出来的意思。另一位保守的小说家黛娜·马洛克·克雷克写道，"女人本性错综复杂，不是女人根本无法理解；任何一个真正有女性情怀的传记作家，即便她真的发现了女人的隐衷，也绝不会想到把这些公开发表出来。"很少有英国女作家会像美国小说家范妮·弗恩(Fanny Fern)等人所做的那样，公开提倡用小说来报复父权社会，但有许多人承认对读者怀有"母亲之情，姐妹之爱，团体精神"。于是，一个牧师的女儿到缪迪的租书图书馆(Mudie's)去租借另一个牧师的女儿所写的三卷本小说，就是参与了一次文化交流，对个人来说有特殊的意义。

说不好女人从何时起开始写小说。大约从1750年起，英国女性就一直在稳步地进军文学市场，其主要身份是小说家。早在1773年，《评论月刊》(*Monthly Review*)就注意到，"文学行当的这一支系"看来"已差不多全部被女士们占领。"J. M. S. 汤普金斯(J. M. S. Tompkins)发现，18世纪的书信体小说大多是女人写的；密涅瓦出版社发表女人的小说比男人的多了一倍；伊恩·瓦特(Ian Watt)扼要地说，18世纪小说大半出自女人笔下。与此同时，男人也可以模仿甚至盗用女性经验。奥利弗·哥尔德斯密斯(Oliver Goldsmith)怀疑男人使用女性笔名在写感伤小说，而男人也确实写了有关儿童保育，接生，理家和烹饪方面的书。

早期女作家同自己职业角色之间的关系颇为尴尬。18世纪的女小说家利用无助的柔弱性这样一种女性形象套路来赢得男性评论者侠义的保护，也尽可能地弱化了自己非女性的争强好胜的一面。1791年，伊丽莎白·英奇博尔德(Elizabeth Inchbald)在《简单的故事》(*A Simple Story*)序言中谎称自己是可怜的病人，尽管“极度厌恶虚构故事带来的疲劳”，却还是写了一部小说。在18世纪、19世纪之交，女人以匿名发表的方式回避了职业身份的问题。1810年，玛丽·布伦顿(Mary Brunton)在给友人的信中解释了她为何宁愿选择匿名发表、也不要为自己的小说冠名的理由：

> 就如你很了解的，我情愿悄无声息、不为人知地在世上走一遭，也不愿意有(我绝对不叫它享受)名望，无论那有多么光鲜；我不愿意被人指出来，让人注意到我，对我品头论足，被人怀疑端着文艺腔，遭人躲避，就像我这性别中普通点的人躲着女文人那样；遭人憎恨，就像另一性别中自命不凡的人拒斥女文人那样！亲爱的，我还不如去做走索表演！

这里，我们需要再次牢记小说这一形式和小说家这个职业角色之间的区别。许多女性小说(the feminine novel)中最为连贯的主题和形象——从哥特传奇中神秘的内在空间到家庭小说中责任与自我实现之间的权衡——都可以追溯到18世纪后期。19世纪的女小说家当然在一定程度上熟悉伯尼(Burney)、埃奇沃思(Edgeworth)、拉德克利夫(Radcliffe)和奥斯汀，以及数十位不那么知名的作家，如英奇博尔德和霍夫兰(Hofland)。但是，在19世纪40年代以前，女作家当中几乎看不到团体意识和自我意识，而那正是凯瑟琳·蒂洛森(Kathleen Tillotson)认为小说成为主导文学形式的年代。蒂洛森指出，尽管维多利亚中期的批评家恭敬地注意到奥斯汀(这种关注对维多利亚时代的女小说家起了某种负面作用)，但是相对而言，奥斯汀对盖斯凯尔夫人(Mrs. Gaskell)、哈丽叶特·马蒂诺(Harriet Martineau)、勃朗特姐妹及一些小作家没有多少直接的影响。甚至乔治·爱略特受惠于奥斯汀一说也是被“伟大传统”这个观念大大夸张了的。由于围绕着玛丽·沃斯通克拉夫特(Mary Wollstonecraft)生活的种种流言蜚语，维多利亚时代的人也没有广泛阅读她的著述。

然而，比直接的文学影响更为重要的是社会生活领域与职业领域的区分，18世纪和19世纪的女性就生活在这种分裂的环境中。早期女作家拒绝谈论职业角色问题，或对此表露出否定的倾向。“我的生活是怎样的?”诗人利蒂希娅·兰登(Laetitia Landon)喟叹道：“日复一日的苦工；难事接踵而至，压在我头上，摧垮了我的身体，每年我一场大病接着一场大病，体力大大透支；嫉妒，怨恨，苛刻无情——凡此种种都是一个文学事业成功的女人吞食的果实。”这些女性在强调文学成就给她们带来的只有苦难时恐怕有些言不由衷，但她们确实没有认识到，自己所从事的职业不仅引发心理冲突，也带来了责任，不仅有负担，同时也有机遇。再说，她们并不把写作看成是女性经验的一个方面，或者是女性经验的一种表达方式。

于是，我从1800年以后出生的妇女开始讨论女性小说家(feminine novelists)的境遇，她们在19世纪40年代开始发表小说，而那时从事小说创作正成为一种公认的职业。有许多迹象表明这一代人把以写作为职业的决心看成与女人之本直接冲突的事情，其中的一个标志就是出现了男性笔名。男性笔名就像夏娃的无花果叶一样，象征着失去纯真。女人在努力参与文学—文化主流时必须要扮演一定的角色，笔名因对这种角色模仿的极端理解，成为历史转向的显著标记。

19世纪有三代女性小说家。第一代于1800—1820年间出生，包括所有可归属维多利亚女作家黄金时代的女性：勃朗特姐妹，盖斯凯尔夫人，伊丽莎白·巴雷特·勃朗宁(Elizabeth Barrett Browning)，哈丽叶特·马蒂诺以及乔治·爱略特。这个群体的成员是社会学家称为“女性角色革新者”的一批人；与她们同时代的有弗洛伦丝·南丁格尔(Florence Nightingale)，玛丽·卡彭特(Mary Carpenter)，安吉拉·伯德特(Angela Burdett)，以及其他先锋职业人士。她们在开辟新的天地，创造新的潜在价值。第二代出生于1820—1840年间，有夏洛特·扬(Charlotte Yonge)，黛娜·马洛克·克雷克，玛格丽特·奥利芬特(Margaret Oliphant)和伊丽莎白·林恩·林顿(Elizabeth Lynn Linton)等人；这些女性追随伟人的脚步，巩固了成果，但在专心致志的程度和原创性方面却稍逊。第三代生于1840—1860年间，其中有惊悚小说作家和儿童读物作家。她们似乎对女人和职业作家的双重角色驾轻就熟，既享受文学上的成功，也获得了女性的满足。她们以公事公办、不按常规行事、干练、多产的姿态出现，不仅从事写作，也进入了编辑和出版的领地。

在第一代女作家进入写作生涯时，已经有了从文类上判断何谓“女性”(“feminine”)小说的认识。到了19世纪40年代时，女作家已采用各种各样的通俗文类写作，尤擅长于写上流生活，教育，宗教和社区；维乃塔·科尔比用“家庭写实主义”的标题涵盖了这些类型。用英格-斯蒂娜·尤班克(Inga-Stina Ewbank)的话来说，所有这些小说中的“核心关注……是女人在家庭和社会圈子内部如何对他人产生影响。正是在这样的关注中，19世纪40年代典型的女小说家找到了自己正当的活动领域：使用小说来展示女人的(woman's)正当活动领域(通过预设女性气质标准、而不是通过探索这标准所进行的展示)”。正如我将在第三章中说明的，那时文学批评中的双重标准已经显现，对于女人写的小说有了一套特殊的用语和规定。

这样的小说自有自己的位置，但是，即使像夏洛特·扬和黛娜·克雷克这样最最保守、最最虔诚的女小说家都意识到，所谓“女性”小说也是软弱、无知、过分拘谨、精致、得体、多愁善感等等的代名词，而女性小说家则被刻画为自负、追求出名、张扬自我的人。与此同时，维多利亚时代的评论家认定是女读者和女作家把持了小说的内容，他们哀叹女性化的价值体系必然带来的琐屑小器和狭隘。菲茨詹姆斯·斯蒂芬（Fitzjames Stephen）写道，“除了适合年轻女子阅读的书以外不准写其他小说，这样做是否值当，当然是极其成问题的。”

如是，维多利亚时期的女性小说家发现自己处于双重困境。她们因男性批评家的俯就恩赐而感到屈辱，强烈地表达了不想受特殊对待，而要做到真正优秀的愿望，然而她们又深感焦虑，怕这样一来自己就会不像女人了。这一心理挣扎部分来自于一个实际情况，即女小说家与其说挑战了当时社会的价值标准，不如说她们在争取得到社会的奖赏。对于妇女，如同对于其他亚文化群的人一样，文学成了成就的象征。

面对这一两难处境，女小说家渐渐形成了一些个人和艺术上的对策。个人的应对措施包括不断地贬低自己的女人身份，自我贬抑有时表现为谦卑，有时表现为怯生生地寻求肯定，有时则是十足的自我憎恶。奥利芬特夫人在给约翰·布莱克伍德（John Blackwood）的信中表达了这样的疑问：“在你那最具男子气概的男性杂志上，像我这样一个女子气的说故事的人是不是会让人生厌。”小说家们公开宣称并真诚地相信她们反对女权主义。她们在家中工作，宣扬谦恭顺从和自我牺牲，斥责女性的我行我素，就这样设法弥补自己非要写作的过错。

尽管如此，职业——写作的意愿——仍然需要真正超越女性的身份。维多利亚时期的妇女不习惯选择职业；当好女人，这本身就是天职。受福音教精神启迪形成的工作信条确实对她们有所影响，虽说那并不主要针对妇女。像男人一样，女人受到强烈的驱策，要在“人生的操劳中承担自己的角色”。但是对男人来说，工作信条既满足了个人利益也实现了公共利益。他们在追求自己的抱负的同时，也达到了社会对他们的期望。

然而，对女人而言，工作意味着为他人操劳。在自我发展意义上的工作同完美女性理念（the feminine ideal）中固有的服从和压抑的要求发生了直接冲突。写作行为必然意味着以自我为中心，这使写作成为特别危险的事业；它要求投入情感之中，培植自我，而不是否定自我。汉娜·莫尔（Hannah More）和萨拉·埃利斯那些广为流传的论说文把抽象的“妇女使命”转化为具体的行动计划，让写作看似成为自私的、非女人分内的、不合基督精神的行为。埃利斯夫人认为，“‘我应该怎样做才能感到满足，得到倾慕，或者让生活变个花样？’”——这些都不是“有正当情感的女人在醒来想到一日的工作时所应该问的问题”。她建议女人去探望病人，替出门的家人准备好早餐以让仆人有喘息之机，或者做些“对整个家庭都有利的事情”。她热情地问道：“谁能相信，经年累月、连续不断地这样想，这样做，对人的品格不会产生强大影响呢？”当然有影响。我们首先注意到的是，像伊丽莎白·巴雷特、“夏洛特·伊丽莎白”（“Charlotte Elizabeth”）、伊丽莎白·M. 休厄尔(Elizabeth M. Sewell)以及埃利斯夫人本人等女性作家都不得不克制内心深处对成为作家的负罪感。她们中有许多人发现需要求助某些外部的激励或意识形态来为自己的工作开释。在她们的小说中,女主人公想过完整、独立生活的志向挫败了,受到了惩罚,或者被婚姻替代了。

伊丽莎白·巴雷特·勃朗宁的《奥萝拉·利》(*Aurora Leigh*,1857 年)是少数探讨女性角色冲突的自传体作品之一。奥萝拉想当艺术家;她一向所受的自我憎恶教育,她内化了的软弱、自恋之罪,她的追求者罗姆尼(Romney)的温和嘲笑等等,都使她的奋斗过程变得格外曲折。然而她公然违抗他,祈求神的至高权威助她拒绝他的求婚,不愿做他的伴侣:

> 你误读了这个问题,就像男人
> 看女人总是仅仅把她当作
> 男性的补缺。你差不多忘记了
> 每个人,不论女人还是男人,都
> 独自面对有担当的行为和思想
> ……
> 我也有我的天职,——我有
> 天地赋予我的工作要做。
> (第 2 卷,第 460—466 行)

奥萝拉成了成功的诗人,但她最终嫁给了罗姆尼,她已经懂得,作为女人她无法克服以自我为中心的远大抱负所带来的负疚感。她与罗姆尼结婚之前,他因一桩事故而失明;意味深长的不只因为他失明后才获得了对残疾生活的切身体验,故而能同情她的境遇,还因为他此时需要她的帮助,是他让她能够做与女性相称的工作。奥萝拉告诉罗姆尼,"没有什么完美的艺术家/会脱胎自不完美的女人"(第 9 卷,第 648—649 行);她的意思不仅是爱情和母性达到完美,而更是指自我牺牲的极致。这一矛盾直至今日对于英国小说家仍有重要意义,它是从夏洛特·勃朗特到佩内洛普·莫蒂默(Penelope Mortimer)的女小说家的重要主题。威廉姆·萨克雷(William Thackeray)等来自上层阶级的男小说家同样对小说家需要进行积极大胆的自我推销这一点深感不安。正如唐纳德·斯通(Donald Stone)所指出的:

> 萨克雷对蓓基·夏波(Becky Sharp)的矛盾情感表明了他想压抑自己的文学才华或不把它当回事的程度。使蓓基(一时)获得社会成功的能量和使他成为创造性艺术家的能量是类似的。在简·奥斯汀或乔治·爱略特这样的女性大小说家笔下,蓓基的行为破坏道德和社会的含义会得到更清晰、更急切的界定。简·奥斯汀对莉迪亚·班尼特(Lydia Bennet)的剖析,乔治·爱略特

> 对罗莎蒙德·文西(Rosamond Vincy)的贬损,就说明女作家怎样以及为什么充当了最热切、最细致地维护现状(就19世纪妇女而言)的人。她们的女主人公几乎不会关心现代意义上的自我实现;如果说她们的人生受到了太大的局限,那是因为她们的作者在自我张扬的行为中看到了极大的危险,还看到了比我行我素更为高尚的选择。

乔治·爱略特在《罗慕拉》中用一个问题陈述了两难处境:究竟在什么情况下"服从的义务结束了,而反抗的责任开了头"。然而这是每个决心从事写作的维多利亚女性不可能不问自己的问题:上帝究竟想让她怎样度过自己的人生?在什么情况下服从父亲和丈夫的本分终止,而自我实现则成为至高无上的责任?女人必先解决自己人生中服从与反抗的命题,方可开始写作;但在她们的小说中,此命题以女主人公的道德危机形式冒现出来。女性小说中这种危机的表现形式完全是写实描写中的凡尘俗事——在盖斯凯尔夫人的《北方与南方》(*North and South*)中,玛格丽特是否应该为保护兄弟而撒谎?在夏洛特·扬的《雏菊花环》(*The Daisy Chain*)中,埃塞尔·梅(Ethel May)是否应该放弃学习希腊文而去看护父亲?——然其根源却很深厚,并与女小说家的史诗人生意识紧密相关。女作家认识到自己的奋斗朴实无华,但同时她们也认出了自己的英雄理想。乔治·爱略特在《米德尔马契》中写道,"一个新德雷莎不见得有机会改革修院的隐修生活,正如一位新安提戈涅再也不可能为埋葬哥哥豁出一切,洒尽豪情虔敬。她们这些壮烈行为所据以存在的社会条件,已一去不复返了。但我们这些无足轻重的人却在以我们的日常言行,铺垫着许多多萝西娅的人生,其中有些人可能还得比本书中的多萝西娅,作出悲痛得多的牺牲,也未可知。"

(选自《她们自己的文学》,浙江大学出版社2012年版)

导　读

伊莱恩·肖瓦尔特(Elaine Showalter),美国著名女性主义批评家,普林斯顿大学荣休教授,曾任美国现代语文学会(MLA)会长。作为女作家批评的开创者之一,她从二十世纪六七十年代起就致力于发现女作家传统这个被淹没的"亚特兰蒂斯岛",写出了《她们自己的文学》等著作和大量文章,坚持从历史和文化的角度研究女性文学和探讨女性文学理论;近700页的新作《女性文学评判人》(*A Jury of Her Peers*,2009),更是首部整理和分析350年来美国女性作品的文学史巨著,具有里程碑意义。

《她们自己的文学》是美国最负盛名的女性主义批评作品之一,为20世纪80年代起女作家与女性作品的爆发性研究奠定了基础。作者在其中提到了200多名被湮没无闻或入不了文学史的女作家,除了公认的文学大家勃朗特、爱略特和伍尔夫仍得到极为详尽的分析之外,《她们自己的文学》中还以相当的篇幅叙述和评论了19世纪的盖斯凯尔、克雷克、朱斯伯里、林顿、奥利芬特、布雷登、布劳顿、伍德、休厄尔、扬、罗宾斯、格兰德、施赖纳、埃杰顿、沃德及20世纪的曼斯菲尔德、理查森、莱辛、德拉布尔、拜厄特和卡特等二三十位女作家的创作。1999年的增补版在原书的前后各增加一章,回首20年间女性文学批评领域的巨大变化,回应对此书的各种批评,并把论述的下线拉到20世纪即将结束之时。这本书对于发现女作家传统、整理与分析美国历史上女性主义文学史巨著,具有里程碑意义。(王冰冰)

拓展阅读

任一鸣.中国当代女性文学简史.桂林：广西师范大学出版社,2009.

骆晓戈.她们：跨界合作与行动研究.桂林：广西师范大学出版社,2009.

王晓英,杨靖.影响世界的100部女性文学名著.苏州：苏州大学出版社,2010.

林丹娅.当代中国女性文学史论.厦门：厦门大学出版社,2003.

乔以钢.中国女性与文学 乔以钢自选集.天津：南开大学出版社,2004.

王纯菲.中国性别理论与女性文学批评.北京：社会科学文献出版社,2014.

陈顺馨,戴锦华.妇女、民族与女性主义.北京：中央编译出版社,2004.

戴锦华.世纪之门.北京：社会科学文献出版社,1998.

李玲.中国现代文学的性别意识.北京：人民文学出版社,2002.

王宇.性别表述与现代认同.上海：上海三联书店,2006.

关于性别特征的流行观点的探讨

[美] 玛丽·沃斯通克拉夫特　　谭洁　黄晓红 译

为了替男人的专横作辩解和说明，许多绝妙的观点被提出来，用以证明：在道德修养方面，两性应该有着截然不同的培养目标；或者更明确地说，就是不允许妇女有足够的智力来获得她们应得的真正美德。可是，上帝给人类指定的通向美德或幸福的唯一路径，就是让他们有灵魂。

那么，如果女性不是一群寿命短促、微不足道之人，为什么要让她们处于懵懂无知的状态，且美其名曰天真无邪呢？男人不是尖刻地嘲弄妇女任性放纵的情欲，就是满有理由地埋怨妇女的愚蠢和善变。看啊，我的答复是：这都是无知的必然结果！仅以偏见为基础的思想总是不稳定的，偏见的思潮倘若没有阻力必将四处泛滥，贻害无穷。妇女打小就被告知，只要懂得一点点人类的弱点，例如狡诈、性情温和、表面服从、循规蹈矩，就能得到男人的保护；从她们母亲的身上她们也能学到这些。倘若她们生得漂亮，这一切就无所谓了，至少有二十年她们可以得到男人的保护。

弥尔顿就是这样描述我们脆弱的女性始祖的；当他告诉我们女性是为温柔可爱、优雅迷人而生时，我并不明白他的意思，除非他像穆罕默德一般企图剥夺我们的灵魂，并暗示我们说，我们生来就是优雅可爱、温顺服从的，为的是让男人在倦于玄思遐想时得到感官的满足。

这样的劝告对于我们真是莫大的侮辱！例如，他们曾经如此热心、经常地劝告我们要有迷人的温柔，我们唯有服从才能支配。多么幼稚的说法！一个堕落到用如此卑劣手段来取得支配权的人，是多么无用啊！她还能永生吗？培根说过："人类在肉体上确实与兽类相近；如果他在精神上不能接近上帝的话，那他就是一个低级卑劣的家伙。"事实上，男人想要使女人始终处于无知状态以循规蹈矩的话，在我看来是极不明智之举。卢梭希望男人和女人的理性都不再发展，这个想法倒比较合乎情理，因为如果男人偷吃了智慧之果的话，女人也会尝一尝；但是由于妇女的理智得不到健全的培养，她们只能得到有害的知识。

我承认孩子应该是天真的；但是如果说男人或女人天真，那就成了软弱一词的代名词。因为如果上帝允许妇女获取美德，要她们运用理智来培养那种能给未来以最牢固基础的坚贞品质的话，那么就应当允许她们找寻光明的源泉，而不是强迫她们在稀微的星光下摸索。我以为，弥尔顿有着完全不同的看法；因为他只推崇美貌，尽管以下这两段诗所体现的思想并不完全一致。不过大人物的认识常常会出现类似的矛盾。

于是美丽的夏娃回答说：
你是我的主人，我受你的指使，
凡是你的吩咐，我都服从不予置辩。
上帝原是这样安排的：
上帝是你的法律，你是我的规范。
不求甚解就是女人最美妙的知识，并因此而受到称赞。

我曾对孩子们说过类似的话；只是我还强调：你们还小，还不成熟，所以必须尊重我的意见；当你们长大以后，思想成熟了，就该学会自己思考了。

但是在下面几行写亚当向他的主争辩的诗句里，他的意见似乎又与我吻合。

你不是把我造出来作为你的替身
高居在人类始祖的地位上了吗？
但在不平等的后裔中间，能够形成一个什么样的社会呢？
又有什么和谐或真正的快乐可言呢？
和谐与快乐必须是互相的，
给予和接受的分量应该相称，但如今很悬殊，
一些人劳心费力，另一些人疏忽怠惰，
这对双方都不适宜，不久就会证明，
双方都会感到同样的厌烦。
我所说的是伙伴关系，这是我所寻求的，
这样才适合于所有的人共享一切合理的快乐——

因此，当我们讨论妇女的行为举止时，不要局限于感官上，而是要努力使她们成为能够与上帝合作的人——假如这个说法不算过分的话。

至于说到个人教育，这个词目前还没有确切的定义，我以为应该是注意让孩子磨炼意志，修身养性，在身体成熟以前理智地工作；这样在他们成年以后，就可以继续去学会思考、学会理性，而不必从头开始。

某些乐天派认为私人教育能够创造奇迹，为了避免误解，我必须强调我是不赞成这种说法的。在很大程度上，人们必须在他们所身处的社会中接受教育。每个时代都有一种居于主导地位的舆论导向，使得那个时代带有某种特征。因此可以说，在社会方式没有变更以前，教育是不会有太大的改变的。不过，就我目前的期望来说，有一点就足够了，那就是：不论环境对个人能力有什么影响，每个人都可以运用自己的理性成为一个品行良好的人；因为假如一个人生来就具有邪恶的倾向，是个十恶不赦的坏蛋，我们怎么能不信无神论呢？或者如果我们崇拜的是个神，这个神岂不是个魔？

因此，在我看来，最好的教育就是能让人强身健体、陶冶心灵的智能训练。换句话

说，就是要使个人养成独立自主的良好美德。事实上，倘若一个人的美德不是来自于自己理性的锤炼，要把他称作是具有美德的人，不过是个笑谈。这是卢梭关于男人的说法，我将其推而广之到女人，并自信地认为她们之所以有越轨行为，不是因为她们试图具备男性品质，而是由于错误的教养。可是妇女们受到的帝王般的崇拜是如此令她们陶醉，以至于在时代风貌发生改变，并在更为理性的原则上重新形成之前，她们不可能相信，她们屈尊而获得的一种不合理的特权是一种可诅咒的东西；她们也不可能相信，如果希望保持那纯真的爱情所带来的心满意足，就必须恢复本性，并与男人平等。不过我们必须等待，也许要等到君王和贵族受到理性的启发，想要寻求人真正的尊严，从而放弃世袭的尊荣；倘若到那时女人仍不肯放弃因美貌而拥有的为所欲为的特权，那只能说明她们在智力上确实逊于男人。

可能有人会斥责我狂妄自大；但我仍要申明，我坚信从卢梭到格雷戈里博士，所有那些曾论及此问题的作家，都曾促使妇女更加矫揉造作，更加懦弱无能，进而成为社会上的无用之人。我本可以更为平和地表达出我的这个看法，但是我担心那样会成为装模作样地发发牢骚，不能如实地表达出我的情感、我的依据经验和思考而得出的确切结论。我在论及此问题时，将涉及我并不赞同的上述作家的相关看法；但是有必要事先申明，凡是在我看来是在贬低妇女，使妇女牺牲所有坚贞美德而取悦于人的那些著作，我对于其整个意图都要反对。

按照卢梭的理解，如果男人身心都已发育成熟完善，妻子就应该一切听从于丈夫的安排，与之融为一体；就好像优美的常春藤盘附在橡树身上，力与美完美地融合为一体，相得益彰。可是，天哪！做丈夫的与他们的终身伴侣一样，往往都只是些大孩子！不仅如此，由于早年的荒唐，即便从外表上看，他们也很难称得上是男子汉大丈夫。盲人领着盲人走，那是什么样的结果啊！

在目前腐化的社会风气中，使妇女的理智受到束缚，情感受到压抑，进而被奴役驱使的原因是多种多样的，其中为害最甚的莫过于她们做事没有条理。

行事有条不紊是一条十分重要的原则。大多数没有接受过系统教育的女性很少认真地注意到这个问题，男人则从小在这方面接受训练。她们做事从未经过理性检验，只是随意运用凭借本能而获得的常识。这种漫不经心的随意而为，使她们不懂得概括和总结，她们每天只是在用昨天的做法重复着昨天的事情。

一个人在早年不注重理智的培养，所造成的后果是超出想像的；由于各种原因，意志坚强的妇女所得到的那一点点知识不如男人的知识有条理，她们的那点知识纯粹来自于对真实生活的直接观察，而不是出自于个体观察所得与思考概括所得的比较。她们多半是由于从属的地位和家庭事务才与人们打交道，因此她们所学到的可以说都是些点滴零碎的东西；对于她们来说，学习通常只是次要的事，因此她们往往不能全身心地投入去钻研任何一门学问，而这种全身心的投入是使人才智焕发、头脑清醒不可或缺的要素。在目前的社会状况下，一个绅士需要一点学识来维持他的身份，男孩也需要接受几年的教育。但是，对于女性来说，智力的培养与某种体态美的训练相比永远是次要的。当她们的身体由于约束限制和错误的观念而变得虚弱时，她们发育不良的懒惰肢体甚至永远也难以变得优雅迷人。此外，在年轻时，她们的才智没有通过竞赛而得到发展，也没有用于严肃的科学学习，即便是天资聪颖，也是过早地运用于日常生活和行为举止上去了。她们只注重效果和修饰，不去探求本原；调整行为的繁规琐律与简单原则相比，当然是没有力量的。

我们可以以军人为例来证明，正是这种点滴零碎的不系统的教育使妇女变得软弱：他们和妇女一样，在他们的大脑还没有储备起足够的知识和坚定的原则时就被送入社会，结果也是一样：士兵们从混乱的时髦言论中获得一点浅薄的知识，他们不断地混迹于社会，从中也算见了一点世面；这种对于风俗习惯的认识常常同对于人类情感的认识混淆起来。但是这种偶然观察所得的不成熟的结论，这件从来没有经过判断和检验，从来不是基于理论和经验的比较而得出的结论，能够被称作是关于人类情感的认识吗？和妇女一样，士兵们通过谨小慎微的优雅来表现他们微乎其微的美德。当男女所受的教育相同时，他们之间又有什么区别呢？我能看到的所有区别只在于，男人有更多的自由去多见一些世面罢了。

在这里做政治性的评论可能会游离我的主题；但是倘若是从我的一系列思考中自然产生的，我就不得不评论了。

在常设军中永远不可能有坚定强悍的士兵。军队也许能培养出训练有素的士兵，却很难培养出情操高尚或才华出众的人；至于高深的智慧，我敢断言如同在妇女中一样，在军队里也是难觅踪迹的。我认为造成这种情况的原因是相同的。而且军官们也很注重自己的外表，喜欢跳舞、喧闹、冒险和嘲讽(*)，。和女人一样，殷勤献媚是他们的正事；他们被教导成取悦他人的人，他们活着就是为了取悦人。但是他们仍然有性别优势；虽然除了刚才我提到的之外，我们很难看出他们的优越性究竟在哪里，但是他们仍然被认为比女性优越。

(*为什么妇女因为似乎喜欢红色军服，就应该遭到恼怒的恶毒的谴责呢？难道不是她们所受的教育使得她们更类似于士兵，而不是其他人呢？)

最为不幸的是，他们在修身立德之前学会了一套表面规矩，在对人的本性进行深思熟虑之前懂得了人情世故。于是，他们满足于一般的人性，成为了偏见的牺牲品，他们人云亦云，盲目服从权威；所以即便他们有点理智，那也只是一种一知半解的直觉以及对于行为举止的本能决断，一旦深入分析探讨，这点理智就明显不够用了。

同样的评价是否适用于妇女呢？当然。而且还可以进一步延伸，因为在文明生活里形成的不合理的差别，使士兵和妇女都变成无用之辈。世袭的财富和荣耀使女性变得一文不值而只看重收入的多少；无所事事的生活使社会上产生一种殷勤献媚和专横暴虐的奇怪混合物：这就是那些一方面给情人当牛做马，另一方面却骑在姐妹、妻子和女儿头上作威作福的男人——当然，这不过是想让妇女各安其分罢了。让妇女的心胸开阔起来，让她们的意志坚强起来，不要盲目服从了；但是就像盲目服从是权势所需，暴君和肉欲主义者竭力使妇女处于无知状态也是理所当然的，因为前者只需要奴隶，而后者仅是玩物。其实，肉欲主义者是为害最大的暴君，女人就像年幼君王为大臣所欺一样，受着所爱之人的欺骗，却还以为自己在支配着他们呢。

现在来谈谈卢梭，因为他所塑造的苏菲的性格虽然在我看来是极不自然的，但毫无疑问是极富魅力的。然而，我所要论及的不是她的表面性格，而是她性格的基础：教育的原则。不仅如此，虽然我极为崇拜这位才华横溢的天才作家，并时常引用他的观点，但是每当我读到他那纵情声色的奇谈怪论时，我总是感到愤怒而不是钦佩，他对美德的侮辱使我蹙眉疾首，而在一般情况下，对于他流利的文笔我常常露出满意的微笑。这就是那位极力倡导美德，摈弃一切平和手段，简直要把我们带回到古代，去接受斯巴达式的训练的作家吗？这就是那位喜好描写情欲方面的有益斗争，善良禀性的胜利，光辉心灵的豪迈奇想的作家吗？当他描写他那位小宠儿的美丽双脚和迷人风姿时，这些伟大情操堕落得多么厉害啊！但是我们暂且不谈这个问题，我不想严厉谴责那种偶然流露的傲慢，我只想说：任何一个以仁慈的眼光来看待社会的人，都一定会经常满足于看到那种卑微的爱情，可是，这种爱情并没有因为饱含情感而变得高贵，也没有因志同道合而变得牢固。日常的家庭琐事成了愉快的谈资，天真的抚爱缓解了那并非因智力和脑力的消耗而带来的疲劳；然而这些平常的幸福情景所激发的，岂不是爱怜多于尊重？——这是一种类似于我们看到儿童嬉戏或动物戏耍(*)时所产生的情感；但是，凝想到那些历经苦难的高贵斗争所取得的丰功伟绩，却能令我们肃然起敬，能把我们的思绪带出情感的世界，进入理性的世界。

（*弥尔顿的那幅令人喜悦的描绘天堂幸福的图画，也曾在我的心里引起同样的情感；但是，我并不羡慕这对可爱的人儿，而是带着故作尊贵的神情或魔鬼式的傲慢到地狱去寻求更崇高的东西。本着同样的态度观看某处著名的人类艺术奇迹时，我曾按我所称许的顺序来探索上帝的美妙；直到从令人眩晕的顶点跌落下来，我才发现我所沉思冥想的是一切人类名胜中最宏伟的景象。因为幻想很快就把一个被摈弃在幸运之门以外的人，安置到孤独的隐秘之处，使他超越了激情和不满。）

因此，要么把妇女看作是有道德的人，要么把她们看作是柔弱而必须完全受男人更优越的才智所支配的人。

我们来研究一下这个问题。卢梭宣称女性永远不应该认为自己是自立的，她必然在恐惧的支配下发挥自己天生的狡诈；她必须变成一个风骚的奴隶，成为一个更迷人的情欲对象，每当男人想要放松一下的时候，她就能成为他的亲密伴侣。卢梭把这些他自认为是从人的本性中得出的结论向前延伸了一步，他暗示：人类美德的基石——真理和坚强意志，应该有限制地加以培养，因为从妇女的性格来看，服从才是她们必须牢牢地铭记在心的主要课程。

一派胡言！我们期待着一位伟大人物用他足够坚强的意志，将骄傲和肉欲在此散布的乌烟瘴气一扫而光！倘若女人在体能上不如男人，在品德上则一定是平等的；也许程度上有所差别，但性质是相同的，否则品德就成了一个相对概念。因此她们的行为应建立在同样的原则之上，应具有相同的目的。

作为男人的女儿、妻子和母亲，女人的道德品质可以依据她们履行这些简单职责的态度来衡量；但是她们的伟大目标应在于表现她们自己的才能，有意识地培养高尚的情操。她们也许会极力使生活变得愉快起来；但是和男人一样，她们必须永远记住，生活本身不会给人以那种能使不朽的灵魂得到满足的幸福。我这样说并不是要暗示，男人和女人应该沉迷于抽象的思索和模糊的观念之中，而忘掉他们所面临的作为延续生命的手段的爱和责任；恰恰相反，我要热情地推崇爱和责任，甚至还要强调指出，人们只有严肃认真地对待它们，才能从那里得到最大的满足。

认为女人为男人而生的流行观点可能来源于摩西的富有诗意的故事；但是在认真思考过这个问题的人中，只有少数几个人（我们姑且这样假定）认为，夏娃真是亚当的一根肋骨。因此这个结论是不成立的，它充其量只能证明：自远古时候起，男人就发现运用他的力量来使女性臣服对他有利，于是就捏造事实来说明女性应甘受压迫，因为整个宇宙就是为了男性的便利和享乐而创造的。

我并不是想要颠倒乾坤。我已经承认从体格上来看，男人似乎注定会获得更大程度上的美德。我是就男性整体而言；但是我找不到丝毫理由来断定，男人与女人的品德在性质上有何区别。事实上，假如品德只有一个永恒的标准，又怎么会有区别呢？因此，我可以自然而坚定地得出结论：如同只有一个上帝一样，道德也只有一个简单原则。

这样看来，狡诈与智慧并不矛盾，琐碎的操劳与伟大的事业并不冲突，美其名曰优雅的乏味的文静柔弱，与伟大目标所激发出来的坚强意志并不截然对立。

也许有人会对我说，这样的话妇女就会失去很多女性特有的风采，并且会引用一位著名诗人的观点来反驳我。例如蒲伯就曾代表全体男性说：

> 当她接触到我们所憎恨的一切事物的边缘时，
> 那真无法预料我们的愤怒将造成什么样的结果。

这个警句是怎么看待男人和女人的地位的，姑且留待公正的人士去断定。在此我只想表明：我不能理解为什么女人必须服从爱情或肉欲，而永远处于屈辱的地位，除非她们都是要下地狱的人。

我知道，以不敬的态度来探讨爱情是对于高尚情操和美好感情的背叛；但是我只是想讲出简单的道理，希望诉之于理智而不是情感。我力图告诉世人，尽管放弃爱情就像从塞万提斯的作品中剔除堂·吉诃德一样，是违背常理的，但是努力约束这种激烈的情感，不让它破坏比它更优越的能力，不让它篡取理智的地位，以便理智能冷静地支配人的行为，应该是可以做到的。

青年时代是恋爱的季节，但是在这无忧无虑的快乐日子里，年轻人也应该为未来更重要的岁月做好准备，因为那时人们更多是思考人生而不是谈情说爱。然而卢梭和大部分步其后尘的作家都谆谆教导说：女性教育唯有一个目标，那就是取悦他人。

让我来同这些持此观点且稍懂人性的人辩论一下。他们是否想到婚姻能消除生活的常态呢？仅被教导要取悦他人的女人很快就会发现：她的魅力不过是夕阳残照，当她和丈夫朝夕相处时，随着年华流逝，她不再能打动丈夫的心了。到那时她还有足够的精力来自我开导，培养她潜在的才华吗？更为合理的推测是，她将试图取悦其他男人，期望获得新欢，以此忘却她的爱情或骄傲所蒙受的羞辱。当丈夫不再是情人的时候——这个时候是必然要到来的——她那取悦于人的欲望就会减弱，甚至变成痛苦的源泉；爱情这种最易消逝的情感就将让位于忌妒和虚荣心了。

现在谈谈那些受原则或偏见束缚的妇女。这类妇女虽然会深恶痛绝地避免与男人发生不正当关系，却仍然希望有人对她大献殷勤，以此来排解丈夫对她们的残忍的冷淡；要么就是在对于情投意合的幸福生活的美好暇想中虚度光阴，直至身体衰弱，精神颓废。这样看来，取悦他人怎么能是一个必须掌握的技巧呢？它仅对情妇有用罢了。贞洁的妻子和端庄的母亲只应把她们取悦他人的能力看作是对于美德的修饰，把丈夫的爱看作是舒缓工作压力，增进幸福生活的一种慰藉。但是，不论丈夫是爱她还是冷淡她，她首先要做的是自重，而不是将全部的幸福寄托在一个与她有着同样缺点的人身上。

可敬的格雷戈里博士也犯了同样的错误。我尊重他的用心，但绝不赞同他那篇著名的《给女儿的赠言》。

在那篇作品里，他让女儿培养对于打扮的爱好，因为这是她们的天性。我不能明白他和卢梭频繁使用的“天性”这个含混不清的词的准确意思。假如他们告诉我，先身体而存在的灵魂是喜好打扮的，并将其注入一个新的肉体，那么我将似笑非笑地听着，就好像听人们奢谈天生的优雅一样。但是如果他只是说这种爱好能够通过培养而形成，我就要否认他的说法：这种爱好并不是天生的，如同男人的野心一样是由权力欲产生出来的。

格雷戈里博士的主张还远远不止于此：他还建议天真烂漫的女儿要学会伪装，学会把真实的情感隐藏起来，跳舞时不要太激烈，因为那样既会流露出她们的欢心，也会显得不够检点。按道理和常识来讲，为什么一个女孩子不能显示出她能比别人做得更多更好呢？为什么要抑制她的天真活泼，暗地里告诉她男人会从她的一举一动中得出意想不到的结论呢？让那些花花公子随便说去吧；但是我希望有头脑的母亲不要对女儿提出这种不合理的警示，因为这样会抑制年轻女孩子率直的天性。言为心声，一个比所罗门更聪明的人曾说过：人的心地必须纯洁而不拘泥于小节；一个内心充满邪恶的人倘若小心谨慎，也不难做到严守礼节。

妇女应该努力使她们的心灵保持纯洁；但是，在她们的理智尚未培养，仍然完全凭直觉做事或娱乐之时；在她们还没有高尚的追求，依然沉溺于日常琐碎的虚荣之中，或者尚且不能控制那像芦苇一样随风飘摇的冲动感情之时，她们的心灵能够纯洁吗？博得一个谦谦君子的欢心需要弄虚作假吗？女人的体质固然比男人柔弱，但是一个做妻子的，在尽女儿、妻子和母亲的义务时，倘若由于身心两方面的锻炼而变得体格强壮，智力健全，这时她还有必要去屈尊地使用巧妙伎俩，伪装柔弱病容以确保丈夫的爱吗？柔弱可能激起爱怜，并满足男人的虚荣心；但是护花者居高临下的爱抚是不会让一个渴望且理应得到尊重的高贵心灵得到满足的。爱抚并不能代替夫妻之间的友情。

我承认，在苏丹的宫殿里是需要这些卖弄风情的伎俩的；因为一个享乐主义者的味觉是需要刺激的，否则他将失去兴趣；但是难道妇女仅有如此低微的抱负，仅仅满足于此吗？难道她们只能苟且偷安地过着这种极端享乐，或抑郁乏味的醉生梦死的生活吗？难道她们不能宣称她们将追求更合情理的快乐吗？难道她们不能培养高贵的人类品质，以使自己出类拔萃吗？一个仅仅倾心于修饰形体，消遣时光，抚慰男人的女人，是不可能具有永恒的灵魂的。男人当然愿意在紧张的工作之余，从女人的微笑和狡猾中获得轻松愉快。

一个身体健康、智力健全的女人由于打理家务和修习美德，可以成为丈夫的朋友，而不是他卑贱的奴婢；一个拥有这样的真正品质的女人就会赢得丈夫的尊重，就没有必要去隐瞒她的激情，或伪装出冷淡的样子以刺激丈夫的情欲。事实上，历史上就有很多著名的妇女，她们既不是最漂亮的，也不是最温柔的。

上帝把一切都安排妥当了；男人却捏造出许多东西，破坏了上帝的完美作品。我是就格雷戈里博士的那段论述而言，在那里他建议，做妻子的永远不要告诉丈夫她的感觉或感情的深度。这种刺激肉欲的警示既无益又荒谬。就本性而言，爱情必然是短暂的。想要发现一个秘诀以使爱情永恒，就如同寻找点金石或万灵药那样荒唐；即便是找到了，对于人类而言，也是无用的，甚至是相当有害的。最神圣的社会纽带是友情。一位尖刻的讽刺作家说得好："真正的爱情固然少有，真正的友情则更为罕见。"

这是很浅显的道理，没有深文奥义，略加研究即可明了。

爱情是一种普遍的情感，大多数人都在一定程度上体会过。在这种情感里，机遇和感性取代了选择和理性；因此现在没有必要去谈论那些使爱情高尚或卑微的情操。这种情感会因焦虑和阻力而自然增长，并使心理失去常态，从而激发出狂热；但是婚姻的保障能使爱情降温，只有那些没有足够的理性用平和的友情和相互信任，来取代盲目的赞美和沉迷声色的人，才会认为这种正常的情感温度是索然乏味的。

继爱情之后，要么是友情，要么是淡漠，这是必然趋势。这种规律似乎与精神世界里普遍存在的支配规律完全一致。感情可以激发行动和启发心灵；但是当目的达到之后，在心满意足地尽情享乐地时候，这种感情就变成了纯粹的欲望，变成了个人转瞬即逝的满足感。一个人在为夺取王位而斗争的时候，尚且具备某种品德，但当他得到了王位之后，通常就会变成荒淫的暴君。假如一个年老昏聩的人仍然迷恋着她的情人，他一定是被幼稚、任性、溺爱和忌妒所俘虏，以至放弃了严肃的人生责任，把应该施予子女以获取他们的信任的爱浪费在他的大孩子——妻子身上了。

为了履行人生义务，为了精力充沛地从事各种能够修身养性的活动，丈夫和妻子就不应该继续去深深地迷恋对方。我的意思是不应该沉溺于那种违背社会常理的情感之中，不应该把全部的精力用在彼此相爱上。一个人的心灵从来不会被一件事情所独占，因为这将消耗一个人大量的精力；如果真是这样的话，那是脆弱。

错误的教育，狭隘的未曾开发的心灵，和许多性别偏见都促使女人比男人更加坚贞不渝；但是在这里我姑且撇开这个问题。我将进一步地指出——当然这并非故作怪论——不幸福的婚姻往往于家庭有利，因为通常来说被冷淡的妻子是最好的母亲。如果妇女的心胸再开阔一点，这几乎是必然的结论；因为这就像是上帝的有意安排，大凡我们及时行乐所得到的必将从生活的宝库——经验中被剔除；当我们摘下鲜花尽情赏玩的时候，就不要再企盼智慧和辛勤之果了。道路摆在我们面前，我们必须向左或向右；一生纵情于各种享乐的人，是不应该抱怨没有得到智慧或受人尊敬的品德的。

暂且假设灵魂不是永生的，并且人仅是为了现世而活着，那么我想我们有理由抱怨：爱情就像孩子们的喜好一样，总会变得索然无味，乃至厌烦腻味。让我们及时行乐吧，因为明天我们会死去。事实上，这句话是合情合理的；除了傻瓜，谁肯放弃现实生活而去追求虚幻的泡影呢？但是，如果我们看到灵魂不可思议的力量而为之起敬，不屑于将我们的愿望和想法限制在一些相对庸俗的行为中——这些行为只有和远大的前途和崇高的希望结合起来才显得伟大和重要——那么我们还有什么必要弄虚作假呢？还有什么必要破坏神圣的尊严以维持那种骗人的摧毁道德根基的幸福呢？为什么要让女人搔首弄姿满足声色之徒，以致玷污了纯洁的心灵呢？为什么要阻止爱情发展成为友情呢？或者，当没有建立友情的基础时，为什么不能发展为亲情呢？让最真诚的心灵显露出来吧，让理性来教导情感去遵从必然的规律吧；或者让灵魂在追求崇高的品德和学识时，从情感中挣脱出来吧，因为如果不把这些情感限制在适当的范围之内，人的一生将苦多甜少。

这里我并不是指那种天才的罗曼蒂克式的爱情。谁能把这样的爱情压抑下去？但是这种伟大的爱情与生活中那种微不足道的享乐是不可同日而语的，伟大的爱情只忠实于感情，它的产生和消失都不受外界的影响。那些因持久而著称的爱情往往是不幸的。它们因离愁别绪和生性忧郁而变得更加强烈，它们徜徉在那种朦胧的美的幻想之中：但是一旦朝夕相处，爱慕就将变成厌烦，或者至少是冷淡，并且想像力开始有了闲暇以开始新的游戏。根据这种观点，卢梭十分恰当地使他精神上的恋人爱洛漪丝在感到生活乏味时，爱上了圣·普乐，但是这并不能作为爱情永恒的明证。

格雷戈里博士关于美好情感的忠告也是出于同样复杂的动机，他告诫妇女如果决定结婚，就不要再去追求爱情。然而，他把这个与他之前的建议相一致的忠告称作是没有教养的，就好像人天生有食欲是没有教养的一样。他恳切地劝告他的女儿将这个想法隐藏起来，尽管它也许会影响她的所作所为。

多么高尚的道德！它仅属于一个渺小的，谨慎的，只能局限在当前狭窄的生活圈子里的灵魂。倘若妇女才智的培养仅仅是为了她所依赖的男人；倘若一个女人结婚有了丈夫，就认为自己已经达到了目的，并且引以为荣，满足于这顶没有价值的王冠的话，那么就让她甘心于奴颜婢膝，做些如动物般卑贱低级的事情吧。但是如果一个女人能够高瞻远瞩，能够为她所珍视的崇高事业而斗争，那么就让她培养才智吧，不必顾虑她未来的丈夫是个什么样的人；让她自由决定去获得那些能使人高贵、明智的品质吧，不必过于焦虑地渴求眼前的快乐。她那粗俗的丈夫也许会打击她的情趣，但决不会毁坏她宁静的心灵。她不会为了适应丈夫的缺点来塑造自己的灵魂，她只是容忍它们；丈夫的个性对于她来说可能是一种磨难，但决不会成为一种障碍。

如果格雷戈里博士的谈论只限于企盼罗曼蒂克式的永恒爱情和情投意合的情感的话，那么他应该想到：当想像力是如此的活跃，以致失去理智的时候，经验将驱逐掉那些他的忠告永远也不能使我们放弃的东西。

我承认常常会出现这样的情形：一些对于不切实际的浪漫爱情抱有幻想的女人，都曾在假如丈夫能够与日俱增地终生热恋着她，那该是多么幸福的幻想中虚度她们(*)的光阴。但是无论她们是已婚还是独身，可能同样郁郁寡欢，因为对于她们来说，拥有一个坏丈夫与企盼一个好丈夫同样都是不幸的。我认为一种合理的教育，或者更确切地说，一个受过良好教育的心灵可以使一个女人过一种有尊严的独身生活；但是倘若说她不应该培养个人的情趣，以免遭到丈夫不时的破坏的话，那就是舍本逐末了。老实说，如果一个人在人生遭遇意外变故之时不能处之泰然的话，如果一个人不能在孤寂的心灵活动中找到快乐的源泉的话，我不知道培养高尚的情趣还有什么用？不论是已婚，还是独身，懂得情趣的人都会憎恶那些对于没有洞察力的心灵不能给予触动的东西。我们的观点当然不能建立在这个结论之上，但是就享乐的整体来说，情趣能算是一种幸福吗？

（＊例如，那一群小说家们）

答案在于：情趣带给我们更多的是痛苦还是快乐？这个答案可以确定格雷戈里博士的劝告是否妥当，还能证明他规定一种奴隶制度，或是企图用任何其他的法则，而不是用那些适用于全人类的从纯粹理性中演绎出来的法则来教育人，是多么的荒唐和专制。

温顺、忍耐都是非常可爱的神圣品质，在一些崇高的诗篇中都被称颂为上帝的德行；或者说除了仁慈宽恕之外，没有什么神圣的德行能够如此有力地维系着人间的真爱。从这点来看，温顺的确代表了所有伟大的性格与屈尊俯就那优雅动人的风姿相结合的典型特征，但是它表现出不同的形式：当表现为依赖屈从时，它就作为需要呵护的脆弱爱情的支撑；当表现为忍耐克制时，是因为必须默默地忍受伤害，虽在鞭挞之下，还要笑脸相迎，不敢反唇相讥。这就是一个所谓有修养的女人的可怜相，这就是人们公认的，被徒有其名的理论家们从人类美德中分离出来的女性美德。或者，他们（＊）最好还是把那根肋骨归还原主，重新塑造一个既是男人又是女人的有道德的人，并且不要忘了赋予这样的人全部“顺从的美德”。

（＊参看卢梭和史韦登伯格的著作）

我们不知道妇女在没有婚嫁的情况下如何生存，因为虽然道德学家承认生命的进程似乎证明男人为了未来前途经受着各种考验，但他们却一致劝说女人只为眼前着想。因此他们一贯倡导：像哈巴狗样的温顺、听话是女性最重要的美德，并且一位作家还违背常理，认为妇女如果忧郁沉思，就是男性化的表现。女人生来就是男人的玩物，是他的拨浪鼓，任何时候只要男人抛开理性想要娱乐消遣，她就得在他的耳边欢快地叮当作响。

一般来说，劝人温柔顺服是极为明智的。一个脆弱的人应该力求温顺，但是当忍耐克制到了颠倒是非的程度，就不再是一种美德了。然而我们经常会在女人身上发现这种所谓的美德，这个女人通常被认为是卑劣的，让人感到一种索然乏味的软弱，甚至受人轻视。再有，倘若忠告真的能使一个天性不愿修饰打磨的人变得温顺起来，那么规则就能有所改进了；但是如果就像我们很快就会证明的那样，这种不加选择的忠告只会产生那种阻碍个人不断进取和性情真正改善的情感，那么女人就没有必要牺牲内在的美德来换取表面上的优雅贤淑了，尽管表面上优雅贤淑的女人也许会拥有短短几年的帝王般的尊贵荣耀。

作为一个哲学家，我以愤怒的心情阅读着男人用来掩饰他们的侮辱的花言巧语；作为一个伦理学家，我不明白这些另类的组合，例如“美丽的缺陷”“可爱的软弱”等等，究竟是什么意思。

但是试着从另外一个角度来看待这个问题。消极、懒惰的女人能成为最好的妻子吗？把我们的讨论限制在目前的状况下，让我们来看看这些柔弱的人是怎样履行她们的职责的。这些培养了一些肤浅的才能，并由此加深了流行偏见的女人仅仅是为了丈夫的幸福而活着吗？她们表现出她们的妩媚可爱仅仅是为了博得丈夫的欢心吗？从小就受到消极服从观念熏陶的妇女，能具备健全的品德来管理家务和教育孩子吗？远不止于此，翻开妇女的历史看看，我不得不同意那位尖刻的批评家的看法：女人确实是那最软弱、最受压迫的一半。历史所揭示的除了女人卑劣的特性外，还有什么呢？能够从居于统治地位的男人的压迫和折磨下解脱出来的女性简直是凤毛麟角。这些为数不多的女性使我想起一个关于牛顿的巧妙猜想：说牛顿大概是一个超人精灵，偶然投入凡身。由此，我又想起了几个大胆冲出女性常轨的杰出女性，她们是男性的精灵，错投了女胎。但是倘若认为灵魂有性别之分是不合理的，那么一定是器官造成了女人的卑劣；要么就是抟土造人时，天堂之火的火候不均。

但是就像我以前所作的那样，我竭力避免对两性做整体地直接地比较，或者仅仅依据目前的状况就断然认定女性是卑劣的；我只是坚持认为是男人致使女性卑劣，以至于几乎达不到理性动物的最低标准。让她们有充分的自由空间去施展才华，让她们的美德变得更加坚强有力，然后再来确定女性在智慧的尺度上应占有的地位；但是请记住我并不是为那为数不多的杰出女性而呐喊。

当令我们步履维艰的专制阴云消散之后，人类的发展和进步会到达一个什么样的高度，这是我们这些愚钝的凡人难以预料的；但是当道德有了一个更为坚实的基础时，没有先知先觉的我也将可以大胆地预言：那时的女人或者是男人的朋友，或者是男人的奴隶；而不会像现在这样难以确定女人究竟是一个有道德的人呢，还是仅是一个界于人兽之间的怪物。但是即便那时她们还是如同禽兽一样，生来就是为了供奉男人的话，他们也会让她们安心于鞍辔嚼环，而不再用虚伪的赞美来嘲弄她们了；或者如果那时能证明她们是有理性的，男人也不会仅仅为了满足他们的肉欲而限制她们的发展。他们不会用各种花言巧语来规劝她们，让她们的理智盲目地服从他们的指导。在妇女教育问题上，他们不会宣称女性永远也不应该自由运用她们的理性，他们也不会提醒那些获得了与自己一样的人类美德的女性去矫揉造作和伪装掩饰。

如果道德有一个永恒的基础，那么真理必定只有一条。凡是牺牲美德来换取眼前利益，或者以这样一种方式履行职责的人，都是为现世而活着，不会成为一个负责任的人。

那么当诗人写如下诗句时，就不应该继续嘲讽了：

> 假如软弱的女人走入歧途，
> 那么名人所负的责任要多于她们自己的责任。

因为如果妇女确实永远不能运用她们自己的理性，永远不能独立，永远不能超越别人的观点，永远感觉不到理性的尊严——这种尊严仅属于上帝，通常会忘了茫茫宇宙中除了它自身和它所热切关注的完美典型外还有任何东西，永远不去敬仰同样可以模仿的融化为美德的属性——那么妇女就只能被束缚于牢不可破的命运枷锁之中了。

我不想给人以雄辩的印象，但是我要说当理智给予她们理性之光时，如果她们确实能像有理性的人那样行事，就不要像对待奴隶那样对待她们；或者像对待牲畜那样，在她们与男人交往时，须得听从男人的支配；而是要培养她们的心智，给她们以有益的崇高的原则性的约束，让她们感觉到上帝是她们唯一的依靠，从而变得自尊；要像教导男人那样教导她们服从必然规律，而不是出于让她们能更懂得取悦他人的目的，而使道德有男女之别。

进一步说，如果经验证明妇女在聪颖明智、坚韧刚毅、不屈不挠等方面达不到与男人同等的程度，那么至少让她们在道德的性质上与其相同，即便她们很难达到相同的程度：这丝毫不会影响男人的优越性的存在。作为简单原则而且不容许任何改变的真理，在人人面前都是平等的。而且现存的社会秩序也不会被推翻，因为那时妇女仅仅是依据理性，而不是依靠技巧来取得自己应有的社会地位，更不用说让男人受制于女人了。

感谢上帝，他把这些乌托邦式的幻想灌输到我的灵魂中来，赋予我足够坚强的意志，以至于我敢于发挥自己的理智，直至有了美德的支持而变得独立起来。对于那些奴役妇女的错误观念，我感到非常愤怒。

我爱男人，就像爱我的同胞；但是绝不允许他那根不论是实有的还是篡取的权力之杖，伸到我的头上来，除非他的个人智慧令我敬仰；即便那样，我也是服从于理性而不是那个人。事实上，一个有责任心的人的行为必然受理性的支配，否则上帝之权杖的根基何在呢？

由于妇女似乎已经处于孤立无援的境地，因此我认为有必要来讨论一下这些浅显的道理。妇女被剥夺了那些理应装扮人间的真美实德，只能用各种矫揉造作的优雅来点缀自己，以维持短暂的统治。在她们心中，爱情是最重要的，她们全部的生活就是为了让自己美丽动人，以获得男人的爱，而不是尊敬。如同君主专制时期的奴性一样，这些卑俗的想法摧毁了一切人格的力量。自由是美德的基础，倘若妇女由于自身的性格而受人奴役，不能呼吸到令人振奋的自由空气，那么她必然像一个他乡游客那样苦闷，必然会被看作是美丽的残缺，而且仅仅是残缺而已。

用来束缚女性的观点同样能用来反驳男性。少数男人支配着大部分男人；不具备任何人性优点的怪物残暴地统治着千千万万的男性同胞。为什么优秀卓越的人要受这样的屈辱呢？是啊，整体上来看，那些国王们无论是能力上还是品德上都不如普通人，这不是为世人所公认的吗？可是，他们却不是一直受到，而且仍要受到极大的尊敬吗？这种尊敬不是对理性的侮辱吗？把一个活人尊为神的并不只有封建中国一个国家。男人屈从于更强大的势力而只能贪图眼前富贵;女人不过也是同样如此罢了。因此除非我们说卑躬屈节地放弃了天赋人权的朝臣不配被称作人,否则我们就不能宣称:妇女因为一直被压制,所以她根本上就是逊于男人的。

暴力一直在统治着这个世界,哲学家们在阐述对人类最有益的决定两性区别的知识时仍然顾虑重重,政治科学尚处于幼稚阶段。

我无意深入探讨这个问题,我只想得出一个明显的结论:当健全的政治播撒出自由之种时,我们人类包括妇女都将变得更聪明,更具美德。

(选自《女权辩》,广东经济出版社 2005 年版)

导 读

作者玛丽·沃斯通克拉夫特(1759—1797),生于伦敦,著名女性主义的先驱和启蒙思想家。沃斯通克拉夫特为了男女平等而奋斗终生的圣战精神深深地根植于她那充满创伤的童年。她的父亲是一个有暴力倾向的酗酒者,虐待妻子,挥霍有限的家产,经常使他的家庭处于颠沛流离之中。成年后的沃斯通克拉夫特发誓:"我要成为新型妇女中的第一人。"在著名的出版商约瑟夫·约翰逊(Joseph Johnson)的帮助下,1788 年玛丽出版了半自传体小说《玛丽,一个虚构的故事》,以及儿童书籍《真实生活中的原始故事》。在受聘成为约翰逊新创办的自由主义杂志——《分析评论》的翻译者和评论者时,玛丽结交到一群激进的知识分子,包括瑞士画家亨利·富塞利(Henry Fuseli)、政治哲学家威廉·戈德温(William Godwin),以及经验丰富的激进主义分子托马斯·佩因(Thomas Paine)。1790 年,沃斯通克拉夫特发表了《男权辩》。这是对英国保守派政论家埃德蒙·伯克(Edmund Burke)发表的抨击法国大革命的著作——《论法国革命》(1790 年)的愤怒反击。与此同时,沃斯通克拉夫特针对伯克发起的有争议的攻击也激起了敌对方的公愤,霍勒斯·沃尔浦尔(Horace Walpole)后来称她为"穿着裙子的土狼"①。

沃斯通克拉夫特最著名、广为流传的作品《女权辩》,出版于 1792 年。由此引起的一场关于妇女解放的持续争论,传播了女性的人权不可剥夺的启蒙信念,这被广泛看作是女性主义思想的里程碑。根据当时的社会现实,作者玛丽·沃斯通克拉夫特主要强调妇女受教育的平等权利。虽然妇女的活动范围主要是家庭,但家庭不应该与社会公共生活分开,因为家庭构成社会生活的基础,国家和社会应该提高个人和家庭的质量,为家庭和个人服务。男女同时应对家庭负有责任。在作者看来,妇女接受教育有利于家庭的稳定,而稳定的婚姻也会为子女提供良好的教育;性爱对家庭十分重要,但家庭责任同样重要,因此男女双方都应该忠诚于对方,力求达到情感和思想的和谐。只有男

① 参见《玛丽·沃斯通克拉夫特小传》,见于《女权辩》,广东经济出版社 2005 年版,第 1-2 页。

女同样自由，同样有责任感，真正担负起他们对家庭和对国家的责任，才能在社会上实现真正的自由。而要做到这点，就必须给予妇女平等的受教育的机会，承认妇女具有和男人同样的理性和创造力。《女权辩》出版于200多年以前，尽管有些看法今天显得陈旧，但其中关于平等和责任的问题一直存在，所以它不仅影响到后来的女权主义，而且还影响到200年来的社会道德伦理[①]。

1795年，玛丽·沃斯通克拉夫特返回英国，很快与政治哲学家威廉·戈德温陷于热恋之中，并于1797年3月29日与威廉结婚。1797年9月10日，在生下一个女儿11天后，沃斯通克拉夫特死于产褥热。这个孩子名叫玛丽·沃斯通克拉夫特·戈德温，后来嫁给了诗人珀西·比希·雪莱(Percy Bysshe Shelley)，她写作了哥特式小说《弗朗肯斯坦》，又名《现代的普罗米修斯》(1818年)[②]。虽然英年早逝，幸运的是沃斯通克拉夫特的文学才能与启蒙精神、女性主义的战斗激情得以延续。

拓展阅读

马德森.女权主义理论与文学实践.北京：外语教学与研究出版社，2006.

佩吉·麦克拉肯.女权主义理论读本.桂林：广西师范大学出版社，2007.

李银河.妇女：最漫长的革命 当代西方女权主义理论精选.上海：生活·读书·新知三联书店，1997.

伊格尔顿.女权主义文学理论.胡敏，等，译.长沙：湖南文艺出版社，1989.

任一鸣.中国当代女性文学简史.广西师范大学出版社，2009.

骆晓戈.她们：跨界合作与行动研究.桂林：广西师范大学出版社，2009.

苏红军，柏棣.西方后学语境中的女权主义.桂林：广西师范大学出版社，2006.

柏棣.西方女性主义文学理论.桂林：广西师范大学出版社，2007.

《购物、快感和性战争》

① 参见王逢振：《改变美国的20本书 丛书总序》，见于《女权辩》，广东经济出版社2005年版，第8页。

② 参见《玛丽·沃斯通克拉夫特小传》，见于《女权辩》，广东经济出版社2005年版，第2—3页。

少女:“第二性”的残酷青春

[法]西蒙·波伏娃　　李强　译

整个童年中,小女孩都处于被欺辱和被剥夺主动性的状态,但她还是认为自己是个自主的人。不论是家庭和朋友的关系还是学习和游戏中,她似乎还是有超越性的人:她那被动的未来像梦一般不真实。青春期的到来,使这一未来越来越近,并深植于她的体内,从而展现出极为具体的现实性。它拥有一直以来就存在着的主宰命运的性质。进入青春期的男孩子是主动迈向成人的,而少女只能等待这个全新而又难以预料的时代的到来。从现在起,她的故事将是被编好的,时间会裹挟着她进入这个漩涡中。她要向童年的过去告别,现在似乎仅仅是个过渡时期。她没有任何实在的目标,只是在消磨时间。青春在被掩饰的外表下,在等待中消逝,她在等候男人。

进人青春期的男孩无疑也梦想着女人,也有对她的渴望。但她仅仅是生活的一部分,不会涵盖他的命运。而对女孩子来说,自童年开始,不论是承认女性的气质,还是想超越它,要实现或是逃脱,却全要由男人决定。他有着珀尔修斯或圣·乔治[①]一样耀眼的容貌,他就是解放者,有财有势,他拿着打开幸福之门的咒语,他是迷人的白马王子。女孩子甘愿屈服在他的爱抚下,感到为生命的狂澜所淹没,好像在母亲怀抱中的感觉。屈服在他温柔的权威之下,从中重现父亲怀抱中的安全感:拥抱和关注的魔力将会令她又一次呆若木鸡。她确信男性更优越。这种男性的权威并非孩子的幻觉,而是有确切的社会和经济基础,男人是世界的主人。周遭的一切都向少女表明,成为他们的仆人才是她的最高目标,父母如此教导她,父亲将女儿的成功视为骄傲,母亲从中看到的是远大前程,朋友们对她受到男人的关注而感到又妒又羡。

婚姻不仅是一种光荣的事业,而且不会如其他的许多事业一样使人有厌倦感,它不但可以使女人完整地拥有自己的社会尊严,而且可以从性的角度获得爱人和母亲的实现。这既是周围的人为她设想的前途,又是她本人的梦想。所有人都持以下观点:找到丈夫,或找一个“保护神”,是她最为重要的任务。在她心目中,男人代表着他者,如同她对于他也是他者。但不同的是,男性的他者位于主要者的地位,相对来说,她自认处于次要的地位。她能挣脱儿童教化院式的家庭,摆脱母亲的控制,她将能够开创自己的未来,然而她并非主动地去征服,而是屈膝投降,以求被动地、温驯地接受新主人的控制。

人们相信,她以听天由命的姿态对待这种服从,就意味着她从身体和精神上都劣于

---

① St. George,公元三四世纪之间,传说为古代基督教殉教圣徒。

男孩子，无力与之相竞争，而一旦彻底放弃无望的竞争，她就会将保障自身幸福的希望寄托在比她优越的等级成员上。她之所以抱着这种认命的想法，不是源自于所谓的先天的劣等性，正好相反，是这一劣等性导致了她的所有缺陷，这种想法的根源在于处于青春期的少女的过去，源于社会环境，特别是已被决定的她的未来。

不足为奇的是，对于处于青春期的男孩子来说，他可以强烈要求别人重视他的存在，而相对于与其看法从未产生直接作用的处于青春期的女孩子来说，世界的面目也不一样。前者不断对世界进行质疑，无论何时何事，他都可以进行反抗，所以他确信，他对它的接受是主动地认同。后者却只能无条件地服从，解释世界不关她的事，她所关心的范围内，世界的面目永远不变。体力的受限更使她全方位地怯懦，她无法相信自身存在着她从未体验过的力量，她无力进取、反抗和创造，她已注定了温驯顺从，只准备着接受社会为她设定的位置。她相信事物的现状一成不变。

青年男子的性冲动，只会证明了他对于自己身体的骄傲，他从中发现了自身的超越和权力的象征。少女或许会不困难地接受自己有欲望的事实，但这却代表着某种羞耻。她的整个的胴体是令她羞涩的本源。小时候她对于自己"内部"产生的怀疑，最终发展成月经危机中产生的令她厌恶的可疑性质。也是因为月经带给她的桎梏和随之而来的那种心态才变成一种巨大的障碍。少女有时感到的威胁，令她无法忍受，导致她被迫放弃郊游与其他娱乐活动，免得她的耻辱为人所知。因此产生的恐惧，影响她的整个生理结构，加重了肌体的紊乱和痛苦。前面已经提到过：女性心理的一个特点即内分泌系统和神经的调节联系紧密，它们在相互作用着。这就意味着，由于心理和生理活动密切相关，女人的身体，特别是少女的身体处于一种"歇斯底里"的状态。青春期紊乱因为心情烦躁而加剧，而这种心情又因为少女觉察到这种紊乱而引起。她对自己的身体感到狐疑，她惊恐地注意着身体的每一个微妙变化，所以她以为它有病，它确实有病。可以看到，这具胴体如此娇嫩，而且它的内部的确在发生着内分泌紊乱。而妇科医生公认，他们的病人里，十个有九个是自认为有病的人，即她们的病根本不是生理的因素，而是由心理因素造成生理紊乱，也就是心理疾病。可以说，做女人的焦虑情绪在损害着女性的身体。

女人受到的教育使她缺乏主动精神，习俗也令她们雪上加霜。她们漫步街头，便会引来注目礼，就会有人前来搭讪。我曾认识的几个少女，天不怕地不怕，然而独自漫步在巴黎街头时，却毫无乐趣可言，因为她们被骚扰，时刻保持警惕，使她们兴致索然。要是女学生也像男孩子一样，成群结队地嬉笑着招摇过市，必然会被侧目相视；走路时昂首阔步、唱着小调儿、高谈阔论，或嘻嘻哈哈，或吃着苹果，就会激怒别人。这样的女学生会招来侮辱、被人尾随或有登徒子上前搭话，放纵的欢乐本身就意味着行为的不检点。强行加诸女人以使之成为"有教养"的少女，这种变成了第二天性的自我控制扼杀了自然本性，压抑了生命活力，导致了紧张、厌倦。

这一厌倦极具传染性，少女不久就会彼此厌倦。她们坐困牢笼，不可能为共同的利益团结一致,因此她们不能离开男孩子的陪伴。这种沾沾自喜的无能,带来了贯穿于她的一生、表现在她的工作中的怯懦。她们相信只有男人才会取得辉煌的成就,她们生怕自己好高骛远。可以发现,14岁的少女在比较自己和男孩子的时候,就认为"还是男孩子的条件好"。这种毫不迟疑地相信自己的虚弱,导致了懒惰和平庸。一个并不怎么敬重男性的少女,会讥笑一个男人的胆小怕事,如果别人说她自己就是个胆小鬼时,她会得意地声称:"哦,女人,当然不同了!"

这种失败主义的根源是处于青春期的少女并不认为应该对自己的未来负责。她认为无须对自己提出那么多要求,她本人的努力并不能决定自己最终的命运。她不是因为自己的劣等性而将自己交给了男人,而是因为她将自身的命运交到男人手里,从而接受了她的劣等的观念,确立了自己是劣等性的真理。

进一步说,她在男人心目中的价值,事实上并非由增强自己作为一个人的重要性来获得,而是以塑造自身来符合男人的梦想来获得。当缺少经验时,她还没有意识到这一点的重要性。她可能和男孩们一样好斗,或许也想拥有一种粗暴的权威、一种引为自豪的坦率来征服他们。但结局不言而喻:这种态度注定了她的失败。所有的女孩子,从最低贱的到最清高孤傲的迟早都会明白:要想得到别人的好感,她们就要放弃自己的权利。母亲叮嘱她们:再不能将男孩子作为伙伴看待,不要主动献殷勤,而是要扮演被动的角色。不管她们是想建立友谊或是准备调情,必须要小心翼翼,不要露出主动的神态。男人对假小子式的女孩子、女学究或是过于聪明的女人都敬而远之,女人胆子太大,受教育程度太高,太有个性只会吓跑男人。

所谓的有女性气质,也就是要表现得柔弱、无用和温顺,她要梳洗打扮,时刻准备,要克制她的本性,用长辈教导的典雅和矫揉造作伪装起来,任何的表现自我都会对女性气质和魅力产生损害。因为做人和做男人的使命之间并无矛盾,相对于女性,少男的生命转变较易完成,这种优势童年时期就已暴露无疑。在独立和自由的自我表现之后,他获得了社会承认,同时建立了他作为男性的威望,他就像是巴尔扎克小说中的拉斯蒂涅那样野心勃勃,财富、名声和女人都是他的目标,他努力的动力之一,就是做女性崇拜的、有权有名的男人。

对少女来说,情况相反,她作为一个真正的人的地位和她做女人的使命之间有着矛盾。青春期是一个女人非常关键而困难的时期,个中原因只有从这里寻找。此前,她一直是个自主的人,现在她必须放弃主动权。她像她的兄弟一样在过去和未来之间形成分裂,但要痛苦得多;在她对成为主动、自由的主体的自我要求,和她的性觉醒以及迫使她承认自己是被动客体的社会传统之间,掀起了剧烈冲突。她的生命倾向要她将自己视为主体,如何立下决心转变成一个次要者呢?然而,如果我只能完成我作为他者的命运,我又如何放弃我的自我呢?这就成了做女人无法逃避的痛苦的两难抉择。她在欲望与厌恶、希冀与恐惧之间挣扎和斗争,她被迫降低自己的期望值,在自主的童年时代和被动的女人时期中间徜徉犹豫。也正是这种冲突，使她并未成熟的青春期中，品尝了苦涩的青果。

随着早年倾向的发展，少女对这一命运的反应多种多样，难以预料。这位“小妈妈”，未来的主妇，可以并不在意自己的变化。但作为“小妈妈”，她或许拥有了对权威的爱好，由此导致她反抗着男人的枷锁：她所要做的是创建一种母权制，仅仅是为了不成为泄欲器和奴仆。

她超越自恋过程之后，有的少女感觉到自己需要一个导师，一个引导者。逃离父母的掌握，她们感到了这种难以习惯的独立的窘迫，她们可以做的几乎只有消极地利用它，在任性和放纵中不能自拔。她们开始期望放弃这种自由。一个娇纵的、傲慢的、敢于反抗的、令人不可容忍的野女郎，由一个通达时务的男人在通奸时所驯服，这一主题成为廉价文学和电影的样板，也成为既奉承了男人又讨好了女人的老生常谈。虽然美国女性自尊心很强，好莱坞影片仍然不断重复着这些难以征服的女孩为丈夫或者情人以恰到好处的暴力所制服：挨几个耳光，最好是挨一顿打，好像很容易勾引她。

实际上，理想的爱转变到性爱远非如此简单。很多女人都曾坦承，她们和自己所爱的男人小心翼翼地避开亲热的举动，是担心被骗。要是这个英雄、巨人、半神人对她激发的爱热烈回应，使之变成现实的体验，少女就会害怕，她的偶像就被贬值为下流的男人。有的风骚女孩极力勾引“风趣”或“有魅力”的男性，然而一旦他真的表现出对她非常感兴趣，她们则反常地烦躁不安。他的吸引力就表现在他的遥不可及之上，要是变成了情人，他就太过平庸了——不过是个男人而已，和别的男人一样。女孩子为他使自己失去尊严而恼羞成怒，以此为借口逃避让她十分敏感的失去贞操的肉体接触。即便是向她的意中人献出全部，她依然在他的怀抱中表现出冷淡。就像斯特柯尔说的那样，“发生关系之后，一个清高自傲的女孩子可能走上绝路；或是，她的意中人就如同一个‘野兽’，她曾有过的爱情大厦在瞬间崩溃了。”

这种无法实现的梦想，经常使少女和原本是她的朋友的恋人相爱，他往往还是个已婚男人。她极易投入唐璜式的花花公子的怀抱，她梦想着可以征服并控制这个没有女人曾经羁绊住的勾引者。她有改变他的企图，她也明白她注定会失败，这恰恰是她为何选择他的原因。有的少女永远无法体验真正的爱情，因为她们一生都在追寻着缥缈无迹的幻影。

她为自己能使男人感兴趣和爱慕追求而自豪，却害怕被他们猎获。伴随青春期而来的羞耻感，会长久的存在下去，夹杂着她的搔首弄姿和虚荣心。男人注视她的目光，既令她得意又令她生气。她希望男人只看到她愿意让人家看的地方，而人们的目光老是带有穿透力。这就使男人对这种矛盾困惑不已：她袒胸露背，露出双腿，而人们要是注视着它们，她却会恼羞成怒。她刺激着男人，但要是发现她激起了他的渴望，就会对此厌恶，远远逃开。男人对她的欲望既是奉承，又意味着侵犯。从她创造出自身的魅力和自如地运用这一魅力而言，她为自己的成功而高兴，但同时她又要忍受美貌、体态和肉体带来的负担，她不想让那些下流而陌生的登徒子窥视它们。

这就是所谓的羞怯的深层次含义，它阻碍了最为大胆的搔首弄姿。一个少女或许会令人咋舌的大胆，此时她尚没有意识到主动的行为会使她暴露出被动的一面。意识到这一点，她才会感到烦恼和恐慌。没有别的事比被瞟过一眼更暧昧，它远远地存在着，距离感使它似乎代表着尊重，但它又悄无声息地占有了所注意到的形象。未成年的女性挣扎在这些陷阱中。

她放纵自己，但马上又自责和压抑自己爆发的欲望。她那还在骚动的肉体，有时从爱抚中感到奇妙的快感，有时又认为它像搔痒一样让人讨厌。亲吻开始让她颤抖，接着她又纵声大笑。刚刚还是屈从，紧接着又是反抗。她允许别人的吻，却又以遮掩嘴唇来掩饰。她巧笑倩兮、含情脉脉，却又突然冷嘲热讽、满怀敌意。她作出允诺，然后又故意将其遗忘。

这就是少女的特点，我们也正是通过这来认识她的绝大多数行为。她反抗着自然和社会强加于她的命运，却又在某种程度上接受了它。她身上自相矛盾之处太多，所以她无法与世界抗争。她只能逃避现实，或仅仅进行象征性的斗争。她唤起的每一种欲望都相应地引起焦虑；她期盼拥有自己的未来，却又对决裂过去心怀恐惧；她梦想有个男人，又不想为他所猎取。每一种恐惧之后都有欲望的蛰伏，征服令她惧怕，却又盼望着被动。她因此注定了虚假，而且有无数的借口。她命中注定了为种种焦虑和欲望交织的消极情绪所折磨。

这时期的少女们笑声轻浮放荡，言行十分粗俗，甚至有的少女用一些连她的兄弟听到都感到脸红的脏话。对这种言辞，她却并不在意，因为在她一知半解的头脑中，这些词语并未产生准确的联想。何况，她们的本意也并非引起这种联想，而是要抵制它们，或最少是可以削弱这种联想。女生们互相讲着下流的故事，相当的程度上并非是满足她们的性幻想，而是对性冲动的压制，她们希望通过嘲笑性的可笑方面，视性为某种机械或是像外科手术式的行为。就如同笑声的作用，这种淫词秽语既是反抗的方式，又是对成年人的挑衅，是种亵渎，是表现自身反常的行为。对自然和社会表示轻蔑的同时，少女用千奇百怪的方法进行反抗和挑战。人们经常发觉她有古怪的饮食习惯：她吃下铅笔芯、装订纸、木头屑和活虾；服用几十片阿司匹林；甚至吞下苍蝇和蜘蛛。我认识一个少女，她的智力很正常，却逼着自己喝下用咖啡和白葡萄酒混合而成的可怕液体，她还吃在醋里泡过的糖。我亲眼所见另一个少女，吞下了在她色拉里发现的一条小白虫。一切儿童，都用眼和手，更进一步，用嘴和胃来体验世界。在没有成熟的青春期，少女更喜欢探知她尚未理解和令她作呕的世界。她所讨厌的东西反常地吸引着她。一个女孩，她如此美丽娇柔，穿戴整齐，但只要觉得自己也是肮脏的，就确实为各种“肮脏的”东西深深吸引：她玩弄着昆虫，凝视有经血的衣服，吮吸伤口的血。少女对被性欲所控制的身体，对自己的月经，对大人的性交，对她命定的男人都很厌恶，为了对抗这种感情，她故意欣赏、接近自己讨厌的东西。她似乎以此证明："既然我每个月都得流血，那我吸吮自己伤口的血，证明我不害怕我的血。既然我未来不得不忍受令人作呕的事，我也就不怕现在吃下一条白虫子。"

虽然女孩子注定要成为男人的被动的猎物，然而她还是坚持自己的自由权利，甚至为痛苦和厌恶折磨也在所不惜。她伤害自己的目的是抗议自己处女贞操被夺走，她以宣称无效作为抗议的手段。因为她的行为给自己带来痛苦，她就成为被虐待狂，而首先她是个施虐狂：以独立的主体的名义，她鞭笞、轻蔑和折磨着这依附的肉体，这个她所愤恨的服从而受到惩罚的肉体——然而她也不愿意自己和它分离。不管怎样，她不想彻底放弃她的命运。她虐待—受虐狂的变态倾向牵扯到一种根本的虚伪：要么她彻底地沉沦，这意味着她用放弃来承认她注定的女性命运，要是她最初没有承认自己肉体的欲望，她也就不会如此失常地折磨自己的肉体。

甚至她使用暴力的根源也在于服从的深处。一个男孩反抗父亲和世界，他的暴力很有用。他和伙伴寻衅滋事、打架斗殴，用自己的拳头证明他的主体位置，他强行进入这个世界，并超越世界。然而青春期的少女没法这样来证明，这样强行进入。因此她充满了幽怨：她既没有希望改造世界，更不能指望能超越世界。她明白，起码是相信，她被束缚着——也可能她会期盼着这样，她只能破坏。她的愤怒中包含着绝望，她气急败坏，扔杯子，砸玻璃，摔花瓶——这并非反抗命运，而是象征性地抗议。少女因为此时的无力而反抗未来的奴役，她的发怒纯属徒劳，根本不会挣脱束缚，常常会适得其反。

她所做的对自己或是对周围环境的暴力行为，自始至终都是消极的，虽然喧嚣一时，却收效甚微。好斗的男孩，将他受的一般伤害作为他主动出击的微不足道的结果，所以，他并不追求争斗，也不回避它(除非自卑的心理使他有女孩子那种心理)。少女则时刻感受到折磨，她心里反复咀嚼着暴力和反抗的感觉，对结果并不在意。她的异常，是因为她仍然被禁锢在童年世界中，她无法或是不想完全逃离童年。她只想在牢笼中挣扎一番，并没想过逃出去。她思考的方式是消极、条件反射的、象征的。

内心的虚伪使正常的少女和某些精神疾病有联系。从狂躁症、痉挛、谋划不轨或行为反常等情况里可以发现，她的很多精神病症状是由我曾指出过的欲望和恐惧的冲突所致。比如，少女常常离家出走，出走可能并无特殊目的，在离家很远的地方游荡几天，又跑了回来。无疑，这算不上真正的出走，更不是她真要和家庭断绝关系。它仅仅是上演一出逃离的喜剧，要是有人真想带她离家，少女就会彷徨失措：她又想离开，又害怕离开。离家出走有时又伴随着卖淫幻想：她想像自己沦为妓女，在饰演这一角色时依然有一些胆怯，她装扮得花枝招展，在窗台栏边，对行人大抛媚眼儿。有时，离家出走的戏演得如此逼真，使人难辨真假。这通常是对性欲的厌恶的表达，体现出某种负罪感。她认为："既然我会这样想，带有这种欲望，我差不多也是妓女，我本来就是个妓女！"有时她会任凭自己堕落:“我们就做到底吧,我们罪有应得!”她如此说。她会献身给第一个到来的男人,以此证明性关系无关紧要。

必须注意的一点是,所有的行为都体现出,少女没想过突破自然和社会法则,她不想扩大可能性,也并不准备重新估价,她只准备在已经固定的疆域和法则的世界中进行反抗。这一态度被看成是“邪恶的”,它标志着从根本上的伪装:承认善是要藐视它,确立法则是要破坏它,面对神圣是想亵渎它。少女的态度应该由这个事实解释:虚伪的阴云笼罩着她,使她既拒绝世界和自己的命运,又承认和接受它。

然而,她并不仅仅消极地反抗着注定的命运,她也在竭力弥补自己的缺憾。要是说未来令她不安,那现在就是令她不满。她在成为女人的道路上彷徨,又不耐烦总是个孩子,她将过去抛诸脑后,也没有准备新的未来。她无事而忙,却一无所成,也正是因为一无所成,她又一无所有,一无是处,她惟有靠矫揉造作和伪装才能填充这种虚无。人们常常指责她的狡猾、虚假,是个“总是撒谎的孩子”.实则她注定了要隐瞒、撒谎。一个女人16岁时就已经饱受痛苦:青春期、月经、性启蒙、最初的冲动、恐惧和厌恶,还有朦胧的体验。这一切全部隐藏心里,还要小心翼翼地保护自己的秘密。仅仅藏好月经带和隐瞒自己身体的不适等事情,就会让她惯于撒谎搪塞。凯瑟琳·安妮·波特[①]在小说《老人》之中,描述了20世纪前后,美国南方少女为了参加舞会而服下恶心的盐和柠檬做的混合液体,以推迟月经的到来。她们恐惧着年轻男人能从她们的眼神里,接触她们的手里,或是某种气息中发现她们身体的异样,这种想法令她们胆战心惊。当一个女孩察觉双腿之间夹着有血的月经带时,干脆说,当她意识到肉体本能的不幸时,却要饰演一个偶像,一个仙女,一个高傲的公主,这实在是太困难了。羞怯是对要认同自身的肉欲的一种本能的拒绝,这和虚伪几乎一样。

少女的内向和青春骚动,是尖锐冲突的牺牲品。另一方面,这种复杂令她内心丰富,她的心理活动因此比她的兄弟们细腻深邃,她更加关注自己的感情,因此它更微妙地变化无穷。与男孩子相比,她的心理感悟能力更强,男孩子感兴趣的只是外部世界。

绝大多数的成熟的少女,无论她们辛苦劳作或者百无聊赖,无论是幽处家中或是自由自在,找一个丈夫——起码是有个固定的男朋友,显得越来越迫切,这种迫切时常令女性之间的友谊黯然失色。“最要好的朋友”的地位大大降低。少女视她的朋友们为敌手,而不是盟友。一个我认识的少女,聪颖有天赋,在她的诗和散文中,她将自己称为“心不在焉的公主”,她坦诚地说,对童年的朋友已经没有了任何感情,她讨厌她们的蠢笨和丑陋,要是很有魅力,她又感到备受威胁。在争夺男人的时候,经常会陷入阴谋诡计和遭受羞辱之中,这令少女变得心胸狭窄、自私和冷酷。如果白马王子来得太迟,更会加剧她的厌倦和凄凉的心理。

---

① Katherine Anne Porter,1890—1980,美国女小说作家。

少女们的心理和行为是她的环境造成的，只要环境变化，青春期少女的状态也会发生变化。今天，她不再寄托于男人，而是开始把握自己的未来，这一点正成为可能。要是她可以专注于学习、运动、职业技能，或从事某种社会政治活动，就不会整天考虑男人，面临的情感和性的冲突也会随之减弱。当然，要实现自我价值而成为一个独立的人，她依然要面临比少男多得多的困难。正如上文指出的，家庭和社会舆论都不会支持她从事这一努力。

即便她选择要独立，也会在生活中给男人和爱情留下一席之地。她或许在担心，要是彻底投身于某种事业，她可能要错过自身的女人命运。即使是她否认这种感觉，它也确实存在着。它瓦解了业已确立的目标，限制着她的发挥。任何时候，职业女性都想把事业成功和纯属女性的成功完美地结合，这不仅意味着她不得不耗费时间梳妆打扮，更关键的是，它表明她的主要兴趣无法一致。男性学者循规蹈矩地工作时，还使自己的思想自由驰骋天地之间，由此产生了无穷的灵感。女人遐想的却是完全不同的事情：她关心自己的容颜，考虑男人和爱情，她只能给学习和事业腾出最低限度的时间和精力，在这种情况下，所有的事情都是多余和不必要的。这无关于智商和注意力集中，而是两种截然不同的目的难以协调的问题。这就形成了恶性循环，很多情况下人们吃惊地看到，女人在结婚之后，是何等轻易地放弃音乐、学习和事业。在她的设想中，她关心自己利益的方面明显太少了，甚至计划成功之后她也不会得到多少好处。所有的一切都在共同阻碍着她的个人野心，强大的社会传统依然迫使她用婚姻的手段来获得社会地位和合法保护。何况，她也没想以自己的努力，来创造她在世界上的地位，即使是想，也信心不足。只要社会经济的不平等仍然存在，只要社会习俗依然允许女人以妻子或是情妇的身份获取某些男人的特权，那她不劳而获的梦想就依然存在，她自己取得成功依然会受到阻碍。

不过，不管少女是用怎样的方式成年的，她实习的阶段都在延续。无论是缓慢渐进还是突变，她必然要经历觉醒的时期。有的少女逃避这个问题，如果她们在童年时经受过不愉快的性事件，或者不当的教育加深了她们害怕性行为的恐惧感，她们有可能一直延续着讨厌男性的感觉。有时，由于环境的原因也可能在女性不情愿的情况下，被迫延长她们的处女时期，然而，一般少女迟早要实现自己的性的命运。怎样面对它，主要由她过去的经历来决定。无论如何，一种全新的体验在无法预料的情况下出现，她必须独立地对此作出反应。

（选自《第二性》，西苑出版社 2004 年版）

导 读

西蒙·波伏娃（1908—1986），20 世纪法国最有影响力的女性之一，存在主义学者、文学家，20 世纪 70 年代女权运动的重要理论家和创始人之一。出生于巴黎，毕业于巴黎高等师范学院。

波伏娃从小就不信奉任何宗教，酷爱读书与思考，在哲学、历史等方面涉猎广泛，且持有独特的甚至是惊世骇俗的独特见解。波伏娃崇尚自由，极力追求个性解放，19 岁时就发表了一项个人“独立宣言”，宣称“我绝不让我的生命屈从于他人的意志”。1943 年，其长篇小说《女宾》问世，从此跃上文坛。1945 年，她的反法西斯小说《他人的血》出版，在法国社会引起强烈反响，在短短的两年中，再版了 32 次。法国前总统密特朗称她为“法国和全世界最杰出的作家”。

波伏娃是存在主义哲学的创始人之一萨特的终身伴侣，他们在一起共同生活了 50 年，却没有结婚，对此波伏娃说：“我们认为，按照我们的信念行事，认可这种非正式的婚姻状态，是合乎道德的”(引自《波伏娃自传》，第二卷)。萨特身为法国 20 世纪著名的无神论存在主义哲学家，他的存在主义思想潜移默化地影响着波伏娃。波伏娃同时身为享誉世界的女权主义理论家，她的著作《第二性》被赋予了女权主义运动中“圣经”的神圣地位。在《第二性》中，波伏娃从生物学、心理学、宗教、神话、文学、历史等各个方面，沿着从童年到老年这条生命发展路线研究了各类女性(包括女同性恋、妓女、情妇、修女、职业女性等)个体发展过程中的性别差异，得出一个重要的结论：女人不是天生的，而是后天造就的——“女人不是一个完成的现实，宁可说是一个形成的过程。”作为存在主义者，波伏娃的女性主义思想受到存在主义哲学家海德格尔和萨特的影响，其中海德格尔的“本真非本真”与萨特的“自在与自为”均构成波伏娃介绍两性关系的理论基石。此外，波伏娃的女性主义思想是特定历史条件下的产物，她自身及当时女性的处境是波伏娃写作《第二性》的重要原因与契机。在 20 世纪 40 年代，第二次世界大战如火如荼，资本主义世界被卷入战争的阴影而愈发动荡不安，各种社会矛盾日益凸显、一触即发。并且随着马克思主义思想、共产主义“幽灵”在欧洲及世界上得到了广泛的传播与实践，欧洲及第三世界中对于“平等”的呼声均愈来愈高。这样一个危机与希冀并存的社会历史氛围，越发使一个以自由为至高追求的女性意识到身为一名“女人”的全部困境。在《第二性》这部伟大的著作中，波伏娃以存在主义思想为基础，创造性的提出了女性作为“他者”的理论。这一理论的提出为后来女性主义的研究提供了重要的理论支点。波伏娃详尽地阐释了女性的生理特征如何造成了女性在人类文明史上“历史性的失败”(恩格斯)，而父权制下的各种管控型的习俗及社会制度更是一心要将女性规训为称职、卑微、无害的“他者”。而不是别的，正是“他者”地位及各种形形色色的社会/文化压抑及管控机制，才使女人最终成为“女人”，才使女性养成了女性特有的气质，即所谓的精致、优雅、被动的“女性气质”。在详细分析了女性在社会中的地位状况后，波伏娃得出这样的结论：女性要想真正获得自由就必须首先摆脱“女性气质”的束缚。在《第二性》中，波伏娃同时以生物学、精神分析学、历史唯物主义为切入点来寻找男女两性之间的关系起源，变化以及发展的原因。《第二性》被誉为“有史以来讨论女人的最健全、最理智、最充满智慧的一本书”，不仅对第二次国际妇女运动浪潮起到推波助澜的作用，也对当代妇女运动理论产生极大影响。20 世纪 90 年代，《第二性》被介绍到中国，直接影响了中国国内的妇女与性别研究。（王冰冰）

拓展阅读

桑德拉·吉尔伯特，苏珊·古芭.阁楼上的疯女人：女性作家与 19 世纪文学想象（上下）.杨莉馨，译.上海：上海人民出版社，2015.

杰梅茵·格里尔. 女太监. 欧阳昱，译.天津：百花文艺出版社，2002.

凯特·米利特.性的政治.钟良明，译.北京：社会科学文献出版社，1999.

露西·伊利格瑞.他者女人的窥镜.屈雅君，等，译.郑州：河南大学出版社.2013.

简·弗里德曼.女权主义.长春：吉林人民出版社，2007.

贝尔·胡克斯.激情的政治 人人都能读懂的女权主义.沈睿，译.北京：金城出版社，2008.

《猫步的政治》

郊区住宅主妇的“无名痛”

[美]贝蒂·弗里丹　　巫漪云　等译

这个问题埋藏在美国妇女的脑海中已有多年了，一直没有说出来。它使人感到异样的激动，不满足，渴望着某些东西，这便是20世纪中叶美国妇女经历的问题。每一位住在郊区的妻子都独自挣扎着解决这个问题。她铺床的时候，采购食品的时候，替沙发套配料的时候，与孩子们一起吃花生酱三明治的时候，驾车护送男女童子军外出的时候，晚上睡在丈夫身旁的时候——她甚至害怕向自己提出这个无声的问题——“难道就是这些吗？”

15年多来，专家在写妇女或者为妇女而写的数百万言的专栏、书籍与文章中，告诫妇女，她们的作用便是努力完成妻子与母亲的职责，却从来不提这一渴望。她们一次又一次听到的是传统与弗洛伊德式的诡辩的声音，告诉她们妇女所能期待的最伟大的命运莫过于颂扬女性自身的气质。专家教导她们如何捕获男人，使他不离开你；如何哺乳，训练孩子大小便，如何应付兄弟姐妹之间的竞争与青春时期的子女对父母的反抗心理；如何采购洗碗机、烘面包、烹调美味的蜗牛以及亲手建造一个游泳池；如何梳装打扮，使外表与举止更具有女性妩媚，使婚姻更富于刺激性；如何使丈夫不致过早死亡，使儿子不致沦为少年犯。她们被告知应该可怜那些妄想成为诗人或物理学家或校长的缺乏女子气质的、神经质的、苦恼的女人。她们懂得具有真正女子气质的女人是不要职业，不要高等教育，政治权利的——什么独立呀，机会呀，那是过了时的女权运动者所争取的一套。一些四五十岁的妇女，在回忆放弃那些理想时，仍感到痛苦，而那些理想大部分年轻的妇女却从来也没有想到过。数以千计的专家齐声赞扬她们的女子气质，她们的适应能力与她们的新的成熟状态。她们需要做的事，就是把她们从少女时代起的一生都奉献给寻找丈夫与生育孩子。

20世纪50年代末，美国女子平均结婚年龄下降到20岁，仍然继续在下降，降到了10多岁。1400万姑娘在17岁就订婚了。女子上大学与男子的比率在1920年为43%，到了1958年，降为35%。一个世纪前，妇女为能获得高等教育而斗争；但是，今天，女孩子上大学是为了找丈夫。50年代中期，60%的女学生为了结婚而辍学，要不就是害怕太多教育会造成婚姻障碍，大学为“已婚学生”建造了宿舍，可是学生几乎是清一色的丈夫。他们还为妻子们设立了一种新的学位——“Ph.T.”[①]——“贤内助”。

后来，美国女孩在中学就开始结婚了。显示这些年轻婚姻的统计数字令人不安，妇女杂志对此也感到遗憾。它们建议在中学设置有关婚姻的课程和婚姻顾问。读初中的十二三岁的女孩就开始有关系确定的情侣，制造商为10岁的小女孩生产了带有泡沫橡皮假胸的胸罩。1960年秋，《纽约时报》的一则推销3—6X号的童装广告上写道：“她也能参加诱捕男子的行列。”

50年代结束时美国的出生率赶上了印度。节育运动重新被命名为计划生育，人们要求它找到一种方法，使那些被告知第三胎或第四胎将分娩死胎或畸形儿的妇女无论如何不能生养孩子。统计人员对大学里女教职员生孩子的数量急骤上升感到特别惊讶。过去她们生两个孩子，现在却有四个、五个、六个孩子。过去一度追求职业的妇女，现在却以生孩子为职业。《生活》杂志在1956年的一首赞歌中就欢呼美国妇女返回家庭。

在纽约一所医院里，一位妇女发现她不能为她的孩子哺乳时，精神就崩溃了。在其他医院里，患癌症生命垂危的女病人拒绝服用已为科研证明可能挽救她们生命的药物，据说这种药物的副作用将使女性失去温柔。报纸、杂志及药房广告牌上画着一个比真人还要大，心灵空虚的美人，她向大家宣告，“如果我只有一次生命，让我作为一个白肤金发碧眼女郎度过我的生命吧！”整个美国，10个女人中有3个把她们的头发染成金黄色，她们服用一种叫做梅特里科尔的，象石灰一样的东西，代替食物，使自己减肥，以便象年轻的模特儿那样苗条。百货公司的进货员报告，自从1939年以来，美国妇女的服装缩小了三四号。一位进货员说：“现在是女人适衣，不是衣服适人。”

室内装潢师在设计厨房时打算在墙上镶嵌壁画及用原件绘画以为装饰，因为厨房又一次成为妇女生活的中心。家庭缝纫成了一种价值百万美元的工业。许多妇女除了采购、驾车送孩子外出，或者同丈夫一起出席社交约会外，几乎足不出户。女孩子在美国长大，从来没有在家庭外工作过。在50年代后期，一种社会现象一下子变得很突出：目前工作的妇女，为美国妇女的1/3，但大部分人已不再是年轻的了，其中很少人真正在追求事业。她们大多是已婚妇女，搞一些兼职，如当营业员或秘书之类，帮助丈夫或儿子读完大学，或者分担偿付押款。再不然就是寡妇，需要维持家庭。从事需要专门学识与训练的职业的人，愈来愈少。护理工作、社会工作及教师的人才匮缺，几乎在美国每个城市都引起危机。科学家们在担心苏联将在美苏宇宙航行赛中超过美国的同时，注意到美国最大的未被利用的脑力资源是妇女。可是姑娘们不愿学习物理，因为物理“太不女性化了”。一位姑娘拒绝了约翰斯·霍普金斯大学给予她的理科研究员薪金，而在

---

① “Ph.T.”为“putting husband through”的略语，原意是帮助丈夫通过（学位）。Ph.D.是博士学位，Ph.T.与Ph.D.声音相近，把Ph.T.说成一种学位，是一种揶揄说法。

一家房地产公司任职。她说她追求的也就是每一位美国姑娘所追求的——结婚,有 4 个孩子,住在漂亮的郊区的一幢漂亮的房子里。

郊区的家庭主妇——她是美国女青年梦寐以求的形象,据说也是全世界妇女所羡慕的目标。美国家庭主妇——她被科学与节约劳力的器械从劳役中,分娩危险中及老祖母的疾病中解放出来。她健康、美貌、受过教育,只关心丈夫、儿女和家庭。她真正地实现了女性的完美。作为一名贤妻良母,她成为男子的完全的、平等的伴侣,受到了男性世界的崇敬。她可以自由选择汽车、服饰、家用器械、超级市场,她拥有女人梦寐以求的一切。

二次大战以后的 15 年中,这一实现女性的完美的奥秘成为当代美国文化所珍视与身体力行的核心。数以百万计的妇女,按照有关美国郊区家庭主妇的那些美妙描述中的形象的生活而生活,她们在有图片的窗子前吻别丈夫,把满满一面包车的孩子送入学校,在一尘不染的厨房地板上,使用新的电动打蜡机,不时发出微笑。她们自己烤面包,替自己和孩子缝制衣服,整天使用新买回的洗衣机与干燥机,一周两次调换床单,而不是一周一次。她们去听成人教育的编结地毯课,觉得她们的不幸的母亲,饱经挫折,却梦想做一番事业,真是可怜。她们唯一的理想就是当贤妻良母;她们最大的抱负便是生 5 个孩子和有一幢漂亮的房屋;她们进行的唯一战斗便是获得一位丈夫,不让他离开自己。她们根本不考虑家庭以外的世界里那些不属于女性的问题;她们期待男人作出主要的决策。她们以扮演女人的角色为荣,在人口调查表的空白处骄傲地填上"职业:家庭主妇"。

10 多年来,当丈夫们坐在房间的另一边谈论他们的本行、政治或化粪池时,描述女人的词句,女人与女人的谈话所用的词句,都离不开孩子的种种问题,再不然便是怎样使丈夫保持快乐,怎样使孩子的作业取得进步,怎样烧鸡,或怎样做沙发套。没有人会争论女人不如男人,还是女人胜过男人,他们就是不一样嘛!"解放""事业"等词听起来很生疏,也很别扭,已经有好多年不用这些词了。当一位名叫西蒙·波伏娃的法国女士写了《第二性》这本书时,一位美国批评家的评论是她显然"不懂生活",再说,她谈论的是法国女人,"妇女问题"在美国已不复存在。

在 20 世纪 50 年代或 60 年代,假如一位妇女有问题,她知道一定是她的婚姻发生了问题,不然就是她自己发生了问题。其他妇女对她们的生活都感到满意,她这样想。如果她在替厨房地板打蜡时,没有这种神秘的实现了完美的感觉,那么她是什么样一种女人呢?她对承认自己不满足感到十分羞愧,因此她从来也不会知道有多少其他女人也有同感。要是她试图同她的丈夫谈谈,他不理解她在讲什么,其实她自己也不真正理解。15 年多来,在美国,妇女谈论这一问题感到比谈论性还要困难,甚至连精神分析家都说不出这是什么问题。当一位妇女,像众多妇女那样,向精神病医生请教时,她会说,"我感到很难为情","我一定是神经过敏得无可救药了"。一位郊区精神病医生不安地说:“我只知道有问题,因为我的大部分病人碰巧都是女人,她们的问题不是性的问题。”然而大多数有这个问题的妇女都不去找精神分析专家。“真的没有什么问题,”她们不断告诫自己,“没有什么问题。”

然而,1959 年 4 月的一个早晨,在离纽约 15 英里的郊区的一个新住宅区里,一位有 4 个孩子的母亲与另外 4 位母亲在喝咖啡,我听见她提到了“这个问题”。她的声音很平静,但是充满了绝望。其他人不用说话就知道她并不是在谈论她和她的丈夫,或者她的孩子,或者她的家庭发生的问题。她们一下子认识到原来大家都有同样的问题,那个说不出是什么的问题。于是她们开始吞吞吐吐地谈起这个问题来了。后来,她们把孩子从幼儿园领回去午睡,4 名妇女中的 2 名感到宽慰,哭了起来,仅仅因为她们知道她们并不是孤独的。

渐渐地我了解到在美国有无数妇女都具有这种说不出是什么的问题,作为一名杂志的写稿人,我常常采访妇女,谈谈她们和孩子、婚姻、房子及邻里发生的问题。但不久,我就认出这另一问题存在的种种迹象。在长岛、新泽西州及西切斯特县的郊区农场主的住宅及错层住宅里,在马萨诸塞州一个小镇上殖民者的住宅里,在孟菲斯的院落里,在郊区与市区的公寓里,在米德韦斯特市的起居室里,我看到了同样的迹象。有时候我觉察这一问题并不因为我是个记者,而因为我是个郊区的家庭主妇。因为在这段时期,我也在纽约州罗克兰县抚养我自己的 3 个孩子长大。在大学宿舍及半私立的产科病房内,在家长—教师联谊会的会议及女选民联盟的午餐会上,在郊区的鸡尾酒会上,在坐在面包车里等候火车的时候,在施拉夫特商店偶然听到的谈话的若干片段中,我听到了同一问题的反响。在安静的下午,孩子们上课的时候,在安静的夜晚,丈夫们工作到深夜的时候,我从其他妇女那里听到她们费力地企图表达自己的语句,我自以为开始时我是作为一个女人来理解这些话的,过了好久,我才理解这些话所包含的更大的社会与心理内涵。

这个无法明言的问题到底是什么问题呢?当女人们试图说明这个问题时,她们用了一些什么语句呢?有时一位妇女会说,“不知怎地,我感到空虚……不完整”。或许她会说,“我感到我好像并不存在”。有时她服用镇静剂来抹去这种感觉,有时她认为是丈夫的问题或者是孩子的问题。也许她认为她真正需要的是重新装饰她的房屋,或者迁到一个更好的居住区去。还是她需要谈情说爱,或者再生一个孩子?有时候她去看医生,也说不清她有什么症状,“感到疲劳……我对孩子发那么大的脾气,自己都感到害怕……没有什么原因,但是我想哭”。克利夫兰一位医生称之为“家庭主妇的综合症”。宾夕法尼亚州一位家庭医药顾问说,“一些妇女告诉我,她们的手上及臂上长出许多大血泡,我称之为家庭主妇的病害”,“近来我发现有 4 个、5 个或 6 个孩子的青年妇女常常患此病,她们埋头于锅碗瓢盆之中,这种病不是洗涤剂引起的,也不是可的松治得了的。”

有时候一位妇女会告诉我，这种感觉非常强烈，使她冲出屋子，走了好几条街。要不她就留在屋子里痛哭。要不她的孩子说了个笑话给她听，她没有笑，因为她根本没有听见。有的妇女多年来求教于精神分析专家，躺在他们诊所的病床上，研究如何"调节适应女性的角色"及排列出阻挠她们"成为贤妻良母"的障碍，但是这些妇女的绝望声调，她们的眼神，与其他妇女的声调和眼神相同，而其他妇女肯定自己没有问题，尽管她们有一种奇异的绝望感，一位因结婚 19 岁离开大学，现在已是 4 个孩子的母亲对我说：

> 凡是认为女人应该做的事，我都试过了——各种爱好，栽花种草，腌制泡菜，做罐头，与邻居多交往，参加社团，举办家长—教师联谊茶会。这些我全能干，我也喜欢干。不过这些并不能启发你好好想一想——使你感觉到你是谁。我从来也没有追求职业的雄心壮志，我所想做的就是结婚，有 4 个孩子。我爱孩子，爱鲍勃和我的家。我说不出有什么问题。可是我感到绝望，我开始感到我没有个性。我烧饭做菜，替孩子穿裤子，铺床叠被，是一个你需要什么一叫就来的人。可是，我是谁呢？

一位 23 岁穿蓝色牛仔裤的母亲说：

> 我问自己我为什么感到这样不满足。我身体很健康，儿女都是好孩子，有一所漂亮的新住宅，有足够的钱。我的丈夫是一位很有发展前途的电子工程师，他可从来没有这种感觉。他说我也许需要度假，那么让我们到纽约去过周末吧。但是这不能解决我的问题。我一向有一种想法，即一切活动我们都应该一起参加。我一个人坐下来看书就不行。如果孩子们在午睡，我有一小时空闲，我就在这幢房子里走来走去，等他们睡醒。只有当我知道其他人都到哪里去时，我才迈开脚步。你的父母亲，就好像从你做小姑娘开始，总有人或者其他什么为你的生活安排得好好的：或者上大学，或者开始恋爱，或者生儿育女，或者迁移新居。然后你一天早晨醒来，发现没有什么可指望的了。

1960 年，那个无法明言的问题，通过快乐的美国家庭主妇的形象突然爆发沸腾了。可是电视广告节目中，漂亮的主妇仍然对着满是泡沫的锅、碗、瓢、盆微笑，《时代周刊》的以封面图片为题材的报道《郊区妻子——一种美国现象》却提出了抗议："生活得很愉快……不相信她们是不幸福的。"可是美国家庭主妇实际上是不幸福的这一事实，从《纽约时报》与《新闻周刊》到《家政》杂志以及哥伦比亚广播公司的电视，("落入圈套的家庭主妇")一下子都进行了报道，虽然几乎每个谈论此事的人都找出一些表面的理由说明它不值得一提。家庭主妇感到不快乐，这要归咎于不够格的电器修理人员(《纽约时报》)，或者是在郊区驾车送孩子上学的路程实在太远了(《时代周刊》)，或者是家长—教师联谊活动太多了(《红书》)，有些人说这是老问题——教育——引起的。愈来愈多的女人接受教育，这样自然促使她们在担任家庭主妇这一角色时感到不快乐了。《纽约时报》（1960 年 6 月 28 日）报道："许多青年妇女——当然不是全部——受的教育，使她们进入充满各种思想意识的世界，她们呆在家里，就感到窒息了。她们发现她们的日常生活与她们所受的训练是脱节的。就像受到禁闭的人，她们感到被抛弃了。去年，受过教育的家庭主妇的问题，成为好几个不胜苦恼的女子大学校长所做的几十个报告的内容。她们虽然听到许多埋怨，但仍坚持认为学校 16 年的培训，是当好贤妻良母的现实准备。"

受过教育的家庭主妇曾博得不少同情。（"就像一个双头的精神分裂者……她曾经写过研究墓地诗人的论文，现在却写便条给送奶人。她曾经决定硫酸的沸点，现在却要同那个迟迟不来的修理工一起来决定她的沸点……家庭主妇常常被搞得歇斯底里地尖叫起来，或者痛哭流涕……看来没有人欣赏——她自己最最不欣赏——她从女诗人转变为泼妇的过程中成为的那种人。"）

家政专家提出家庭主妇的培训应该更加实际一些。如在中学设立家用器械的实习工场。大学教育家提出建立更多研讨小组，讨论家庭与家庭管理，为妇女适应家庭生活作好准备。群众性杂志刊登了一系列文章，提供"58 种使您的婚姻具有更大的刺激性的方法"。每过一月，就有一本精神病专家或性专家的著作问世，向妇女提供如何通过性获得更大的满足这一类技术指导。

一位幽默的男作家在《哈泼斯市场报》（1960 年 7 月号）里开玩笑道，取消妇女的选举权，这个问题就可以得到解决。（"在第十九修正案提出以前的年代里，美国妇女心平气和，受到庇护，她对自己在美国社会中的作用，心中有数，也很有信心。她把一切政治决策留给了丈夫，而他，反过来，把一切家庭决策留给了她。今天，一位妇女，既要作出家庭决策，又要作出政治决策，对她说来，委实太辛苦了。"）

一些教育家严肃地提出：四年制的学院与大学不再招收女生。在不断加剧的大学危机中，成为家庭主妇的女学生不能好好利用的教育，是准备在原子时代工作的男生所迫切需要的。

也有人主张用激烈的办法来解决这一问题，但所提出的办法很难使人认真对待，因此这个问题也就不予考虑了。（一位女作家在《哈泼斯》月刊里建议，要将妇女应征入伍，强迫服役，充当护士的助手及婴儿护理员。）又有主张起用古老的万灵妙药："答复是爱"，"唯一的答复是内心治疗"，"完满的秘诀——孩子"，"智力满足的秘密途径"，"要治疗精神上的牙疼病，简单的公式是：把自己与自己的意志交给上帝"。

于是他们这样来处理这个问题，他们对家庭主妇说，她真是身在福中不知福啊——她是她自己的上司，不受钟点的限制，没有小职员同她争夺饭碗。如果她感到不快乐——难道她以为男人在这个世界上都快乐吗？难道她暗地里真的仍然希望成为一个男人吗？难道她不知道她做一个女人是多么幸运吗？

最后这个问题不了了之，人们对此耸了耸肩，认为没有什么解决办法。做女人就意味着这样，美国妇女不能大大方方地接受她们应扮演的角色，她们到底存在什么问题呢？《新闻周刊》(1960 年 3 月 7 日)是这样报道的：

> 她拥有很多东西，但不满足，而这一切其他国家妇女只能在梦中得到。她的不满足已深深地渗透她的全身，人人可能提供的粗浅的补救方法已难以奏效。……大批职业探索者已将产生这一麻烦的主要根源列成图表。……自有史以来，女性的经期已经规定了和限定了妇女扮演的角色。正如弗洛伊德说的："人体就是命运。"他受到了高度赞扬。没有一群妇女像美国主妇那样不顾自然条件的限制，但是看来美国主妇还不能高高兴兴地接受这些限制。……一位有美满家庭、有魅力、有才华、有思维能力的年轻母亲往往这样为她扮演的角色辩解："我做了什么了？"你听见她说，"噢，什么也没有做，我只是一个家庭主妇。"看来，良好的教育使这位女中精英懂得了一切价值，可是就不懂自身的价值……

于是她必须接受这一事实，即美国妇女的不幸，仅仅是最近获得的妇女的权利。她必须作出调整，与《新闻周刊》所发现的快乐的主妇一起表示："我们应该向我们大家享有的美好的自由致敬，为我们今日的生活自豪。我上过大学，也工作过，可是当一名家庭主妇是最有出息和最令人满意的了。……我的母亲从来没有参加我父亲的事业或业务活动……她离不开家，离不开我们孩子，可是我和我的丈夫是平等的，我可以和他一起出差，一起参加社交业务活动。"

所提供的另一种选择，则很少为妇女所考虑。《纽约时报》以同情的口吻写道："大家都承认，由于缺乏一个人独处，体力消耗，家庭生活一般化，难得外出等种种原因，使人感到深受委屈。然而，如果能再有一次选择的机会，没有人愿意放弃她的家与家庭。"《红书》发表评论："很少妇女愿意对丈夫、儿女及生活的社区嗤之以鼻，然后走自己的道路。这样做的人可能是俊杰，不过成功的女人很少。"

就在美国妇女的不满达到沸腾的那一年，根据《展望》的报道，美国有 2100 万单身，丧偶或者离异的妇女，即使年过半百，仍然继续拼命追求男人。追求男人很早就开始了——现在 70%的美国妇女不到 24 岁就结婚了。一位美貌的 35 岁的秘书，半年内换了 35 个不同的工作，希望找到一位丈夫，可是希望落空了。女人从一个政治俱乐部转到另一个政治俱乐部，在夜校学习会计或驾驶游艇，学打高尔夫球或滑雪，连续参加好几个教会组织，一个人上酒吧，都是在不停顿地寻找男人。

根据报道，当前在美国成千上万(这个数字还在不断上升)请教私人精神病医生的妇女中，已婚妇女对她们的婚姻不满，未婚妇女则十分担心，最后变得抑郁寡欢。奇怪的是，一些精神病专家声称，根据他们的经验，未婚女病人比已婚女病人还快活些。这样，那些漂亮的郊区住宅的大门打开了一丝缝隙，使人可以窥视到尚未经过统计的成千上万的美国家庭主妇孤零零地在忍受某个问题的折磨。一下子大家都在讨论这个问题，而且想当然地把它视作美国生活中象氢弹那样永远也不能解决的不现实的问题之一。到了1962年，落入陷阱的美国家庭主妇的状况成了全国客厅里的游戏。整本整本的杂志、报纸、专栏、学术著作和消遣作品，教育会议及电视公开讨论都在研究这个问题。

尽管如此，大部分男士及部分女士仍然不懂得这是一个真实存在的问题。不过认真对待这一问题的人知道一切肤浅的解救办法，同情的劝告，谩骂及激励人心的言辞，都把这问题淹没在幻想中。渐渐可以听到美国妇女发出沉痛的笑声。美国妇女受人赞美，受人羡慕，人们可怜她们，用理论来分析她们，直到她们感到十分厌倦。人们为她们提供了激烈的措施或只能付之一笑的愚蠢的选择。她们从队伍不断扩大的婚姻及儿童咨询顾问，心理治疗专家和坐在扶手椅里空谈理论的心理学家那里得到各种指导，指点她们如何适应家庭主妇的角色。20世纪中叶，美国妇女要想达到完美，没有其他方法可循。多数妇女努力适应这一角色，她们忍受着这个无法明言的问题的折磨，或者干脆不理睬这个问题。如果一个女人听不到她内心翻腾的，奇怪的，不满足的呼声，她感到的痛苦也就会少一些。

然而，不理睬那种呼声，排斥这么多美国妇女的绝望感是不再可能的了。不管专家们如何辩解，做一个女人的意义绝非如此。人们忍受痛苦总是有理由的，也许由于问题提得不正确，或者没有追根问底，所以没有找到原因。那种认为美国妇女能享受其他时代，其他国家的妇女连做梦也没有想到的各种奢侈品，因而不存在问题的回答，我是不能接受的。这个问题是新产生的，很特别；所以如此，部分原因是这个问题不能从男人在物质方面长期存在的问题如贫穷、疾病、饥饿、受冻等的角度来理解。受到这个问题折磨的妇女有一种饥饿感，但是这不是食物能满足的。不管丈夫是在努力奋斗的实习医生或法院小职员，还是飞黄腾达的医生或律师，这个问题在他们妻子的身上都存在；在年收入为5000美元的工人及年收入为5万美元的高级行政人员的妻子身上也存在。这个问题不是缺乏优越的物质条件引起的；很可能那些一天到晚为饥饿、贫困、疾病等重重困难所苦恼的妇女甚至都没有感到这个问题。那些认为只要有更多的钱，更大的住宅，第二辆汽车及搬到更高级的郊区去，这个问题就会消失的人，他们往往发现这个问题反而变得愈来愈严重。

今天再也不可能把这个问题归罪于女性气质的丧失，即认为教育，独立，男女平等使得美国妇女失去了女性气质。我听到许多妇女试图否认她们内心的这种不满呼声，因为这个问题的存在与专家们所描绘的那幅美妙的女性画像格格不入。我认为这实际上是了解奥秘的第一条线索：不能按照科学家研究妇女，医生医治妇女，咨询顾问给妇女指导及作家进行有关妇女的创作时通常为大家所接受的语言来理解这个问题。受到这个问题折磨的妇女，这一呼声在她们内心翻腾，她们整个一生都在追求女性气质的完美。她们不是职业妇女(虽然职业妇女可能有其他问题);她们的最大抱负是结婚和生孩子。这些妇女中年纪最大的,这些美国中产阶级的女儿,不可能有其他理想。那些曾经一度有过其他理想的四五十岁的妇女,后来放弃了她们的理想,愉快地投入了家庭主妇的生活。对于最年轻的、那些刚结婚或刚做妈妈的人来说,这是唯一的理想。她们为了结婚,中学或大学就辍学,或者找到一个工作,就此原地踏步,直到结婚,其实她们对工作并不真正感兴趣。通常认为这些妇女是非常具备“女性气质”的。然而,她们仍然受到这个问题的折磨。

是不是那些大学毕业,那些一度有超越成为家庭主妇的理想的妇女,受到的折磨最深呢?专家说是的,但是请听听下面四位妇女所说的话:

> 我整天忙忙碌碌,每天的日程枯燥无味,是在混日子。我8时起身——做早饭,洗盘子,然后吃午饭,洗更多的盘子。下午洗衣服,收拾房间。接下来洗晚饭下来的碗碟和盘子,坐上几分钟,就得打发孩子们上床。……我的日程就这么一些,别的妻子的日程也是一样。简直无聊!最欢乐的时刻便是跟在孩子后面追赶他们。

> 啊呀,上帝啊!我是怎样度过我的时光的?我6点起身,替儿子穿衣服,给他吃早饭,以后我就洗盘子,替小宝宝沐浴,喂他。然后我就准备午饭。孩子午睡时,我做针线活,要不熨烫衣服,或者做一些我上午来不及做的事。接下来我就为全家做晚饭。我的丈夫看电视的时候,我就洗盘子和碗碟。打发孩子上床后,我就做头发,然后上床睡觉。

> 问题是:我永远是孩子们的姆妈,或者是牧师的妻子,我永远不是自己。

> 把我家任何一个典型早晨拍成的电影,就象过去马克思兄弟[①]演出的喜剧。我洗盘子,急急忙忙地送大一些的孩子去上学,冲到院子里去种菊花,跑回屋子打电话,通知开一个什么委员会会议,帮助最小的孩子用积木搭成一所房子,花15分钟浏览报纸上的新闻,这样我就消息灵通了。然后我赶快向洗衣机奔去,洗衣机我每星期使用三次,所洗的衣服足够维持一原始村落整年的需要。到了中午,我感到我完全可以进精神病院了,我所做的事,没有什么是真正必要的,或者真正重要的。外界压力逼迫我整天忙忙碌碌。然而我却把自己看作居住在这一地区的一位比较悠闲的家庭主妇。我的许多朋友更为疯

① 马克思兄弟(Marx Brothers),美国20世纪30年代著名的喜剧电影演员小组,曾演过《歌剧院的一夜》等片。

狂。最近60年,我们兜了一个圈子,还是回到原处。美国家庭主妇又一次被骗进松鼠笼子。当年她的祖母坐在富丽豪华的客厅里,精致的裙环将她的长裙撑开,而她却愤愤地为妇女的权利不平。如果说现在笼子是一所具有厚玻璃门窗和阔幅地毯的现代化平房住宅,或者是一幢舒适的现代化公寓,美国家庭主妇的情况与当初她的祖母时代相比,却是同样地可悲。

第一、第二位妇女没有上过大学,她们住在新泽西州莱维敦的新住宅区和华盛顿州塔科马的新住宅区,接受一群研究工人妻子生活的社会学家的采访。第三位是一位牧师的妻子,她在第十五次大学同学联谊会的调查表上写道,她对职业从来没有什么雄心壮志,可是现在却希望有。第四位曾获得人类学博士学位,现在是内布拉斯加州一位有三个孩子的家庭主妇。她们的话似乎表明受过不同程度教育的家庭主妇都有同样的绝望感。

实际情况是今天没有人为"妇女的权利"愤愤不平,虽然愈来愈多的妇女进入了大学。最近对巴纳德学院历届毕业生做了一次调查。早年毕业生中,有值得注意的一小部分人责怪她们所受的教育使她们要求"权利",后来几届毕业生责怪她们所受的教育使她们对职业充满了憧憬,可是最近的毕业生却责怪学院使她们不满足于当贤妻良母,她们不愿意因为不看书,不参加所在地区的活动而感到内疚。然而,教育虽然不是这个问题的起因,它使这些妇女产生怨恨这一事实,可能为我们提供一条线索。

如果实现女性满足的秘密是生孩子,那么从来没有这么多有选择自由的妇女,在这么短的时期里,心甘情愿地生这么多孩子。如果回答是爱情,那么妇女寻找爱情从来也没有像现在这样坚决。人们愈来愈怀疑这个问题很可能不是一个性生活问题,虽然它与性有关。我从许多医生那里了解到有证据证明夫妻之间产生了新的性生活问题——妻子对性的要求极高,丈夫们满足不了。玛格丽特·桑格婚姻咨询门诊所的一位精神病专家说,"我们把女人变成一种只知道性的生物。""她除了是贤妻良母外,没有个性。她不知道自己是谁。她整天等待丈夫晚上回来使她感觉她还活着。可是现在的情况是丈夫不感兴趣。对女人来说,躺在那里,夜复一夜,等待她的丈夫使她感觉她还活着,这太可怕了。为什么指导性生活的书籍和文章有那么大的市场?金西[①]发现根据统计,最近几代美国妇女中,达到这种情欲高潮的人很多,但是并没有使这个问题消失。

相反,在妇女中间发现新的神经官能症——还有那些至今说不出是什么的问题也被冠以神经官能症的美名——这一点弗洛伊德及其追随者都没有预示。新的神经官能症的各种症状,忧郁、防御反应与由于性抑制而引起的各种表现完全相同。不仅如此,在正在成长的一代代儿童身上也发现新问题——不能忍受痛苦或纪律约束,没有能力追求与实现任何需要独立完成的目标,对生活感到极端厌倦——而这些儿童身边,总有

① 金西(Kinsey,Alfred Charles,1894—1956),美国动物学家,人类性行为学的研究者。

他们的妈妈，亲自驾车接送，帮助他们做功课。教育家对今天进入大学的男女学生的这种依赖性，缺乏自力更生的精神，愈来愈担心。哥伦比亚大学的一位系主任说："为了培养我们的学生具有男子气概，我们进行坚持不懈的斗争。"

白宫曾召集会议，讨论美国儿童的体质及肌肉发达状况的下降问题；他们是不是营养过度了？社会学家注意到郊区儿童生活中组织活动多得令人吃惊：上课，聚会，文娱活动，为他们组织的娱乐与学习小组。一位住在俄勒冈州波特兰市郊区的家庭主妇对那里孩子们"需要"男女童子军表示不理解，"这里不是贫民窟，这里的孩子有充分的户外运动，我想大概人们觉得太无聊了，所以把儿童组织起来，然后千方百计地哄其他孩子上钩，可怜的孩子，连躺在床上胡思乱想的时间也没有"。

难道这个说不出是什么的问题与家庭主妇的日常家务活动有什么联系吗？当一位妇女试图说明这个问题时，她往往把她的日常生活叙述一番。在详细描述的舒适的家庭生活细节中，到底是什么引起她这样强烈的绝望感？她陷入痛苦中，难道只是因为对她提出当好现代家庭主妇的种种不胜负担的要求？当好现代家庭主妇意味着当好妻子，女主人，母亲，护士，消费者，厨师，司机；在室内装饰，儿童保健，电器维修，家具整修，营养及教育等方面都是专家。她从洗碗机奔向洗衣机，忙着听电话，然后奔向干燥机，面包车，去超级市场，又送约翰尼去小联盟球场，送简妮去舞蹈班学习，与割草工人约好时间，赶上6点45分的活动。这样，她一天的时间都分割成小块了，她在每一件事上最多花15分钟；她没有时间读书，只能翻翻杂志，即使她有时间，她的注意力已不能集中。一天下来，她已精疲力竭，有时丈夫不得不把工作接过来，打发孩子上床。

于是，在20世纪50年代，极度疲劳把为数众多的妇女送到医生那里去，有人决定对此进行调查。他意外地发现他的那些患"家庭主妇疲劳病"的病人睡得比成人需要的睡眠多——多达一天10小时——而她们实际花在家务上的精力，并不需要她们使出全力。他断言真正的问题一定是其他什么东西，也许是无聊。一些医生对他们的女病人说，她们必须离家出走一天，在城里请自己看一场电影。其他医生则在开处方时开镇静剂。许多郊区家庭主妇服用镇静剂象喝止咳药水一样。"早晨你醒来时，你感到像这样再活一天没有什么意思。于是你服用一粒镇静剂，因为这样一来你对没有什么意思就不那么在乎了。"

使郊区的家庭主妇跌入陷阱的具体细节以及对她的时间不断提出要求是很容易看清楚的。但是在陷阱中束缚她的锁链却是她自己头脑中的精神锁链。这些锁链是由错误的思想与对事实的错误理解、不完全的真理与不现实的选择组成的。而这些锁链很难发现，也很难摆脱。

一个女人关闭在她自己的生活圈子里，怎么能看清全部的事实真相呢？她的内心呼声，否定了传统的，社会公认的真理，而她自己却一直按照这些真理生活。这时候，她又怎么能相信自己内心的呼声呢？然而，我与之谈过话的那些妇女，最后终于倾听了她们内心的这一呼声，意想不到地从黑暗中摸索出来，走向真理，而这个真理专家却发现不了。

我想许多领域内的专家，将这一真理的碎片压放在他们的显微镜下已很久了，但是他们没有认识到这是真理。我在心理学、社会学及生物学的某些新研究及理论发展中发现了这个真理的碎片。而这些学科对妇女的含义，似乎从来也没有人进行过调查。我和郊区医生，妇科医生，产科医生，儿童指导门诊人员，小儿科医生，中学指导咨询人员，大学教授，婚姻顾问，精神病医生，牧师等都交谈过。我从他们的谈话中，得到许多线索；我不同他们谈理论，我同他们谈他们对美国妇女进行治疗过程中的实际经验。我发现了大量的，不断增加的证据，其中很大部分以前没有公开报道过，因为这些证据不符合现在流行的对妇女的看法，这些证据对女性的正常状态，女性适应，女性的满足及女性成熟等的标准提出了疑问，而大多数妇女目前仍然努力按照这些标准生活。

美国回到早婚及多子女家庭，后者引起了人口爆炸；最近又趋向自然分娩及母乳喂养，提倡遵循郊区的生活方式，医生报道出现新的神经官能症、性格变态与性生活问题，我开始对上述问题有新的与众不同的看法。此外，长期以来被妇女视作当然的老问题，如月经不调，缺乏性感，乱交，害怕怀孕，分娩抑郁，20 多岁与 30 多岁妇女中感情崩溃与自杀的高发率，绝经期危机，所谓美国男子的被动性与不成熟状态，女子经过测试的幼年时期的智力与成年时期的成就之间的差距，美国妇女的成年情欲高潮发生率的变化，心理疗法与女子教育中长期存在的问题等——我开始看到这些问题的新的内涵。

如果我没有搞错，这个在众多美国妇女脑海中翻腾的无法明言的问题，并不是女性气质丧失或接受教育太多或家庭生活要求过高的问题。这个问题的重要性，远远没有被大家认识。实际上，它是解开长期以来折磨着妇女以及她们的丈夫与儿女，使医生与教育家困惑不解的其他新老问题的钥匙。它很可能也是我们国家与文化的未来的关键。“除了丈夫，孩子和家以外，我还想要更多一些东西。”这一妇女内心的呼声，我们不能再置之不理了。

（选自《女性的奥秘》，
江苏人民出版社 1988 年版）

导 读

美国的女权运动在 19 世纪初就已开始，1848 年 7 月，在纽约州塞内卡福尔斯举行了美国第一次女权大会，会上宣读了一篇扣人心弦的宣言，它坚决谴责彼时美国妇女在法律、社会、经济、政治等方面所受遭受的各种歧视与不公正待遇。此后美国妇女开始了漫长而艰辛的争取选举权的斗争，一直到塞内卡福尔斯大会 72 年之后即 1920 年 8 月 26 日，宪法第十九修正案方才正式通过，美国妇女最终获取选举权。

不同于人们尤其是生活在第三世界中的人们印象中自由、平等、亲和的“山姆大叔”形象，美国其实是一个存在着严重种族与性别歧视的国家。相应的，美国妇女解放运动与黑人民权运动曾经一度并肩携手地出现在战后的历史舞台上。与黑人民权及其他弱势种族、群体的社会斗争一样，美国妇女解放运动也经历了曲折漫长的过程。在第二次世界大战中，由于大批的男性被征召入伍，国家出现了国内劳动力严重缺乏的局面，于是600万名妇女响应政府号召加入了军队和劳动大军，她们当上了飞行员、工程师、医生、律师，她们清理高炉，驾驶卡车，操作机器，设计各种精密器械，她们与男子并肩作战，有力地支援了战争，不仅为美国也为全世界的反法西斯战争作出了不可磨灭的贡献①。但是随着战争的胜利，随着男性英雄们的凯旋，国家与政府开始有预谋地要将已走出家门的妇女们再度“赶回”家中，政府宣传与媒体的推波助澜，使“返回家庭”成为彼时美国社会中最为响亮、时髦的口号，一度成为当时社会中的一种主流思潮与迫切的需要。于是专职的贤妻良母又一次成为妇女追求的目标或者主流意识形态要求妇女追求的目标。但已经打开的“潘多拉魔盒”即使被强行合上，已然释放出的“魔鬼”与“幽灵”早已游荡人间。女性作为性别弱势群体已经在战争的锤炼中、在接管国家的实践中发现了自己身体内蛰伏的巨大潜能与创造力，发现了自己身而为“人”而非仅仅是“女人”的智慧、力量与豪迈。借助时代的巨变艰难地“浮出历史地表”的她们是否还能够心甘情愿地回到家中，日复一日地给地板打蜡，在厨房与花园忙碌，为丈夫与孩子准备三餐？

贝蒂·弗里丹，生于1921年，当代美国著名学者、社会改革家和女权运动活动家。《女性的奥秘》记录了战后美国妇女尤其是中产阶级家庭主妇的生活情状。她对为媒体大肆渲染的“快乐的家庭主妇”，通过对受过高等教育的中产阶级家庭主妇进行大量的调查研究，贝蒂发现让“解放了的”知识妇女重返家庭，再度扮演“女性角色”是一种异常错综复杂的社会现象，其背后有着极其深刻的社会历史根源，是资本主义男权社会为那些不肯驯服的“第二性”设下的意识形态陷阱与牢笼。《女性的奥秘》开篇即一针见血地提出一个迫在眉睫却被主流媒体刻意回避的问题，即生活在郊区、受过教育、生活阔绰的白人中产阶级妇女却为何陷入了精神的危机与困境，为何对自己的现状倍感空虚和恐慌，并且每个人都对此感到无以言明的羞耻与羞愧，为什么这么多的美国妇女会要承受这种“无名”之痛？作者将此归因于“女性的奥秘”，也就是所谓的“女性气质”对妇女产生了巨大禁锢作用，使得她们仅仅局限于自己的体态和美貌，并最终在生儿育女、照顾丈夫和孩子的无尽的无偿服务之中虚耗一生。当时美国社会中流行的观点认为妇女只有成为贤妻良母、生儿育女，才能实现女性的完美，获得女性的满足，这些被描绘得天花乱坠，但实际上是狭隘的，枯燥无味的观点是套在妇女身上的桎梏，只会使她们在不知不觉间沦为男子的附庸与家务的奴隶。总之《女性的奥秘》从理论、社会、心

① 巫漪云：《女性的奥秘·译者序》，江苏人民出版社1988年版，第1页。

理、经济等角度对这股思潮进行了比较深刻的剖析与解构，同时向弗洛伊德这样享誉世界的学者在妇女问题上的“陈词滥调”进行挑战，可见作者当年非凡的勇气与自信[①]。

《女性的奥秘》在1963年出版后，在社会上引起了巨大的反响，妇女问题一度成为电视和报纸的主要话题。在20世纪六七十年代，在反战运动如火如荼的斗争中，在全球20世纪60年代的反叛浪潮中，美国妇女组织纷纷成立，妇女运动再度有了新的发展。不管人们是否完全同意《女性的奥秘》中的分析，但不可否认《女性的奥秘》是有关女权运动的一部重要著作。《简明不列颠百科全书》认为法国的西蒙·波伏娃的《第二性》为男女平权运动树立了一块丰碑，而第二部重要著作就是《女性的奥秘》。作为女性主义的经典之作，贝蒂·弗里丹在40多年前提出的问题，在今天看来，仍有着巨大的震撼力和警示价值[②]。（王冰冰）

拓展阅读

唐娜·哈拉维.类人猿、赛博格和女人.陈静，等，译.郑州：河南大学出版社，2012.

唐娜·哈拉维.灵长类视觉——现代科学世界中的性别、种族和自然.赵文，译.郑州：河南大学出版社，2011.

伊丽莎白·格罗兹.时间的旅行 女性主义，自然，权力.胡继华，等，译.郑州：河南大学出版社，2016.

薇尔·普鲁姆德.女性主义与对自然的主宰.马天杰，李丽丽，译.重庆：重庆出版社，2007.

① 巫漪云：《女性的奥秘·译者序》，江苏人民出版社1988年版，第2页。

② 巫漪云：《女性的奥秘·译者序》，江苏人民出版社1988年版，第3页。

女性与文学

[英]弗吉尼亚·伍尔芙　　刘文荣　译

书里的两种女人

也许,我们现在最好还是暂时放弃寻求真理,抛开头脑里那一大堆一大堆如熔岩般炽热,又像洗碗水一样肮脏的所谓见解。我们最好拉上窗帘,撇开胡思乱想,点上灯,缩小搜寻范围,去请教历史学家。因为历史学家记录的是事实,而非见解,所以他们会为我们描述女人过去的生活状况。当然不可能包括所有时代,只要谈谈英国历史上的某个时代就可以了。比如说,伊丽莎白时代。

因为那个时代留下了一个长期令人困惑的问题:当时几乎每两个男人中就有一个能写韵文或者十四行诗,可是就在这样一个不寻常的文学时代,为什么就是没有一个女人写过一句诗?对此,我不由得自问,当时女人的生活状况究竟如何?因为,虽说文学创作主要是表现想象,不像科学那样要让一块石头直接落到地上,但文学仍像一张悬在空中的蜘蛛网,它的四个角还是很微妙地挂在什么东西上的,或者说,它还是和生活有联系的。这种联系往往难以察觉,譬如,乍看之下,莎士比亚戏剧似乎是完全凭空悬在那里的。但是,只要扯动这张网,钩住它的边从中间用力拉,就不难发现,这张网其实并不是自然而然在空中织成的,而是由生活艰辛的人类所创造的——它和生活中的许多具体事物,如健康和金钱,乃至我们居住的房屋,都有着非常微妙的联系。

我于是走到放着历史书的书架前,取下一本最近出版的历史书,即特里维廉教授[①]写的《英格兰史》。我同样在索引中查找"妇女"一词,找到"妇女地位"一栏后,便翻到相关页码。"打老婆,"我在那里读到,"在当时是男人的一种被公认的权利,不论地位高低,凡男人都打老婆,对此无人会觉得羞耻……同样,"这位历史学家接着写道,"女儿若拒绝嫁给父母为她选择的夫婿,就有可能被关在房间里挨打,对此也无人会感到震惊。总之,婚姻在当时和个人感情毫无关系,人们想到的只是通过婚姻为家庭聚财,尤其是在所谓'高雅的'上流社会,情形更是如此……往往是,一对男女还在摇篮里时就由父母做主订了婚,还未成年就成了夫妻"。那时,大致是1470年前后,即乔叟时代刚结束不久。

后面再一次提到妇女地位,大约是两百年后的斯图亚特王朝:"无论是贵族妇女,还是市民阶层的妇女,自己选择丈夫仍属少数例外。丈夫一旦被指定,他就是当然的一家

① 英国史学家。

之主，至少当时的法律和习俗是这么认定的。然而，”特里维廉教授接着评论说，“即便如此，在莎士比亚笔下，或者在更为纪实的17世纪的回忆录中，比如在弗尼夫妇和哈钦森夫妇的回忆录中，我们却发现当时的妇女似乎仍然很有个性。”

毫无疑问，我们可以设想，莎士比亚笔下的克莱奥佩特拉是个很有个性的女人；也不难推测，麦克白夫人富有心计，还自有主张；甚至可以断定，罗莎琳德是个会让男人们围着她头头转的姑娘。不过，特里维廉教授这么评论，只是就那个时代而言的，因为他是历史学家。我们不是历史学家，也就少一点顾忌，所以不妨说，实际上自古以来，所有诗人笔下的妇女形象一直像烈焰般耀眼夺目——在剧作家笔下，有克吕涅丝特拉、安提戈涅、克莱奥佩特拉、麦克白夫人、菲德拉、克瑞茜达、罗莎琳德、苔丝德蒙娜、马尔菲公爵夫人，而在小说家笔下，则有米勒芒特、克拉丽莎、蓓基·夏泼、安娜·卡列尼娜、爱玛·包法利、盖尔芒特夫人——她们的名字在我们脑海里闪闪发光，我们绝对不会认为她们是“缺乏个性”的。说实在的，既然女人历来就这样存在于男人所虚构的文学作品中，有人就会想当然地认为，女人历来备受重视——她们千姿百态：有崇高的，也有卑贱的，有光彩照人的，也有令人沮丧的，有美艳绝伦的，也有丑陋不堪的，她们像男人一样了不起——有人甚至认为，女人比男人还要了不起。然而，这只是虚构的女人而已。实际上，就如特里维廉教授所说，女人往往被关在房间里，甚至还要挨打。

于是乎，就出现了一种非常奇怪的双面人。在想象中，她极为重要，而在现实中，她又微不足道。她在诗歌里随处可见，但在历史上却无立锥之地。她在虚构世界里主宰着国王和征服者，但在现实生活中，却只要父母把一枚戒指套在她手上，她便只能乖乖地做任何一个男人，甚至一个未成年男孩的奴隶。她在文学作品中思想敏锐、妙语连珠，但在实际生活中，她却目不识丁、沉默寡言，只是丈夫的一份活的家产而已。

先读历史，再读诗歌，由两者拼凑出来的女人，就是这样一种奇特的怪物——她是长着鹰翅的蠕虫，既是生命的象征、美的精灵，又是厨房里一块待剁的板油。不过，这样的怪物只是想象起来非常有趣，实际上并不存在。若想看到真实的女人，就必须现实地、同时又富有诗意地看待她。既要有活生生的事实——就是说，她是马丁太太，26岁，穿蓝衣服，戴黑帽子，穿棕色鞋；同时又要有诗意的想象——就是说，她就像一个容器，里面有各种精神能量，而这些精神能量，正在不停地运行着，燃烧着。然而，倘若要这样来看待伊丽莎白时代的某个女人，那简直难而又难，因为和她有关的事实少而又少，少得令人望而却步。可以说，有关她的记载没有一件是详尽的、真实的和实质性的。过去的历史著作几乎没有提及她。于是，我又想求助于特里维廉教授，看看历史在他眼里究竟是什么。我看了一下他的历史著作的各章标题，便发现历史在他眼里依然只是——

采邑宅第和公田农业的耕种方法

西多会修士与养羊业

宗教战争

大学

下议院

百年战争

玫瑰战争

文艺复兴时期的学者

修道院的瓦解

村社危机及宗教冲突

英国海上势力的发端

西班牙无敌舰队

……

如此等等。只是偶尔，才提及某个女人，如一个叫伊丽莎白的女人或者一个叫玛丽的女人，一个女王或者一个贵妇人。至于那些除了自己的智力和德性别无他物可供支配的市民阶层的女人，她们是绝无可能参与任何重要的历史事件的，而历史学家对历史的见解，恰恰又是以那些历史事件为根据的。所以，我们在历史著作里根本找不到她。在轶事传闻中也很难见到她的身影。她自己从没写过自传，又几乎不记日记，只留下可怜巴巴的几封信；她也没有创作过任何戏剧或者诗歌可供我们对她作出评价；而我们大量需要的，正是有关她的种种信息，如她什么年龄结婚？在一般情况下，她有几个孩子？她住在怎样的房子里？她有自己的房间吗？她下厨吗？她有仆人吗？……如此等等。所以我想，在纽纳姆学院或者格顿学院里，为什么就没有一个聪明的研究者来关心这方面的情况呢？所有这方面的事实，也许就记在教区记事录和账簿里。关于伊丽莎白时代普通女人的生活，肯定都零零星星地散记在某些地方，只要把它们收集起来，就能编成一大本书，而我至今仍没能在书架上找到它。当然，尽管我认为现有的历史著作都有点古怪，都写得不太真实或者说不太平衡，我仍然没有胆量向那些名牌大学的研究者提出建议，要他们重写历史；但我总觉得，他们为什么不可以给历史加上一个补遗呢？为什么不可以给那个补遗取一个和其他标题一样的标题，从而让普通女人堂堂正正地出现在历史著作中？这有何不可呢？要知道，她们实际上在一些伟人传记中是经常出现的，只是匆匆而过，很快就消失在背景中了。而这时，我便会想到，她们一定在暗处向我们张望，在笑，或者在伤心地流泪。

女性莎士比亚

我在书架上不断寻找，但令人悲哀的是，根本没法找到一本有关 18 世纪以前英国女性情况的书。没有实例，我也就没有办法就我的问题加以反复思考。我的问题是：为什么伊丽莎白时代的英国女人没写出一首诗？此外，我也不清楚，当时她们是怎样受教育的，她们会不会书写，有没有自己的房间，或者，她们中间有多少人是在21岁以前就生育孩子的——说得简单点，我只是想知道，每天从上午八点到晚上八点，她们通常在做些什么。她们肯定没什么钱，而且，根据特里维廉教授的说法，她们往往还未成年就已嫁人了，大多是在十五六岁，有的甚至更早。倘若上述情况属实，那么我敢说，假如她们当中真有人突然写出一部像莎士比亚那样的剧本来，那倒反而怪了。

此时，我想起了一位老先生——此人现已作古，但我知道他生前还是个主教——他曾宣称，不论是过去、现在，还是将来，女人都不可能拥有莎士比亚的天才。他不仅在报纸上发表这一见解，还曾对一位女士解释说，尽管猫或许也有灵魂，但事实上猫是永远进不了天国的。像这样的老先生，曾用了多少心思来拯救我们女人啊！多亏他们，我们总算摆脱了无知！现在我们懂了，猫进不了天国，所以女人写不出莎士比亚戏剧！

然而，不管怎么说，每当我在书架上看到莎士比亚的作品时，我仍不得不承认，这位主教的说法至少有一点是对的，那就是：要莎士比亚时代的女人写出莎士比亚戏剧来是不可能的——绝对不可能！既然那时的实际情况究竟如何现在难以得知，那就来想象一下吧——假如，莎士比亚有个妹妹，叫朱迪丝，具有惊人的天赋，那情形会怎么样呢？莎士比亚本人可能上过文法学校，因为他母亲继承了一笔遗产，还是有点钱供他读书的。他在学校里可能学过拉丁文，读过奥维德、维吉尔和贺拉斯的诗作，还学会了基本语法和逻辑。他是个顽皮的孩子，这谁都知道，曾偷猎过兔子，可能还射杀过鹿，后来又年纪轻轻就结了婚，而且婚后不到十个月，他的妻子就生下了一个孩子。由于行为不轨，他受乡人鄙视，便不得不到伦敦去谋求出路。他似乎生来就对戏剧有特殊癖好，所以先在剧院门口为人家牵马，但不久便设法在剧院里找到了差使，还上台做过配角演员。他生活在伦敦这个大都市里，各种各样的人都见过，也结识了许多人；他在街上尽情发挥自己的才智，在舞台上不断操练自己的艺术，直至功成名就，最后得以进入女王的宫殿。然而，我们不妨来想想，他的那个具有非凡天赋的妹妹又怎么样呢？可以肯定，她只能呆在家里。她虽然像她哥哥一样充满活力、富于想象，而且同样渴望了解世界，但是她既没有被送去上学，也没有机会学会语法和逻辑，更不用说阅读维吉尔与贺拉斯的诗作了。她有时会拿起一本书——也许就是他哥哥曾读过的——但没读上几页，她父亲或者母亲就会走进来，要她去补袜子，或者要她到厨房去看一下炖肉，同时还会告诫她说，女孩子不应该痴迷于书本。他们教训她时的态度当然是既慈祥又严厉的，他们家的境况还不错，做父母的知道爱自己的女儿——很可能，她父亲还把她当作掌上明珠哩。有时，她或许还会躲在堆放苹果的阁楼上偷偷地写上几页，但写好后，不是默默地烧掉，就是秘密地藏起来。不久，到了她十几岁时，她就被许配给了住在同一条街上的羊毛商的儿子。她不答应，说她讨厌嫁人。于是，父亲先狠狠地揍她一顿，然后不再惩罚她，而是乞求她，求她不要伤害他，不要在婚事上使家庭蒙受耻辱。他会许诺说，他会给她一串项链或者一条漂亮的裙子作为嫁妆，而且说着说着，他会泪流满面。对此，她还能不听从他吗？她怎么能伤他的心呢？然而，在内心深处，她却怎么也不能接受这样的安排。于是，在一个夏天的夜里，她悄悄收拾起属于自己的东西，从窗口挂下一根绳子，逃离了家庭。她连夜赶路，去了伦敦。那时她还不到17岁，但才华出众——论音乐，林中的鸟儿也比不上她；论言词，她和她哥哥不相上下；论想象力，她也是出类拔萃的；而且，和她哥哥一样，也对戏剧情有独钟。于是她来到剧院门口，对他们说，她想当个演员。那些男人一听，便哈哈大笑，尤其是剧院经理，一个胖胖的男人，一边狂笑着，一边对她大声说，女人演戏还不如让卷毛狗来跳舞哩，所以想都别想。他还暗示说——暗示什么，不用我说大家也知道。既然她不可能当演员，还能做什么呢？不就是在酒馆里乞讨，或者半夜里在街头拉客吗？然而，她却是那样地耽于梦想，那样地渴望了解世人的生活，那样地渴望能将自己的天赋化为不朽的艺术。我们知道，她很年轻，容貌又出奇地像她哥哥，长着弯弯的眉毛和大大的棕色眼睛，而这，终于使某个叫尼克·格林的剧团老板对她动了心。她满以为就此可以发挥自己的戏剧才能了，但不久却发现，那个伪君子只是让她怀了孕。接着——接着还会怎样呢？当一个女人的躯体里跳动着一颗诗人的心时，其结果可想而知——她痛苦不堪，最后在一个冬天的夜里自杀了，尸体被埋在城外的某个路口，也许就是今天大象城堡饭店前那个公共汽车站所在的地方。

我想，在莎士比亚时代，要是真有哪个女人和莎士比亚一样有天才的话，那么她的故事大体就是这样。不过，就我个人而言，我还是部分地赞成那位已故主教的看法，那就是：在莎士比亚时代，女人绝对不可能具有像莎士比亚那样的天才。莎士比亚式的天才是不可能从那些既未受过教育又整天忙碌供人使役的人当中产生出来的；在当时的英格兰，它不可能产生于撒克逊人和布列吞人[①]中间，而在今天，它也不可能产生于劳工阶层。既然如此，它又怎么可能出现在当时的女人身上呢？要知道，按特里维廉教授的说法，当时的女人尚未成年就要干活了：不仅她们的父母会逼迫她们，法律、习俗和种种社会势力都在逼迫她们就范——她们不可能会有别的生活。女人中间当然会有某种天才，就像在劳工阶层中也有某种天才一样。这样的天才有时还会显露出来，前者如艾米莉·勃朗特，后者如罗伯特·彭斯，他们俩就是明证。但是，这样的天才从未受到重视，这是确凿无疑的。不管怎么说，反正每当我从书上读到某个女巫遭人驱赶，或者某个女人中了邪，或者某个聪明女人竟在卖药草，甚至某个杰出的男人有个平凡的母亲时，我就会想，这些女人也许是会成为小说家的，只是她们迷了路，也许是会成为诗人的，只是她们受到了压制——她们也许就是某个因被人忽视而默默无闻的简·奥斯汀，

① 撒克逊人和布列吞人在外族入侵英国时曾被迫沦为贱民。

要不就是某个因有才无处施展而被逼得发了疯的艾米莉·勃朗特，她只能独自在荒野里癫狂，或者在路边朝人做鬼脸。说真的，我可以大胆猜测，为我们留下大量诗歌的远古无名氏多半是个女人。这完全可能，我想，当时有个女性爱德华·菲茨杰拉德，她编出一首首民歌和民谣并对着自己的孩子吟唱，为的就是在纺纱时解闷，或者借此度过冬天的漫漫长夜。

我这么说，也许是对的，也许是错的，谁说得清呢？但不管怎么说，当我回想起我刚才杜撰那个关于莎士比亚的妹妹的故事时，我总觉得，其中有一点是千真万确的，那就是：出生于16世纪的任何一个天赋出众的女人，最终必然会发疯、自杀，要不就是在荒野茅舍里孤寂地度日，像个女巫，甚或女妖，令人畏惧，又受人嘲笑。

女性与小说

“女性与小说”其实有两层意思：既可以指女性与女性写的小说，也可以指女性与关于女性的小说。我在这里故意含糊其辞，是因为女性小说常常和一些与小说艺术毫不相干的东西纠缠在一起。所以，在谈论女性小说时，就必须留有余地，必须要有伸缩性——这样才有可能讨论小说以外的那些东西。

只要稍稍留意一下女性写作，就会引出一连串问题。我们随即会问：为什么在18世纪以前几乎没有女性小说？为什么到了18世纪以后，女性不仅开始像男性一样写小说，而且还写出了一部又一部经典之作？为什么女性写作——不论当初，还是今天——都一直以小说作为主要表现形式？

只要稍稍思考一下就会明白，我们若想自己来回答上面这些问题，那只会是徒劳一场。因为它们的答案一直被锁在一些陈旧的抽屉里，尘封在古人留下的那些破旧的日记里，或者只是残存在一些老人模糊的记忆里，而且很快就要被彻底遗忘了。所以，我们要想得到答案，只能返回到历史的幽深之处，到那些昏暗的过道里，在往日平凡乃至卑微的女性生活中寻找。

女人世世代代生活在昏暗中，只有极少数几个偶尔露一下身影，因此，关于过去普通女性的生活，人们知之甚少。英国的历史，历来就是男性的历史，而不是女性的。我们对于自己的父辈，多多少少总有点了解，特别是他们的非凡之处。他们曾当过步兵，或者曾加入过海军；曾担任过公职，或者曾制定过法律，如此等等。但是，对于我们的母亲、我们的祖母和我们的曾祖母，我们又知道什么呢？只有一些传说留下来，说她们中的某一个长得很漂亮，某一个是红头发，某一个曾被皇后亲吻过，如此而已。总之，除了她们姓什么叫什么、何时结的婚和生过几个孩子，我们对她们几乎一无所知。

正因为这样，我们要想知道某个时期的女人为什么会做这件事而不做那件事，为什么她们不写小说或者为什么她们会写小说而且还写出了传世佳作，确实是件很难很难的事情。不过，假如真有人去查考那些积满灰尘的书信和日记，把往日的历史彻彻底底地翻一遍，并能准确地再现出莎士比亚时代、弥尔顿时代和约翰逊博士时代普通女性的日常生活情形，那么，我想，他或者她不仅能写出一部极为有趣的书来，而且还将为文学评论家提供一件他们迄今尚缺乏的武器。杰出女性是有赖于普通女性的，唯有对普通女性的生活状况有所了解——譬如，她有几个孩子，是否有经济来源，是否有自己的房间，是否独自照料孩子，是否有仆人，是否要承担家务，等等——也就是说，唯有当我们考察过普通女性可能有的生活方式和生活经验之后，我们才能知道那些杰出女性——作为小说家——为什么有时会成功，有时却会失败。

在历史上，似乎有一种奇特的现象，那就是：在两个女性活跃期之间常有一个女性沉默期。公元前 6 世纪，在希腊的某个小岛上有萨福①和一小群女人在写诗。后来她们沉默了。然后到了公元 11 世纪，我们发现在日本有个宫廷女子，即紫式部夫人②，写了一部篇幅浩瀚而且非常优美的小说。接着，在公元 16 世纪的英国，男性剧作家和诗人虽然无比活跃，女性却噤若寒蝉——当时正值伊丽莎白女王时代，可文学却是清一色的男性文学。此后，到 18 世纪末、19 世纪初，同样在英国，我们又看到女性开始写作。这一次不仅写得很多，而且成就卓著。

毫无疑问，女性的这种奇特的间歇性沉默与活跃，很大程度上是由法律和习俗造成的。如在 15 世纪，一个女人若不愿嫁给父母为她选中的男人，父母就打她，强迫她出嫁。在这种情况下，简直不可想象她会搞什么艺术创作。又如在斯图亚特王朝，一个女人嫁给哪个男人也不是由她本人决定的，而她一旦嫁给了某个男人，“至少依据法律和习俗”，那个男人便“理所当然”成了她的主人。这样的女人，恐怕也不大可能有时间和勇气去写小说。社会环境和社会导向会对人的心灵产生巨大影响，这在我们这个精神分析时代已开始为人们所认识。此外，从艺术家的回忆录和书信中，我们也开始得知，艺术创作不仅需要有非凡的才能，而且还需要社会的呵护——这一点，只要读一读济慈、卡莱尔和福楼拜等人的传记和书信便可知晓。

所以，很显然，19 世纪英国女性小说不寻常地兴起，是以法律、习俗和日常生活中的无数细微变化为前提的。当时的女性已稍有闲暇，还受到某种程度上的教育。中、上等阶层的女性自己选择丈夫，也不再是稀罕事。值得注意的倒是，当时最杰出的四位女作家，即：简·奥斯汀、艾米莉·勃朗特、夏洛蒂·勃朗特和乔治·爱略特，都不曾生育子女，其中有两人还从未结过婚。

那时，不准女性写作的禁令虽然已被解除，但看来仍存在着相当大的社会压力，使得当时的女性即使要写作，也只能写写小说而已。那四位女作家，她们的天赋和个性其实大相径庭，相互之间的差异甚至超过任何四个普通女性。简·奥斯汀和乔治·爱略

---

① 古希腊女诗人。

② 11 世纪日本女作家，其作品《源氏物语》被认为是全世界最早的长篇小说。

特截然不同；乔治·爱略特和艾米莉·勃朗特也毫无相似之处。可是，她们的教养却差不多，所以都从事同一种职业——写作；而且，当她们写作时，都只限于写小说。

小说对于女性来说，过去是、现在依然是一种最容易适应的文体；道理很简单，因为写小说不太需要精神高度集中。和戏剧创作及诗歌创作不同，写小说比较随便，有时间随时可写，没时间随时可放下。乔治·爱略特就曾一边写小说，一边照料她父亲；夏洛蒂·勃朗特也经常为了削土豆而暂时搁笔。女性生活通常局限在起居室里，那里因为有客人来来往往，这才使她有可能观察形形色色的人，了解人们不同的个性。也就是说，她的生活使她有可能成为小说家，而非诗人。

即便是在19世纪，女性的生活仍仅限于家庭生活，女性的情感也仅限于家庭情感。在这方面，19世纪英国女性小说固然表现得非常出色，但由于当时的女小说家因其性别而被排斥于其他生活领域之外，她们的小说也确有生活经验褊狭的缺憾。毫无疑问，小说家的生活经验对于其写作来说是意义重大的。假如康拉德不曾当过水手，那么在他的小说中就不可能有那些精彩的海上生活描写；假如托尔斯泰不曾当过兵而且亲身经历过战争，假如他不是那么有钱而且受过良好教育，不曾接触过社会各阶层的人，没有那么丰富的人生经验和社会阅历，那么《战争与和平》就会变成一大堆空洞的废话。

然而，对于《傲慢与偏见》《呼啸山庄》《维莱特》和《米德尔马契》的作者来说，除了中产阶级家庭的起居室和客厅外，其他生活领域的每一扇大门都是紧闭着的。她们不可能有战争经验或者航海经验，也不可能有政界经验或者商界经验。不仅如此，就连她们的个人感情生活，还要受到法律和习俗的重重限制。乔治·爱略特由于和刘易斯先生未婚同居，便招来公众舆论的指责，迫使她不得不搬到城外去住，从此闭门隐居。这样的处境，当然不利于写作。乔治·爱略特曾写道，她从不邀请客人上门，除非有人主动来看望她；与此同时，在欧洲的另一个地方，托尔斯泰正活跃于军界，正和来自各阶层的男男女女交往，生活散漫而无节制，却从未受到过公众舆论的指责。而正因为托尔斯泰拥有丰富的生活经验，他的小说才会写得那么博大精深。

小说家生活经验的不足当然会影响其作品的质量，但并不是唯一的原因。就19世纪英国女性小说而言，还有另一个与小说家性别有关的原因。我们在《米德尔马契》和《简·爱》中能感受到乔治·爱略特和夏洛蒂·勃朗特的个性，就像在狄更斯的小说中能感受到狄更斯的个性一样，但与此同时，我们却又能感受到一种在狄更斯小说里没有的东西，即女性意识——一种因自身受到歧视而感到愤怒、因自身不受重视而想大声呼吁的女性意识。这就使当时的女性小说比一般的男性小说多了一种额外的因素，而这一因素，通常会使小说扭曲，或者说，是这类小说的一大缺陷。小说家一想为自己的切身利益声辩，或者把小说人物当作发泄小说家自身不满情绪的传声筒，无疑会产生一种令人不安的副作用，那就是：读者不能单纯地把注意力集中于小说本身，而必须双重地关注那些与小说无关的问题。

简·奥斯汀和艾米莉·勃朗特则不然，她们既不热衷于这类女性吁求，也不理会男性的蔑视和责难，可谓我行我素。不过，这只能归因于她们不寻常的个性。对于一般女性来说，要想克制自己的愤怒情绪，不仅需要明澈的心境，还需要坚强的意志。女性从事写作，总不免要遭人嘲笑和受人指责，总会有人以种种方式来证明她们这也不行，那也不行。这就很自然地使她们感到愤愤不平。我们在夏洛蒂·勃朗特的怨恨和乔治·爱略特的隐忍中便可看出这样的反应。至于在一些二流女作家那里，就更容易看到这样的情绪反应了。有时，她们选择的小说题材就是情绪化的；有时，她们极不自然地逞强好胜，而有时，却又极不自然地表示温顺，以至于处处都显得虚伪做作。她们受制于男性权威，想象力不是太男性化，就是太女性化，唯独没有人性的自然本色。所以，她们的作品也就没有什么艺术性可言，因为艺术的根基恰恰在于人性的自然流露。

由此看来，女性写作若要发生什么变化的话，首先应该是写作态度的变化。将来的女作家不应再那样愤愤不平，因为她们已不必再为自己的性别请命，也不必再对男性提什么抗议。这样的时代虽说至今尚未到来，但我们至少正在接近这样的新时代，即女性写作将极少甚至完全不受非艺术因素的影响，女作家除了专注于艺术想象，将不再受任何其他事物的干扰。过去唯有那些个性非凡的天才女性才能达到的超然境界，现在对于普通女性来说也不再是不可企及的了。现在的女性小说，较之于一百年前或五十年前的女性小说，显然更加名副其实，更加生趣盎然。

然而，即使在今天，一个女人若想自由自在地写作，还是会遇到诸多问题。首先是语言问题。也就是说，现有的语言形式对她来说并不适用。这个问题看起来似乎很简单，其实极为棘手。现有的语言是由历代男性创造的，它们过于规范，过于繁琐，过于沉重，并不适合女性使用。而小说的生活覆盖面又如此之大，小说家非得找到一种自己使用起来得心应手语言不可，因为唯有这样，才能轻松自如地把读者从小说的第一页带到最后一页。所以，今天的女性作家不得不自己创造语言，或者说，不得不将现有的语言大大地加以改造，使之适合于女性思想的自然表述，以免现有语言歪曲她的愿意，甚至压垮她的思想。

当然，这只是实现目的的一种手段而已。要真正实现这一目的，还需要女性作家具有不畏艰难的勇气和百折不挠的自信心。小说归根结底是一种关于人、关于自然、关于神、关于大千世界的陈述，是一种力图将不同事物联系在一起的尝试。在任何一部有价值的小说中，各种不同的事物虽然都经小说家的想象而重新获得秩序，但事物的另一种秩序，即生活中的常规秩序，依然不可忽视。由于常规秩序的仲裁者历来是男性，即生活中的一系列价值秩序是由男性制定的，而小说在很大程度上又有赖于生活，所以男性价值观在小说创作中历来占主导地位。但无论在生活中，还是在艺术中，女性的价值观都可能和男性有所不同。于是，女性在写小说时就会觉得有必要更正现行的价值尺度——有些被男性认为毫无价值的事物，她觉得应该认真对待，有些被男性视为价值重大的事物，她却觉得无聊之极。这样一来，她就不可避免地要受到指责，因为批评家都属另一性别，他们对她试图改变现行价值尺度的做法确实会感到大惑不解，甚至惊恐万状。他们从中看到的不仅仅是一般的见解不同，而是一种和自己的价值观截然相反的女性价值观，于是便一致认定，这样的价值观是非理性的、武断的和混乱的。

尽管如此，女性在这方面却变得越来越有独立见解了。她们不仅开始坚持自己的价值观，她们的小说题材也开始显示出某些变化。她们似乎不再像过去那样往往只注意自己，而是开始更多地关心其他女人了。19 世纪初的女性小说大多是自传性的，女性写作的最大愿望就是想倾诉自己的苦难，并借此抒发自己的理想。现在，这一愿望已不再那样迫切了，女作家已开始冷静地反省自己的性别，而且以一种全新的方式来塑造女性自身的新形象。这是前所未有的，因为直至最近，历代文学中的女性形象几乎都是由男性作家塑造的。

这里，女作家又遇到一个棘手的难题。因为从总体上讲，女性不像男性那样容易观察。女性的日常生活过于平淡，很少给人留下深刻印象。可以说，她们生活中的每一天都不留痕迹地消失得无影无踪。煮好的饭菜被吃掉了；养大的子女离家走了。有什么引人注目的地方呢？有什么事情可让小说家大做文章呢？几乎没有。她们生来默默无闻，就如一些隐姓埋名的人，简直让你无从查找。而现在，女作家首次要在小说中探访的，就是这样一个鲜为人知的国度。此外，由于现代女性已开始涉足某些社会职业，女作家还要关注这一新的动向，观察它对女性思想和生活习惯的影响。她需要观察女性生活是如何从地下冒出来的，同时需要观察，女性暴露于外界后究竟发生了怎样的变化，如此等等。

所以，如果有人想总结一下当前女性小说的基本特征的话，那么不管此人属哪一性别，都会说这些小说是大胆的、真诚的，是和现代女性的所感所知息息相关的。它们不再愤愤不平，也不再一味强调自己的女性风格，但它们的写法，又确实和男性小说大不一样。这样的写法，如今在女性写作中已相当普及。因此，即便是现在的一些二流乃至三流的女性小说，也不无价值，也同样令人感兴趣，因为它们至少是真诚的，坦率的。

关于当代女性小说，除了上述优点，还有两个方面的情况也值得进一步探讨。英国女性过去一直生活在一种不可名状的昏暗中，现在她们已成为合法选民、有薪俸的雇员和有责任感的公民。这一变化无疑会使她们的生活和艺术都趋于非个人化。她们的人际交往不再仅限于个人情感，而更多地渗入了知识成分，甚至政治因素。以往，她们只能通过丈夫或者兄弟的眼睛模模糊糊地了解世事和表示疑问，如今她们不再诉求于他人了，而是在为自己的实际利益直接采取行动。既然如此，她们的注意力势必要从以往唯一可关注的个人生活转向非个人的社会问题，她们的小说自然也就更多地倾向于社会批评而不再那么具有个人色彩了。

“牛虻”的角色过去一直由男性扮演，但我们可以料想，女性不久也将扮演这一角色。她们的小说除了揭露社会弊端，还将提出整治之法。她们笔下的男男女女将不再单纯地纠缠于个人情感，还将直接卷入种种社会争端、阶级冲突和种族矛盾。这是一方面的重要变化。但对于那些不太喜欢“牛虻”而更喜欢“蝴蝶”，也就是不太喜欢批评家而更喜欢艺术家的人来说，另一方面的变化也许更让他们感兴趣。那就是，迄今为止女性小说中最薄弱的一面——即缺乏诗意——将随着女性生活的日益非个人化而大为改观，因为非个人化的生活更有助于诗性的培养。女作家将不再像以往那样一味注重事实，不会再满足于准确地描述自己偶然观察到一些生活细节。她们会越过琐碎的个人生活和乏味的政治活动，会把目光远远地投向诗人的领地，去关注过去唯有诗人予以关注的大问题，即：人类的命运如何，人生的意义何在。

当然，诗性的培养在很大程度上还有赖于物质生活的富裕。要有闲暇，要有一小笔钱，要有超越个人得失而静思万物的可能。有了一点钱和足够的闲暇，女性自然会比以往更加超脱，更加用心于笔墨。她们会更加自信、更加精妙地写作。她们的技巧也会更加娴熟、更具创意。

以往的女性小说，若有长处，大凡也属天籁自发，就如山鸟或画眉的鸣叫，不是学来的，而是生来就有的。不过，这样的鸣叫有时也过于随意，过于冗长——往往只是在纸上饶舌，把一些只言片语连在一些罢了。将来的女性，若有时间和书籍，若能在家里有一小块属于她们自己的空间，那么文学对于她们来说，就像对于男性一样，也会成为一种可以研习的艺术。女性的天赋将得到培养，而且将发挥得更好。那时，女性小说将不再是倾倒个人私情的场地；女性小说的地位将大大高于今天，将成为和其他文学体裁一样受人重视的艺术品，而且其历史和现状也将得到充分研究。

由此只需再往前走一小步，女性就踏人了至今还极少涉足的精深写作领域——即散文、批评、历史和传记的写作。就小说来说，女性涉足这些领域肯定是有益的。这样不仅有助于提高女性小说自身的质量，还能把那些本不想写小说、只因为写小说容易才写小说的女性疏散开，而当那些多余的历史遗留物一旦清除后，女性小说也就不会像现在这样鱼龙混杂了。

所以，我们或许可以预言，将来女性小说的数量会有所减少，但质量却会更好；将来的女性不仅写小说，同时也会写诗歌、批评和历史。当然，这一预言还隐含着女性对一个美好时代的向往：到那时，她们将拥有长期以来一直所被剥夺的东西——闲暇、一小笔钱和一个属于自己的房间。

（选自《伍尔夫读书随笔》，文汇出版社 2006 年版）

导 读

弗吉尼亚·伍尔芙（Virginia Woolf，1882—1941）是享有世界声誉的英国女作家，

"意识流小说"的代表人物之一。她出身高贵、貌美多才、交游广阔,曾是伦敦文学界的核心人物,当时欧洲的许多青年才俊都与她相识,弗吉尼亚常与他们一起聚会宴饮、谈诗论文。与其过往相处的有大名鼎鼎的小说家福斯特、诗人艾略特、艺术批评家罗杰·弗莱、文学批评家德斯蒙德·麦卡锡、经济学家凯恩斯等。她在伦敦的家一度成为学者文人荟萃之所,这些学者文人被后人们称为"罗姆斯伯里集团"。谈笑有鸿儒、往来无白丁的家学渊源与生活环境使伍尔芙的创作极具精英意识与贵族气息。

《远航》是伍尔芙的处女作,于 1915 年问世,一问世便深受评论界和读者喜爱。此后她的主要作品有《夜与日》《雅各之室》《达罗卫夫人》《普通读者》《到灯塔去》《奥兰多》《海浪》《岁月》《幕间》等等。伍尔芙虽然才华横溢,却因幼年时期的心灵创伤而患有严重的忧郁症,加之常年殚精竭虑地写作与思考,她的神经愈发衰弱。在《幕间》初稿完成后的 1941 年的 3 月 28 日,举世无双的文学家伍尔芙在自己的口袋里装满了石头,投入了她家附近的欧塞河,结束自己短暂而辉煌的一生。

伍尔芙是一个在理论与创作两方面堪称杰出的天才艺术家,她以小说家的身份讨论文学理论与批评,往往能够发现至为关键的问题、一语中的,从而帮助读者更为深入地领会和欣赏小说的艺术精髓。作为女权运动的先驱,伍尔芙对于历史中女性写作者们取得的成就与身受的限制有着极为清醒深刻的认识与理解。对于那些有幸在历史的扉页上留下雪泥鸿爪的女作家们,从萨福到勃朗特三姐妹及简·奥斯汀,她们的人生与创作都不得不局限在一方狭小的天地中,写作实践对于她们来说是不能启齿的隐私,是不足以为外人道的"小技",相应地她们的创作过程犹如在象牙上的雕刻,精致有余却难以成就史诗的恢弘,因为构成她们文本重心的往往是闺房、密室中的杯水人生。对于千百年来被封闭在内室中的女性而言,至为伤筋动骨的无非是爱情及男人,"广场"、时代、社会始终只能是一处"在场的缺席"。这不能不说是女性写作中的一处缺憾,但对于从未有幸获得介入历史、时代之权力与契机的女性来说,像"雕刻"那样写作,却是她们不得不背负的徒然而沉重的宿命之象征。在著名的《女莎士比亚》中,伍尔芙杜撰了一个莎士比亚的妹妹,她和莎翁有着相近的天赋。然而,在彼时的社会现实中她的才华注定将被埋没,只能屈辱而压抑地虚度人生。对于女性历史、现实及写作困境的洞察与揭示,是伍尔芙对女性写作的价值与意义的一次具有突破价值的思考。在《女性与小说中》,伍尔芙追溯了女性登上文坛的艰难历程,她坦言,即使在女作家开始扬眉吐气的十九世纪,大多数英国女作家仍不得不使用男性笔名以减缓出版压力。伍尔芙以她的写作与生命告知天下女人:在资本主义父权/男权社会,如果你生而为"第二性",那么才华与天赋只能成为伴你终生的"原罪",成为你一生痛苦磨难的源头。(王冰冰)

拓展阅读

弗吉尼亚·伍尔夫.墙上的斑点.黄梅,等,译.杭州：浙江文艺出版社,2002.

弗吉尼亚·伍尔夫.一间自己的屋子.上海：上海人民出版社，2008.

弗吉尼亚·伍尔夫.到灯塔去.上海：上海译文出版社，2009.

弗吉尼亚·伍尔夫.奥兰多.上海：上海译文出版社，2014.

约翰·雷门.伍尔芙 女性主义文学的创始人.上海：百家出版社,2004.

多丽丝·莱辛.金色笔记.南京：译林出版社,2014.

多丽丝·莱辛.老妇与猫.杭州：浙江文艺出版社,2009.

多丽丝·莱辛.诺贝尔文学奖经典 野草在歌唱.南京：译林出版社，2013.

朱宾忠.英美短篇小说精粹 八位女权主义作家作品选.武汉：武汉大学出版社，2010.

思想与文化

敬告青年

陈独秀

窃以少年老成,中国称人之语也;年长而勿衰(Keep young while growing old),英美人相勗之辞也:此亦东西民族涉想不同现象趋异之一端欤?青年如初春,如朝日,如百卉之萌动,如利刃之新发于硎,人生最可宝贵之时期也。青年之于社会,犹新鲜活泼细胞之在人身。新陈代谢,陈腐朽败者无时不在天然淘汰之途,与新鲜活泼者以空间之位置及时间之生命。人身遵新陈代谢之道则健康,陈腐朽败之细胞充塞人身则人身死;社会遵新陈代谢之道则隆盛,陈腐朽败之分子充塞社会则社会亡。

准斯以谈,吾国之社会,其隆盛耶?抑将亡耶?非予之所忍言者。彼陈腐朽败之分子,一听其天然之淘汰,惟不愿以如流之岁月,与之说短道长,希冀其脱胎换骨也。予所欲涕泣陈词者,惟属望于新鲜活泼之青年,有以自觉而奋斗耳!

自觉者何?自觉其新鲜活泼之价值与责任,而自视不可卑也。奋斗者何?奋其智能,力排陈腐朽败者以去,视之若仇敌,若洪水猛兽,而不可与为邻,而不为其菌毒所传染也。

呜呼!吾国之青年,其果能语于此乎?吾见夫青年其年龄,而老年其身体者十之五焉;青年其年龄或身体,而老年其脑神经者十之九焉。华其发,泽其容,直其腰,广其膈,非不俨然青年也;及叩其头脑中所涉想所怀抱,无一不与彼陈腐朽败者为一丘之貉。其始也未尝不新鲜活泼,寖假而为陈腐朽败分子所同化者有之;寖假而畏陈腐朽败分子势力之庞大,瞻顾依回,不敢明目张胆,作顽狠之抗斗者有之。充塞社会之空气,无往而非陈腐朽败焉,求些少之新鲜活泼者,以慰吾人窒息之绝望,亦杳不可得。

循斯现象,于人身则必死,于社会则必亡。欲救此病,非太息咨嗟之所能济,是在一二敏于自觉勇于奋斗之青年,发挥人间固有之智能,决择人间种种之思想——孰为新鲜活泼而适于今世之争存,孰为陈腐朽败而不容留置于脑里——利刃断铁,快刀理麻,决不作牵就依违之想,自度度人,社会庶几其有清宁之日也。青年乎!其有以此自任者乎?若夫明其是非,以供决择,谨陈六义,幸平心察之:

（一）自主的而非奴隶的

等一人也，各有自主之权，绝无奴隶他人之权利，亦绝无以奴自处之义务。奴隶云者，古之昏弱对于强暴之横夺，而失其自由权利者之称也。自人权平等之说兴，奴隶之名，非血气所忍受。世称近世欧洲历史为“解放历史”：破坏君权，求政治之解放也；否认教权，求宗教之解放也；均产说兴，求经济之解放也；女子参政运动，求男[女]权之解放也。

解放云者，脱离夫奴隶之羁绊，以完其自主自由之人格之谓也。我有手足，自谋温饱；我有口舌，自陈好恶；我有心思，自崇所信；绝不认他人之越俎，亦不应主我而奴他人：盖自认为独立自主之人格以上，一切操行，一切权利，一切信仰，唯有听命各自固有之智能，断无盲从隶属他人之理。非然者，忠孝节义，奴隶之道德也；德国大哲尼采(Nietzsche)别道德为二类：有独立心而勇敢者曰贵族道德(Morality of Noble)，谦逊而服从者曰奴隶道德(Morality of Slave)。轻刑薄赋，奴隶之幸福也；称颂功德，奴隶之文章也；拜爵赐第，奴隶之光荣也；丰碑高墓，奴隶之纪念物也。以其是非荣辱，听命他人，不以自身为本位，则个人独立平等之人格，消灭无存，其一切善恶行为，势不能诉之自身意志而课以功过；谓之奴隶，谁曰不宜？立德立功，首当辨此。

（二）进步的而非保守的

人生如逆水行舟，不进则退，中国之恒言也。自宇宙之根本大法言之，森罗万象，无日不在演进之途，万无保守现状之理；特以俗见拘牵，谓有二境，此法兰西当代大哲柏格森(H. Borgson)之创造进化论(L'Evolution Creatrice)所以风靡一世也。以人事之进化言之：笃古不变之族，日就衰亡；日新求进之民，方兴未已；存亡之数，可以逆睹。矧在吾国，大梦未觉，故步自封，精之政教文章，粗之布帛水火，无一不相形丑拙，而可与当世争衡？

举凡残民害理之妖言，率能征之故训，而不可谓诬，谬种流传，岂自今始！固有之伦理，法律，学术，礼俗，无一非封建制度之遗，持较晰种之所为，以并世之人，而思想差迟，几及千载；尊重廿四朝之历史性，而不作改进之图；则驱吾民于二十世纪之世界以外，纳之奴隶牛马黑暗沟中而已，复何说哉！于此而言保守，诚不知为何项制度文物，可以适用生存于今世。吾宁忍过去国粹之消亡，而不忍现在及将来之民族，不适世界之生存而归削[消]灭也。

呜呼！巴比伦人往矣，其文明尚有何等之效用耶？“皮之不存，毛将焉傅？”世界进化，骎骎未有已焉。其不能善变而与之俱进者，将见其不适环境之争存，而退归天然淘汰已耳，保守云乎哉！

（三）进取的而非退隐的

当此恶流奔进之时，得一二自好之士，洁身引退，岂非希世懿德；然欲以化民成俗，请于百尺竿头，再进一步。夫生存竞争，势所不免，一息尚存，即无守退安隐之余地。排万难而前行，乃人生之天职。以善意解之，退隐为高人出世之行；以恶意解之，退隐为弱者不适竞争之现象。欧俗以横厉无前为上德，亚洲以闲逸恬淡为美风：东西民族强弱之原因，斯其一矣。此退隐主义之根本缺点也。

若夫吾国之俗，习为委靡：苟取利禄者，不在论列之数；自好之士，希声隐沦，食粟衣帛，无益于世，世以雅人名士目之，实与游惰无择也。人心秽浊，不以此辈而有所补救，而国民抗往之风，植产之习，于焉以斩。人之生也，应战胜恶社会，而不可为恶社会所征服；应超出恶社会，进冒险苦斗之兵，而不可逃循恶社会，作退避安闲之想。呜呼！欧罗巴铁骑，入汝室矣；将高卧白云何处也？吾愿青年之为孔墨，而不愿其为巢由；吾愿青年之为托尔斯泰与达噶尔（R. Tagore，印度隐遁诗人），不若其为哥伦布与安重根！

（四）世界的而非锁国的

并吾国而存立于大地者，大小凡四十余国，强半与吾有通商往来之谊。加之海陆交通，朝夕千里。古之所谓绝国，今视之若在户庭。举凡一国之经济政治状态有所变更，其影响率被于世界，不啻牵一发而动全身也。立国于今之世，其兴废存亡，视其国之内政者半，影响于国外者恒亦半焉。以吾国近事证之：日本勃兴，以促吾革命维新之局；欧洲战起，日本乃有对我之要求。此非其彰彰者耶？投一国于世界潮流之中，笃旧者固速其危亡，善变者反因以竞进。

吾国自通海以来，自悲观者言之，失地偿金，国力索矣；自乐观者言之，倘无甲午庚子两次之福音，至今犹在八股垂发时代。居今日而言锁国闭关之策，匪独力所不能，亦且势所不利。万邦并立，动辄相关，无论其国若何富强，亦不能漠视外情，自为风气。各国之制度文物，形式虽不必尽同，但不思驱其国于危亡者，其遵循共同原则之精神，渐趋一致，潮流所及，莫之能违。于此而执特别历史国情之说，以冀抗此潮流，是犹有锁国之精神，而无世界之智识。国民而无世界智识，其国将何以图存于世界之中？语云："闭户造车，出门未必合辙。"今之造车者，不但闭户，且欲以周礼考工之制，行之欧美康庄，其患将不止不合辙已也！

（五）实利的而非虚文的

自约翰弥尔（J.S. Mill）"实利主义"唱道于英，孔特（Comte）之"实证哲学"唱道于法，欧洲社会之制度，人心之思想为之一变。最近德意志科学大兴，物质文明，造乎其极，制度人心，为之再变。举凡政治之所营，教育之所期，文学技术之所风尚，万马奔驰，无不齐集于厚生利用之一途。一切虚文空想之无裨于现实生活者，吐弃殆尽。当代大哲，若德意志之倭根(R. Eucken)，若法兰西之柏格森，虽不以现时物质文明为美备，咸揭橥生活(英文曰 Life，德文曰 Leben，法文曰 La vie)问题，为立言之的。生活神圣，正以此次战争，血染其鲜明之旗帜。欧人空想虚文之梦，势将觉悟无遗。

夫利用厚生，崇实际而薄虚玄，本吾国初民之俗；而今日之社会制度，人心思想，悉自周汉两代而来——周礼崇尚虚文，汉则罢黜百家而尊儒重道。——名教之所昭垂，人心之所祈向，无一不与社会现实生活背道而驰。倘不改弦而更张之，则国力将莫由昭苏，社会永无宁日。祀天神而拯水旱，诵孝经以退黄巾，人非童昏，知其妄也。物之不切于实用者，虽金玉圭璋，不布粟粪土？若事之无利于个人或社会现实生活者，皆虚文也，诳人之事也。诳人之事，虽祖宗之所遗留，圣贤之所垂教，政府之所提倡，社会之所崇尚，皆一文不值也！

（六）科学的而非想象的

科学者何？吾人对于事物之概念，综合客观之现象，诉之主观之理性而不矛盾之谓也。想象者何？既超脱客观之现象，复抛弃主观之理性，凭空构造，有假定而无实证，不可以人间已有之智灵，明其理由，道其法则者也。在昔蒙昧之世，当今浅化之民，有想象而无科学。宗教美文，皆想象时代之产物。近代欧洲之所以优越他族者，科学之兴，其功不在人权说下，若舟车之有两轮焉。今且日新月异，举凡一事之兴，一物之细，罔不诉之科学法则，以定其得失从违；其效将使人间之思想云为，一遵理性，而迷信斩焉，而无知妄作之风息焉。

国人而欲脱蒙昧时代，羞为浅化之民也，则急起直追，当以科学与人权并重。士不知科学，故袭阴阳家符瑞五行之说，惑世诬民；地气风水之谈，乞灵枯骨。农不知科学，故无择种去虫之术。工不知科学，故货弃于地，战斗生事之所需，一一仰给于异国。商不知科学，故惟识罔取近利，未来之胜算，无容心焉。医不知科学，既不解人身之构造，复不事药性之分析，菌毒传染，更无闻焉；惟知附会五行生克寒热阴阳之说，袭古方以投药饵，其术殆与矢人同科；其想象之最神奇者，莫如"气"之一说；其说且通于力士羽流之术；试遍索宇宙间，诚不知此"气"之果为何物也！

凡此无常识之思，惟无理由之信仰，欲根治之，厥维科学。夫以科学说明真理，事事求诸证实，较之想象武断之所为，其步度诚缓；然其步步皆踏实地，不若幻想突飞者之终无寸进也。宇宙间之事理无穷，科学领土内之膏腴待辟者，正自广阔。青年勉乎哉！

（选自《陈独秀著作选编》，上海人民出版社 2009 年版）

导读

毛泽东曾经说陈独秀是新文化运动的总司令，还曾经说几时之后要给陈独秀平反。我认为毛泽东对陈独秀的定位是非常准确的。可以说，没有陈独秀，就没有中国历史上的新文化运动。倒不是说没有陈独秀，就没有新文化，就没有中国社会和文化的现代转型，而是说，没有陈独秀，新文化在进程上，在时间上，在具体的方式上都可能是另外一种样子的，中国社会肯定要从古代向现代转型，但没有陈独秀，这种转变不管是在内容上还是形式上，都会有很大的不同。历史发展有一种所谓"大势"，即所谓"规律"或者"不以人的意志为转移"，但历史在总体上向某个方向发展的时候，在具体过程中是否顺利则与某些天才的作用有关，比如，孙中山对于中华民国的建立显然起了非常重要的推动作用，没有孙中山，中华民国的成立及维系可能更加举步维艰。再比如毛泽东，他对新中国成立的贡献是巨大的，没有毛泽东，仍然会有新中国，但它的到来绝对没有这么快。陈独秀也是这种推动历史向前发展的伟大人物，他对历史的推动作用建党还是其次，更重要的是发起新文化运动，确立现代中国社会的基本精神，确立现代中国的文化方向。

新文化运动是从《新青年》(第一卷名《青年杂志》)杂志开始的，而《青年杂志》的宣言就是《敬告青年》，《敬告青年》这篇文章所表达的科学、民主的主题，其实就是整个《新青年》的主题，就是整个中国现代文化的主题和方向，科学和民主这两大精神支柱确立了，中国现代社会和文化的基本类型就可以说确立了，中国现代社会从思想到文化，从社会体制到社会组织明显不同于中国古代，中国现代社会的方方面面其实都可以从这里找到根源，都可以从这里得到深刻的说明。在这一意义上，我认为《敬告青年》可以说是中国现代社会的精神宣言，它是一个标志性的文本，标志着中国现代社会的开始。

"我有手足，自谋温饱；我有口舌，自陈好恶；我有心思，自崇所信；绝不认他人之越俎，亦不应主我而奴他人：盖自认为独立自主之人格以上，一切操行，一切权利，一切信仰，唯有听命各自固有之智能，断无盲从隶属他人之理。"这段话说得多么好啊，我曾经用毛笔抄录，装裱之后悬挂在书房，警醒自己。我觉得一百年之后的今天，中国青年仍然应该把这段话铭记在心，并且仔细品味。(高玉)

拓展阅读

任建树.陈独秀著作选编(全六卷).上海：上海人民出版社，2009.

胡明.正误交织陈独秀——思想的诠释与文化的评判.北京：人民文学出版社，2004.

唐宝林.陈独秀全传.北京：社会科学文献出版社，2013.

孙郁.鲁迅与陈独秀.北京：现代出版社，2013.

培养独立思考的教育

[美]阿尔伯特·爱因斯坦　许良英　等译

用专业知识教育人是不够的。通过专业教育,他可以成为一种有用的机器,但是不能成为一个和谐发展的人。要使学生对价值有所理解并产生热烈的感情,那是最基本的。他必须获得对美和道德上的善有鲜明的辨别力。否则,他——连同他的专业知识——就更像一只受过很好训练的狗,而不像一个和谐发展的人。为了获得对别人和对集体的适当关系,他必须学习去了解人们的动机、他们的幻想和他们的疾苦。

这些宝贵的东西,是通过同教育者亲身接触,而不是——至少主要不是——通过教科书传授给年轻一代的。本来构成文化和保存文化的正是这个。当我把"人文学科"(the humanities)作为重要的东西推荐给大家的时候,我心里想的就是这个,而不是历史和哲学领域里十分枯燥的专门知识。

过分强调竞争制度,以及依据直接用途而过早专门化,这就会扼杀包括专业知识在内的一切文化生活所依存的那种精神。

使年轻人发展批判的独立思考,对于有价值的教育也是生命攸关的,由于太多和太杂的学科(学分制)造成的青年人的过重的负担,大大危害了这种独立思考的发展。负担过重必导致肤浅。教育应当使所提供的东西让学生作为一种宝贵的礼物来领受,而不是作为一种艰苦的任务要他去负担。

(选自《爱因斯坦文集》第三卷,商务印书馆 1979 年版)

导　读

阿尔伯特·爱因斯坦(Albert. Einstein 1879—1955),人类历史上最伟大的科学家之一。爱因斯坦之后最伟大的物理学家霍金唯一的亚裔弟子吴忠超教授写过一篇文章来纪念爱因斯坦,题目热情而富有诗意,叫做《以宇宙为纪念碑》,开头和结尾这样写道:"爱因斯坦是牛顿之后最伟大的科学天才。如果人类没有诞生他,世界或许还会存在,但一定会是另外一种完全不同的模样。""为这样的人物建立任何纪念物都是多余的。如果人们一定要为他造一座纪念碑,那就是我们居住的宇宙本身"。蓬乱的白发,深邃又童真的眼睛,爱因斯坦这样的头像常见于世界各地的各种文化场所,那颗硕大的头颅成为人类智慧与天才最美丽的象征。但天才的大脑无可模仿,高尚的灵魂却可以追慕,因为爱因斯坦不仅有天才的大脑,他还有高尚的灵魂。我们可以弄不懂相对论,但却可以走近爱因斯坦高贵的精神世界——因为在科学世界之外，爱因斯坦是一位具有人文情怀的思想者和公共知识分子，甚至可以说是为人类和平幸福而战斗的斗士。在他经历的每一次重大政治事件中，他都要发出自己正义的声音。在他看来，如果不这样，那就是在“犯同谋罪”。1914年一战爆发，当德国科学界和文化界为“祖国”发动的侵略战争辩护，请爱因斯坦为他们的宣言签字时，爱因斯坦不但坚决拒绝，而且参加反战团体；二战爆发，因反对法西斯，他的家被毁，著作被烧，希特勒悬赏两万马克刺杀爱因斯坦。二战后，因反对美国的法西斯倾向，爱因斯坦被宣布为“美国的敌人”……

除了在这些极端政治事件面前发出自己的声音，作为人文知识分子的爱因斯坦还留下了大量的文字，谈人生、谈宗教、谈科学、谈文学、谈教育……本篇是1952年，爱因斯坦应美国《纽约时报》教育编辑请求而作。在现代大学教育越来越专业化的时候，爱因斯坦坦然说出自己的深刻忧虑，甚至愤激批评。在他看来，如果没有“人文学科”，专业化只能培养没有“精神”的实用机器。但要注意，人文学科不是专门知识，而是“一切文化生活所依存的那种精神”。真正的教育，不是指向专业技术，而是以“人”为目的的“精神”教育，以培养人的“精神”为宗旨。具体说来，就是“要使学生对价值有所理解并且产生热烈的感情”。“价值”就是精神价值观念，其内容至少包括三个方面：第一，“最基本的，对美和道德上的善有鲜明的辨别力”；第二，生活中不仅有自己，教育不能培养浅薄自私的个人主义者。人是社会动物，教育应培养学生对对他人和集体——社会的关怀，“学习去了解人们的动机、他们的幻想和他们的疾苦”；第三，培养独立思考，人云亦云只能通向乌合之众。完成以上三个方面的教育，教育的结果才会是它应该达到的目标——“和谐发展的人”。（马俊江）

拓展阅读

安妮·鲁尼·爱因斯坦自述.王浪，译.哈尔滨：黑龙江教育出版社，2016.

《要使科学造福于人类，而不成为祸害》

全面培育我们心灵的神圣能力

(1699年10月18日)

[意]维柯　张小勇 译

的确,我们的先辈们已经有了无数充满智慧的发明创造和习俗制度,在这些基础上创建的社会文明,其目的就是要通过各种安排,使得我们的生活能够美满而幸福;其中最有远见卓识的却是,他们规定,在每年的今日,我们要全面恢复因暑假而中断的学习研究,并要求我们用演讲来庆祝新学期的开始,且以此劝勉青年学子们,让他们以愉悦的精神准备好开始辛勤耕耘。然而,既然人的本性就是好逸恶劳、畏避艰险、舍难求易,所以非常需要,甚至有必要晓之以理,使他们决心投身于各门高贵的艺术和科学的学习研究。因为,无论研究哪一门科学艺术,都离不开精神的最大努力,离不开高度的专心致志和辛勤汗水,离不开持之以恒的勤奋和敏锐的洞察力。和平社会的一切成果,很大程度上就汇聚在各种各样的学问研究中,它们要求我们必须加以培育;而我要说,所有这些成果就像大树孕育于种子一样,汇聚在这项极为有用的制度之中。我们这个时代的一个极为值得称赞的特征,或更可以说在这种社会文明中各种学问的幸运之处就在于,人们自幼年时起,就被一种对这些学问的令人惊叹和不可思议的渴望所吸引;他们并不热衷于某种凡俗而平庸的肤浅学说,而是要通过学习研究,孜孜以求达到对事物更加神圣和更加深刻、丰富多彩和多种多样的认识。正当我在思考这些问题的时候,恰好掌管此事的校长几天前给了我这样一个任务;虽然这个任务给得不合时宜,并且出人意料,我本可有理由拒绝,但我当时认为这毫不困难,亦不麻烦,于是我就非常愉快地接受了。事实上,我还认为这对于一个无论如何不善言辞之人都是轻而易举的,因为他的演讲在于呼吁青年学子们去研究各门好的学问,而且这些青年学子们怀着这样一种精神来聆听他的演讲,即他们为满足他们的学习渴望,甚至毫无节制,放任精神的无限热情。实际上这是一种追随圣贤的高度热忱,是它导引和驱使我采取了这个不够审慎的判断。因为,虽然当时我认为我的思考是根据正确的方法得出的正确结论,但是现在看起来已经不仅不能服人,而且从起点上就让人灰心失望。因为,具有高贵天赋的青年朋友们,你们并无必要,也不适宜用这些论证来引导你们热爱智慧;因为你们只要将你们的精神投入这些艺术之中就够了。有了这些艺术,如果你追求用益,那么就会有无比丰富的成果;如果你追求愉悦,那么就将有无比甘美在等待着你;如果你追求辉煌和伟大,你将会无比荣耀,并且会发现原文,你能够无比确定而稳固地奠定不朽的名声。不过,实际上你们早已熟悉了这个论点,并且认为这是众所周知的,毫不新奇。所以你们期望,我今天会讲出更为崇高的东西;而且尤其是,因为在你们的胸中涌动着的不是一个如此渺小的精神,以至于仅仅满足于某种单一的学说,并将一切容纳于其中。还可以这么说,在你们心中涌动着这样一股高贵的求知欲,即假如他并没有很好地耕耘过所有的学术领域,也没有在任何学说上有如此精细入微的全面掌握,犹如仅仅在这一方面,他已经穷尽毕生之力,你们谁都不会认为他已经无比博学。那么我的听众们,我要奉献出什么内容,才能配得上你们的期望,并以此满足你们洋溢着青春气息的高贵精神,同时,这个论点又不委屈你们的希望和你们的尊贵呢?有什么能配得上这个无比神圣的智慧圣殿呢?又有什么论点配得上这极为宽广、极为辉煌的讲堂呢?这是我第一次来到这里准备我的演讲,尚不习惯;但看到你们济济一堂地团团围坐在我周围,每个人的面容和表情都流露出热切的期待,这些不仅鼓励和感动了我,使我获得了力量和肯定,而且推动着我向着那更高的主题进军。于是今天我就向你们推出这个论点,以便仅仅通过这个论点,就使你们每个人都能认识到,不仅人人都能胜任,而且都能更好地迅速掌握各门优秀艺术和科学的整体。我所要讲的问题范围将围绕着这个核心和关键点而展开:"认识你自己"是任何人尽快把握任何学术领域的最大动力。同样,你们就是那高贵的青春的花朵和枝芽,我的这篇演讲也主要是为你们而作,所以振奋精神,倾心聆听吧。因为我信赖你们的善意,希望它卓有成效,以使今天对我来说"是一次成功的演讲",又能给你们带来丰厚的成果。

在为幸福生活所尊崇的许多最具智慧的箴言中,其中有一条无论从哪一方面来看,都绝对而完全地是为幸福这个目标而设,它就包含于古人在希腊德尔菲的太阳神庙用镶金字母所刻的两个字中:Γνώθι σεαυτό(认识你自己)。这条律令是如此的广为称道,以至于无数人将它归于毕达哥拉斯,许多人归于泰勒斯,一些人归于比亚斯(Bias),另一些人则归于斯巴达的基罗(Chilo),他们每个人无论如何去看,都可以被认为是人类智慧发展史上的高峰;但由于在这条极为简短凝练的箴言中饱含了如此丰富的精美食粮,以至于上述任何极为智慧的先哲都丝毫不能与之相分离,于是所有人都一致赞同,将它归于皮提亚神谕。如果对这条箴言作庸俗的理解,即人们之所以想到这个问题,就是为了压制精神的虚骄和消除人类的狂妄,那么它就不会如此著名了,因为到处都有不计其数的乃至无限的关于人性的脆弱和不幸的讨论。智者中的大雄辩家和雄辩家中的大智者西塞罗,他对此理解得较为深刻,他以其舌灿莲花之口揭示了这条箴言的神圣力量:"人们说'认识你自己',也就是说认识你的精神。因为肉体当然只是一个容器,或者说是精神的某种容身之所;任何出自你的精神的东西,也就是出自你。因此所知若非具有神圣性,就不会是出自更为敏锐的心灵的教导,也就是说出自上帝的赠与。"西塞罗就足够使我们理解到,这个无比智慧的神谕所关注的是,推动和引导人类去追求他们应该追求的和能够胜任的任何伟大而崇高的东西,因为人类的神圣创造力往往被过分的谦卑所打击,受到不自信的压抑,并消磨于对伟大事物的绝望之中。所以,认识你自己吧，青年学子们，生为智慧就要去追寻智慧。

你会说："创造力的伟大动力就是从感觉中召唤心灵，从习俗中走向思想。"是的，伟大的动力的确常常是伟大的进步。故聆听(collige)你自己并认识你自己吧；认识你的精神吧；如果你不欺骗自己的话，你会承认并且会发现，你的精神是如此高贵、如此伟大和如此卓越。心灵的敏锐可以洞察一切，但在关注自己本身之时却会削弱自己。仅凭此你就要认知你的精神的神圣性，理解它是至大至善的上帝的影像(simulacrum)。就像上帝是通过一切被造物和一切包含在宇宙中的事物而被认识的一样，同样精神是通过理性，精神正是由于理性而超越万物，通过感知和活动，通过记忆和创造力，而被理解为具有神圣性的。精神是上帝最为清晰的影像。精神在肉体中犹如上帝在世界中。上帝充盈于世界各种元素之中，同样精神也充盈于肉体各个部分；两者都纯粹而又轻盈地运行于任何分总离合以及任何肉体物质中。虽然上帝于世界中、精神于肉体中无处不在，但又不局限于任何地方。因为虽然上帝在天上移动星辰，在空气中发出闪电，在海中刮起风暴，最后在大地上滋生万物，但天空、大海和大地都不是上帝的囿身之所；人的心灵听于耳，视于目，怒于胸，笑于脾，知于心，理解于大脑，也不在身体的任何部分有其固定之寓。上帝包容一切，控制一切，上帝之外没有任何事物存在；而精神则如萨卢斯特(Sallustius)所说，"它是人类的领袖，自身支配一切，拥有一切，而并不为谁所拥有。"上帝永远能动(actuosus)，精神也永远劳作(operosus)。世界存活着，因为有上帝存在；但即使世界死了，上帝也仍然会存在。肉体能感知是因为精神的力量，但即使肉体消亡，精神却依然不朽。最后，完全可以说，上帝是自然的创造者，精神则是艺术的上帝。哦，精神的这种独一无二的禀赋，如果不是因为肖似于至大至善的上帝，怎么能够恰当而合理地解释呢？你一旦知道了精神的这种肖似性，也就知道了它的本性。这就是一种神圣的思想能力，哦，永恒的上帝，它的速度有多快！它的运动快如风驰电掣！它的职能多方多面，无穷无尽！它又是多么的灵巧而精准！但愿我的密涅瓦女神能赐予我足够丰富多样的演说形式，以使你们用思想，我用言词来捕捉精神的诸种德性！

对于这些德性我仅仅做一指引，而你们则去判断它们到底多么重要。首先，我们能在同一时间点上，通过感知或者信息(nuntius)理解千差万别的事物；以及精神作为极为睿智的法官，在众多事物的同一属中觉知到如此之多的不同差异，这样所辨别的差异越多，就越能有效地精细入微，对于这些如何来解释呢？是因为有这么一种语言，它拥有无限丰富的词汇，因而能给每一种个别的颜色以专有名称，从其特征区别出每种味道的不同，用许多不同的词汇描述所有的气味吗？这实际上是一种塑造事物形象(imaginem)的能力，亦即想象力(phantasia)。当它生成和构造新的形式的时候，当然也就表明和肯定了它的起源的神圣性。它创造了无论头等民族还是次等民族的不同神祇；它同样创造了不同的英雄；它时而改造，时而联结，时而分离事物的各种形式；它将相距极远之物置于眼前，将散乱无章之物融为一体，接近那不可接近之物，打开那幽暗封闭之门，于道路绝灭之处开山铺路。它的速度有多么快，多么不可思议！我只要说出麦哲伦大陆，你们就已经经过它了；只要我提到新法兰士约瑟夫地(Zemblam)，你们就已经接近了；当我言及海洋时，你们已经跨越了；而当我呼唤上天的时候，用诗人的话说，你们就已经穿越了“世界之围墙”(moenia mundi)。我们至今惊奇于太阳的运动路线，为完成一周它需要二十四小时的时间；而世界上还有这样的人，他们为每月一个夜晚而苦恼和抱怨！

但这只是关于人类心灵的神圣能力在较低层次上所能说的东西。因为心灵的知觉力多么敏锐！它的结合与分解的能力又是多么精微！它的推理运算又是多么的迅捷！当我说到被亚里士多德赞叹备至的隐喻(tralacionem)时，例如我把葡萄酒杯称作“酒神巴克斯的圆盾”(Bacchi clypenm)时，在你们每个人心中激起了多少飞快的活动，比言语还快！首先，在你们任何人的眼前都会出现战神马尔斯和酒神巴克斯，接着想到圆盾和酒杯。然后马上就把战神马尔斯和圆盾，酒神巴克斯和酒杯联系起来，确知战神用圆盾作为武器，酒神用酒杯来喝酒；然后根据它们各自所属的地方和区域，可知战神马尔斯和酒神巴克斯同属于上天，而圆盾和酒杯则属于大地；然后我们立即周游大地的各个角落，从其原因来界定其目的，并考虑圆盾和酒杯的特有用途，那么前者用于抗敌，后者用于止渴；我们继续沿着这种相似性，即酒神用酒杯犹如战神用圆盾，一个用于止渴另一个用于抗敌；此外，当我们比较圆盾和酒杯的形状的时候，我们发现它们都属于圆形之物！我们再马上把这四种形状横向交叉起来，首先把酒杯画在战神马尔斯的左边，然后把圆盾画在酒神巴克斯的右边，最后人们就知道，圆盾是战神马尔斯的酒杯，而酒杯则是酒神巴克斯的圆盾。

哦，哲学，迄今为止你给予精神这些活动的尊严是多么的少，因为你把心灵的这种劳作仅仅看作它的原初知觉(perceptiones)，其实无数的以及如此多样的构造(compositiones)和推理(rationcinationes)，都是内在于这种劳作之中的。事实上，人类心灵借以在自身中构造事物，以及将事物从自身中区分出来的这种能力是如此的巨大，同时它也被赋予了灵巧和精准，以至于无论再雄辩之人也从未能够将其阐释清楚，更不用说我了。因为如何解释，仅仅通过眼睛的一瞥，我们就看到了事物的丑陋卑贱或歪曲畸形，如果不是这样，即在某一时间点上，举例来说，在透视和综观人的躯体的各个部分时，我们就在自身中构造、整理和察知到所有部分的尺度和功能，并且发觉何者和谐，何者出格，何者残缺或多余，以至于肉体分为多少部分(当然是几乎无限的)，我们在同一时刻内就会形成多少判断呢？又如何解释，当精神一旦达到能够运用它的伴侣即理性的年纪，就在心中激起了对至大至善的上帝的崇拜呢？因为它认识了自己。当然神的哲学做出了一系列和一整套的长长论证，阐释了它们之间如何相互关联以及在其自身内的所有合理性，通过这些，人们才可以勉强说，他从对自己的认识过渡和上升到对上帝的认识。

听众们，稍稍听从我的判断吧，让我们聆听哲学的声音，聆听她证明和阐释我们精神的神圣性。

虽然人的心灵可以悬疑和质疑一切事物，但却从来不能怀疑“我思”这件事，因为怀疑本身就是思维。他也不能不承认他良知(conscia)到自己在思维这件事；从这种思之良知(cogitandi conscientia)可以得出的第一个结论就是某物存在，因为如果什么也没有，那么谁在思维呢？从而他自身感知到某种无限之物的概念(notionem)的固有存在，然后又可以得出结论，事物之内的所有东西应该就在于产生事物本身的原因中；这样又一次得出结论，即无限事物的观念必来自无限事物。这样人也就承认了自己的有限和不完善，同样结果就是，他的观念诞生于某种无限之物，而他自己则是这种无限之物的某种特殊之物。由此可知，所谓无限之物在自身就容纳一切，并不从自身排除任何东西；这样又可以理解，观念本身来自至为完善的本性。这又可以推导出：至为完善者必定汇聚了所有的完善性质；然后再一次得出结论：任何事物都不能与之分割。由此可知，完善就是那存在。最后我们得出结论，这就是上帝。因为上帝就是一切，所以也就配得上一切的爱。哦，人类心灵的神奇力量，在自身内翻转自身，便引导我们达到对那最高的善亦即至大至善的上帝的认识！

但你们之中可能有人会非常惊奇，并且发誓否认他在这个年龄(更不用说小孩儿了)通过这种所谓的理性锁链达到了对上帝的认识。到达确实是到达了；但其精神却不自知。你们之中任何人都可以每天盯着画家的画，但却看不到画家自己所看到的无数东西；他可以每天听着交响乐和歌唱，但受过这方面训练的专家所能领会的许多美妙却自他的耳边溜走。这是怎么回事，为什么呢？因为他没有运用视觉艺术和听觉艺术，即绘画和音乐。你们之中任何人自孩提时代就有着伟大哲学家的表征，但由于他缺乏哲学训练，所以他一点也察觉不出来。那些为自己赢得了人类的永恒盛誉的哲学家、历史学家、演说家和诗人们，他们并不是因为别的原因而备受称赞，而只是因为他们能够比别人更为正确和更为敏锐地用心发掘那些人类精神的自然本性所带给我们的东西。这就是精神推理的速度，如我们所看到的；它就像一个旋转的陀螺，看起来静止，但实际上运行速度无比之快。

但我为何要有失严肃地用这种游戏之物来解释如此庄重的问题？因为如果我用作为永恒之光的伟大源泉——太阳来作比喻的话岂不是更好？太阳也看似静止，却于静止之中完成了漫长的旅程。但我要用更好的方式来称赞记忆力，因为有什么能比储藏万物和语词的无比丰富的人类心灵宝库更值得赞美和更为神圣呢？所以，不朽的上帝啊，我们要尽早尽快地充实和丰富它；因此，每隔两年或三年，我们就要很好地记住所有应用于社会共同生活的语词和事物；这些语词和事物，如果一个词典编纂者要将其有条有理地编纂起来的话，写出的书籍也必然汗牛充栋。又如何理解，给人类带来特殊用途或者伟大的奇迹和愉悦之人(或许不包括那些异教徒们，他们并不认识自身)，他们要么将荣耀归于诸神，要么尊为诸神的赐予呢？由于法律是社会生活得以存续的手段，所以狄摩西尼(Demosthenes)将它称作是“众神的赠与”；其实这是类似于你们的人类精神的赠予。人们说苏格拉底把道德哲学从天上唤下人间，更不如说是他把精神引入上天。希腊人将医学归于阿波罗神，将雄辩术归于墨丘利神；这些诸神就如同你们每个人。俄尔甫斯的七弦琴和阿耳戈斯的船都被列于诸星座之中，这就以显明的证据肯定了你们的人类心灵的神圣性。简而言之，即所有因为造福人类社会而被古人置于上天的神，就是你们自己。哦，令人惊叹的自我认识，看你把我们举得如此之高！听众们，你们每个人都有自己的精神，如同自己的上帝：看的能力，听的能力，生成事物形式的能力，理解力，判断力，思考能力 celligere 以及记忆力，都是神圣的能力。看，听，发现和创造(invenire)，构造，推论，记忆，都是神圣的。精神的明智、敏锐、精准、才能、创造力和敏捷，都是伟大而神圣的，都令人惊叹。

既然事情就是这样，既然人类就其本性来说已拥有许许多多如此优越的手段来探索智慧，那还有什么阻碍和限制他们对各种学问的最美好的热爱呢？这种仰慕我一直极为看重，因为探求真理就是人的第一特性，所以我们每天都渴望看见、听见和学到一些东西，而且每当我们发现了新事物或未知事物中的真实和确定之物时，内心就充满了快乐。自然造出我们就是要我们去追求真理，创造力引领着我们，仰慕支撑着我们；所以当我看到无知之人竟然如此之多，这确实让我极为震惊。因为正如烟雾对于眼睛、噪音对于耳朵、恶臭对于鼻子都是有害和敌对的，同样，错误、无知和欺骗都是人类心灵的敌人。人若如此就再也不能认识他自己：他认识不到精神的神圣力量，也把握不了所能从事之伟业。于是他们被遗弃在对崇高之物的无知之中，因为他们从未尝试借助精神的各种功能振翅高飞，将自己与任何伟大相提并论。别的人

引用的能够，因为他们看起来就是有能力；

然而我们虽然有能力，但却看起来不能？所以只要我们尝试我们能做到什么，也就很容易确知我们已经能够做到什么。让我们唤醒内在于第一真理或几乎从它本身中涌流出来的事物的种种观念吧，它们幽闭于精神之中，仿佛是被埋葬的火种；同时也燃烧起对全部学问的热情吧。大家都知道柏拉图所讲的苏格拉底与一个少年的故事，那个少年虽然对于几何学一无所知，但却在一步一步地回答哲学家苏格拉底的极为容易和众所周知的小问题的过程中，阐明了几何学中正方形的面积问题。所有科学都是属于你们的。青年学子们，如果你们能够正确地认识你自己，那就是无上的幸运。所以要心无旁骛地倾心于各门科学的研究中。哦，那极为不名的好逸恶劳之声，绝不会沾上圣贤之人！为什么呢？因为他们决不需要；当我们想要成为有智之人时，最为关键的就是意志(vountas)，关于它的巨大而令人惊叹的力量，诗人们说得很好：当他们渴望凭借想象力的帮助以把握某种伟大而崇高的东西时，就极为热情地投入其精神；当他们远离意志的动力，将这种伟大和崇高付诸诗行的时候，精神那风一样的活动就离他们远去了，所

以他们相信，这是属于某种更为高级的心灵的能力，而不是他们自己特有的能力。相应地可以如此肯定：如果精神不是被贪欲和邪恶的欲念瓜分殆尽，那么就不可能是这样，即当他们倾心于智慧研究时，却从来就不能极为轻易而迅速地认识和理解从前贤高人那里发现和传承下来的任何学问。但就算他们投身其中，也可能毫无进展或者成就寥寥。这或者是由于没有足够的良师指点，或者是由于教导无方导致他们的天资泯灭。不过也许得遇良师，又有正确的教导，他们却仍然未能把握整个科学王国，那就必须明以道理，或以此者之用益，或以彼者之愉悦，或以另者之荣耀，引导他们修习各种科学知识。但现今无比幸运的是，你们拥有无数圣贤良师，其学识教养非前人可遇。他们正襟危坐在这里，准备好给你们提供帮助。他们付出了极大的精力和汗水，为你们准备好所要传授的知识学说，并且有信心、有能力通过简易的途径和有理有序的方法将它们教给你们。这些教授们以其极高的荣誉（这是他们用难以置信的审慎和智慧赢得的，犹如对他们的学问的奖赏），引导着你们完成你们的学业，直至你们走入社会，尽职尽责地报效国家。现在的和平年代，这是极为强盛的西班牙国王查理二世所赐予我们的，也邀请你们去摘取这些和平果实，而这些果实绝大部分就在于这些艺术中。整个制度（ordines）竞相爱戴和启用任何博学之人，整个社会也争着给予他们以名誉和光荣，并希望你们也能满腹经纶。你们可以看到，到处都是学习各种善的艺术的典范，到处充满着激励，到处涌流着动力，既有无比丰富的学问宝库，又有无比优越的学习环境；而你们生来就是为了熟练而迅速地掌握所有学问知识。那么还用说什么呢？只要你们别说不。

（选自《维柯论人文教育——大学开学典礼演讲集》，
上海人民出版社 2012 年版）

导 读

维柯（1668—1744），意大利哲学家，被誉为现代柏拉图，《新科学》是其最有影响的著作之一。有研究者甚至说现在各种学科或领域的研究，“如果离开了《新科学》那就不能不说是一种缺憾，甚至是最严重的缺憾；无论是激进主义、保守主义还是自由主义者们，都能从维柯那里找到所需要的资源”。中国美学宗师朱光潜先生生命的最后时光就献给了这本大书的翻译。逝世前三天，朱光潜先生悄悄爬到楼上书房，家人阻止他的时候，他说要在死前完成《新科学》的注释。两位思想者穿越时空的对话，昭显着人与文化的伟大。

1698 年（相当于中国清代康熙时期），维柯通过竞选获得那不勒斯大学修辞学教授职位，这一职位要求维柯每年十月做一次新学期开学演讲，《全面培育我们心灵的神圣能力》是其九次演讲中的第一讲。那不勒斯大学成立于 1224 年，相当于中国南宋嘉定十七年，在这个世界上最古老的大学讲坛上，维柯的演讲却穿越古老的历史，在任何时代都闪耀着智慧的光芒。和所有热爱自己所从事事业的人一样，维柯是一个理想主义者。当他站在讲坛上的时候，他就是一位热情的理想主义教育家。他以热情的赞美为大学和大学里的年轻人定义：大学是“无比神圣的智慧圣殿”，大学里的青年人“洋溢着青春气息的高贵精神”。虽然维柯以为“人的本性就是好逸恶劳、畏避艰险，舍难求易”，但也正因此，才需要“晓之以理”——教育。教育，也可以说大学的功能，在维柯看来就是可以“使他们决心投身于各门高贵的艺术和科学的学习研究”。这里需要注意的是，维柯说大学里学习研究的内容是“高贵的艺术和科学”。从古罗马到中世纪大学，古代欧洲教育以三科四艺（文法，修辞和逻辑为三科；四艺指算数、几何、音乐和天文）为主要内容，这和中国古代教育的六艺——礼、乐、射、御、书、数，有着某种相通之处，即不管西方还是中国，古代教育皆可用维柯所说的“科学和艺术”来概括，用现代教育术语来讲，就是文理不分家。当维柯说文明社会的人“并不热衷某种凡俗而平庸的学说，而是要通过学习与研究，孜孜以求达到对事物更加神圣和更加深刻的多种多样的认识时”，我们可以理解为知识与研究的分类不是文科理科，而是“凡俗平庸”和“神圣深刻”。

如何能更好地掌握各门艺术和科学的“整体”呢？维柯给出的答案是：“‘认识你自己’是任何人尽快把握任何学术领域的最大动力”。古希腊太阳神神庙上的箴言“认识你自己”同样为我们所知，但知其一还要知其二，甚至其三，其二其三即是文化史的发展。维柯再次引出古罗马大智者西塞罗（公元前106—前43）对此箴言的诠释：“‘认识你自己’，也就是说认识你的精神”。西塞罗对此的解释是：这句箴言的含义显然不是认识我们的肢体、体重和体形，我们的自我不是身体，“因为在我这样和你说话的时候，我并不是在和你的身体讲话”。维柯将西塞罗的诠释引入大学教育的范畴：“认识你自己”，就是“推动和引导人类去追求他们应该追求和能够胜任的任何伟大而崇高的东西”。当维柯通过西塞罗引入“精神”这一范畴时，他同样以赞美为其定性：“精神是如此高贵”，其本性就是“神圣的思想能力”。但要让高贵的精神达到神圣的思想能力——“这是属于某种更为高级的心灵能力，而不是他们自己特有的能力”，还需要另外两种因素的借入：“理性”和“意志”：“精神正是由于理性而超越万物”，“当我们想要成为有智之人时，最为关键的就是意志”。理性，可以通过大学教育而获得；有意志，大学“全面培育我们心灵的神圣能力”的目标才可实现。（马俊江）

拓展阅读

哈斯金斯.大学的兴起.张堂会，朱春，译.北京：北京出版社，2010.

马克斯·韦伯.韦伯论大学.希尔斯，编.孙传钊，译.南京：江苏人民出版社，2006.

答复这个问题："什么是启蒙运动？"

[德]伊曼努尔·康德　　何兆武　译

启蒙运动就是人类脱离自己所加之于自己的不成熟状态。不成熟状态就是不经别人的引导，就对运用自己的理智无能为力。当其原因不在于缺乏理智，而在于不经别人的引导就缺乏勇气与决心去加以运用时，那么这种不成熟状态就是自己所加之于自己的了。Sapere aude![1] 要有勇气运用你自己的理智！这就是启蒙运动的口号。

懒惰和怯懦乃是何以有如此大量的人，当大自然早已把他们从外界的引导之下释放出来以后(naturaliter maiorennes[2])，却仍然愿意终身处于不成熟状态之中，以及别人何以那么轻而易举地就俨然以他们的保护人自居的原因所在。处于不成熟状态是那么安逸。如果我有一部书能替我有理解，有一位牧师能替我有良心，有一位医生能替我规定食谱，等等；那么我自己就用不着操心了。只要能对我合算，我就无需去思想；自有别人会替我去做这类伤脑筋的事。

绝大部分的人(其中包括全部的女性)都把步入成熟状态认为除了是非常之艰辛而外并且还是非常之危险的；这一点老早就被每一个一片好心在从事监护他们的保护人关注到了。保护人首先是使他们的牲口愚蠢，并且小心提防着这些温驯的畜牲不要竟敢冒险从锁着他们的摇车里面迈出一步；然后就向他们指出他们企图单独行走时会威胁他们的那种危险。可是这种危险实际上并不那么大，因为他们跌过几交之后就终于能学会走路的；然而只要有过一次这类事例，就会使人心惊胆战并且往往吓得完全不敢再去尝试了。

任何一个个人要从几乎已经成为自己天性的那种不成熟状态之中奋斗出来，都是很艰难的。他甚至于已经爱好它了，并且确实暂时还不能运用他自己的理智，因为人们从来都不允许他去做这种尝试。条件和公式这类他那天分的合理运用、或者不如说是误用的机械产物，就是对终古长存的不成熟状态的一副脚梏。谁要是抛开它，也就不过是在极狭窄的沟渠上做了一次不可靠的跳跃而已，因为他并不习惯于这类自由的运动。因此就只有很少数的人才能通过自己精神的奋斗而摆脱不成熟的状态，并且从而迈出切实的步伐来。

---

① "要敢于认识自己"，语出罗马诗人贺拉士，德国启蒙运动的重要组织之一"真理之友社"于1736年采用这句话作为该社的口号。——译注

② "由于自然方式而成熟"。——译注

然而公众要启蒙自己，却是很可能的；只要允许他们自由，这还确实几乎是无可避免的。因为哪怕是在为广大人群所设立的保护者们中间，也总会发见一些有独立思想的人；他们自己在抛却了不成熟状态的羁绊之后，就会传播合理地估计自己的价值以及每个人的本分就在于思想其自身的那种精神。这里面特别值得注意的是：公众本来是被他们套上了这种羁绊的，但当他们的保护者（其本身是不可能有任何启蒙的）中竟有一些人鼓动他们的时候，此后却强迫保护者们自身也处于其中了；种下偏见是那么有害，因为他们终于报复了本来是他们的教唆者或者是他们教唆者的先行者的那些人。因而公众只能是很缓慢地获得启蒙。通过一场革命或许很可以实现推翻个人专制以及贪婪心和权势欲的压迫，但却绝不能实现思想方式的真正改革；而新的偏见也正如旧的一样，将会成为驾驭缺少思想的广大人群的圈套。

然而，这一启蒙运动除了自由而外并不需要任何别的东西，而且还确乎是一切可以称之为自由的东西之中最无害的东西，那就是在一切事情上都有公开运用自己理性的自由。可是我却听到从四面八方都发出这样的叫喊：不许争辩！军官说：不许争辩，只许操练！税吏说：不许争辩，只许纳税。神甫说：不许争辩，只许信仰。（举世只有一位君主[①]说：可以争辩，随便争多少，随便争什么，但是要听话！）到处都有对自由的限制。

然则，哪些限制是有碍启蒙的，哪些不是，反而是足以促进它的呢？——我回答说：必须永远有公开运用自己理性的自由，并且唯有它才能带来人类的启蒙。私下运用自己的理性往往会被限制得很狭隘，虽则不致因此而特别妨碍启蒙运动的进步。而我所理解的对自己理性的公开运用，则是指任何人作为学者在全部听众面前所能做的那种运用。一个人在其所受任的一定公职岗位或者职务上所能运用的自己的理性，我就称之为私下的运用。

就涉及共同体利益的许多事物而言，则我们必须有一定的机器，共同体的一些成员必须靠它来保持纯粹的消极态度，以便他们由于一种人为的一致性而由政府引向公共的目的，或者至少也是防止破坏这一目的。在这上面确实是不容许有争辩的；而是人们必须服从。但是就该机器的这一部分同时也作为整个共同体的、乃至于作为世界公民社会的成员而论，从而也就是以一个学者的资格通过写作面向严格意义上的公众时，则他是绝对可以争辩的，而不致因此就有损于他作为一个消极的成员所从事的那种事业。因此，一个服役的军官在接受他的上级交下某项命令时，竟抗声争辩这项命令的合目的性或者有用性，那就会非常坏事；他必须服从。但是他作为学者而对军事业务上的错误进行评论并把它提交给公众来作判断时，就不能公开地加以禁止了。公民不能拒绝缴纳规定于他的税额；对所加给他的这类赋税惹事生非地擅行责难，甚至可以当作诽谤（这可能引起普遍的反抗）而加以惩处。然而这同一个人作为一个学者公开发表自己的

---

① 指普鲁士腓德烈大王。——译注

见解，抗议这种课税的不适宜与不正当不一样，他的行动并没有违背公民的义务。同样地，一个牧师也有义务按照他所服务的那个教会的教义向他的教义问答班上的学生们和他的会众们作报告，因为他是根据这一条件才被批准的。但是作为一个学者，他却有充分自由、甚至于有责任，把他经过深思熟虑有关那种教义的缺点的全部善意的意见以及关于更好地组织宗教团体和教会团体的建议传达给公众。这里面并没有任何可以给他的良心增添负担的东西。因为他把作为一个教会工作者由于自己职务的关系而讲授的东西，当作是某种他自己并没有自由的权力可以按照自己的心意进行讲授的东西；他是受命根据别人的指示并以别人的名义进行讲述的。他将要说：我们的教会教导这些或那些；这里就是他们所引用的论据。于是，他就从他自己不会以完全的信服而赞同、虽则他很可以使自己负责进行宣讲的那些条文中——因为并非是完全不可能其中也隐藏着真理，而且无论如何至少其中不会发见有任何与内心宗教相违背的东西，——为他的听众引绎出全部的实用价值来。因为如果他相信其中可以发见任何与内心宗教相违背的东西，那么他就不能根据良心而尽自己的职务了，他就必须辞职。一个就任的宣教师之向他的会众运用自己的理性，纯粹是一种私下的运用；因为那往往只是一种家庭式的聚会，不管是多大的聚会；而在这方面他作为一个牧师是并不自由的，而且也不能是自由的，因为他是在传达别人的委托。反之，作为一个学者通过自己的著作而向真正的公众亦即向全世界讲话时，则牧师在公开运用他的理性上便享有无限的自由可以使用他自己的理性，并以他自己本人的名义发言。因为人民（在精神事务上）的保护者而其本身居然也不成熟，那便可以归结为一种荒谬性，一种永世长存的荒谬性了。

然则一种牧师团体、一种教会会议或者一种可敬的教门法院（就象他们在荷兰人中间所自称的那样），是不是有权宣誓他们自己之间对某种不变的教义负有义务，以便对其每一个成员并且由此也就是对全体人民进行永不中辍的监护，甚至于使之永恒化呢？我要说：这是完全不可能的。这样一项向人类永远封锁住了任何进一步启蒙的契约乃是绝对无效的，哪怕它被最高权力、被国会和最庄严的和平条约所确认。一个时代决不能使自己负有义务并从而发誓，把后来的时代置于一种决没有可能扩大自己的（尤其是十分迫切的）认识、清除错误以及一般地在启蒙中继续进步的状态之中。这会是一种违反人性的犯罪行为，人性本来的天职恰好就在于这种进步；因此后世就完全有权拒绝这种以毫无根据而且是犯罪的方式所采取的规定。

凡是一个民族可以总结为法律的任何东西，其试金石都在于这样一个问题：一个民族是不是可以把这样一种法律加之于其自身？它可能在一个有限的短时期之内就好像是在期待着另一种更好的似的，为的是好实行一种制度，使得每一个公民而尤其是牧师都能有自由以学者的身份公开地，也就是通过著作，对现行组织的缺点发表自己的言论。这种新实行的制度将要一直延续下去，直到对这类事情性质的洞见已经是那么公开地到来并且得到了证实，以致于通过他们联合（即使是并不一致）的呼声而可以向王位提出建议，以便对这一依据他们更好的洞见的概念而结合成另一种已经改变了的宗教组织加以保护，而又不致于妨碍那些仍愿保留在旧组织之中的人们。但是统一成一个固定不变的、没有人能够（哪怕在一个人的整个一生中）公开加以怀疑的宗教体制，从而也就犹如消灭了人类朝着改善前进的整整一个时代那样，并由此给后代造成损害，使得他们毫无收获，——这却是绝对不能容许的。一个人确实可以为了他本人并且也只是在一段时间之内，推迟对自己有义务加以认识的事物的启蒙；然而逕行放弃它，那就无论是对他本人，而更其是对于后代，都可以说是违反而且践踏人类的神圣权利了。

而人民对于他们本身都不能规定的事，一个君主就更加不可以对他的人民规定了；因为他的立法威望全靠他把全体人民的意志结合为他自己的意志。只要他注意使一切真正的或号称的改善都与公民秩序结合在一起，那么此外他就可以把他的臣民发觉对自己灵魂得救所必须做的事情留给他们自己去做；这与他无关，虽则他必须防范任何人以强力妨碍别人根据自己的全部才能去做出这种决定并促进这种得救。如果他干预这种事，要以政府的监督来评判他的臣民借以亮明他们自己的见识的那些作品；以及如果他凭自己的最高观点来这样做，而使自己受到"Caesar non est supra grammaticos"[①]的这种责难；那就会有损于他的威严。如果他把自己的最高权力降低到竟至去支持自己国内的一些暴君对他其余的臣民实行精神专制主义的时候，那就更加每况愈下了。

如果现在有人问："我们目前是不是生活在一个启蒙了的时代？"那么回答就是："并不是，但确实是在一个启蒙运动的时代"。目前的情形是，要说人类总的说来已经处于，或者是仅仅说已经被置于，一种不需别人引导就能够在宗教的事情上确切地而又很好地使用自己的理智的状态了，则那里面还缺乏许多东西。可是现在领域已经对他们开放了，他们可以自由地在这上面工作了，而且对普遍启蒙的、或者说对摆脱自己所加给自己的不成熟状态的障碍也逐渐地减少了；关于这些我们都有着明确的信号。就这方面考虑，这个时代乃是启蒙的时代，或者说乃是腓德烈的世纪。

一个不以如下说法为与自己不相称的国君：他认为自己的义务就是要在宗教事务方面决不对人们加以任何规定，而是让他们有充分的自由，但他又甚至谢绝宽容这个高傲的名称；这位国君本人就是启蒙了的，并且配得上被天下后世满怀感激之忱尊之为率先使得人类，至少从政权方面而言，脱离了不成熟状态，并使每个人在任何有关良心的事务上都能自由地运用自身所固有的理性。在他的治下，可敬的牧师们可以以学者的身份自由地并且公开地把自己在这里或那里偏离了既定教义的各种判断和见解都提供给全世界来检验，而又无损于自己的职责；至于另外那些不受任何职责约束的人，那就更加是如此了。这种自由精神也要向外扩展，甚至于扩展到必然会和误解了其自身的那种政权这一外部阻碍发生冲突的地步。因为它对这种政权树立了一个范例，即自由

① "凯撒并不高于文法学家"。——译注

并不是一点也不关怀公共的安宁和共同体的团结一致的。只有当人们不再有意地想方设法要把人类保持在野蛮状态的时候，人类才会由于自己的努力而使自己从其中慢慢地走出来。

我把启蒙运动的重点，亦即人类摆脱他们所加之于其自身的不成熟状态，主要是放在宗教事务方面，因为我们的统治者在艺术和科学方面并没有向他们的臣民尽监护之责的兴趣；何况这一不成熟状态既是一切之中最有害的而又是最可耻的一种。但是，一个庇护艺术与科学的国家首领，他的思想方式就要更进一步了，他洞察到：即使是在他的立法方面，容许他的臣民公开运用他们自身的理性，公开向世上提出他们对于更好地编纂法律、甚至于是直言无讳地批评现行法律的各种见解，那也不会有危险的。在这方面，我们有着一个光辉的典范，我们所尊敬的这位君主就是没有别的君主能够超越的。

但是只有那位其本身是启蒙了的、不怕幽灵的而同时手中又掌握着训练精良的大量军队可以保障公共安宁的君主，才能够说出一个自由国家所不敢说的这种话：可以争辩，随便争多少，随便争什么；但是必须听话。这就标志着人间事务的一种可惊异的、不能意料的进程；正犹如当我们对它从整体上加以观察时，其中就几乎一切都是悖论那样。程度更大的公民自由仿佛是有利于人民精神的自由似的，然而它却设下了不可逾越的限度；反之，程度较小的公民自由却为每个人发挥自己的才能开辟了余地。因为当大自然在这种坚硬的外壳之下打开了为她所极为精心照料着的幼芽时，也就是要求思想自由的倾向与任务时，它也就要逐步地反作用于人民的心灵面貌（从而他们慢慢地就能掌握自由）；并且终于还会反作用于政权原则，使之发见按照人的尊严——人并不仅仅是机器而已——去看待人，也是有利于政权本身的。

1784 年 9 月 30 日，于普鲁士哥尼斯堡。

（选自《历史理性批判文集》，商务印书馆 1990 年版）

导　读

伊曼努尔·康德（1724—1804），出生于东普鲁士的柯尼斯堡（现俄罗斯加里宁格勒），德国古典哲学创始人，被认为是启蒙运动最后一位主要哲学家。康德读完大学后在本地附近一个小镇做家庭教师，后在母校柯尼斯堡大学任教。其一生深居简出，终生未娶，直到 1804 年去世为止，从未离开出生地。“三大批判”是康德最具有代表性的哲学著作，包括《纯粹理性批判》（1781 年）和《实践理性批判》（1788 年）以及《判断力批判》（1790 年），是其批判哲学体系形成的标志。康德哲学充分肯定了人的主体性，被称作哲学上的“哥白尼革命”。

《何谓启蒙》发表于 1784 年的《柏林月刊》，此年康德已经 60 岁。西方一些新康德主义哲学家将康德《何谓启蒙》一类文章看成是独立于“三大批判”之外的“历史理性批判”，具有十分重要的哲学史地位。康德在此文中并没有对该问题作思想脉络的梳理，也没有就启蒙运动作史料学的爬梳，他直接在德国启蒙运动和基督教传统内部提出了一个“何谓启蒙”这样一个重大命题。法国现代著名哲学家福柯在自己的《何为启蒙》一文中也充分肯定康德此文的重要性，他认为，“现代哲学没能解答而又无法摆脱的这个问题随着此文而悄然进入思想史中。自此，现代哲学历经两个世纪，以不同的形式一直在重复这个问题……现代哲学，这正是试图对两个世纪以前如此冒失地提出的那个问题做出回答的哲学”。

康德此文具有如此重要的意义，以至于哲学家们还在不停思索，足见其理论之“艰深”。但对于普通读者而言，尽管最终不可避免可能会靠近，但挖掘其深刻思想内涵，并对康德的问题进行解答或者发明还不是最重要的，反而是康德文中那些振聋发聩的话语至今仍然需要普及。康德开宗明义，提出“启蒙运动就是人类脱离自己所加之于自己的不成熟状态”。“不成熟状态就是不经别人的引导，就对运用自己的理智无能为力”，而人要从几乎已经成为自己天性的那种不成熟状态之中奋斗出来是很艰难的，要有勇气去运用理智。只要“在一切事情上都有公开运用自己理性的自由”，公众就可能启蒙自己。康德相信，“只有当人们不再有意地想方设法要把人类保持在野蛮状态的时候，人类才会由于自己的努力而使自己从其中慢慢地走出来”，他认为在自己所处的腓德烈世纪仍然是启蒙时代，按照人的尊严去看待人，也有利于政权本身。（吴述桥）

拓展阅读

马克斯·霍克海默.启蒙辩证法　哲学断片.渠敬东，曹卫东，译.上海：上海人民出版社，2003.

程正民，曹卫东.二十世纪外国文论经典.北京：北京师范大学出版社，2004.

柏拉图.理想国(第七卷).郭斌和，张竹明，译.北京：商务印书馆，1986.

历史的用途与滥用(一)

[德]弗里德里希·尼采　陈涛　等译

想想在那边吃草的那些牲口:它们不知道昨天或是今天的意义;它们吃草,再反刍,或走或停,从早到晚,日复一日,忙于它们那点小小的爱憎,和此刻的恩惠,既不感到忧郁,也不感到厌烦。人们在看到它们时,无不遗憾,因为即使是在他最得意的时候,他也对兽类的幸福感到嫉妒。他只是希望能像兽类一样毫无厌烦和痛苦地生活。但这全都是徒劳,因为他不会和兽类交换位置。他也许会问那动物:"为什么你只是看着我,而不同我谈谈你的幸福呢?"那动物想回答说:"因为我总是忘了我要说什么。"可它就连这句回答也忘了,因此就沉默不语,只留下人独自迷惑不已。

人对他自己也感到迷惑——他无法学会忘记,而总是留恋于过去;不管他跑得多远,跑得多快,那锁链总跟着他。真是奇怪:曾经存在而又消逝的那一时刻,前后两渺茫的那一时刻,就像幽灵一样又回来打扰此后的一个时刻的平静。书页不断从时间之书上掉下来,飘忽远去——可它突然又飘回人的怀中,于是他说:"我记得……"然后就嫉妒那兽类。兽类总是立刻忘记,并看着每一时刻真正逝去,沉入到夜晚和薄雾之中,永远消失。兽类是非历史地活着的。因为它"进入"到现在,就像一个数字一样,不留下任何引人好奇的剩余。它不会隐藏,它不掩盖任何东西;在每一个时刻,它看起来就是它本来的样子,也就不可能不诚实。但人总是在抵抗着伟大而又不断增加的过去的重负。那重负压着他,压弯了他的双肩。他背负着一个他有理由抛弃的、黑暗而看不见的包袱去旅行,他非常高兴地在与同伴的谈话中抛弃了它——以激起他们的嫉妒。就像想到一个失去的天堂一样,看到一群牲口在吃草,或者近一点,看到一个还没有什么过去可抛弃的小孩在过去与未来之墙之间,在盲目的幸福中玩耍着,这让他伤感。然而他的玩耍必被打断,他很快就会从他小小的遗忘之国中被召唤出来。然后他就学会了解"很久很久以前"这句话。这个"芝麻开门"的咒语给人类带来了战争、痛苦和疲惫,并提醒人们他们生存的真实状态——一个从未变成现在时的未完成时。当死亡最终带来了久盼的遗忘时,它也将生命和存在一同消灭了。而且它在这样一种知识上打上了封印,即认为"存在"只是一个连续的"曾经",是一个借着否定自己、破坏自己和反驳自己而存活的事物。

如果幸福和对新幸福的追求使得生存意志在任何意义上都保持生命力,那也许就没有什么哲学比犬儒学派(Cynic)的哲学含有更多的真理了。因为兽类的幸福,就如同犬儒学派的幸福一样,是犬儒学派的真理的明证。最微小的快乐,只要它是连续不断并令人幸福的,就会远胜于哪怕更为强烈的快乐。那强烈的快乐出现于一个片段、一阵狂想以及一个在无聊、欲求和贫困之间的疯狂间歇之中。但不管是最微小的幸福还是最强烈的幸福，它总有一样东西是让它成为幸福的：那就是遗忘力，或者用更学术性的话来说，在整个过程中感觉到“非历史”的能力。一个人，若是不能在此刻的门槛之上将自己遗忘并忘记过去，不能像个胜利女神一样立于一个单一点而不感到恐惧和眩晕，他就永远不会知道幸福为何物；更糟的是，他也永远不会使别人快乐。最极端的例子是那种没有一点遗忘力、注定在各处都看到“演变”的人。这样的人不再相信自己或相信自身的存在。他看到所有事物都在永恒不断地飞逝，并在演变之川中迷失了他自己。最后，就像赫拉克里特那个有逻辑头脑的信徒一样，他连手指头都不敢举一下了。遗忘也是所有行动的一项特性，就好像每个有机体的生命并不只是和光明相连，同样也同黑暗相连一样。一个人若想去历史地感受每一事物，那他就如同一个强迫自己不睡觉的人，或是一头必须不停反刍才能生存的动物一样。因此，没有记忆，幸福的生活也是可能的，动物就是这样。但任何真正意义上的生活都绝不可能没有遗忘。或者把我的结论说得更好一点，不管是对一个人、一个民族、还是一个文化体系而言，若是不睡觉、或是反刍、或是其“历史感”到了某一程度，就会伤害并最终毁掉这个有生命的东西。

如果不想让对过去的回忆成为当代的掘墓人，就要确定上述这一程度和回忆的限度。那么我们就必须清楚地看到一个人、一个社会或是一个文化的“可塑力”(plastic power)有多么巨大。我是指那种明确地改变自身的力量，那种将过去的、陌生的东西与身边的、现在的东西融为一体的力量，那种治愈创伤、弥补损失、修补破碎模型的力量。有些人的这种力量是如此之弱，以至于单单一件痛苦的经历、稍稍一点轻微的疼痛，常常是一桩小小的不平之事，就会如毒刀一划，撕裂了他们的灵魂。也有另外一些人，他们没有因最大的不幸，甚至是他们自己的恶行而感到丝毫伤痛，以至于在这些不幸和恶行之中——至少是在它们之后不久，处之泰然，问心无愧。一个人的内在天性之根越深，他就能越好地吸收过去。而最伟大和最强有力的天性却会因缺乏对历史感的限制而生长过快而有害。无论过去与自身多么不相容，这种天性都会将过去同化和消化，并把它转变为活力。这样的一种天性会忘掉它所不能征服的东西。它的眼界完全封闭，又没有什么东西来提醒它在另一边仍有人类、激情、理论和目标。这是一个普遍的法则：一个生命，它只有在一定范围内才能健康、强壮和多产；如果它不能给自己划出一个范围，或是太自私了而不能为他人的见解放弃自己的见解，它就会夭折。快乐、良心、对未来的信心、愉快的行为——所有这些，不管是对个人还是对民族而言，都有赖于一条将可见清晰的东西与模糊阴暗的东西区分开来的界线而存在。我们必须知道什么时候该遗忘，什么时候该记忆，并本能地看到什么时候该历史地感觉，什么时候该非历史地感觉。这就是要请读者来考虑的问题：对于一个人、一个社会和一个文化体系的健康而言，非历史的感觉和历史的感觉都是同样必需的。

大家都注意到，一个人的历史知识和感觉范围也许都很有限，他的视野如阿尔卑斯山的峡谷一样窄，他的判断不准确，他的经验被错误地认为是新颖的，然而尽管有所有这些不确和错误，他仍以一种不可战胜的健康和活力向前站着，让所有看到他的人感到高兴。然而另一个远具有更强判断力、更多学识的人，与前者相比，却会失败。因为他视野的界线在不断更改，而且他无法为了一种意志或欲望的正当行动而从他那精致的真理与正义之网中挣脱出来。我们看到兽类，它们绝对是“非历史”的，并有着最窄的视野，但它们却有着某种幸福，并至少是毫无造作和倦怠地生活着的。因此我们可以认为，在某种程度上，非历史地感受事物的能力是更为重要和基本的，因为它为每一健全和真实的成长、每一真正伟大和有人性的东西提供基础。非历史的感觉就像是周围的空气，这空气可以独自创造生命，而且如果空气消失，生命自身也将消失。的确，人所以成为人，就在于他首先在其思考、比较、区分和结论之中压抑了非历史的因素，并以凭借古为今用的能力让一种清晰而突然的光亮射穿这些迷雾。然而过量的历史又使他再次衰退，没有了非历史的面纱，他再也没有勇气开始。如果人不是被笼罩在非历史的尘雾之中，他又能做得了什么呢？或者，抛开这些比喻，来看一个具体的例子，想象有一个男子被一种激情——不管是为了一个女子还是一条理论——所左右和驱使。他的世界大大改变了，他对他身后的每件事物都视而不见，尽管他对它们的颜色、光泽和音乐从未如此亲近地感受过，而且他似乎是用五种感官同时来把握它们，但新的声音还是被蒙住了而毫无意义。他所有的价值判断都变得更糟糕了，还有很多东西是他无法再作出价值判断的，因为他几乎感觉不到它们。他感到迷惑，那些陌生的词语和观点已玩弄了他这么久，以至于他的回忆只是不停地绕着一个圈跑，但又太虚弱、太疲倦，而一步也迈不出去。他的整个世界都是无法防御的，它狭隘，对过去不存感激，对危险视而不见，对警告充耳不闻，成为黑夜与遗忘的死海中一个小小的有生命的旋涡。然而这种彻头彻尾的非历史和反历史的状况不仅仅是世上不公正的行为的摇篮，也是每一个公正和可以被认为公正的行为的摇篮。艺术家作画，将军打胜仗，民族获得自由，无不是在极其“非历史的”状态下奋斗过、企盼过。如果一位行动者，用歌德的话来说，没有良心，他也就没有知识。他忘记大多数事情，以做成一件事。对于被他甩在身后的事物来说，他是不公正的。他只认识到一项法则——未来事物的法则。因此他无限热爱他的工作，超过了那工作所应该被爱的程度。而最好的作品就在如此一种热爱的迷狂中产生，以至于不管它们在其他方面的价值有多么大，它们肯定是不值得他那么热爱的。

如果有谁能使这种每一重大事件都发生于其中的非历史空气消散，并且此后还能呼吸，他也许就能达到一种“超历史的”意识立场，尼布尔（Niebuhr）[①]曾将它描述为历史研究的可能结果。“历史，”他说，“如果详尽地研究，就会有益于这样一个目的：人们就会认识到，他们自己所持的并逼迫别人也应该采取的看待事物的那些方式的偶然

① 尼布尔，德意志历史学家（1776—1831）。——译者注

性。——这里我说的是逼迫,因为他们对于这些方式的意识异常强烈。——而这是我们这一代最伟大和最优秀的灵魂没有意识到的。任何人,如果不能在其不同应用中把握住这一观念,他就会屈服于一个更强大的灵魂,后者能够读到特定方式中的更深感情。"这样的一个立场可以被称为是"超历史的",因为处于这种立场的人不会从历史中感受到任何对未来生活和工作的冲动;因为他将会认识到,在行动者的灵魂之中,作为每个行动发生的条件而存在着的盲目与不公。从此,他将不再把历史看得太严肃,并学会回答如何生活和为何生活的问题——对所有环境的所有人,无论希腊人还是土耳其人,无论1世纪还是19世纪,都有这个问题。任何人,只要问问他的朋友,是否愿将过去10年或20年重过一次,他就会很容易看到,他的朋友中谁是生而为"非历史的立场"。他们都会回答说不愿意,但会为他们的回答给出不同的理由。有些人会说,能让他们感到安慰的是,将来20年会更美。他们就是被大卫·休谟用讽刺的语气提到的那些人:

> 希望从生活的残渣中求取,
>
> 第一轮轻快的奔跑所不能给予的东西。

我们将称他们为"历史的人"。他们对过去的看法使他们转向未来,鼓舞他们坚持生活,并点燃了他们的希望:公平即将到来,幸福就在他们正在攀登的山峰背后。他们相信,存在的意义将在其进化过程中越来越清晰。他们回首过去,只是为了了解现在,并刺激他们对将来的渴求。他们不知道,尽管他们完全生活在历史中,他们的历史教育并非服务于纯粹知识,而是服务于生活,他们的想法和行动仍是多么的非历史。

我们已听到了那个问题的第一个回答,但它还有另一个回答:也是"不",但理由不同。这是那些不认为进化中有拯救的、"超历史的"人所回答的"不"。对于他们而言,世界在每一刻都是完整的,实现了其目标的。将来10年怎么会教给我们过去10年所没能教给我们的东西呢?

这教训的目的是幸福还是听从,是美德还是惩罚,这些超历史的人们都没有达成一致。但在反对只用历史的方式来看待过去时,他们都认为过去和现在合而为一,万变不离其宗。它们共同组成了一幅包含着各种永存不朽的、不变的价值和意义类型的画面。正如几百种不同的语言都表达了人类共同的、不变的和基本的需求,因而了解这些需求的人不能从不同语言中学到什么新东西一样,"超历史的"哲学家也是从内心来看待民族和个人的历史。他对象形文字的原意有着一种神圣的洞察力,而且甚至逐渐对不断在他面前展开的那些字母都要感到厌倦了。无尽的事件匆匆而过,怎么会不带来腻烦、过饱和厌恶呢?因此,我们之中最大胆的人也许会最终准备发自内心地和吉亚科默·莱奥帕尔迪(Giacomo Leopardi)[①]一起说:“没有什么活着的东西值得汝痛苦,而世界不值一叹。我们的存在只是痛苦和厌倦,而世界只是泥土——别无他物。平静些吧。”

但我们将不理睬这些超历史的人们的厌恶和智慧。我们更希望今天在我们的愚昧之中是过得愉快的。并且我们作为向前迈进而又尊重世界历程的积极的人,享受一种快乐的生活。我们对历史的评价也许只是一个西方的偏见,但让我们至少在这个偏见里前行几步,而不是静静地站在原地。只要我们能更好地学会将历史作为研究生活的一种方式!只要我们确信比超历史的人有着更多的生活,我们将乐于承认他们有着更高的智慧。因为那样的话,在生活面前,我们的愚昧比他们的智慧有着一个更为伟大的前途。为了把生活与智慧之间的对抗说得更明白些,下面我像通常那样,作一个简短的小结。

一个被完全理解了并被归纳成一种知识的历史现象,对于知道它的那个人来说,是死的。因为他已发现了它的疯狂、它的不公、它的盲目热情,尤其是作为它力量源泉的鄙俗和黑暗的历史视野。对于已认识到这种力量的人来说,它已经苍白无力了;而对于那些还活着的人来说,也许还没有变得苍白无力。

历史若被看成是一种纯知识,并被允许来左右智力,那它对于人们而言,就是最终平衡生活收支的东西。只有循着一个强大、散发着活力的影响力,比如一个新的文化体系,历史研究对未来才是有利的——因此,只能是它被一个更高的力量所引导和控制,而不是它自身来引导和控制其他力量。

历史,只要它服务于生活,就是服务于一个非历史的权力,因此它永远不会成为像数学一样的纯科学。生活在多大程度上需要这样一种服务,这是影响到一个人、一个民族和一个文化的健康的最严肃的问题之一。因为,由于过量的历史,生活会残损退化,而且历史也会紧随其后同样退化。

(选自《历史的用途与滥用》,上海人民出版社2005年版)

导 读

弗里德里希·尼采,德国著名哲学家和思想家。1844年出生于普鲁士萨克森州一个乡村牧师家庭,两岁半才学会说第一句话。五岁时父亲和年仅两岁的弟弟去世,从此“那一切本属于其他孩子童年的阳光并不能照在我身上,我已经过早地学会成熟地思考”,虔诚的清教徒母亲对他日后的成长和学术都产生了深远的影响。1872年尼采发表第一部专著《悲剧的诞生》,已经形成他一生的主要哲学思想。后来还有《不合时宜的思想》《快乐的科学》《查拉图斯特拉如是说》与《论道德的谱系》等。尼采在他的著述中

① 莱奥帕尔迪,意大利诗人、学者(1798—1837)。——译者注

大声宣告“上帝已死”，批判基督教道德和现代理性，提倡“强力意志”和“超人哲学”。尼采哲学颠覆了西方的基督教道德思想和传统的价值，揭示了在上帝死后人类所必须面临的精神危机，对后世哲学家、思想家和艺术家影响巨大，雅尔斯贝斯、萨特、海德格尔、福柯和德里达等都深受其影响，是现代最伟大的哲学家和思想家之一。

《历史的用途与滥用》是尼采三十岁时出版的一部重要作品，被认为与他的《悲剧的诞生》具有同等重要的意义。本书本是为了批判十九世纪七十年代德国文化现状而写，和尼采的其他作品一样热烈有力，痛快淋漓。尼采在书中将那个时代引以为荣的历史文化描绘为一个时代的错误和缺陷，但他对历史的用途、个性与客观、真实与正义等话题的思考都具有普遍性的意义，每一位读者都可以从中思考应该怎样对待历史和生活。

本文节选自该书的第一章，纲领性的章节。在这一章中尼采以兽类“非历史性地活着”为形象的比喻，雄辩地提出，“非历史的”能力，“为每一健全和真实的成长，每一真正伟大和有人性的东西提供基础”；“历史感”到了某一程度，“就会伤害并最终毁掉这个有生命的东西”。这一观点贯穿了整部著作的始终。接下来尼采在第二至四章分别从人的行动与斗争、保守主义和虔敬、痛苦和被解救的欲望三个方面论述“历史对于生活着的人而言是必需的”。在第五至九章分别详细论述了“过量的历史看起来是某一时代生活的敌人”及其危害。在最后一章尼采提出“文化只能从生活中生长、开放”，年轻人不需要一种现成的文化，只有“非历史”和“超历史”，也即在生活的指导之下，才能向真正的文化前进。（吴述桥）

拓展阅读

克罗齐.一切历史都是当代史.田时纲，译.世界哲学，2002.

章学诚.史德.文史通义校注(卷三内篇三).叶瑛，校注.北京：中华书局，2014.

《一切历史都是当代史》

共产党宣言（一）

[德]马克思　恩格斯

资产者和无产者

至今一切社会的历史都是阶级斗争的历史。

自由民和奴隶、贵族和平民、领主和农奴、行会师傅和帮工，一句话，压迫者和被压迫者，始终处于相互对立的地位，进行不断的、有时隐蔽有时公开的斗争，而每一次斗争的结局都是整个社会受到革命改造或者斗争的各阶级同归于尽。

在过去的各个历史时代，我们几乎到处都可以看到社会完全划分为各个不同的等级，看到由社会地位分成多种多样的层次。在古罗马，有贵族、骑士、平民、奴隶，在中世纪，有封建主、臣仆、行会师傅、帮工、农奴，而且几乎在每一个阶级内部又有一些特殊的阶层。

从封建社会的灭亡中产生出来的现代资产阶级社会并没有消灭阶级对立。它只是用新的阶级、新的压迫条件、新的斗争形式代替了旧的。

但是，我们的时代，资产阶级时代，却有一个持点：它使阶级对立简单化了。整个社会日益分裂为两大敌对的阵营，分裂为两大相互直接对立的阶级：资产阶级和无产阶级。

从中世纪的农奴中产生了初期城市的城关市民；从这个市民等级中发展出最初的资产阶级分子。

美洲的发现、绕过非洲的航行，给新兴的资产阶级开辟了新天地。东印度和中国的市场、美洲的殖民化、对殖民地的贸易、交换手段和一般商品的增加，使商业、航海业和工业空前高涨，因而使正在崩溃的封建社会内部的革命因素迅速发展。

以前那种封建的或行会的工业经营方式已经不能满足随着新市场的出现而增加的需求了。工场手工业代替了这种经营方式。行会师傅被工业的中间等级排挤掉了；各种行业组织之间的分工随着各个作坊内部的分工的出现而消失了。

但是，市场总是在扩大，需求总是在增加。甚至工场手工业也不再能满足需要了。于是，蒸汽和机器引起了工业生产的革命。现代大工业代替了工场手工业；工业中的百万富翁，一支一支产业大军的首领，现代资产者，代替了工业的中间等级。

大工业建立了由美洲的发现所准备好的世界市场。世界市场使商业、航海业和陆路交通得到了巨大的发展。这种发展又反过来促进了工业的扩展，同时，随着工业、商业、航海业和铁路的扩展，资产阶级也在同一程度上得到发展，增加自己的资本，把中世纪遗留下来的一切阶级排挤到后面去。

由此可见，现代资产阶级本身是一个长期发展过程的产物，是生产方式和交换方式的一系列变革的产物。

资产阶级的这种发展的每一个阶段，都伴随着相应的政治上的进展。它在封建主统治下是被压迫的等级，在公社里是武装的和自治的团体，在一些地方组成独立的城市共和国，在另一些地方组成君主国中的纳税的第三等级；后来，在工场手工业时期，它是等级君主国或专制君主国中同贵族抗衡的势力，而且是大君主国的主要基础；最后，从大工业和世界市场建立的时候起，它在现代的代议制国家里夺得了独占的政治统治。现代的国家政权不过是管理整个资产阶级的共同事务的委员会罢了。

资产阶级在历史上曾经起过非常革命的作用。

资产阶级在它已经取得了统治的地方把一切封建的、宗法的和田园诗般的关系都破坏了。它无情地斩断了把人们束缚于天然尊长的形形色色的封建羁绊，它使人和人之间除了赤裸裸的利害关系，除了冷酷无情的"现金交易"，就再也没有任何别的联系了。它把宗教虔诚、骑士热忱、小市民伤感这些情感的神圣发作，淹没在利己主义打算的冰水之中。它把人的尊严变成了交换价值，用一种没有良心的贸易自由代替了无数特许的和自力挣得的自由。总而言之，它用公开的、无耻的、直接的、露骨的剥削代替了由宗教幻想和政治幻想掩盖着的剥削。

资产阶级抹去了一切向来受人尊崇和令人敬畏的职业的神圣光环。它把医生、律师、教士、诗人和学者变成了它出钱招雇的雇佣劳动者。

资产阶级撕下了罩在家庭关系上的温情脉脉的面纱，把这种关系变成了纯粹的金钱关系。

资产阶级揭示了，在中世纪深受反动派称许的那种人力的野蛮使用，是以极端怠惰作为相应补充的。它第一个证明了，人的活动能够取得什么样的成就。它创造了完全不同于埃及金字塔、罗马水道和哥特式教堂的奇迹；它完成了完全不同于民族大迁徙和十字军征讨的远征。

资产阶级除非对生产工具，从而对生产关系，从而对全部社会关系不断地进行革命，否则就不能生存下去。反之，原封不动地保持旧的生产方式，却是过去的一切工业阶级生存的首要条件。生产的不断变革，一切社会状况不停的动荡，永远的不安定和变动，这就是资产阶级时代不同于过去一切时代的地方。一切固定的僵化的关系以及与之相适应的素被尊崇的观念和见解都被消除了，一切新形成的关系等不到固定下来就陈旧了。一切等级的和固定的东西都烟消云散了，一切神圣的东西都被亵渎了。人们终于不得不用冷静的眼光来看他们的生活地位、他们的相互关系。

不断扩大产品销路的需要，驱使资产阶级奔走于全球各地。它必须到处落户，到处开发，到处建立联系。

资产阶级，由于开拓了世界市场，使一切国家的生产和消费都成为世界性的了。使反动派大为惋惜的是，资产阶级挖掉了工业脚下的民族基础。古老的民族工业被消灭了，并且每天都还在被消灭。它们被新的工业排挤掉了，新的工业的建立已经成为一切文明民族的生命攸关的问题；这些工业所加工的，已经不是本地的原料，而是来自极其遥远的地区的原料；它们的产品不仅供本国消费，而且同时供世界各地消费。旧的、靠本国产品来满足的需要，被新的、要靠极其遥远的国家和地带的产品来满足的需要所代替了。过去那种地方的和民族的自给自足和闭关自守状态，被各民族的各方面的互相往来和各方面的互相依赖所代替了。物质的生产是如此，精神的生产也是如此。各民族的精神产品成了公共的财产。民族的片面性和局限性日益成为不可能，于是由许多种民族的和地方的文学形成了一种世界的文学。

资产阶级，由于一切生产工具的迅速改进，由于交通的极其便利，把一切民族甚至最野蛮的民族都卷到文明中来了。它的商品的低廉价格，是它用来摧毁一切万里长城、征服野蛮人最顽强的仇外心理的重炮。它迫使一切民族——如果它们不想灭亡的话——采用资产阶级的生产方式；它迫使它们在自己那里推行所谓的文明，即变成资产者。一句话，它按照自己的面貌为自己创造出一个世界。

资产阶级使农村屈服于城市的统治。它创立了巨大的城市，使城市人口比农村人口大大增加起来，因而使很大一部分居民脱离了农村生活的愚昧状态。正像它使农村从属于城市一样，它使未开化和半开化的国家从属于文明的国家，使农民的民族从属于资产阶级的民族，使东方从属于西方。

资产阶级日甚一日地消灭生产资料、财产和人口的分散状态。它使人口密集起来，使生产资料集中起来，使财产聚集在少数人的手里。由此必然产生的后果就是政治的集中。各自独立的、几乎只有同盟关系的、各有不同利益、不同法律、不同政府、不同关税的各个地区，现在已经结合为一个拥有统一的政府、统一的法律、统一的民族阶级利益和统一的关税的统一的民族。

资产阶级在它的不到一百年的阶级统治中所创造的生产力，比过去一切世代创造的全部生产力还要多，还要大。自然力的征服，机器的采用，化学在工业和农业中的应用，轮船的行驶，铁路的通行，电报的使用，整个整个大陆的开垦，河川的通航，仿佛用法术从地下呼唤出来的大量人口，——过去哪一个世纪料想到在社会劳动里蕴藏有这样的生产力呢？

由此可见，资产阶级赖以形成的生产资料和交换手段，是在封建社会里造成的。在这些生产资料和交换手段发展的一定阶段上，封建社会的生产和交换在其中进行的关系，封建的农业和工场手工业组织，一句话，封建的所有制关系，就不再适应已经发展的生产力了。这种关系已经在阻碍生产而不是促进生产了。它变成了束缚生产的桎梏。

它必须被炸毁，它已经被炸毁了。

起而代之的是自由竞争以及与自由竞争相适应的社会制度和政治制度、资产阶级的经济统治和政治统治。

现在，我们眼前又进行着类似的运动。资产阶级的生产关系和交换关系，资产阶级的所有制关系，这个曾经仿佛用法术创造了如此庞大的生产资料和交换手段的现代资产阶级社会，现在像一个魔法师一样不能再支配自己用法术呼唤出来的魔鬼了。几十年来的工业和商业的历史，只不过是现代生产力反抗现代生产关系、反抗作为资产阶级及其统治的存在条件的所有制关系的历史。只要指出在周期性的重复中越来越危及整个资产阶级社会生存的商业危机就够了。在商业危机期间，总是不仅有很大一部分制成的产品被毁灭掉，而且有很大一部分已经造成的生产力被毁灭掉。在危机期间，发生一种在过去一切时代看来都好像是荒唐现象的社会瘟疫，即生产过剩的瘟疫。社会突然发现自己回到了一时的野蛮状态；仿佛是一次饥荒、一场普遍的毁灭性战争，使社会失去了全部生活资料；仿佛是工业和商业全被毁灭了，——这是什么缘故呢？因为社会上文明过度，生活资料太多，工业和商业太发达。社会所拥有的生产力已经不能再促进资产阶级文明和资产阶级所有制关系的发展；相反，生产力已经强大到这种关系所不能适应的地步，它已经受到这种关系的阻碍；而它一着手克服这种障碍，就使整个资产阶级社会陷入混乱，就使资产阶级所有制的存在受到威胁。资产阶级的关系已经太狭窄了，再容纳不了它本身所造成的财富了。——资产阶级用什么办法来克服这种危机呢？一方面不得不消灭大量生产力，另一方面夺取新的市场，更加彻底地利用旧的市场。这究竟是怎样的一种办法呢？这不过是资产阶级准备更全面更猛烈的危机的办法，不过是使防止危机的手段越来越少的办法。

资产阶级用来推翻封建制度的武器，现在却对准资产阶级自己了。

但是，资产阶级不仅锻造了置自身于死地的武器；它还产生了将要运用这种武器的人——现代的工人，即无产者。

随着资产阶级即资本的发展，无产阶级即现代工人阶级也在同一程度上得到发展；现代的工人只有当他们找到工作的时候才能生存，而且只有当他们的劳动增殖资本的时候才能找到工作。这些不得不把自己零星出卖的工人，像其他任何货物一样，也是一种商品，所以他们同样地受到竞争的一切变化、市场的一切波动的影响。

由于推广机器和分工，无产者的劳动已经失去了任何独立的性质，因而对工人也失去了任何吸引力。工人变成了机器的单纯的附属品，要求他做的只是极其简单、极其单调和极容易学会的操作。因此，花在工人身上的费用，几乎只限于维持工人生活和延续工人后代所必需的生活资料。但是，商品的价格，从而劳动的价格，是同它的生产费用相等的。因此，劳动越使人感到厌恶，工资也就越少。不仅如此，机器越推广，分工越细致，劳动量也就越增加，这或者是由于工作时间的延长，或者是由于在一定时间内所要求的劳动的增加，机器运转的加速，等等。

现代工业已经把家长式的师傅的小作坊变成了工业资本家的大工厂。挤在工厂里的工人群众就像士兵一样被组织起来。他们是产业军的普通士兵，受着各级军士和军官的层层监视。他们不仅仅是资产阶级的、资产阶级国家的奴隶，他们每日每时都受机器、受监工、首先是受各个经营工厂的资产者本人的奴役。这种专制制度越是公开地把营利宣布为自己的最终目的，它就越是可鄙、可恨和可恶。

手的操作所要求的技巧和气力越少，换句话说，现代工业越发达，男工也就越受到女工和童工的排挤。对工人阶级来说，性别和年龄的差别再没有什么社会意义了。他们都只是劳动工具，不过因为年龄和性别的不同而需要不同的费用罢了。

当厂主对工人的剥削告一段落，工人领到了用现钱支付的工资的时候，马上就有资产阶级中的另一部分人——房东、小店主、当铺老板等等向他们扑来。

以前的中间等级的下层，即小工业家、小商人和小食利者，手工业者和农民——所有这些阶级都降落到无产阶级的队伍里来了，有的是因为他们的小资本不足以经营大工业，经不起较大的资本家的竞争；有的是因为他们的手艺已经被新的生产方法弄得不值钱了。无产阶级就是这样从居民的所有阶级中得到补充的。

无产阶级经历了各个不同的发展阶段。它反对资产阶级的斗争是和它的存在同时开始的。

最初是单个的工人，然后是某一工厂的工人，然后是某一地方的某一劳动部门的工人，同直接剥削他们的单个资产者作斗争。他们不仅仅攻击资产阶级的生产关系，而且攻击生产工具本身；他们毁坏那些来竞争的外国商品，捣毁机器，烧毁工厂，力图恢复已经失去的中世纪工人的地位。

在这个阶段上，工人是分散在全国各地并为竞争所分裂的群众。工人的大规模集结，还不是他们自己联合的结果，而是资产阶级联合的结果，当时资产阶级为了达到自己的政治目的必须而且暂时还能够把整个无产阶级发动起来。因此，在这个阶段上，无产者不是同自己的敌人作斗争，而是同自己的敌人的敌人作斗争，即同专制君主制的残余、地主、非工业资产者和小资产者作斗争。因此，整个历史运动都集中在资产阶级手里；在这种条件下取得的每一个胜利都是资产阶级的胜利。

但是，随着工业的发展，无产阶级不仅人数增加了，而且它结合成更大的集体，它的力量日益增长，它越来越感觉到自己的力量。机器使劳动的差别越来越小，使工资几乎到处都降到同样低的水平，因而无产阶级内部的利益、生活状况也越来越趋于一致。资产者彼此间日益加剧的竞争以及由此引起的商业危机，使工人的工资越来越不稳定；机器的日益迅速的和继续不断的改良，使工人的整个生活地位越来越没有保障；单个工人和单个资产者之间的冲突越来越具有两个阶级的冲突的性质。工人开始成立反对资产者的同盟；他们联合起来保卫自己的工资。他们甚至建立了经常性的团体，以便为可能发生的反抗准备食品。有些地方,斗争爆发为起义。

工人有时也得到胜利,但这种胜利只是暂时的。他们斗争的真正成果并不是直接取得的成功,而是工人的越来越扩大的联合。这种联合由于大工业所造成的日益发达的交通工具而得到发展,这种交通工具把各地的工人彼此联系起来。只要有了这种联系,就能把许多性质相同的地方性的斗争汇合成全国性的斗争,汇合成阶级斗争。而一切阶级斗争都是政治斗争。中世纪的市民靠乡间小道需要几百年才能达到的联合,现代的无产者利用铁路只要几年就可以达到了。

无产者组织成为阶级,从而组织成为政党这件事,不断地由于工人的自相竞争而受到破坏。但是,这种组织总是重新产生,并且一次比一次更强大,更坚固,更有力。它利用资产阶级内部的分裂,迫使他们用法律形式承认工人的个别利益。英国的十小时工作日法案就是一个例子。

旧社会内部的所有冲突在许多方面都促进了无产阶级的发展。资产阶级处于不断的斗争中:最初反对贵族;后来反对同工业进步有利害冲突的那部分资产阶级;经常反对一切外国的资产阶级。在这一切斗争中,资产阶级都不得不向无产阶级呼吁,要求无产阶级援助,这样就把无产阶级卷进了政治运动。于是,资产阶级自己就把自己的教育因素即反对自身的武器给予了无产阶级。

其次,我们已经看到,工业的进步把统治阶级的整批成员抛到无产阶级队伍里去,或者至少也使他们的生活条件受到威胁。他们也给无产阶级带来了大量的教育因素。

最后,在阶级斗争接近决战的时期,统治阶级内部的、整个旧社会内部的瓦解过程,就达到非常强烈、非常尖锐的程度,甚至使得统治阶级中的一小部分人脱离统治阶级而归附于革命的阶级,即掌握着未来的阶级。所以,正像过去贵族中有一部分人转到资产阶级方面一样,现在资产阶级中也有一部分人,特别是已经提高到从理论上认识整个历史运动这一水平的一部分资产阶级思想家,转到无产阶级方面来了。

在当前同资产阶级对立的一切阶级中,只有无产阶级是真正革命的阶级。其余的阶级都随着大工业的发展而日趋没落和灭亡,无产阶级却是大工业本身的产物。

中间等级,即小工业家、小商人、手工业者、农民,他们同资产阶级作斗争,都是为了维护他们这种中间等级的生存,以免于灭亡。所以,他们不是革命的,而是保守的。不仅如此,他们甚至是反动的,因为他们力图使历史的车轮倒转。如果说他们是革命的,那是鉴于他们行将转入无产阶级的队伍,这样,他们就不是维护他们目前的利益,而是维护他们将来的利益,他们就离开自己原来的立场,而站到无产阶级的立场上来。

流氓无产阶级是旧社会最下层中消极的腐化的部分,他们在一些地方也被无产阶级革命卷到运动里来,但是,由于他们的整个生活状况,他们更甘心于被人收买,去干反动的勾当。

在无产阶级的生活条件中,旧社会的生活条件已经被消灭了。无产者是没有财产的；他们和妻子儿女的关系同资产阶级的家庭关系再没有任何共同之处了；现代的工业劳动，现代的资本压迫，无论在英国或法国，无论在美国或德国，都是一样的，都使无产者失去了任何民族性。法律、道德、宗教在他们看来全都是资产阶级偏见，隐藏在这些偏见后面的全都是资产阶级利益。

过去一切阶级在争得统治之后，总是使整个社会服从于它们发财致富的条件，企图以此来巩固它们已获得的生活地位。无产者只有废除自己的现存的占有方式，从而废除全部现存的占有方式，才能取得社会生产力。无产者没有什么自己的东西必须加以保护，他们必须摧毁至今保护和保障私有财产的一切。

过去的一切运动都是少数人的或者为少数人谋利益的运动。无产阶级的运动是绝大多数人的、为绝大多数人谋利益的独立的运动。无产阶级，现今社会的最下层，如果不炸毁构成官方社会的整个上层，就不能抬起头来，挺起胸来。

如果不就内容而就形式来说，无产阶级反对资产阶级的斗争首先是一国范围内的斗争。每一个国家的无产阶级当然首先应该打倒本国的资产阶级。

在叙述无产阶级发展的最一般的阶段的时候，我们循序探讨了现存社会内部或多或少隐蔽着的国内战争，直到这个战争爆发为公开的革命，无产阶级用暴力推翻资产阶级而建立自己的统治。

我们已经看到，至今的一切社会都是建立在压迫阶级和被压迫阶级的对立之上的。但是，为了有可能压迫一个阶级，就必须保证这个阶级至少有能够勉强维持它的奴隶般的生存的条件。农奴曾经在农奴制度下挣扎到公社成员的地位，小资产者曾经在封建专制制度的束缚下挣扎到资产者的地位。现代的工人却相反，他们并不是随着工业的进步而上升，而是越来越降到本阶级的生存条件以下。工人变成赤贫者，贫困比人口和财富增长得还要快。由此可以明显地看出，资产阶级再不能做社会的统治阶级了，再不能把自己阶级的生存条件当作支配一切的规律强加于社会了。资产阶级不能统治下去了，因为它甚至不能保证自己的奴隶维持奴隶的生活，因为它不得不让自己的奴隶落到不能养活它反而要它来养活的地步。社会再不能在它统治下生存下去了，就是说，它的生存不再同社会相容了。

资产阶级生存和统治的根本条件，是财富在私人手里的积累，是资本的形成和增殖；资本的条件是雇佣劳动。雇佣劳动完全是建立在工人的自相竞争之上的。资产阶级无意中造成而又无力抵抗的工业进步，使工人通过结社而达到的革命联合代替了他们由于竞争而造成的分散状态。于是，随着大工业的发展，资产阶级赖以生产和占有产品的基础本身也就从它的脚下被挖掉了。它首先生产的是它自身的掘墓人。资产阶级的灭亡和无产阶级的胜利是同样不可避免的。

（选自《共产党宣言》，人民出版社 1997 年版）

导 读

《共产党宣言》由马克思执笔，1848 年 2 月 21 日发表于伦敦，是马克思和恩格斯为共产主义同盟第二次代表大会起草的同盟纲领。这个宣言是国际共产主义运动的经典政治文献之一，对全世界的无产阶级革命运动起了巨大的推动作用。

《共产党宣言》在清朝末年已经传播到了中国。1905 年 11 月，朱执信在同盟会机关报《民报》第 2 卷上发表《德意志社会革命家小传》一文，记述了马克思和恩格斯的革命生涯，并第一次简要介绍了《宣言》的写作背景、基本思想和历史意义，依据《宣言》的日文本并参照英文本摘译了该书的几段文字和第二章的十大纲领全文，并作了解释。作者将该书的书名译为《共产主义宣言》。1920 年 3 月，李大钊倡导成立的"北京大学马克斯学研究会"集体翻译了德文版《宣言》的全文，印发了少量油印本在当时的先进分子中传阅。1920 年 8 月，由陈望道根据日文和英文版本翻译的《宣言》的第一个中文译本在共产国际的资助下由上海社会主义研究社正式出版。这使中国人第一次看到了科学社会主义第一个纲领性文件的全貌。这也是马克思主义经典著作以完整形式出版的第一个中译版本。新中国成立以后，《共产党宣言》又有五个中文译本，以中央编译局译本为主，以及其他几种译本的多次重印，总共印数 6000 万册以上。

《共产党宣言》是科学共产主义的第一个纲领性文献，它标志着马克思主义的诞生。宣言全文包括引言和正文四章。1872 年至 1893 年，马克思和恩格斯先后为《宣言》的德文、俄文、英文、波兰文、意大利文版撰写了七篇序言。七篇序言简要说明了《宣言》的基本思想及其在国际共产主义运动中的历史地位，指明《宣言》的理论原理是历史唯物主义，并根据无产阶级革命的经验和教训，对《宣言》作了补充和修改。《宣言》引文说明了《宣言》产生的历史背景和目的任务。第一章论述了马克思主义的阶级斗争学说。第二章说明了无产阶级政党的性质、特点、目的和任务，以及共产党的理论和纲领。第三章批判了当时流行的各种假社会主义，分析了各种假社会主义流派产生的社会历史条件，并揭露了它们的阶级实质。第四章论述了共产党人革命斗争的思想策略。

宣言有着《启示录》一般的语体。序言一开始就是，"一个幽灵，共产主义的幽灵，在欧洲徘徊"，"就像贝多芬的《第五交响曲》一样"（翁贝托·埃科《论〈共产党宣言〉的文体风格》）。接下来第一章《资产者和无产者》以雄辩的文笔描述了阶级斗争学说所指向的不可阻挡的力量。资本主义借由新市场对商品的需要，破坏了"封建的、宗法的和田园诗般的关系"，"抹去了一切向来受人尊崇和令人敬畏的职业的灵光"，"撕下了罩在家庭关系上的温情脉脉的面纱"，甚至"把一切民族甚至最野蛮的民族都卷到文明中来了"，造就了全球化趋势，发明了一种"世界的文学"。但不可避免地会出现"戏剧性的大逆转"，"随着大工业的发展"，资产阶级"首先生产的是它自身的掘墓人"。（吴述桥）

拓展阅读

翁贝托·埃科.论《共产党宣言》的文体风格//埃科谈文学.翁德明,译.上海:上海译文出版社,2015.

大卫·哈维.《共产党宣言》的地理学//希望的空间.胡大平,译.南京:南京大学出版社,2006.

雅克·德里达.马克思的幽灵:债务国家、哀悼活动和新国际.何一,译.北京:中国人民大学出版社,2008.

人生的境界

冯友兰

哲学的任务是什么？我在第一章曾提出，按照中国哲学的传统，它的任务不是增加关于实际的积极的知识，而是提高人的精神境界。在这里更清楚地解释一下这个话的意思，似乎是恰当的。

我在《新原人》一书中曾说，人与其他动物的不同，在于人做某事时，他了解他在做什么，并且自觉他在做。正是这种觉解，使他正在做的对于他有了意义。他做各种事，有各种意义，各种意义合成一个整体，就构成他的人生境界。如此构成各人的人生境界，这是我的说法。不同的人可能做相同的事，但是各人的觉解程度不同，所做的事对于他们也就各有不同的意义。每个人各有自己的人生境界，与其他任何个人的都不完全相同。若是不管这些个人的差异，我们可以把各种不同的人生境界划分为四个概括的等级。从最低的说起，它们是：自然境界，功利境界，道德境界，天地境界。

一个人做事，可能只是顺着他的本能或其社会的风俗习惯。就像小孩和原始人那样，他做他所做的事，然而并无觉解，或不甚觉解。这样，他所做的事，对于他就没有意义，或很少意义。他的人生境界，就是我所说的自然境界。

一个人可能意识到他自己，为自己而做各种事。这并不意味着他必然是不道德的人。他可以做些事，其后果有利于他人，其动机则是利己的。所以他所做的各种事，对于他，有功利的意义。他的人生境界，就是我所说的功利境界。

还有的人，可能了解到社会的存在，他是社会的一员。这个社会是一个整体，他是这个整体的一部分。有这种觉解，他就为社会的利益做各种事，或如儒家所说，他做事是为了"正其谊不谋其利"。他真正是有道德的人，他所做的都是符合严格的道德意义的道德行为。他所做的各种事都有道德的意义。所以他的人生境界，是我所说的道德境界。

最后，一个人可能了解到超乎社会整体之上，还有一个更大的整体，即宇宙。他不仅是社会的一员，同时还是宇宙的一员。他是社会组织的公民，同时还是孟子所说的"天民"。有这种觉解，他就为宇宙的利益而做各种事。他了解他所做的事的意义，自觉他正在做他所做的事。这种觉解为他构成了最高的人生境界，就是我所说的天地境界。

这四种人生境界之中，自然境界、功利境界的人，是人现在就是的人；道德境界、天地境界的人，是人应该成为的人。前两者是自然的产物，后两者是精神的创造。自然境界最低，其次是功利境界，然后是道德境界，最后是天地境界。它们之所以如此，是由于自然境界，几乎不需要觉解；功利境界、道德境界，需要较多的觉解；天地境界则需要最多的觉解。道德境界有道德价值，天地境界有超道德价值。

照中国哲学的传统，哲学的任务是帮助人达到道德境界和天地境界，特别是达到天地境界。天地境界又可以叫做哲学境界，因为只有通过哲学，获得对宇宙的某些了解，才能达到天地境界。但是道德境界，也是哲学的产物。道德行为，并不单纯是遵循道德律的行为；有道德的人也不单纯是养成某些道德习惯的人。他行动和生活，都必须觉解其中的道德原理，哲学的任务正是给予他这种觉解。

生活于道德境界的人是贤人，生活于天地境界的人是圣人。哲学教人以怎样成为圣人的方法。我在第一章中指出，成为圣人就是达到人作为人的最高成就。这是哲学的崇高任务。

在《理想国》中，柏拉图说，哲学家必须从感觉世界的“洞穴”上升到理智世界。哲学家到了理智世界，也就是到了天地境界。可是天地境界的人，其最高成就，是自己与宇宙同一，而在这个同一中，他也就超越了理智。

前几章已经告诉我们，中国哲学总是倾向于强调，为了成为圣人，并不需要做不同于平常的事。他不可能表演奇迹，也不需要表演奇迹。他做的都只是平常人所做的事，但是由于有高度的觉解，他所做的事对于他就有不同的意义。换句话说，他是在觉悟状态做他所做的事，别人是在无明状态做他们所做的事。禅宗有人说，觉字乃万妙之源。由觉产生的意义，构成了他的最高的人生境界。

所以中国的圣人是既入世而又出世的，中国的哲学也是既入世而又出世的。随着未来的科学进步，我相信，宗教及其教条和迷信，必将让位于科学；可是人的对于超越人世的渴望，必将由未来的哲学来满足。未来的哲学很可能是既入世而又出世的。在这方面，中国哲学可能有所贡献。

（选自《三松堂全集》第六卷，河南人民出版社 2001 年版）

导　读

冯友兰(1895—1990)，出生于河南省南阳市唐河县，1918 年毕业于北京大学哲学系，1919 年赴美留学，师从著名实用主义哲学家杜威，获哥伦比亚大学哲学博士学位，归国后在国内多所大学任教。主要著作有《中国哲学史》《中国哲学简史》《贞元六书》等，为中国现代著名哲学家，新儒家的重要代表之一。

《人生的境界》原为《中国哲学简史》第二十八章“中国哲学在现代世界”的第四节，后曾被选入过人教版高中语文教材，广为世人所知。本文开头明确：“哲学的任务是什么？”“按照中国哲学的传统，它的任务不是增加关于实际的积极的知识，而是提高人的精神境界”。冯友兰讲“人生的境界”是通透敞亮的，自然境界，功利境界，道德境界，天地境界，这四种境界的划分对我们具有启示意义。

人是一种寻求意义的动物。人生在世是为了什么？不只是哲学家和其他知识分子，普通老百姓同样会有自己的答案。不同的答案，都会指导人按照自己的方式去生活。但按照自己的方式生活，既可能与他人的人生追求并行不悖，也可能会与他人的人生追求相向而行，甚至是妨害其他人的生活。人对此应该采取什么样的态度呢？这可以说是中国传统哲学的核心问题之一。儒家提出了如何处理人与人之间的关系的一系列原则，如孔子曾说，“己所不欲，勿施于人”，孟子曾说，“仁者爱人”，等等。

冯友兰在《中国哲学简史》第一章中曾说，“我所说的哲学，就是对于人生的有系统的反思的思想”。他的这段话对中国哲学传统来说具有时代意义。晚清以来，西方文化对中国传统文化构成了巨大的挑战，“三千年未有之大变局”是也。冯友兰给哲学下的这个定义，给中国哲学传统找到了自己的位置，传统哲学在这个定义下能够“接着讲”，这正是他所谓“阐旧邦以辅新命”。“接着讲”不是照着讲，而是接续、阐释和弘扬。

到此我们才能更好理解本篇不单纯是在讲人生境界的层次，也是要谈中国哲学能够为现代世界贡献些什么的问题。（吴述桥）

拓展阅读

冯友兰.中国哲学简史//三松堂全集(第六卷).郑州：河南人民出版社，2011.

梁漱溟.东西文化及其哲学.上海：上海人民出版社，2006.

会 饮

——阿里斯托芬的讲辞

[古希腊]柏拉图 刘小枫 译

依我看,人们迄今都还一点不了解爱若斯的力量,要不然,就会替爱若斯筑起最雄伟的庙宇和祭坛,然后搞最盛大的献祭,哪里像现在这样,从未见到为爱若斯做这些事情,尽管理应为他做这一切。所有神祇中,爱若斯对人最友爱,扶助人,替人医一种病,要是医好了,人就可以享最美满的福气。所以,我接下来就要试试让诸位懂得爱神的力量,以后你们可以教别人。

首先,你们得了解人的自然及其遭际。我们人的自然从前不是现在这个样子,可以说完全不同。开初的时候,人的性别有三种,不像现在只有两种,除了男的和女的,还有个第三性,也就是男女两性的合体。这种人已经绝迹了,只留下名称。这种既男又女的人的样子和名称虽然既来自男性又来自女性,那个时候却是自成一性,可如今留下的这个名称成了骂人话。

其次,每一种人的样子从前都整个儿是圆的,背和两边圆成圈,成球形,有四只手,脚也有四只,在圆成圈的颈子上有一模一样的两张脸,属同一个脑袋,只不过方向刚好相反;耳朵有四个,生殖器则有一对,可以想象,所有别的器官也都是双的。走起路来时,从前的每一种人也像我们一样直着身子,不过可以任意向前向后,想要跑快时,能把腿卷成一团向前翻滚,像现在的人翻斤斗,八只手脚一起来,翻滚得飞快。

从前人之所以有三种性,乃因为男人原本是太阳的后裔,女人原本是大地的后裔,既男又女的人则是月亮的后裔,因为月亮自己兼有两者。既男又女的人的体型和行走都是圆的,像生他们的父母一样。这种人的体力和精力都非常强壮,因此常有非分之想,竟要与神们比高低。正像荷马所讲的埃菲阿尔特斯和奥托斯那样,他们想冲到天上去和神们打一仗。

于是,宙斯和其他神们会商应付的办法,可一直都没有个结果;他们总不能干脆把人都杀光,像从前用雷电劈死巨人那样,把人这一类灭掉;那样的话,神们就再也得不到从人那里来的崇拜和献祭了。可是,神们又不能让人们这样无法无天下去。经过一番绞尽脑汁,宙斯说,"我想出了个法子,既能让人继续活着,又让他们不会再捣乱,这就是让人虚弱。现在我就把人们个个切成两半,"宙斯说,"这样,他们就会虚弱,对我们也更有利,因为,他们的人数会倍增,而且以后只能用两只脚直着走路。要是发现他们仍然那么张狂,继续捣乱,那么",宙斯说,"我就把人们个个再切一次,让他们只能晃晃荡荡用一只脚蹦跳着走路。"

宙斯说到做到，把人切成两半，像人们切青果做果脯或者用头发丝分鸡蛋。每切一个，他就吩咐阿波罗把这人的脸和半边颈子扭到切面，人看到自己的切痕就会学乖点；然后，宙斯又吩咐阿波罗把伤口医好。阿波罗把人的脸扭过来，把切开的皮从两边拉到现在叫做肚皮的地方，像人们封紧布袋口那样在中央处整个儿系起来，口子就是现在说的肚脐眼。阿波罗把其余的皱疤搞得光光生生，把胸部也弄平整，用的家什，就像鞋匠在鞋模上打平皮革用的那东西。不过，阿波罗在肚皮和肚脐眼周围留了几条皱，提醒人从前遭过的罪。人的自然被这样切成两半后，每一半都急切地欲求自己的另一半，紧紧抱住不放，相互交缠，恨不得合到一起；由于不愿分离，饭也不吃、事也不做，结果就死掉了。要是这一半死了，另一半还活着，活着的一半就再寻另一半，然后拥缠在一起，管它遇到的是全女人劈开的一半（就是我们现在所谓的女人），还是全男人劈开的一半。这样，人就渐渐死光了。

宙斯看不过去了，想出另一个办法，把人的生殖器移到前面——在此之前，人的生殖器都在后面，生殖不是靠交媾，而是像蝉一样把卵下到土里。把人的生殖器移到前面，就是为了让人可以交媾，通过男人进入女人。当然还有这样的目的：要是男的抱着女的，他们马上就会生育，传下后代；要是男人抱着男人，至少也可以靠这种抱着来平泄情欲，让自己舒服一下，然后去干自己的日常工作和操心其他人生必需的事务。所以，很久很久以前，人身上就种下了彼此间的情欲，要回复自己原本的自然，也就是让分开的两半合为一体，修复人的自然。

这样来看，我们个个都只是人的一块符片，像被切成两片的比目鱼。所以，人人都总在寻求自己的另一片：凡是由双性别的人——也就是既男又女的人切开的一半而成的男人，就成了追女人的男人，[男人中]有外遇的大多就属于这种男人；反过来，由双性人切开的一半而成的女人，就成了追男人的女人，[女人中]有外遇的就是这种女人。凡由原女人切开的一半而成的女人，对男人就没有多大兴趣，只眷恋女人，女同性恋就是从这类女人来的。凡由原男人切开的一半而成的男人，寻的都是男的；还是少男的时候，他们就亲近男人——因为他们是由原男人切开的一片，喜欢和男的一起睡，交缠在一起。在少男和小伙子当中，这种男人通常最优秀，因为他们的自然最具男人气。有人说，这些男孩无耻，其实搞错了，因为，他们的行为并非出于无耻，而是出于勇敢、雄壮、阳刚，被同声同气的人吸引。最好的证明就是，只有这种少男成年之后才会成为搞政治的好手。一旦到了壮年，他们就成了男童恋，因为他们天性上就对娶妻生养子女没有兴趣，要不是迫于法律，他们宁愿不结婚，与同类男人相守。总而言之，这种人天生要么是男童恋，要么是象姑，他们生性是连在一起的。

无论是恋男童的有情人还是别的什么有情人，只要遇到自己的另一半，马上就互相迷恋得不行，黏在一起，爱得一塌糊涂，恨不得一刻不分离。他们终生厮守在一起，甚至彼此之间从来不晓得说想从对方得到什么。如此火热地与另一个粘在一起，恐怕很难说只是为了共享性事的快乐;其实,两人的心明显都愿望着某种东西,只不过实在说不出来,至多隐约感领一下所愿望的,然后含糊地暗示暗示。

两个人正这样抱着睡在一起时,假如赫斐斯托斯手拿铁匠家伙走到他们跟前,然后问:“瞧这俩儿,你们究竟渴望相互得到什么?”假如见到这两个茫然不知,赫斐斯托斯就再问:“是不是渴望尽可能粘在一起,以至于日日夜夜都不分离?倘若你们渴望这样,我就熔化你们,让你们俩熔成一个,这样,你们就不再是两个人,只要你们活一天,在一起时就跟一个人似的;要是你们死,也死成一个,去到阴间也不会是俩儿。想想看,是不是渴望这样子,要是熔成一个,你俩儿是不是就心满意足了。”

听到这番话之后,两人中肯定没有哪个会拒绝,或者表示不想如此。两人都会很干脆地认为,同所爱的人熔为一体、两人变成一个,早就求之不得。个中原因就在于,我们先前的自然本性如此,我们本来是完整的。渴望和追求那完整,就是所谓爱欲。从前,如我已经说过的那样,我们曾是一体;可现在呢,由于我们的不轨,神把我们分开了,就像阿尔卡德人被斯巴达人分开了那样。所以,我们得好自为之,要是对神们不规矩点,恐怕不免还会被切一次,结果就只得像墓石上的浮雕人似的四处走,鼻梁从中间被劈开,有如一块符片。

这就是为什么我们得奉劝所有人凡事都要竭诚敬神,以免再遭受这些事情,要让爱神引领和统率我们。任何人都万万不可渎犯爱神——得罪众神通常都是由于冒犯了爱神;要是与爱神相好,相处融洽,我们每个人就都会找到和拥有自己所爱的人,如今这样的人稀罕得很!

(选自《会饮》,华夏出版社 2003 年版)

导 读

柏拉图(Platon,前 427—前 347)生于第 88 届古代奥运会期间的雅典,据说与太阳神阿波罗是同一天生日。他原名亚里斯托克勒斯(Aristokles),因宽阔的前额和健壮的身躯被称为柏拉图(原文意为“高大的梧桐”)。据说柏拉图来拜师的头天晚上,苏格拉底曾梦见一只天鹅站在自己膝盖上;在一封流传下来的柏拉图书信中,有这样一句话:“无论现在还是将来,都没有柏拉图的任何著述;人们现在归于他名下的,全都属于变得美好、年轻的苏格拉底。”苏格拉底在公元前 399 年被以投票的方式判处死刑后,深受打击的柏拉图赴埃及、西西里等地漫游,于公元前 387 年返回雅典,建立学园(Academy)。其后除了两次短期赴西西里讲授哲学和涉足政治外,余生主要活动是教导后学、写作对话。他在第 108 届古代奥运会期间的一次婚宴上去世。

对于意欲懂得“爱为何物”的现代人来说,以“颂扬爱欲”为主题的《会饮》仍不可不读——正是在“对智慧的不可限量的爱欲”的鼓动下,哲人柏拉图写下了《会饮》。在柏拉图的语境中,“爱欲”既是普遍的自然和人性现象,也是一个神的名字,即大写的“爱若斯”(Eros)。作品中的七段讲辞清晰呈现出爱欲及爱欲问题的多样性、层次性和复杂性。喜剧诗人阿里斯托芬的讲辞被安排在“爱欲阶梯”的正中间位置,可谓不高不低、不前不后,这颇适合我们瞻前顾后、温故知新。

阿里斯托芬一上来就把爱若斯比作治疗人性疾病的医生,但有些蹊跷的是,他接下来的神话叙事却表明:爱欲其实是原初的人性自然因遭受诸神致命的刑罚而来的副产品,因为正是“圆球人”的被切分才产生了被切分成两半的人想要“合二为一”的爱欲;并且,这一原初“爱欲”在经过宙斯和阿波罗的二次设计和改进之后,才得以成为具有拯救功能的次级“爱欲”。因此认真来看,施加惩罚的宙斯和阿波罗才是阿里斯托芬叙事中的真正医生。难怪有学者说,“喜剧诗人深有城府地拿人性插科打诨以透显自然人性的凄凉”。

这种形象的错位似乎使阿里斯托芬显得有些可笑(据说这是柏拉图对阿里斯托芬在《云》中善意诽谤苏格拉底的含混反击),但这可笑也可以看作是柏拉图对后者喜剧神采的惟妙惟肖的模仿。和其喜剧创作相似,阿里斯托芬的讲辞粗俗大气,深蕴哲学和政治关切,兼具形式的美感。他通过追溯人的三种自然形态,解释了人的四种爱欲形式,这四种爱欲形式共享一个有缺陷的二元结构。爱欲是次级的自然,它指向原初的自然,因此原初的自然状态是它所爱欲的真正对象。换句话说,在原初的自然状态下,没有爱欲。这或许可以看作阿里斯托芬对于爱欲的“喜剧式净化”。另一方面,没有爱欲的圆球人奇怪地具有反叛欲,想要推翻统治他们的奥林波斯诸神以取而代之。这是否在说:反叛欲或者统治欲先于爱欲?阿里斯托芬最后所说的“要让爱神引领和统率我们”,不免让我们想起法国画家德拉克洛瓦的油画《自由引导人民》。

值得注意的是,柏拉图没让阿里斯托芬在此处的讲辞给出爱神的形象(除非我们把赫斐斯托斯当作爱神的变体),其原因据说是阿里斯托芬在自己的剧作《鸟》中,对这个神有更为美好的描写:“起初只有混沌、暗夜、漆黑的虚冥和茫茫的渊谷;那时尚无大地、空气和天空;从虚冥无边的怀里,黑翅膀的夜首先生出了风卵,经过一些时候,受尽欲求的爱若斯生出来了,他犹如旋风,背上长着灿烂的金翅;在茫茫的渊谷里,他夜里与混沌交合,生出了我们,第一次把我们带进光明。原先世上并没有神们的种族,在爱若斯与万物交合之前。”(赵山奎)

延伸阅读

阿里斯托芬.鸟.阿里斯托芬喜剧(上),张竹明,译.南京:译林出版社,2007.

《鸟》(节选)

“超自然真实”绪言

[法]西蒙娜·薇依　吴雅凌 译

他走进我的房间，说：“不幸的人哪，你一无所知。跟我走吧，我要给你你意想不到的教诲。”我跟着他走。

他带我进一座教堂。教堂新而丑陋。他引我到祭台前，说：“跪下！”我说：“我未受洗。”他说：“跪下，在这个爱的所在前，就像在真理的所在前。”我照做了。

他领我离开，爬上一座阁楼，从阁楼打开的窗，看得见整个城市，几个木头的脚手架，船舶在河岸卸货。他令我坐下。

只我们两个。他说话。偶尔有人进来，加入谈话，又离开。

不再是冬天。春天还没有来。树上的枝桠光秃着，尚未发芽，空气冷冽，阳光充足。

太阳升起，闪耀，又消隐，星月从窗口进来。之后又是一个黎明。

有时，他停下说话，从橱柜取出面包，我们一起吃。那面包真正有面包的滋味。我再没有尝到那样的滋味。

他为我倒葡萄酒，也为自己倒了。那酒有阳光的滋味，有这座城邦所在的大地的滋味。

有时，我们躺在阁楼的地板上，温存的睡眠降临在我身上。不久，我醒来，饮着日光。

他答应给我一个教诲，但他什么也没教。我们谈论各种话题，断断续续，像两个老友。

有一天，他对我说：“现在，走吧。”我跪下，我抱住他的腿，我求他莫赶我走。但他把我推到楼梯口。我下了楼，懵懂，心却碎了。我走在街上。我意识到自己根本找不到那所房子。

我没有尝试找到它。我心想，那人来找我是个错误。我的位置不在那座阁楼上。我的位置在任何地方，一间黑牢房，一间摆满小古玩和红色长毛玩意的中产阶级沙龙，一间车站候车室。任何地方，却不在那座阁楼上。

有时，我忍不住对自己重复他说过的一些话，带着恐惧和悔恨。如何证明我准确无误地记住了呢？他不在旁边，没人告诉我。

我知道，他不爱我。他怎么可能爱我？然而，在我内心深处，在我身上潜伏的某一点，时时因恐惧而战栗，一边忍不住想：也许，归根到底，他爱我。

（选自《柏拉图对话中的神》，华夏出版社 2012 年版）

导 读

西蒙娜·薇依(Simmone Weil, 1909—1943)在巴黎一个犹太家庭出生,在去伦敦参加法国抵抗纳粹流亡政府的工作的路途中去世,时年34岁。她被称为神秘主义者、宗教思想家和社会活动家,但生前没出版任何作品,只留下了大量手稿托付友人保存。1949年起,时任伽利玛出版社主编的加缪先后出版了十一部薇依的作品,从部分书名可以看出其思考的宽广:《超自然真实》《工人的生存条件》《古希腊之源》《压迫与自由》《历史与政治文稿》《关于爱神的散乱思考》《论科学》。

1938年,据薇依自己的说法,她"被基督占有了"。她同时还说,她先前从未想过,类似的经验(也就是与神的个体接触的事件)有可能发生。但这个发生了的经验却没有成为一个皈依故事——薇依没有接受洗礼,始终在教会之外。对此她的解释是:"作为慰藉来源的宗教是真正信仰的阻碍,在这一点上,无神论是一种净化。对于我身上不是为神而存在的那部分,我必须是无神论者。在那些尚未唤醒自身超自然部分的人中,无神论对了,信徒错了。"

从这一角度看,在写于那次"启示/超验/超自然"事件4年后的《"超自然真实"绪言》,就似乎是这次启示事件的"再度经验"。但在这个作为叙述事件的启示里,显然包含了更长的时间维度和更丰富的空间层次——"占有"的点被叙述行动拉伸为从"占有"到"被弃"的故事线,一个被从"洞穴"(房间)引向"洞外"(阁楼)而后又被赶往"洞穴"(黑牢房、中产阶级沙龙、车站候车室)的抛物线。值得注意的是,故事里视点的"上升"与视野的"拓展"都很节制:最高处是阁楼,虽有窗,但从窗外进来的只是星星和月亮,太阳在外面升起、闪耀,所饮的阳光经过了葡萄酒和睡眠的过滤;而从窗内所望到的最远的风景,也不过是城市、河岸以及从远处归来卸货的船舶,十字架的象征被轻描淡写地以"几个木头的脚手架"搪塞过去。或许在薇依看来,这种节制恰是那个未曾言明的教诲:"正当你以为它要达到完满的定音时,上升的趋势突然中断,重又降落。上升运动连续不断地服从于下降运动。恩典正是这种艺术的源泉。"

从用典的角度看,除了柏拉图《理想国》中的洞穴寓言,这则"神秘、隽永而优美"的"精神自传"还叠合了《旧约》中的创世和伊甸园、《新约》中的最后晚餐及复活后的耶稣与玛丽在耶稣的身体所在的墓穴里会面的场景。米兰·昆德拉在《不能承受的生命之轻》中说:"如果我们生命的每一秒钟得无限重复,我们就会像耶稣被钉死在十字架上一样被钉死在永恒上。"把这话用在薇依这里,倒具有恰如其分的重量:经典里的许多"启示时刻"其实可以看作同一个时刻,这被汇聚起来的某一刻钉在"身上潜伏的某一点上",这个点或许就是"超自然部分"的中心。在这个点上,故事里的"我"的被弃回荡着"福音书中最心酸不过"(薇依语)的一句呼喊:"我的父,你为什么离弃我?"(赵山奎)

延伸阅读

米兰.昆德拉.不能承受的生命之轻.许钧,译.上海：上海译文出版社,2003.

《不能承受的生命之轻》

草木自然与格物致知

《本草纲目》两则

［明］李时珍

（一）萱草

【释名】忘忧（《说文》）、疗愁（《纲目》）、丹棘（《古今注》）、鹿葱（《嘉祐》）、鹿剑（《土宿》）、妓女（《吴普》）、宜男。时珍曰：萱本作谖。谖，忘也。《诗》云：焉得谖草？言树之背。谓忧思不能自遣，故欲树此草，玩味以忘忧也。吴人谓之疗愁。《董子》云：欲忘人之忧，则赠之丹棘，一名忘忧故也。其苗烹食，气味如葱，而鹿食九种解毒之草，萱乃其一，故又名鹿葱。《周处风土记》云：怀妊妇人佩其花，则生男。故名宜男。李九华《延寿书》云：嫩苗为蔬，食之动风，令人昏然如醉，因名忘忧。此亦一说也。嵇康《养生论》：《神农经》言中药养性，故合欢蠲忿，萱草忘忧。亦谓食之也。郑樵《通志》乃言萱草一名合欢者，误矣。合欢见木部。

【集解】颂曰：萱草处处田野有之，俗名鹿葱。五月采花，八月采根。今人多采其嫩苗及花跗作菹食。时珍曰：萱宜下湿地，冬月丛生。叶如蒲、蒜辈而柔弱，新旧相代，四时青翠。五月抽茎开花，六出四垂，朝开暮蔫，至秋深乃尽，其花有红黄紫三色。结实三角，内有子大如梧子，黑而光泽。其根与麦门冬相似，最易繁衍。《南方草木状》言，广中一种水葱，状如鹿葱，其花或紫或黄，盖亦此类也。或言鹿葱花有斑文，与萱花不同时者，谬也。肥土所生，则花厚色深，有斑文，起重台，开有数月；瘠土所生，则花薄而色淡，开亦不久。嵇含《宜男花序》亦云：荆楚之士号为鹿葱，可以荐菹，尤可凭据。今东人采其花跗干而货之，名为黄花菜。

（二）桃

【释名】时珍曰：桃性早花，易植而子繁，故字从木、兆。十亿曰兆，言其多也。或云从兆谐声也。

【集解】《别录》曰：桃生太山川谷。弘景曰：今处处有之。核仁入药，当取解核者种之为佳，山桃仁不堪用。颂曰：汴东、陕西者尤大而美。大抵佳果肥美者，皆圃人以他木接成，殊失本性。入药当用本生者为佳。今市肆卖者，多杂接核之仁，为不堪也。宗奭曰：山中一种桃，正合《月令》桃始华者，花多子少，不堪啖，惟堪取仁入药。汴中有油桃，小于众桃，光如涂油，不益脾胃。太原有金桃，色深黄。洛中有昆仑桃，肉深红紫色。又有饼子桃，状如香饼子。其味皆甘。时珍曰：桃品甚多，易于栽种，且早结实。五年宜以刀劙其皮，出其脂液，则多延数年。其花有红、紫、白、千叶、二色之殊，其实有红桃、绯桃、碧桃、缃桃、白桃、乌桃、金桃、银桃、胭脂桃，皆以色名者也。有绵桃、油桃、御桃、方桃、匾桃、偏核桃，皆以形名者也。有五月早桃、十月冬桃、秋桃、霜桃，皆以时名者也。并可供食。惟山中毛桃，即《尔雅》所谓榹桃者，小而多毛，核粘味恶。其仁充满多脂，可入药用，盖外不足者内有余也。冬桃一名西王母桃，一名仙人桃，即昆仑桃，形如栝楼，表里彻赤，得霜始熟。方桃形微方。匾桃出南番，形匾肉涩，核状如盒，其仁甘美。番人珍之，名波淡树，树甚高大。偏核桃出波斯，形薄而尖，头偏，状如半月，其仁酷似新罗松子，可食，性热。又杨维桢、《宋濂集》中并载元朝御库蟠桃，核大如碗，以为神异。按王子年《拾遗记》载：汉明帝时，常山献巨核桃，霜下始花，隆暑方熟。《玄中记》载：积石之桃，大如斗斛器。《酉阳杂俎》载：九疑有桃核，半扇可容米一升；及蜀后主有桃核杯，半扇容水五升，良久如酒味可饮。此皆桃之极大者。昔人谓桃为仙果，殆此类欤？生桃切片瀹过，曝干为脯，可充果食。又桃酢法：取烂熟桃纳瓮中，盖口七日，漉去皮核，密封二七日酢成，香美可食。《种树书》云：柿接桃则为金桃，李接桃则为李桃，梅接桃则脆。桃树生虫，煮猪头汁浇之即止。皆物性之微妙也。

【发明】弘景曰：《肘后方》言：服三树桃花尽，则面色红润悦泽如桃花也。颂曰：《太清草木方》言：酒渍桃花饮之，除百疾，益颜色。时珍曰：按：欧阳询《初学记》，载北齐崔氏以桃花、白雪与儿靧面，云令面妍华光悦，盖得本草令人好颜色、悦泽人面之义；而陶、苏二氏乃引服桃花法，则因本草之言而谬用者也。桃花性走泄下降，利大肠甚快，用以治气实人病水饮肿满积滞、大小便闭塞者，则有功无害。若久服，即耗人阴血，损元气，岂能悦泽颜色耶？按张从正《儒门事亲》载：一妇滑泻数年，百治不效。或言：此伤饮有积也。桃花落时，以棘针刺取数十萼，勿犯人手。以面和作饼，煨熟食之，米饮送下。不一二时，泻下如倾。六七日，行至数百行，昏困，惟饮凉水而平。观此，则桃花之峻利可征矣。又苏鹗《杜阳编》载：范纯佑女丧夫发狂，闭之室中，夜断窗棂，登桃树上食桃花几尽。及旦，家人接下，自是遂愈也。珍按：此亦惊怒伤肝，痰夹败血，遂致发狂。偶得桃花利痰饮、散滞血之功，与张仲景治积热发狂用承气汤，畜血发狂用桃仁承气汤之意相同；而陈藏器乃言桃花食之患淋，何耶？

（选自《〈本草纲目〉新校注本（上、下册）》，华夏出版社 2002 年版）

导 读

李时珍(1518—1593),湖北蕲州人。虽出身中医世家,但学而优则仕,在传统中国的文化层级中,读书、科举、做官才是正途的三部曲。李时珍5岁入私塾读书,14岁考中秀才,但以后连考三次未能中举,23岁放弃举业,立志学医,读书十年,浸淫文献。完成学术史的清理与知识积累后,35岁开始其一生的名山事业——著述《本草纲目》,61岁完成初稿,又用十年三易其稿,以四十年时间完成一百九十万字巨著。1593年,在李时珍生命的最后一年,终于有书商付梓刻印《本草纲目》。历时三年,方印刷成书,可惜李时珍也已去世三年,未能见到《本草纲目》的面世。

先解释书名。"纲目"即分类,是著述方法。李时珍将1892种药物分为16部60类,是为大纲大目。每种药物又从名称、形态、药用价值等多个方面分别考察讲述,是为小纲小目;"药"按《说文解字》即"治病草",因此"药"虽有多种,但"草类最多",故称"本草",本草也因此成了中药的代名词。后世也有学者认为,"本草"之"本"乃"木"字之讹,也就是说,本草就是草木。实际也是,《本草纲目》十六部五十二卷,其中植物被分成"草、谷、菜、果、木"五部,共计26卷,占了全书的一半。

"本草"是药,按现代科学的分类,无疑《本草纲目》首先是医药学著作。但人类文化的经典从来都不仅只属于某个领域,很难为某个专业所限制。达尔文就称赞《本草纲目》为"中国的百科全书"。如果将《本草纲目》仅仅看做药方大全,那是一叶障目不见森林。李时珍曾对当时的文坛领军人物王世贞讲自己著述《本草纲目》的过程:"长耽典籍,若啖蔗饴。遂渔猎群书,搜罗百氏。凡子史经传,声韵农圃,医卜星象,乐府诸家,稍有得处,辄著数言"。有如此广博的阅读视野,浸淫各类文化典籍与杂著,才能成就《本草纲目》的文化品格:入之以本草,出之以文化。李时珍本人将《本草纲目》的定位与追求明确表述为:"虽曰医家药品,其考释性理,实吾儒格物之学,可裨《尔雅》《诗疏》之缺"。王世贞读过《本草纲目》,不由赞叹:"兹岂禁以医书觏哉!实性理之精微,格物之通典"。不管是作者李时珍,还是读者王世贞,都将《本草纲目》纳入了格物致知——穷究事理,以达真知的文化传统之中,因此可以说,《本草纲目》是医学著作,更是文化经典;是学术的,也是诗意的。

五四以后,中国人接受现代的西方文学观念,将文学等同为小说、诗歌、散文和戏剧四种文体,但传统中国的文化理念是:"言之无文,行之不远",即只要提笔为文,不管写什么,都要讲究文采,都可是好文章。而且不仅中国古代如此,想想西方传统似乎也是如此:罗素是哲学家,不也获了诺贝尔文学奖吗?法布尔是昆虫学家,也被推荐为诺奖候选人——他们都没有写过现代的"纯文学"作品。以小说等四大文体为文学之正宗,在西方似乎也只是现代的事。若按那种纯文学观念看,一部中国文学史实在大多是实用文体，但在中国传统中，那就是地地道道的文学。在中国，“文学”的本意即是“文章博学”。以此传统来看，《本草纲目》正是有文采、有学问的好文章，尤其是对每一种药物的“释名”“集解”两项，可以说多是文字讲究、叙述有趣的博学文章。

名不正，则言不顺，《本草纲目》对每一种药物首先做的就是正名。《释名》是学术史的清理，考镜源流，辨析正误，考证不同历史阶段、不同地域、不同典籍中同一种植物的不同名称，及其名称来源。考证是学问，但也联系着已消逝的或还存在着的生活。黄花菜与桃是常见的菜与果，可李时珍用文字学和文学的知识告诉我们，中国人曾经的生活中，栽种萱草或者赠人萱草，乃是忘忧，“忧”字有“心”，联系着中国人的情感世界；而“桃”字之构成是因为花多果多，从此看见“桃”字，有人会在这个汉字里看见一树花开吧。我们习以为常的一棵草一棵树的名字，李时珍讲出了那么多学问和故事，而我们早就习惯了知其然不知其所以然。李时珍提醒我们，所谓的常识，我们还可以问个为什么，还可以重新思考。

《集解》描述植物形态与生存环境，对一棵草一棵树详尽描述的背后，是一年四季都在山野仔细观察欣赏的草木诗人李时珍——没有至深的爱意，怎会几十年看花看草！更何况，草木不仅生长在大地上，也生存在文化史里，生存在人的世界里，于是草木才有了或优美或解颐的人间悲喜故事。生病女子夜晚破窗，吃掉满树桃花，虽是讲药效，却是一出令人忍俊不禁的民间喜剧；能盛一升米、五升水的巨桃传说，让人追忆耽于精致优美感的中国人也曾有过的想象闳放、崇尚崇高之美的时代；桃花可以养颜，似乎李时珍无意中说出了“人面桃花相映红”的诗歌秘密。

怀孕佩戴萱草宜生男孩，《本草纲目》中有很多这样的记述，在现代人看来也许是荒诞不经的伪科学，可生命不仅需要科学，信仰草木与人有着某种神秘联系是中国人生活史的一部分——和草木亲密接触的部分，也许那个时代和世界中正有着“诗意栖居”的心灵与生活。（马俊江）

拓展阅读

陈淏子.花镜.杭州：浙江人民美术出版社，2015.

《本草纲目》三则

我生活的地方，我为何生活

[美]亨利·戴维·梭罗 徐迟 译

到达我们生命的某个时期，我们就习惯于把可以安家落户的地方，一个个地加以考察了。正是这样我把住所周围一二十英里内的田园统统考察一遍。我在想象中已经接二连三地买下了那儿的所有田园，因为所有的田园都得要买下来，而且我都已经摸清它们的价格了。我步行到各个农民的田地上，尝尝他的野苹果，和他谈谈稼穑，再又请他随便开个什么价钱，就照他开的价钱把它买下来，心里却想再以任何价钱把它押给他；甚至付给他一个更高的价钱，——把什么都买下来，只不过没有立契约，——而是把他的闲谈当作他的契约，我这个人原来就很爱闲谈，——我耕耘了那片田地，而且在某种程度上，我想，耕耘了他的心田，如是尝够了乐趣以后，我就扬长而去，好让他继续耕耘下去。这种经营，竟使我的朋友们当我是一个地产掮客。其实我是无论坐在哪里，都能够生活的，哪里的风景都能相应地为我而发光。家宅者，不过是一个座位，——如果这个座位是在乡间就更好些。我发现许多家宅的位置，似乎都是不容易很快加以改进的，有人会觉得它离村镇太远，但我觉得倒是村镇离它太远了点。我总说，很好，我可以在这里住下；我就在那里过一小时夏天的和冬天的生活；我看到那些岁月如何地奔驰，挨过了冬季，便迎来了新春。这一区域的未来居民，不管他们将要把房子造在哪里，都可以肯定过去就有人住过那儿了。只要一个下午就足够把田地化为果园、树林和牧场，并且决定门前应该留着哪些优美的橡树或松树，甚至于砍伐了的树也都派定了最好的用场了；然后，我就由它去啦，好比休耕了一样，一个人越是有许多事情能够放得下，他越是富有。

我的想象却跑得太远了些，我甚至想到有几处田园会拒绝我，不肯出售给我，——被拒绝正合我的心愿呢，——我从来不肯让实际的占有这类事情灼伤过我的手指头。几乎已实际地占有田园那一次，是我购置霍乐威尔那个地方的时候，都已经开始选好种子，找出了木料来，打算造一架手推车，来推动这事，或载之而他往了；可是在原来的主人正要给我一纸契约之前，他的妻子——每一个男人都有一个妻子的——发生了变卦，她要保持她的田产了，他就提出赔我十元钱，解除约定。现在说句老实话，我在这个世界上只有一角钱，假设我真的有一角钱的话，或者又有田园，又有十元，或有了所有的这一切，那我这点数学知识可就无法计算清楚了。不管怎样，我退回了那十元钱，退还了那田园，因为这一次我已经做过头了；应该说，我是很慷慨的啰，我按照我买进的价格，按原价再卖了给他，更因为他并不见得富有，还送了他十元，但保留了我的一角钱和种子，以及备而未用的独轮车的木料。如此，我觉得我手面已很阔绰，而且这样做无损于我的。至于那地方的风景，我却也保留住了，后来我每年都得到丰收，却不需要独轮车来载走。关于风景，——

> “我勘察一切，像一个皇帝，
> 谁也不能够否认我的权利”。

我时常看到一个诗人，在欣赏了一片田园风景中的最珍贵部分之后，就扬长而去，那些固执的农夫还以为他拿走的仅只是几枚野苹果。诗人却把他的田园押上了韵脚，而且多少年之后，农夫还不知道这回事，这么一道最可羡慕的、肉眼不能见的篱笆已经把它圈了起来，还挤出了它的牛乳，去掉了奶油，把所有的奶油都拿走了，他只把去掉了奶油的奶水留给了农夫。

霍乐威尔田园的真正迷人之处，在我看是：它的遁隐之深，离开村子有两英里，离开最近的邻居有半英里，并且有一大片地把它和公路隔开了；它傍着河流，据它的主人说，由于这条河，而升起了雾，春天里就不会再下霜了，这却不在我心坎上；而且，它的田舍和棚屋带有灰暗而残败的神色，加上零落的篱笆，好似在我和先前的居民之间，隔开了多少岁月；还有那苹果树，树身已空，苔藓满布，兔子咬过，可见得我将会有什么样的一些邻舍了；但最主要的还是那一度回忆，我早年就曾经溯河而上，那时节，这些屋宇藏在密密的红色枫叶丛中，还记得我曾听到过一头家犬的吠声。我急于将它购买下来，等不及那产业主搬走那些岩石，砍伐掉那些树身已空的苹果树，铲除那些牧场中新近跃起的赤杨幼树，一句话，等不及它的任何收拾了。为了享受前述的那些优点，我决定干一下了：像那阿特拉斯[①]一样，把世界放在我肩膀上好啦，——我从没听到过他得了哪样报酬，——我愿意做一切事：简直没有别的动机或任何推托之辞，只等付清了款子，便占有这个田园，再不受他人侵犯就行了；因为我知道我只要让这片田园自生自展，它将要生展出我所企求的最丰美的收获。但后来的结果已见上述。

所以，我所说的关于大规模的农事（至今我一直在培育着一座园林），仅仅是我已经预备好了种子。许多人认为年代越久的种子越好。我不怀疑时间是能分别好和坏的，但到最后我真正播种了，我想我大约是不至于会失望的。可是我要告诉我的伙伴们，只说这一次，以后永远不再说了：你们要尽可能长久地生活得自由，生活得并不执著才好。执迷于一座田园，和关在县政府的监狱中，简直没有分别。

老卡托[②]——他的《乡村篇》是我的“启蒙者”，曾经说过——可惜我见到的那本唯一的译本把这一段话译得一塌糊涂，——“当你想要买下一个田园的时候，你宁可在脑

---

① 古希腊神话中的巨人，反抗宙斯失败后，被惩罚顶住苍穹。

② 老卡托，公元前234年—公元前149年，古罗马作家、政治家。

中多多地想着它，可决不要贪得无厌地买下它，更不要嫌麻烦而再不去看望它，也别以为绕着它兜了一个圈子就够了。如果这是一个好田园，你去的次数越多你就越喜欢它”。我想我是不会贪得无厌地购买它的，我活多久，就去兜多久的圈子，死了之后，首先要葬在那里。这样才能使我终于更加喜欢它。

目前要写的，是我的这一类实验中其次的一个，我打算更详细地描写描写；而为了便利起见，且把这两年的经验归并为一年。我已经说过，我不预备写一首沮丧的颂歌，可是我要像黎明时站在栖木上的金鸡一样，放声啼叫，即使我这样做只不过是为了唤醒我的邻人罢了。

我第一天住在森林里，就是说，白天在那里，而且也在那里过夜的那一天，凑巧得很，是一八四五年七月四日，独立日，我的房子没有盖好，过冬还不行，只能勉强避避风雨，没有灰泥墁，没有烟囱，墙壁用的是饱经风雨的粗木板，缝隙很大，所以到晚上很是凉爽。笔直的、砍伐得来的、白色的间柱，新近才刨得平坦的门户和窗框，使屋子具有清洁和通风的景象，特别在早晨，木料里饱和着露水的时候，总使我幻想到午间大约会有一些甜蜜的树胶从中渗出。这房间在我的想象中，一整天里还将多少保持这个早晨的情调，这使我想起了上一年我曾游览过的一个山顶上的一所房屋，这是一所空气好的、不涂灰泥的房屋，适宜于旅行的神仙在途中居住，那里还适宜于仙女走动，曳裙而过。吹过我的屋脊的风，正如那扫荡山脊而过的风，唱出断断续续的调子来，也许是天上人间的音乐片段。晨风永远在吹，创世纪的诗篇至今还没有中断；可惜听得到它的耳朵太少了。灵山只在大地的外部，处处都是。

除掉了一条小船之外，从前我曾经拥有的唯一屋宇，不过是一顶篷帐，夏天里，我偶或带了它出去郊游，这顶篷帐现在已卷了起来，放在我的阁楼里；只是那条小船，辗转经过了几个人的手，已经消隐于时间的溪流里。如今我却有了这更实际的避风雨的房屋，看来我活在这世间，已大有进步。这座屋宇虽然很单薄，却是围绕我的一种结晶了的东西，这一点立刻在建筑者心上发生了作用。它富于暗示的作用，好像绘画中的一幅素描。我不必跑出门去换空气，因为屋子里面的气氛一点儿也没有失去新鲜。坐在一扇门背后，几乎和不坐在门里面一样，便是下大雨的天气，亦如此。《哈利梵萨》[①]说过：“并无鸟雀巢居的房屋像未曾调味的烧肉。”寒舍却并不如此，因为我发现我自己突然跟鸟雀做起邻居来了；但不是我捕到了一只鸟把它关起来，而是我把我自己关进了它们的邻近一只笼子里。我不仅跟那些时常飞到花园和果树园里来的鸟雀弥形亲近，而且跟那些更野性、更逗人惊诧的森林中的鸟雀亲近了起来，它们从来没有，就有也很难得，向村镇上的人民唱出良宵的雅歌的，——它们是画眉，东部鸫鸟，红色的碛鹞，野麻雀，怪鸱和许多别的鸣禽。

① 古印度史诗。

我坐在一个小湖的湖岸上，离开康科德村子南面约一英里半，较康科德高出些，就在市镇与林肯乡之间那片浩瀚的森林中央，也在我们的唯一著名地区，康科德战场之南的两英里地；但因为我是低伏在森林下面的，而其余的一切地区，都给森林掩盖了，所以半英里之外的湖的对岸便成了我最遥远的地平线。在第一个星期内，无论什么时候我凝望着湖水，湖给我的印象都好像山里的一泓龙潭，高高在山的一边，它的底还比别的湖沼的水平面高了不少，以至日出的时候，我看到它脱去了夜晚的雾衣，它轻柔的粼波，或它波平如镜的湖面，都渐渐地在这里那里呈现了，这时的雾，像幽灵偷偷地从每一个方向，退隐入森林中，又好像是一个夜间的秘密宗教集会散会了一样。露水后来要悬挂在林梢，悬挂在山侧，到第二天还一直不肯消失。

八月里，在轻柔的斜风细雨暂停的时候，这小小的湖做我的邻居，最为珍贵，那时水和空气都完全平静了，天空中却密布着乌云，下午才过了一半却已具备了一切黄昏的肃穆，而画眉在四周唱歌，隔岸相闻。这样的湖，再没有比这时候更平静的了；湖上的明净的空气自然很稀薄，而且给乌云映得很黯淡了，湖水却充满了光明和倒影，成为一个下界的天空，更加值得珍视。从最近被伐木的附近一个峰顶上向南看，穿过小山间的巨大凹处，看得见隔湖的一幅愉快的图景，那凹处正好形成湖岸，那儿两座小山坡相倾斜而下，使人感觉到似有一条溪涧从山林谷中流下，但是，却没有溪涧。我是这样地从近处的绿色山峰之间和之上，远望一些蔚蓝的地平线上的远山或更高的山峰的。真的，踮起了足尖来，我可以望见西北角上更远、更蓝的山脉，这种蓝颜色是天空的染料制造厂中最真实的出品，我还可以望见村镇的一角。但是要换一个方向看的话，虽然我站得如此高，却给郁茂的树木围住，什么也看不透，看不到了。在邻近，有一些流水真好，水有浮力，地就浮在上面了。便是最小的井也有这一点值得推荐，当你窥望井底的时候，你发现大地并不是连绵的大陆，而是隔绝的孤岛。这是很重要的，正如井水之能冷藏牛油。当我的目光从这一个山顶越过湖向萨德伯里草原望过去的时候，在发大水的季节里，我觉得草原升高了，大约是蒸腾的山谷中显示出海市蜃楼的效果，它好像沉在水盆底下的一个天然铸成的铜币，湖之外的大地都好像薄薄的表皮，成了孤岛，给小小一片横亘的水波浮载着，我才被提醒，我居住的地方只不过是干燥的土地。

虽然从我的门口望出去，风景范围更狭隘，我却一点不觉得它拥挤，更无被囚禁的感觉。尽够我的想象力在那里游牧的了。矮橡树丛生的高原升起在对岸，一直向西去的大平原和鞑靼式的草原伸展开去，给所有的流浪人家一个广阔的天地。当达摩达拉[①]的牛羊群需要更大的新牧场时，他说过，“再没有比自由地欣赏广阔的地平线的人更快活的人了。”

时间和地点都已变换，我生活在更靠近了宇宙中的这些部分，更挨紧了历史中最吸

① 印度史诗中的神。

引我的那些时代。我生活的地方遥远得跟天文家每晚观察的太空一样，我们惯于幻想：在天体的更远更僻的一角，有着更稀罕、更愉快的地方，在仙后星座的椅子形状的后面，远远地离了嚣闹和骚扰。我发现我的房屋位置正是这样一个遁隐之处，它是终古常新的没有受到污染的宇宙一部分。如果说，居住在这些部分，更靠近昴星团或毕星团，牵牛星座或天鹰星座更加值得的话，那么，我真正是住在那些地方的，至少是，就跟那些星座一样远离我抛在后面的人世，那些闪闪的小光，那些柔美的光线，传给我最近的邻居，只有在没有月亮的夜间才能够看得到。我所居住的便是创造物中那部分——

“曾有个牧羊人活在世上，
他的思想有高山那样
崇高，在那里他的羊群
每小时都给予他营养”。

如果牧羊人的羊群老是走到比他的思想还要高的牧场上，我们会觉得他的生活是怎样的呢？

每一个早晨都是一个愉快的邀请，使得我的生活跟大自然自己同样地简单，也许我可以说，同样地纯洁无暇。我向曙光顶礼，忠诚如同希腊人。我起身很早，在湖中洗澡；这是个宗教意味的运动，是我所做到的最好的一件事。据说在成汤王的浴盆上就刻着这样的字：“苟日新，日日新，又日新。”我懂得这个道理。黎明带回来了英雄时代。在最早的黎明中，我坐着，门窗大开，一只看不到也想象不到的蚊虫在我的房中飞，它那微弱的吟声都能感动我，就像我听到了宣扬美名的金属喇叭声一样。这是荷马的一首安魂曲，空中的《伊利亚特》和《奥德赛》，歌唱着它的愤怒与漂泊。此中大有宇宙本体之感；宣告着世界的无穷精力与生生不息，直到它被禁。黎明啊，一天之中最值得纪念的时节，是觉醒的时辰。那时候，我们的昏沉欲睡的感觉是最少的了；至少可有一小时之久，整日夜昏昏沉沉的官能大都要清醒起来。但是，如果我们并不是给我们自己的禀赋所唤醒，而是给什么仆人机械地用肘子推醒的；如果并不是由我们内心的新生力量和内心的要求来唤醒我们，既没有那空中的芬香，也没有回荡的天籁的音乐，而是工厂的汽笛唤醒了我们的，——如果我们醒时，并没有比睡前有了更崇高的生命，那么这样的白天，即便能称之为白天，也不会有什么希望可言；要知道，黑暗可以产生这样的好果子，黑暗是可以证明它自己的功能并不下于白昼的。一个人如果不能相信每一天都有一个比他亵读过的更早、更神圣的曙光时辰，他一定是已经对于生命失望的了，正在摸索着一条降入黑暗去的道路。感官的生活在休息了一夜之后，人的灵魂，或者就说是人的官能吧，每天都重新精力弥漫一次，而他的禀赋又可以去试探他能完成何等崇高的生活了。可以纪念的一切事，我敢说，都在黎明时间的氛围中发生。《吠陀经》说：“一切知，俱于黎明中醒”。诗歌与艺术，人类行为中最美丽最值得纪念的事都出发于这一个时刻。所有的诗人和英雄都像曼侬，那曙光之神的儿子，在日出时他播送竖琴音乐。以富于弹性的和精力充沛的思想追随着太阳步伐的人，白昼对于他便是一个永恒的黎明。这和时钟的鸣声不相干，也不用管人们是什么态度，在从事什么劳动。早晨是我醒来时内心有黎明感觉的一个时候。改良德性就是为了把昏沉的睡眠抛弃。人们如果不是在浑浑噩噩地睡觉，那为什么他们回顾每一天的时候要说得这么可怜呢？他们都是精明人嘛。如果他们没有给昏睡所征服，他们是可以干成一些事的。几百万人清醒得足以从事体力劳动，但是一百万人中，只有一个人才清醒得足以有效地服役于智慧；一亿人中，才能有一个人，生活得诗意而神圣。清醒就是生活。我还没有遇到过一个非常清醒的人。要是见到了他，我怎敢凝视他呢？

我们必须学会再苏醒，更须学会保持清醒而不再昏睡，但不能用机械的方法，而应寄托无穷的期望于黎明，就在最沉的沉睡中，黎明也不会抛弃我们的。我没有看到过更使人振奋的事实了，人类无疑是有能力来有意识地提高他自己的生命的。能画出某一张画，雕塑出某一个肖像，美化某几个对象，是很了不起的；但更加荣耀的事是能够塑造或画出那种氛围与媒介来，从中能使我们发现，而且能使我们正当地有所为。能影响当代的本质的，是最高的艺术。每人都应该把最崇高的和紧急时刻内他所考虑到的做到，使他的生命配得上他所想的，甚至小节上也配得上。如果我们拒绝了，或者说虚耗了我们得到的这一点微不足道的思想，神示自会清清楚楚地把如何做到这一点告诉我们的。

我到林中去，因为我希望谨慎地生活，只面对生活的基本事实，看看我是否学得到生活要教育我的东西，免得到了临死的时候，才发现我根本就没有生活过。我不希望度过非生活的生活，生活是这样的可爱；我却也不愿意去修行过隐逸的生活，除非是万不得已。我要生活得深深地把生命的精髓都吸到，要生活得稳稳当当，生活得斯巴达式的，以便根除一切非生活的东西，划出一块刈割的面积来，细细地刈割或修剪，把生活压缩到一个角隅里去，把它缩小到最低的条件中，如果它被证明是卑微的，那么就把那真正的卑微全部认识到，并把它的卑微之处公布于世界；或者，如果它是崇高的，就用切身的经历来体会它，在我下一次远游时，也可以作出一个真实的报道。因为，我看，大多数人还确定不了他们的生活是属于魔鬼的，还是属于上帝的呢，然而又多少有点轻率地下了判断，认为人生的主要目标是"归荣耀于神，并永远从神那里得到喜悦"。

然而我们依然生活得卑微，像蚂蚁；虽然神话告诉我们说，我们早已经变成人了；像小人国里的人，我们和长脖子仙鹤作战；这真是错误之上加错误，脏抹布之上更抹脏：我们最优美的德性在这里成了多余的本可避免的劫数。我们的生活在琐碎之中消耗掉了。一个老实的人除十指之外，便用不着更大的数字了，在特殊情况下也顶多加上十个足趾，其余不妨笼而统之。简单，简单，简单啊！我说，最好你的事只两件或三件，不要一百件或一千件；不必计算一百万，半打不是够计算了吗，总之，账目可以记在大拇指甲上就好了。在这浪涛滔天的文明生活的海洋中，一个人要生活，得经历这样的风暴和流沙和一千零一种事变,除非他纵身一跃,直下海底,不要作船位推算去安抵目的港了,那些事业成功的人,真是伟大的计算家啊。简单化,简单化!不必一天三餐,如果必要,一顿也够了;不要百道菜,五道够多了;至于别的,就在同样的比例下来减少好了。我们的生活像德意志联邦,全是小邦组成的。联邦的边界永在变动,甚至一个德国人也不能在任何时候把边界告诉你。国家是有所谓内政的改进的,实际上它全是些外表的,甚至肤浅的事务,它是这样一种不易运用的生长得臃肿庞大的机构,壅塞着家具,掉进自己设置的陷阱,给奢侈和挥霍毁坏完了,因为它没有计算,也没有崇高的目标,好比地面上的一百万户人家一样;对于这种情况,和对于他们一样,惟一的医疗办法是一种严峻的经济学,一种严峻得更甚于斯巴达人的简单的生活,并提高生活的目标。生活现在是太放荡了。人们以为国家必须有商业,必须把冰块出口,还要用电报来说话,还要一小时驰奔三十英里,毫不怀疑它们有没有用处;但是我们应该生活得像狒狒呢,还是像人,这一点倒又确定不了。如果我们不做出枕木来,不轧制钢轨,不日夜工作,而只是笨手笨脚地对付我们的生活,来改善它们,那么谁还想修筑铁路呢?如果不造铁路,我们如何能准时赶到天堂去哪?可是,我们只要住在家里,管我们的私事,谁还需要铁路呢?我们没有乘坐铁路,铁路倒乘坐了我们。你难道没有想过,铁路底下躺着的枕木是什么?每一根都是一个人,爱尔兰人,或北方佬。铁轨就铺在他们身上,他们身上又铺起了黄沙,而列车平滑地驰过他们。我告诉你,他们真是睡得熟呵。每隔几年,就换上了一批新的枕木,车辆还在上面奔驰着;如果一批人能在铁轨之上愉快地乘车经过,必然有另一批不幸的人是在下面被乘坐被压过去的。当我们奔驰过了一个梦中行路的人,一根出轨的多余的枕木,他们只得唤醒他,突然停下车子,吼叫不已,好像这是一个例外。我听到了真觉得有趣,他们每五英里路派定了一队人,要那些枕木长眠不起,并保持应有的高低,由此可见,他们有时候还是要站起来的。

为什么我们应该生活得这样匆忙,这样浪费生命呢?我们下了决心,要在饥饿以前就饿死。人们时常说,及时缝一针,可以将来少缝九针,所以现在他们缝了一千针,只是为了明天少缝九千针。说到工作,任何结果也没有,我们患了跳舞病,连脑袋都无法保持静止。如果在寺院的钟楼下,我刚拉了几下绳子,使钟声发出火警的信号来,钟声还没大响起来,在康科德附近的田园里的人,尽管今天早晨说了多少次他如何如何地忙,没有一个男人,或孩子,或女人,我敢说是会不放下工作而朝着那声音跑来的,主要不是要从火里救出财产来,如果我们说老实话,更多的还是来看火烧的,因为已经烧着了,而且这火,要知道,不是我们放的;或者是来看这场火是怎么被救灭的,要是不费什么劲,也还可以帮忙救救火;就是这样,即使教堂本身着了火也是这样。一个人吃了午饭,还只睡了半个小时的午觉,一醒来就抬起了头,问,“有什么新闻?”好像全人类在为他放哨。有人还下命令,每隔半小时唤醒他一次,无疑的是并不为什么特别的原因;然后,为报答人家起见,他谈了谈他的梦。睡了一夜之后,新闻之不可缺少,正如早饭一样的重要。“请告诉我发生在这个星球之上的任何地方的任何人的新闻”，——于是他一边喝咖啡，吃面包卷，一边读报纸，知道了这天早晨的瓦奇多河上，有一个人的眼睛被挖掉了；一点不在乎他自己就生活在这个世界的深不可测的大黑洞里，自己的眼睛里早就是没有瞳仁的了。

拿我来说，我觉得有没有邮局都无所谓。我想，只有很少的重要消息是需要邮递的。我一生之中，确切他说，至多只收到过一两封信是值得花费那邮资的——这还是我几年之前写过的一句话。通常，一便士邮资的制度，其目的是给一个人花一便士，你就可以得到他的思想了，但结果你得到的常常只是一个玩笑。我也敢说，我从来没有从报纸上读到什么值得纪念的新闻。如果我们读到某某人被抢了，或被谋杀或者死于非命了，或一幢房子烧了，或一只船沉了，或一只轮船炸了，或一条母牛在西部铁路上给撞死了，或一只疯狗死了，或冬天有了一大群蚱蜢，——我们不用再读别的了。有这么一条新闻就够了。如果你掌握了原则，何必去关心那亿万的例证及其应用呢？对于一个哲学家，这些被称为新闻的，不过是瞎扯，编辑和读者就只不过是在喝茶的长舌妇。然而不少人都贪婪地听着这种瞎扯。我听说那一天，大家这样抢啊夺啊，要到报馆去听一个最近的国际新闻，那报馆里的好几面大玻璃窗都在这样一个压力之下破碎了，——那条新闻，我严肃地想过，其实是一个有点头脑的人在十二个月之前，甚至在十二年之前，就已经可以相当准确地写好的。比如，说西班牙吧，如果你知道如何把唐卡洛斯和公主，唐彼得罗，塞维利亚和格拉纳达这些字眼时时地放进一些，放得比例适合——这些字眼，自从我读报至今，或许有了一点变化了吧，——然后，在没有什么有趣的消息时，就说说斗牛好啦，这就是真实的新闻，把西班牙的现状以及变迁都给我们详详细细地报道了，完全跟现在报纸上这个标题下的那些最简明的新闻一个样；再说英国吧，来自那个地区的最后的一条重要新闻几乎总是一六四九年的革命；如果你已经知道她的谷物每年的平均产量的历史，你也不必再去注意那些事了，除非你是要拿它来做投机生意，要赚几个钱的话。如果你能判断，谁是难得看报纸的，那么在国外实在没有发生什么新的事件，即使一场法国大革命，也不例外。

什么新闻！要知道永不衰老的事件，那才是更重要得多！蘧伯玉(卫大夫)派人到孔子那里去。孔子与之坐而问焉。曰：夫子何为？对曰：夫子欲寡其过而未能也。使者出。子曰：使乎，使乎。在一个星期过去了之后，疲倦得直瞌睡的农夫们休息的日子里，——这个星期日，真是过得糟透的一星期的适当的结尾，但绝不是又一个星期的新鲜而勇敢的开始啊，——偏偏那位牧师不用这种或那种拖泥带水的冗长的宣讲来麻烦农民的耳朵，却雷霆一般地叫喊着：“停！停下！为什么看起来很快，但事实上你们却慢得要命呢？”

谎骗和谬见已被高估为最健全的真理，现实倒是荒诞不经的。如果世人只是稳健地观察现实，不允许他们自己受欺被骗，那么，用我们所知道的来譬喻，生活将好像是一篇童话，仿佛是一部《天方夜谭》了。如果我们只尊敬一切不可避免的，并有存在权利的事物，音乐和诗歌便将响彻街头。如果我们不慌不忙而且聪明，我们会认识唯有伟大而优美的事物才有永久的绝对的存在，——琐琐的恐惧与碎碎的欢喜不过是现实的阴影。现实常常是活泼而崇高的。由于闭上了眼睛，神魂颠倒，任凭自己受影子的欺骗，人类才建立了他们日常生活的轨道和习惯，到处遵守它们，其实它们是建筑在纯粹幻想的基础之上的。嬉戏地生活着的儿童，反而更能发现生活的规律和真正的关系，胜过了大人，大人不能有价值地生活，还以为他们是更聪明的，因为他们有经验，这就是说，他们时常失败。我在一部印度的书中读到，"有一个王子，从小给逐出故土之城，由一个樵夫抚养成长，一直以为自己属于他生活其中的贱民阶级。他父亲手下的官员后来发现了他，把他的出身告诉了他，对他的性格的错误观念于是被消除了，他知道自己是一个王子。所以，"那印度哲学家接下来说，"由于所处环境的缘故，灵魂误解了他自己的性格，非得由神圣的教师把真相显示了给他。然后，他才知道他是婆罗门。"我看到，我们新英格兰的居民之所以过着这样低贱的生活，是因为我们的视力透不过事物表面。我们把似乎是当作了是。如果一个人能够走过这一个城镇，只看见现实，你想，"贮水池"就该是如何的下场？如果他给我们一个他所目击的现实的描写，我们都不会知道他是在描写什么地方。看看会议厅，或法庭，或监狱，或店铺，或住宅，你说，在真正凝视它们的时候，这些东西到底是什么啊，在你的描绘中，它们都纷纷倒下来了。人们尊崇迢遥疏远的真理，那在制度之外的，那在最远一颗星后面的，那在亚当以前的，那在末代以后的。自然，在永恒中是有着真理和崇高的。可是，所有这些时代，这些地方和这些场合，都是此时此地的啊！上帝之伟大就在于现在伟大，时光尽管过去，他绝不会更加神圣一点的。只有永远渗透现实，发掘围绕我们的现实，我们才能明白什么是崇高。宇宙经常顺从地适应我们的观念；不论我们走得快或慢，路轨已给我们铺好。让我们穷毕生之精力来意识它们。诗人和艺术家从未得到这样美丽而崇高的设计，然而至少他的一些后代是能完成它的。

我们如大自然一般自然地过一天吧，不要因硬壳果或掉在轨道上的蚊虫的一只翅膀而出了轨。让我们黎明即起，不用或用早餐，平静而又无不安之感；任人去人来，让钟去敲，孩子去哭，——下个决心，好好地过一天。为什么我们要投降，甚至于随波逐流呢？让我们不要卷入在子午线浅滩上的所谓午宴之类的可怕急流与旋涡，而惊惶失措。熬过了这种危险，你就平安了，以后是下山的路了。神经不要松弛，利用那黎明似的魄力，向另一个方向航行，像尤利西斯那样拴在桅杆上过活。如果汽笛啸叫了，让它叫得沙哑吧。如果钟打响了，为什么我们要奔跑呢？我们还要研究它算什么音乐？让我们定下心来工作，并用我们的脚跋涉在那些污泥似的意见、偏见、传统、谬见与表面中间，这蒙蔽全地球的淤土啊，让我们越过巴黎、伦敦、纽约、波士顿、康科德，教会与国家，诗歌，哲学与宗教，直到我们达到一个坚硬的底层，在那里的岩盘上，我们称之为现实，然后说，这就是了，不错的了，然后你可以在这个 point d'appui[①]之上，在洪水、冰霜和火焰下面，开始在这地方建立一道城墙或一个国土，也许能安全地立起一个灯柱，或一个测量仪器，不是尼罗河水测量器了，而是测量现实的仪器，让未来的时代能知道，谎骗与虚有其表曾洪水似的积了又积，积得多么深哪。如果你直立而面对着事实，你就会看到太阳闪耀在它的两面，它好像一柄东方的短弯刀，你能感到它的甘美的锋镝正剖开你的心和骨髓，你也欢乐地愿意结束你的人间事业了。生也好，死也好，我们仅仅追求现实。如果我们真要死了，让我们听到我们喉咙中的咯咯声，感到四肢上的寒冷好了；如果我们活着，让我们干我们的事务。

时间只是我垂钓的溪。我喝溪水；喝水时候我看到它那沙底，它多么浅啊。它的汩汩的流水逝去了，可是永恒留了下来。我愿饮得更深；在天空中打鱼，天空的底层里有着石子似的星星。我不能数出“一”来。我不知道字母表上的第一个字母。我常常后悔，我不像初生时聪明了。智力是一把刀子；它看准了，就一路切开事物的秘密。我不希望我的手比所必需的忙得更多些。我的头脑是手和足。我觉得我最好的官能都集中在那里。我的本能告诉我，我的头可以挖洞，像一些动物，有的用鼻子，有的用前爪，我要用它挖掘我的洞，在这些山峰中挖掘出我的道路来。我想那最富有的矿脉就在这里的什么地方；用探寻藏金的魔杖，根据那升腾的薄雾，我要判断；在这里我要开始开矿。

（选自《瓦尔登湖》，中国国际广播出版社 2008 年版）

导 读

《瓦尔登湖》是美国作家亨利·戴维·梭罗（Henry David Thoreau，1817—1862）的名作，虽然 1854 年出版时并未引起人们的关注，但大浪淘沙，它留在文化史上，成了经典。书和作者几乎都成了神话，被世界各地的人们热爱着。1985 年，《美国遗产》（*American Heritage*）杂志列出“十本构成美国人性格的书”，《瓦尔登湖》位居榜首。

“东海西海，心理攸同”，钱钟书用这句话指出不同民族之间依然会有相同的文化心理。对大自然的爱，就是人类这种共同的文化心理之一。各种文化无论如何不同，但都会有以热爱自然为主题的文学艺术作品。中国有田园诗，美国有自然文学（Nature Writing）——梭罗的《瓦尔登湖》被认为是自然文学的先驱和最有影响力的作品。但习惯了中国田园文学的读者，对梭罗的自然文学会有点不适：“此中有真意，欲辨已忘言”，中国的田园诗人以直觉感悟自然，享受田园，而梭罗——当然他也有大量笔触书写山光水色，但他却用同样多的理性和篇幅去“辨”——思辨。《我生活的地方，我为何生活》是《瓦尔登湖》的第二篇，梭罗写自己最初搬进湖边森林的生活，他用自己的全部感官去体味自然的声色、光影与味道，森林、鸟鸣、湖泊、黎明、晨风……大自然的一切都让他欣

① 法语，支点的意思。

喜。但伴随身体沉浸自然时情感的欣悦，精神世界里的梭罗热情严肃地思考着，他要回答在题目上写下的人生大问题：我要在什么地方生活？我为何生活？

对第一个问题，梭罗给出的答案是："远离嚣闹和骚扰""我生活在更靠近了宇宙中的这些部分"——"终古常新的没有受到污染的宇宙的一部分"，也就是自然。

热爱自然，仅仅说说，仅仅用语言表明自己的立场是不够的。梭罗是一个博物学家和一个思想者，这是真正热爱自然所必需的东西。连一棵树一只鸟一个星座都不认识的人，无论他如何表白热爱自然，也只是叶公好龙而已。热爱自然的梭罗认识树林中每一棵树：橡树、松树、苹果树、枫树、赤杨……他亲近每一只鸟：画眉、东部鹟鸟、碛鹨，野麻雀，怪鸱和许多别的鸣禽；他会向每一个星座致敬：昴星团或毕星团，牵牛星座或天鹰星座……

为什么要到自然中去呢？"不是去修行过隐逸的生活"，梭罗给出自己的解释："因为我希望过谨慎的生活，只面对生活的基本事实，看看我是否学得到生活要教育我的东西……我不希望过非生活的生活。"到自然中去，不仅是热爱，更是选择。选择是在文明的熏染中找到自己的生活价值观。在诉说瓦尔登湖边的情感与思想时，梭罗是博学的，他不断地引经据典：古希腊神话、古印度史诗、中国的《论语》、威廉·库柏的诗歌、古罗马的老卡托……梭罗正是在这些文明启蒙中发现了自然，寻找自己理想的栖居地与想要的生活。

有了自己的价值观才能说一个人有了思想，思想就是有所取舍，有所选择。自然歌唱者梭罗同时也是文明社会的批判者。他看着自己选择的湖边土地，他说湖水之外的大地"是干燥的土地"，他是在说自然是现代文明洪水中的方舟——因为方舟就是在洪水中寻找"干燥的土地"。他批判文明人的生活"在琐碎之中消耗掉了"、"掉进自己设置的陷阱，给奢侈和挥霍毁坏完了"、"太放荡了"……批判之后，梭罗要回答我为何生活，我如何生活了："我们如大自然一般自然地过一天吧"——"简单化，简单化！"只有这样，我们才能"深深地把生命的精髓都吸到"，才能"生活得诗意而神圣"。

梭罗不仅是大自然的热爱者，也是一位启蒙者。他把自己比作是"黎明时站在栖木上的金鸡"，他要"放声啼叫"，只为"唤醒我的邻人"。他要做的不仅是在自然中孤芳自赏，而且是用自然启蒙一种"诗意而神圣"的生活。

老师爱默生用理论言说自然，梭罗却真的走进了自然，摒弃浮躁的现代物质生活，在最简单的生活方式中，丰富精神世界，思考最高的生命原则，写出优美而深刻的《瓦尔登湖》。译者徐迟提醒读者，梭罗走进瓦尔登湖边的森林，是主动追求心灵的安静，在安静中思考。安静，被徐迟赋予了重要的思想史意义。他也用这个充满诗意和意义的概念来诠释《瓦尔登湖》："《瓦尔登湖》是一本静静的书"。因此，要阅读并理解梭罗和《瓦尔登湖》，你得安静下来。安静是心灵澄明干净的状态，只有这样，"你才有可能和这位亨利·戴维·梭罗先生一起，思考一下自己，更思考一下更高的原则"。——生命，总需要一些更高的原则。梭罗说:“人类无疑是有能力有意识来提高他自己的生命的。”

和很多用文字在大地上建构精神之乡的作家一样,梭罗不仅把自己的名字和瓦尔登湖联系在了一起,更把一个无名的瓦尔登湖变成了人类的精神圣地。如果你问文学的用途,这是答案之一:能把一个无名的地方变成人类的精神圣地,这用途还不够大吗?你还可以想起鲁迅的百草园、沈从文的湘西、法布尔的荒石园……(马俊江)

拓展阅读

帕乌斯托夫斯基.帕乌斯托夫斯基散文.曹苏玲,沈念驹,陈方,译.北京:人民文学出版社,2008.

《瓦尔登湖》
译本序

荒石园[①]

［法］法布尔　陈一青 译

一块地，这就是我的梦想。哦！一块不要太大，但四周有围墙，不会有公路上的各种麻烦的土地；一块日晒雨淋，荒芜不毛，被人抛弃却被矢车菊和膜翅目昆虫所钟爱的土地。在那里，我可以不必担心过路人的打扰，与砂泥蜂和泥蜂交谈，这种艰难的对话，就靠实验表达出来；在那里，无需耗费时间的远行，无需急不可待的奔走，我可以编制进攻计划，设置埋伏陷阱，每天时时刻刻观察实验的效果。一块地，是的，这就是我的愿望，我的梦想，我一直苦苦追求的梦想，但将来能否实现却没有明确把握。

当一个人整体都在为每日的面包一筹莫展地操心时，要在旷野里给自己准备一个实验室是不容易的。我以不折不挠的勇气跟穷困潦倒的生活斗争了四十年，朝思暮想的实验室终于得到了。这是我孜孜不倦、顽强奋斗的结果，但我不想去说它了。它来到了，伴随它而来的，也许是必须要有空闲的时间，这是更重要的条件。我说也许，是因为我的腿上总是拖着苦行犯的锁链。愿望是实现了，只是迟了些啊，我的美丽的昆虫啊！我很害怕有了桃子的时候，我的牙齿却啃不动了。是的，只是迟了些；原先那开阔的天际，如今已成了十分低垂、令人窒息而且日益缩小的穹庐。对于往事，除了已经失去了的，我一无所悔，我什么也不后悔，甚至不后悔二十年的光阴，对一切我已不抱希望，已经到了这个地步，历历往事使我精疲力竭。我思忖，究竟值不值得生活下去。

四周一片废墟，中间危立一堵断墙，石灰和沙使它巍然不动；这屹立的断墙就是我对科学真理的热爱。哦，我灵巧的膜翅目昆虫啊，我对你们的热爱，是不是足以让我名正言顺地对你们的故事再添上几页呢？我会不会力不从心呢？为什么我自己也把你们抛弃了这么长时间呢？一些朋友为此责备我。啊，告诉他们，并不是由于我的遗忘，我的懒散，我才抛弃你们；我想念你们，我深信节腹泥蜂的窝还会告诉我动人的秘密，飞蝗泥蜂的捕猎还会给我带来惊奇的故事。但是我缺少时间，我在跟不幸的命运作斗争中，孤立无援，被人遗弃。在高谈阔论之前，必须能够活下去。请你们告诉他们吧，他们会原谅我的。

还有人指责我使用的语言不庄重，干脆直说吧，没有干巴巴的学究气。他们害怕读起来不令人疲倦的作品，认为它就是没有说出真理。照他们的这种说法，只有晦涩难

---

① 1878年，《昆虫记》第一卷出版；1879年，法布尔在赛里昂乡间购得一块荒地，取名为荒石园，从此隐居于此，致力于昆虫学研究，完成《昆虫记》后九卷的写作。——校注

懂，才是思想深刻。你们这些带螫针的和盔甲上长鞘翅的，不管有多少，都到这里来，为我辩护，替我说话吧。你们说说我跟你们是多么亲密无间，我多么耐心地观察你们，多么认真地记录你们的行为。你们的证词会异口同声地说，是的，我的作品没有充满言之无物的公式，一知半解的瞎扯，而是准确地描述观察到的事实，一点不多，一点也不少。谁愿意询问你们就去问好了，他们也会得到同样的答复。

我亲爱的昆虫们，如果因为对你们的描述不够令人生厌，所以说服不了这些正直的人，那么就由我来对他们说："你们是把昆虫开膛破肚，而我是在它们活蹦乱跳时进行研究；你们让昆虫变得既可怖又可怜，而我则使人们喜欢它们；你们在酷刑室和碎尸场里工作，而我是在蔚蓝的天空下，在鸣蝉的歌声中观察，你们用试剂测试蜂房和原生质，而我却研究本能的最高表现；你们探究死亡，而我却探究生命。我为什么不进一步说明我的想法：野猪搅浑了清泉；博物学是青年人极好的学业，可是由于越分越细，彼此隔绝，如今已令人可厌可嫌。如果说我是为了那些企图稍微弄清本能这个问题的学者、哲学家们而写，其实我更是为年轻人而写，我希望他们热爱这门被你们弄得令人憎恶的博物学；这就是为什么我在极力保持翔实的同时，不采用你们那种科学性的文字，因为这种文字似乎是从休伦人[①]的语言中借来的。这种情况，唉，真是太常见！"

不过，眼下这并不是我要做的事；我要谈的是我朝思暮想的那块地，我要使它成为活的动物学实验室。这块地，我终于在一个荒僻的小村庄里找到了。这是一个荒石园，当地的语言中，"荒石园"这个词指的是一块荒芜不毛、乱石遍布、百里香滋生的荒地，这种地贫瘠得即使辛勤地犁耙也无法改善，当春天偶尔下雨，长出一点草时，只有绵羊会到来。不过我的荒石园由于在无数乱石中还有零星的红土，所以长点作物；据说从前那里有些葡萄。的确，为了种几棵树而进行的挖掘中，会在四处挖出一些宝贵的根茎，由于时间久远，部分已经成了炭，我只能用唯一能够锄入这种地的农具三齿长柄叉来刨；可是太遗憾，原先的植物已经没有了。不再有百里香，不再有薰衣草，不再有一簇簇灌栎，这种矮矮的小灌木连成小片的荆棘丛，人们只要稍微抬腿一跨就可以走过去。这些植物，尤其是前两种，由于能够向膜翅目昆虫提供所要采集的原料，可能对我有用，我不得不把它们再栽到用三齿叉刨开的地上。

在这块最初翻动而以后长时间荒芜的地里，蔓生着大量不需我照管的植物。最主要的是狗牙草，这种可恶的禾本科植物，三年激烈的战争也无法把它彻底消灭；数量上占第二位的是矢车菊，全都一副倔强的样子，浑身是刺，或者长着星型的戟，有两至生矢车菊、丘陵矢车菊、蒺藜矢车菊、苦涩矢车菊，第一种最多。在蓬生的矢车菊丛中，样子凶恶的西班牙刺柊四处伸出来，像枝形大烛台似的，那大大的橘红色花朵就是火焰，刺茎有钉子那么硬。长得比它高的是伊利大翅蓟，翅蓟的茎孤零零、直挺挺的，有一两米

① 17世纪时北美洲的印第安人。——译注

高，茎梢顶着一个玫瑰色的大绒球，它的盔甲不比刺柊差。别忘了刺茎菊科植物，首先要提到的是恶蓟，它浑身是刺，连植物采集者都不知道从哪里下手；其次是叶脉边缘呈矛头状的阔叶披针蓟；最后是染黑蓟，它像带刺的玫瑰花结。在这些蓟之间，荆棘的新枝桠，结着淡蓝色果子，像带钩的长绳似的在地上匍行。要想在丛生的荆棘中观察膜翅目昆虫采蜜，必须穿着半高统靴或者情愿腿肚子被刺得出血。只要土里还有一点春雨留下的水分，角锥般的刺柊和大翅蓟细长的新枢，便从由两至生矢车菊黄色的头状花序铺成的地毯上生长出来，这时，这种生命力顽强的荆棘，肯定会展现出妩媚之姿。但是干旱的夏天来临了，现在这里只是一片枯枝干叶，擦一根火柴整块地都会着起火来。这就是我打算从此跟昆虫彼此亲密无间地生活在一起的极乐伊甸园，这个伊甸园当我拥有它时就是这个模样。我经过四十年艰苦的斗争才得到了这块地。

我说它是伊甸园，并不会用词不当。这块没有一个人愿意撒一把萝卜籽的地，对于膜翅目昆虫来说，却是天堂。地里各种茁壮成长的蓟和矢车菊，把四周所有的膜翅目昆虫都吸引来了。我在捕捉昆虫的过程中，从来都没有在一块地方找到过这么多的昆虫；这一行的所有成员都会聚在这里，有以各种猎物维生的捕猎者，有土房子的建造者，有棉织品的纺织工，有在花叶和花蕾中修剪零件的组装工，有纸板屋的建筑师，有搅拌黏土的泥瓦工，有钻木的木匠，有在地下挖巷道的矿工，有制造薄膜气球的工人；还有什么我也数不清了。

这是只什么？是只黄斑蜂。它刮耙着矢车菊蛛网般的茎来堆一个棉花球，然后自豪地用大颚把球衔到地下，给自己制造一个棉毡袋来装蜜和卵。这些在激烈地抢夺战利品的是什么？是切叶蜂，肚子下有黑色、白色或者火红色的花粉刷。它将离开蓟去拜访附近的灌木丛，从灌木的叶子上剪下椭圆形的叶片，组装成容器来盛它的收获品。这些穿着黑绒衣服的是什么？是石蜂，它们在加工水泥和卵石。在石头上我们可以很容易地找到它们砌造的房子。还有这些猛地飞起，大声嗡嗡叫的是什么呢？是定居在旧墙和附近向阳斜坡上的砂泥蜂。

现在壁蜂来了。这一只在空蜗牛壳的螺旋壁上建造蜂房。另一只啄着一段干的荆棘吸掉髓质，好给幼虫做一个圆柱形的房子，房子里用隔墙分成一层层。第三只使用断掉的芦竹的天然管道。第四只则是某个高墙石蜂闲置走廊的免费房客。大头泥蜂和长须蜂也来了，雄蜂的触角高高翘起；采蜜的后足上有一支大毛笔的毛足蜂，种类繁多的土蜂，杨柳细腰的隧蜂，它们也都来了。

我走了过去，没有理睬它们。如果我想一一研究这些昆虫，那么在菊科植物的客人中，几乎有整个采蜜类的昆虫。我曾把我新发现的昆虫呈给一位昆虫学者，波尔多的佩雷教授①，他问我是否有特殊的捕虫方法，才能够给他寄了这么多稀罕的甚至是新的品

① 法国波尔多大学教授，昆虫学家，法布尔经常写信请他鉴定稀有的昆虫品种。——校注

种。我并不是捕虫专家，更不热衷于此道，我感兴趣的是正在劳动的、而不是用一根大头针钉在盒子里的昆虫，我所有的昆虫都是在长着茂密的蓟和矢车菊的草地上捕捉的。

非常凑巧，跟这个采蜜的大家庭一起的是捕猎采蜜者的部族。在荒石园，泥水匠为了砌围墙，放了一大堆沙和石头。工程一直拖着，这些材料是一开始时运来的。于是石蜂便选择石头间的空隙作为过夜的宿舍，一堆堆挤在一起。粗壮的单眼蜥蜴从非常近处捕猎，张着嘴，会向着人也会向着狗扑上来，它选择一个洞穴守候着过路的蜘蛛；大耳鹏穿着多明我会[1]的修士服装，白袍子，黑翅膀，在最高的石头上栖息，唱着简短而有乡土味的小调。它的窝大概就在某个石头堆里，窝里有天蓝色的蛋。这个小多明我会修士在石头堆中消失了，我怀念它，因为它是个讨人喜欢的邻居。我一点也不怀念单眼蜥蜴。

沙也供另一种昆虫筑窝。泥蜂在那里打扫地穴的门槛，把尘土抛物线般地往后抛：朗格多克飞蝗泥蜂用足把距螽拖到那里去；大唇泥蜂在那里把捕获的叶蝉放到地窖里。非常可惜，泥瓦匠终于把那里的猎手都撵走了；但是如果有一天我想叫它们回来，只要再堆起沙堆，它们很快就会全都到来的。

下面这些昆虫没有离去。砂泥蜂，因为住所不一样，我看到它们有的在春天，有的在秋天里，在荒石园小径边，在草地上飞来飞去，寻找猎物幼虫。蛛蜂，拍打着翅膀敏捷地飞向隐蔽的角落去抓只蜘蛛，体型最大的则窥伺着狼蛛。狼蛛的窝在荒石园里俯拾即是，窝是个竖井，用禾本科植物的茎秆夹上丝来做护井栏。在窝底，大多数人看了都害怕的粗壮的狼蛛，眼睛闪闪发光像小金刚钻似的。对于蛛蜂来说，要捕捉这样的猎物多么危险啊！好吧，现在我们来看一看吧。

一个炎热的下午，雌蚁排成长队从兵营里出来，到远处去捕猎奴隶。我们利用片刻的空闲，跟着看看它是怎么围猎的吧。在那里，在一堆变成泥肥的草的四周，有一些半法寸长的土蜂没精打采地飞翔，它们被鳃金龟、蛀犀金龟和花金龟的幼虫等丰美的野味吸引，一头钻进草丛里。

有多少研究的课题啊，而且还没完呢！人们不但抛弃了地，也抛弃了房子，既然人走了，就不会受到打扰，于是动物就跑来，占据所有的地方。莺在丁香丛中筑巢；翠雀在茂密的柏树遮蔽下定居；麻雀把碎布和稻草运到每片瓦下；南方金丝雀来到梧桐树梢啁啾，它那柔软的窝有半个杏子那么大；红角鸮习惯在晚上唱着细声如笛的单调的歌；雅典之鸟猫头鹰也跑来发出刺耳的咕咕声。

房子前面是一个大池塘，水来自于给村庄的喷泉供水的渡槽。交配季节，两栖类动物从方圆一公里的地方到那里去。灯心草蟾蜍，有的有盘子大，背上披着窄窄的黄绶带，在那里约会洗澡；当暮霭沉沉时，在池塘边跳跃的雄蟾蜍是雌蟾蜍的接生婆，它的后

---

① 又名布道兄弟会，俗称黑衣兄弟会，天主教四大托钵修会之一。——校注

腿挂着一串李子核大的卵;这位温厚的父亲带着它的宝贝卵袋从远方来,要把卵袋放到水里,然后再到一块石板下面,发出铃铛般的响声。雨蛙如果不在树丛间哇哇喊叫,就是在做优美的潜水表演。五月,每当黑夜降临,池塘就变成了震耳欲聋的舞台;我无法在吃饭时说话,更无法睡觉,必须采取严格的手段来整顿一下。有什么办法呢?想睡觉而睡不着的人是会变得凶横的。

膜翅目昆虫更大胆,把我的隐庐都强占了。白边飞蝗泥蜂在我家门槛前的瓦砾地里筑窝;为了跨进家门,我必须注意别把它的窝踩坏了,别踩死正忙着干活的矿工们。我已经有整整二十五年没有看过这种专门捕捉蝗虫的活跃分子。当我刚认识它时,我曾走了几公里地去拜访它;每去一次都要顶着八月火辣辣的太阳远征。今天我在自己家门口又看到它了,我们是亲密的邻居。关闭的窗框给长腹蜂提供了温暖的套房,它的窝是用土砌的,贴在墙壁的方石上。这种捕猎蜘蛛的昆虫,利用关闭的护窗板上偶然出现的一个小洞返回它的家。几只孤身的石蜂在百叶窗的线脚上,建起它们的蜂窝;一只黑胡峰在半开的屏风下部建造小土圆顶屋,圆顶上面有一个大口短细颈。胡蜂和长脚胡蜂是我家的常客,它们来到饭桌上,看看我们吃的葡萄是不是熟透。

这里的昆虫的确既多又全,而且我看到的还不完整呢!如果我能够让它们说话,那么跟它们交谈,一定会使我孤寂的生活得到许多乐趣的。这些昆虫,有的是我的旧交,有的是新识,它们全都在这里,毗邻而居,在捕猎、在采蜜、在筑窝。另外,如果需要改变观察地点,走几百步就是山,山上有野草莓丛、岩蔷薇丛、欧石楠树丛;有泥蜂所珍爱的沙层,有各种膜翅目昆虫喜欢开发的泥灰石边坡。我预见到了这些宝贵的财富,这就是我为什么逃离城市到乡村,来到塞里昂给萝卜锄草、给生菜浇水的原因。

人们在大洋洲和地中海边花很多钱建造实验室,来解剖对我们意义不大的海洋小动物;人们大量使用显微镜、精密的解剖仪器、捕猎设备、小船、捕鱼人员、水族缸,以便知道某种环节动物的卵黄如何分裂,我至今还不明白这有什么意义;可是,人们瞧不起地上的小昆虫,这些小昆虫跟我们息息相关,有的向普通生理学提供无价之宝的资料;有的则损坏我们的庄稼,破坏公众的利益。什么时候会有一个昆虫学实验室?不是研究泡在三六烧酒①里的死昆虫而是活昆虫,研究这些小昆虫的本能、习性、生活方式、劳动和繁衍,而这些是我们的农业和哲学应当加以考虑的。彻底了解蹂躏葡萄的昆虫的历史,可能比知道一种蔓足亚纲动物的一根神经末梢是什么样子更加重要;靠实验来确定智慧与本能的分界,通过比较动物系列的各种事实来揭示,人的理性是不是一种可以改变的特性,这一切应该比甲壳动物触角的节数重要得多。为了解决这些重大的问题,必须有大批工作者,可是我们现在却一个也没有。人们想到的只是软体动物、植性无脊椎动物。人们投入大量的拖网来探索海底,却对脚下的土地仍然不了解。我期待人们

① 旧时一种85度以上的烧酒,取三份烧酒,对三份水,即成六份普通烧酒。——译注

改变观念，但在此之前，我开辟了荒石园来研究活生生的昆虫，这个实验室无须从纳税人的钱包中掏一分钱。

（选自《昆虫记》，花城出版社 2011 年版）

导　读

法布尔，全名让-亨利·卡西米尔·法布尔（Jean-Henri Casimir Fabre，1823—1915），法国昆虫学家，他的名字和昆虫和二百五十万字的十卷本巨著《昆虫记》联系在一起。被誉为“昆虫史诗”的《昆虫记》已成为人类文化史上的经典，法布尔也以“昆虫的荷马”的赞誉被文化史铭记。中国最早介绍法布尔和《昆虫记》的是鲁迅和周作人两兄弟。鲁迅从 1924 年到生命的最后一年一直在购买《昆虫记》各种版本的日译、英译和德译本，计划与其弟周建人合译出来。虽然计划并未完成，但鲁迅在文章中多次提及法布尔及《昆虫记》，名文《春末闲谈》即围绕细腰蜂展开，其基本知识就来自法布尔。《昆虫记》法文原名《昆虫学回忆录》，1923 年周作人撰文介绍此书时，将其译成《昆虫记》，法布尔的名字也是周作人的首译。不仅最早向国人介绍，周作人还亲自译出六篇，成了《昆虫记》最早的中文译者。

自 20 世纪 20 年代始，到 2001 年花城出版社出版十卷全译本，诸多《昆虫记》的诸多中译本皆是选译本，基本是作为童书和科普读物而出版和被接受。以《昆虫记》做童书，是儿童的幸运；但将《昆虫记》只看做童书，因此而错过法布尔，则是成人的不幸。法布尔当然有童心，但童心只有被成人欣赏才会有生命的启示意义。法国戏剧家罗斯丹这样言说法布尔及其《昆虫记》：“《昆虫记》使我熟悉了法布尔这位感情细腻、思想深刻的天才，这个大科学家像哲学家一般地想，美术家一般地看，文学家一般地写……”诗人复杂的情感、哲学家深刻的思想、文学家优美高尚的审美趣味、大科学家的求真精神，所有这些融合成法布尔的“昆虫世界”，显然，这个世界更应该属于成人：“地球只不过是通向另一个更美好世界的驿站，真正的幸福应该是不断地探索事物的奥秘”“我们什么时候才能做到对人的生命绝对尊重？是否还需要几百年，几千年呢？很有可能，要使思想中的污泥浊水沉淀，需要很长的时间”“在（大自然）的熔炉里，野兽和人，乞丐和贵族，绝对是一回事。在蛆虫面前人人平等，这是真正的平等，也是世界上唯一的平等”……这样思考着的法布尔，这样具有哲学品格的《昆虫记》，以人世看虫世，以虫世看人世，思考生命、科学、真理、人性、教育和文明的法布尔与《昆虫记》，儿童不懂，成人可以懂。

当历经 40 年艰辛，才有了自己进行科学探索的土地——荒石园时，法布尔写道：“愿望终于实现了，只是晚了点，我美丽的昆虫啊！我害怕桃子成熟的季节，我的牙齿不够坚固，享受不了这美味”。这文字中人世的艰辛与五味杂陈的复杂情感，也只有成人能够体会。法布尔 1879 年买下荒石园时，56 岁。从 18 岁到 47 岁，法布尔一直在中学教书，一直为贫穷困扰，只能在业余时间从事“昆虫事业”。1878年《昆虫记》第一卷出版，法布尔55岁。在第一卷《附录》中，法布尔写下对儿子——“非常热爱昆虫的合作者”朱尔沉痛的追念：“为了纪念你，我怀着丧子的悲伤写这本书，我将继续写下去”。56岁的法布尔离开城市，居于荒野自然，再也没有离开荒石园，在这里完成后九卷《昆虫记》，并长眠在这里。

现代社会及其大学的专业教育都塑造着“单向度的人”和“扁平人”，单一的教育和视野使他们失去了批判能力，失去了想象和创造更美好生活的能力。法布尔及其《昆虫记》让我们去重新思考科学与人文，甚至学术理性与文学情感的交融。在《荒石园》中，法布尔的著名自白也提示着我们久已丢失的科学与人文之间的桥梁到底是什么：“你们探究死亡，而我在探寻生命”——对生命的关注与热爱，是法布尔给出的答案。《昆虫记》里不仅有昆虫的故事，还盛开着矢车菊等各色野花，有幽深的森林，有孩子、牧羊人、老兵和普罗旺斯的乡下人，法布尔迷恋、热爱这一切，他观察自然、思考人世，写下的是一个充斥着声音、色彩与味道，完整的生机盎然的生命世界。

作为科学家的法布尔追求着科学的真，他反对达尔文的进化论，以实证的方法探究生命本能，以本能为中心思考生命，为人们认识世界提供了另一门径；作为博物学家的法布尔，其视野以昆虫为中心，但植物、星空与山峦同样是其观察对象；自然科学如何能离开人文科学，法布尔不会如此划分世界，作为文学家的法布尔在《昆虫记》里写荷马史诗、维吉尔的牧歌、拉封丹的寓言、东方孔子的故事、普罗旺斯的乡间民俗与风光……

1911年，法国学术界文学界推荐法布尔为诺贝尔文学奖候选人。虽然最终法布尔未能获奖，但这并不能影响诞生《昆虫记》的荒石园成为人类朝圣的精神圣地。（马俊江）

拓展阅读

奥尔多·利奥波德.沙乡年鉴.郭丹妮，译，长春：北方妇女儿童出版社，2011.

《乡野》

塞尔彭自然史·第二封

［英］吉尔伯特·怀特　缪哲 译

在村子的西北边，即那边白沙土上，有一座农庄，农庄住宅的院子里，二十年前，矗有一棵阔叶的榆树，这种榆，也叫"无毛榆"，在雷的书中，学名作："ulmus folio latissimo scabro"。它有根巨大的主枝，规模同一棵中等的树略相当的，在1703年的暴风雨中，被吹落到地上，然而这榆树伐倒后，木料仍可有八车之多；过于庞大，故为搬运之便，人们在根部上方的七英尺处，将它锯作了两截；落锯处的直径，仍可有八英尺。我所以提它，是为说明栽种的榆树，可长到何等的规模；因为从四周的环境看，这榆树，一定是人手所植。

村当中挨近教堂的，是一块四方形的地，俗称"耍闹场"，四周尽是民房。在老年间，场中央有一棵大栎树，它干粗而短，横柯四出，如伸巨臂，几乎探到了场子的边缘。老树的四周当年有石踏板，石踏板上有座位，逢夏季的薄暮，则黄发垂髫，咸来作乐；年老的坐地上，争论桑麻，吵得很严肃，孩子们则憨嬉舞蹈于前。若非1703年，那骇人的暴风雨把它一下子吹倒，到如今，它还该站在场中央的。老树倒地后，村民们很伤怀，故牧师捐了几镑钱，雇人又竖它于老地方。但他的心白费了：树生出新芽不久，即枯萎、死掉了。我所以提他，是想说明栽种的栎树，也可以长到如此之巨；后面谈塞尔彭的古物时，我将再说这场子，那时候，这栎树之为人手所植，即有的据矣。

在"黑沼"庄园，有一座几亩大小林子，名"罗塞尔"，晚近以来，它添了一批栎树，颇名贵，与寻常的不同。它的干很高，下丰而上锐，状如冷杉；但由于株太近，故树的冠很小，大枝不见一根，活像一把毛刷子。约二十年前，在汉普顿宫附近，"快活林"处的桥朽坏了，修桥用的树，长须50英尺（不计大枝），细端的直径12英寸。一位材官在这片小树林里，找见了20棵这样的树，由于有这样的长出，它们多派上了用场。这批树高60英尺，每棵的售价20英镑。

这小树林的中央，曾有一棵栎树，就通体看，它高高的，模样很齐整，而树干的中间处，则有巨瘿隆然出。一对乌鸦巢居树顶上，历有余年，所以人们名之为"乌鸦树"，算是林中的"秀木"了。近处的小儿郎，欲取此鸟巢者，不知凡几；事越难，他们心愈切，人人有大志，欲克服这难事。但爬到中途，则一瘿隆然，张臂不能合抱，最卤莽的少年郎，也为之觳觫，只好承认这事太危险。所以这一对乌鸦巢上叠巢，很安全；终于有一天，林子被夷成了平地，乌鸦们大难临头了。那是一个二月间，正是这鸟抱巢的季节。锯子落在根部，楔子进了切口，槌声咚咚，回荡于小林间，栎树摇摆着仆倒下来；那母乌鸦，却抱巢不忍去之。最后，栎树终于倒地了，鸟惊飞出巢来，慈母之心，应该有好报的，谁料枝条如乱鞭齐下，乌鸦被抽死于地上了。

（选自《塞尔彭自然史》，花城出版社 2002 年版）

导　读

吉尔伯特·怀特（Gilbert White，1720—1793），英国博物学家。牛津大学毕业后在大学工作过几年。1755 年，35 岁的怀特回到自己的家乡塞尔彭。虽然多次有人请他去大学就职，但他都拒绝了，一直留在塞尔彭这个偏僻的村子里。梭罗走进自然是为了在宁静中思想，法布尔离开城市是为了科学，而怀特似乎更为了享受一种生活：悠然、安静、优雅，又兼有科学的趣味。1789 年——怀特去世前四年，他与两位博物学家本南德和巴林顿的通信集出版，名 *The Nature History of Selborne*。1934 年周作人写文章介绍这本书，将其译为《塞尔彭自然史》，后来的人也多沿用这个译名。但北京大学哲学系教授刘华杰考其词源，以为 Nature History 正确的译法应该是博物学或博物志。博物学是人类观察认识自然的一门古老学问，是自然科学研究的四大传统之一，它包括现代科学的天文、地理、植物学、动物学等多个领域。因为博物学的基本方法是在自然和生活中观察，因此可以说它既是科学，又是一种生活方式。

怀特生活的 18 世纪，博物学日渐发达，著书的博物学家也很多，但流传下来的却很少。作为科学家的怀特和他的科学书《塞尔彭自然史》，在科学史上被誉为达尔文等大科学家的先驱，他对鸟类、昆虫和植物的精密观察和描述有极高的声誉，但《塞尔彭自然史》之所以广为流传，直到 1996 年，美国 *Outside* 杂志评选“改变世界的十本书”，《塞尔彭自然史》还名列其中，这原因更在文学，及其呈现出的一种生活方式。即，当《塞尔彭自然史》的科学知识逐渐成为科学常识时，它在文学史、人类生活史和精神史上却越来越闪烁出独特的魅力与光辉。英国的文学史家戈斯（Edmund Gosse）在《十八世纪文学史》中称誉《塞尔彭自然史》是“十八世纪所留给我们的最愉快的遗产之一”。哈德森（W.H.Hudson）在其文集《鸟与人》中则从另一方面言说怀特和《塞尔彭自然史》：“他虽是很谦逊极静默，他的精神却在每页上都照耀着。那世间之所以不肯让这小书死灭的缘故，不单是因为它小，写得好，充满着有趣味的事情，主要的还是因为此乃一种很有意思的人生文献”。

《塞尔彭自然史》的编者艾伦（Grant Allen）也正是从人性的培养上赞誉怀特：“达尔文身后留下伟大的理论，却只能引起科学史家和哲学史家的巨大兴趣，普通读者并不关心。而吉尔伯特·怀特所写的书，却将作为观察的典范，一个人、一个地方和一个时代的画像，被后代的读者阅读……爱自然，观察自然，是人人都能的。在这一点上，每个人都能从怀特身上取得教益。我们的目标，应是把自己塑造为立体的人，使自己有圆满、协和、博大的人性。我们都不愿做‘扁平人’……请以怀特的率真、无成见的眼神，去直接观察自然吧！……不管你是否推进了科学，你至少会使得人类中多了一个真心爱美，爱真理的老实人，从而推进我们普遍的人性”。“这世界不需要那么多‘科学的推进手’，却需要大量受过良好教育的公民”。

博物学著作通常联系着“地方性知识”和当地人的“生活世界”。在我们选的这篇文章中，怀特安静又深情地讲述着塞尔彭的三棵大树在天灾人祸中的死亡，及其树下人们悠闲欢乐的生活。那时的人们对树有着深切情感，他们种植的树木可以长到很大。两个世纪后，美国环境保护主义者奥尔多·利奥波德买下一个因日渐贫瘠而废弃的农场，在这里完成了他的名著《沙乡年鉴》，也写下了一棵 80 岁的老栎树在暴风雨中的死亡：“我用斧头和锯条从 80 岁的老栎树身上索取木柴，栎木柴在壁炉里熊熊燃烧，好像要把 80 年的阳光全部释放出来一样，温暖了我的小屋，更温暖了我的心灵”。大自然生生死死，都可以温暖着人的身与心，只要人们还爱着它。

但塞尔彭的林子中响起了锯树的声音，栎树摇摆着扑倒下来，树上乌鸦被压死在地上，怀特讲述的是事实，也更像隐喻，就像沈从文《边城》中白塔的倒掉——预示着一种生活的终结。艾伦在《塞尔彭自然史·导言》中，花了大量篇幅来怀念怀特呈现的这种已终结的生活：“那时候的时间，还不是金钱，而是享受、修养和自我发展的机会。他正是怀着尊严和不枉度生命的感觉，这样花去他的时间的，而在我们狼奔豕突的现代生活里，这样的日子，已散如烟云”。

怀念《塞尔彭自然史》中的生活的不仅是艾伦，现在，塞尔彭这个英国小村子，已成了热爱自然，向往优美生活的人们的圣地。（马俊江）

拓展阅读

清少纳言.枕草子.日本古代随笔选.周作人，译.北京：人民文学出版社，1988.

《枕草子》
（节选）